C000077278

Principes D'économie Politique Et De Finance, Appliqués, Dans L'intérêt De La Science, Aux Fausses Mesures Des Gouvernemens, Aux Fausses Spéculations Du Commerce Et Aux Fausses Entreprises Des Particuliers...

Charles Ganilh

Nabu Public Domain Reprints:

You are holding a reproduction of an original work published before 1923 that is in the public domain in the United States of America, and possibly other countries. You may freely copy and distribute this work as no entity (individual or corporate) has a copyright on the body of the work. This book may contain prior copyright references, and library stamps (as most of these works were scanned from library copies). These have been scanned and retained as part of the historical artifact.

This book may have occasional imperfections such as missing or blurred pages, poor pictures, errant marks, etc. that were either part of the original artifact, or were introduced by the scanning process. We believe this work is culturally important, and despite the imperfections, have elected to bring it back into print as part of our continuing commitment to the preservation of printed works worldwide. We appreciate your understanding of the imperfections in the preservation process, and hope you enjoy this valuable book.

IMPRIMÉ CHEZ PAUL RENOUARD,
RUE GARANCIÈRE, N. 5.

340897

PRINCIPES

D'ÉCONOMIE POLITIQUE

ET

DE FINANCE,

APPLIQUÉS, DANS L'INTÉRÊT DE LA SCIENCE,

AUX FAUSSES MESURES DES GOUVERNEMENS,
AUX FAUSSES SPÉCULATIONS DU COMMERCE, ET AUX FAUSSES ENTREPRISES
DES PARTICULIERS;

PAR M. GANILH,

ANCIEN DÉPUTÉ.

Tros Tyriusve, etc.....

PARIS.

F. G. LEVRAULT, RUE DE LA HARPE, N° 81.

STRASBOURG.

MÊME MAISON, RUE DES JUIFS, N° 33.

1835.

PRINCIPES

D'ÉCONOMIE POLITIQUE

ET

DE FINANCE,

APPLIQUÉS, DANS L'INTÉRÊT DE LA SCIENCE,

AUX FAUSSES MESURES DES GOUVERNEMENS,
AUX FAUSSES SPÉCULATIONS DU COMMERCE, ET AUX FAUSSES ENTREPRISES
DES PARTICULIERS.

PAR M. GANILH,

ANCIEN DÉPUTÉ.

Tros Tyriusve, etc. . . .

OUVRAGE PUBLIÉ PAR SOUSCRIPTION.

PROSPECTUS.

DEPUIS un demi-siècle, les événements politiques
ont opéré tant de prodiges dans la production de la
richesse, et nécessité tant de mesures extraordinaires
en finance, que l'économie politique a pu vérifier ses
théories par l'expérience, ses doctrines par les faits,

et ses préceptes par les funestes résultats de leur inobservation. Malgré des points nombreux encore controversés, la science est arrivée sur les points fondamentaux à une telle certitude, qu'on ne peut plus élever des doutes sur ses doctrines, ni résister à leur direction dans la conduite des affaires générales et particulières. On sait ce qu'il faut savoir sur les causes de la richesse moderne, les sources qui la produisent, les moyens de la conserver et de l'accroître, de prévenir et d'arrêter sa décadence et sa ruine; on sait ce qu'il faut faire et ce qu'il faut éviter pour assurer l'aisance des classes laborieuses, la prospérité de l'industrie et du commerce, la richesse et l'opulence des peuples, la force et la puissance des gouvernemeuts, la stabilité et l'indépendance des états : mais il semble que plus la science est prodigue de lumières, moins on y met de prix. Ensevelie dans les livres, elle se propage lentement et lutte avec peu de succès contre l'indifférence qui la stérilise. Le petit nombre d'hommes qui, par goût ou par position, en font une étude particulière, ne lui sont d'aucune utilité pratique. Quand il s'agit d'objets relatifs à des sciences spéciales, on consulte, on interroge les artistes, les savants, et l'on préserve de tout dommage les intérêts qu'elles doivent protéger ; il n'en est point ainsi dans les matières d'économie politique et de finance. Quoique ces sciences soient spéciales et pratiques dans leur application, elles n'ont point d'organe avoué, et l'on ne fait aucun cas de ses adeptes; on leur préfère les méthodes usitées, et l'on s'abandonne aveuglément à la direction des hommes pratiques. Dans un siècle de lumières on ne tient aucun compte de la science et de ses services; on est moins affligé des désordres auxquels on est accoutumé, qu'on n'est alarmé du danger des innovations.

N'est-ce pas à l'ignorance ou au mépris de la science qu'on doit attribuer la crise de 1825, qui a porté de si rudes atteintes à la richesse particulière et générale de l'Angleterre, de la France et du monde commerçant, qui a réduit les affaires à un état si déplorable qu'après huit années de souffrances il est difficile d'en apercevoir l'issue?

N'est-ce pas de cette cause que sont dérivés les fausses mesures du gouvernement anglais sur la monnaie, l'amortissement et la législation des céréales, et les fausses spéculations du commerce anglais fomentées par la facile abondance de la monnaie de banque? On se persuada qu'on pouvait approvisionner de capitaux le monde entier, et on les prodigua sans examen et sans mesure aux souverains, aux peuples, à tous les spéculateurs qui présentaient l'apparence d'un emploi avantageux; on ne prévit ni ne redouta les risques d'une aveugle témérité, on ne calculait que les tributs imposés au travail et à l'industrie de tous les pays : combien on a payé cher cette fatale crédulité! une grande partie des capitaux a péri sans profit pour personne; les salutaires leçons d'Adam

Smith et de Malthus n'ont pu prévenir le retour des funestes visions de la compagnie de la mer du Sud.

En France, on ne fut ni plus éclairé, ni plus prudent, ni plus prévoyant qu'en Angleterre, ni moins maltraité qu'elle par les fausses mesures du gouvernement et les fausses spéculations du commerce; on fut entraîné par l'illusion des succès, et l'on ne fut pas retenu par la crainte des revers.

Pendant 15 années de paix, le gouvernement français se mit peu en peine des représentations, soit des chambres, soit des commissions de finance, soit de la presse, sur les vices de l'impôt, l'exagération des tarifs et la pesanteur des charges publiques. Il ne s'occupa qu'à tirer de l'impôt tout ce qu'il pouvait donner, et à mesure que les produits augmentaient, on les absorbait par de plus grandes dépenses; on ne croyait pas à l'épuisement du contribuable; l'illusion ne cessa que par la certitude d'un déficit de 32 millions.

Le gouvernement ne fut ni plus clairvoyant, ni plus avisé dans la direction du fonds d'amortissement; il sacrifia constamment les intérêts de la production à la hausse des fonds publics, il appauvrit le contribuable et enrichit le spéculateur.

Sa confiance dans les jeux de la bourse était si aveugle, qu'un ministre des finances disait ingénument qu'il destinait aux émigrés un milliard qui ne coûterait rien à personne; et pour qu'on ne l'accusât point de paradoxe, il ajoutait qu'il fallait mettre à profit la manie des spéculations et enrichir le trésor des dépouilles des spéculateurs.

Faut-il s'étonner si le commerce français ne sut pas éviter le précipice vers lequel le poussaient l'exemple de l'Angleterre , les fallacieuses insinuations d'un ministre des finances ou trompeur ou trompé, l'opinion généralement répandue de l'abondance des capitaux et de la difficulté de leur trouver un emploi ; il se livra à des spéculations qu'il a fallu abandonner, ou qui ne se soutiennent que par des sacrifices qui épuisent les ressources du pays ?

Enfin il n'y a pas en Europe de gouvernement qui n'ait atteint les limites de l'impôt, qui, malgré ses excès, ne soit hors d'état de faire face à ses dépenses ordinaires, qui ne succombe sous le fardeau de sa dette publique, et ne soit menacé d'une crise qu'il ne retarde que par des déceptions qui la rendront encore plus désastreuse.

Cet état des choses ne peut pas se prolonger, on ne peut plus sans principes, sans règles, sans souci de ce qui peut arriver, régir la fortune des peuples. Les lois de l'économie politique ne peuvent plus être ignorées ou éludées ; et le moment n'est pas éloigné où l'ignorance sera aussi périlleuse au timon de l'état qu'au gouvernail d'un vaisseau. Il faut hâter ce moment dans l'intérêt des peuples , et l'on y parviendra par la diffusion des principes d'économie politique et de finance parmi les classes éclairées de la population.

Mais comment faire revenir le public de ses pré-

ventions contre une science dont il s'est fait un épouvantail, dont il regarde les doctrines comme des
abstractions, des hypothèses, des conjectures sans aucun résultat pratique? On a essayé sans beaucoup de
succès de le détromper par des écrits qui donnent de
la science des notions claires, simples, faciles à saisir. On l'a réduite en catéchisme, en épitome, en
éléments, en sommaires, en dictionnaire; mais il ne
faut pas se le dissimuler! quand il s'agit de science,
le public ne lit pas plus les petits que les gros livres;
il ne cherche que l'instruction qui ne le détourne ni
de ses affaires ni de ses plaisirs; il ne met de prix
qu'aux publications qui lui apprennent ce qu'il faut
dire sur les affaires du jour, sans se soucier de ce qu'il
y a de vrai ou de faux dans ce qu'on dit. De là le
succès des journaux, des revues; on n'y apprend
que le sommaire de la science et non ce qu'elle enseigne, mais l'impulsion est donnée à la pensée; la
réflexion met en jeu les facultés intellectuelles, et la
raison se fait jour au travers de la sottise et de l'ignorance. Les mêmes procédés auront les mêmes succès
pour la propagation de la science économique et financière; il faut la mettre aux prises avec les atteintes portées à la richesse par les fausses mesures des
gouvernements, les fausses spéculations du commerce
et les fausses entreprises des particuliers. Cette lutte
donnera l'éveil aux personnes intéressées (et le nombre en est grand quand il s'agit des intérêts généraux
d'un pays), excitera le zèle des hommes instruits, juges

naturels et compétents de tous les débats publics, et facilitera l'instruction de cette masse d'hommes observateurs et judicieux qui n'ont ni le temps ni les moyens de se livrer à des études sérieuses et de longue haleine, mais qu'il importe de conquérir à la science économique, parce qu'ils sont les plus près des objets qu'elle traite et le plus en état d'accréditer la vérité et l'esprit de ses doctrines.

Pense-t-on que si depuis 72 ans environ que Montesquieu écrivit « *l'avarice des nations se dispute les meubles de l'univers* » (1), des publications fréquentes et non interrompues eussent dévoilé les vices des mesures mises en usage par *l'avarice des nations*, les douanes eussent prolongé si long-temps la durée du système prohibitif, qu'on n'eût pas vu plus tôt les avantages du système restrictif, et qu'on fût arrivé si tard au système de réciprocité qui atténue les vices qu'on aperçoit, mais dont on redoute encore le remède. Ce que la science concentrée dans les livres n'a pu faire qu'avec le secours du temps eût été fait en peu d'années par la publication périodique des vérités qu'elle enseigne. Espérons que cette publicité améliorera encore les relations commerciales des peuples, et fera graduellement abaisser les barrières destructives de la richesse qu'elles sont destinées à défendre et à protéger.

Il en sera de même des dissentions annuelles des

(1) Espr. des lois, liv. xx, chap. 23.

mandataires des peuples libres avec les ministres des rois, sur les besoins de l'État et les moyens d'y subvenir. Quelle abondante matière pour la diffusion des lumières économiques et financières que l'impôt, la dette consolidée, l'amortissement, la dette flottante et la comptabilité. Depuis la restauration, les ministres de France (1) reproduisent les mêmes impôts et les mêmes tarifs, quoique reconnus vicieux et malfaisants ; ils les justifient par les nécessités du trésor et la difficulté de les remplacer. On ne peut pas cependant ignorer que le remplacement des mauvais impôts et la baisse des tarifs, loin d'atténuer les recettes du trésor, sont le plus sûr moyen de les accroître et de les rendre stables. Ce résultat démoutré par la raison et par des expériences réitérées sera assuré par la publicité des principes qui en sont les garants.

Un cas non moins important tirera de grands avantages de la publicité périodique des principes d'économie politique et de finance : c'est le système des enquêtes, qu'on essaie d'introduire comme moyen de gouvernement, mais dont le caractère est encore incertain et problématique. L'Angleterre en a tiré des services nombreux, quand il ne s'est agi que de cas particuliers, et dans ce cercle il est peu susceptible de

_____

(1) Le gouvernement anglais est entré dans la réforme des contributions et la continue chaque année, mais trop lentement au gré des contribuables.

critique : mais on veut lui donner un plus vaste essor, on a essayé de porter ses investigations sur l'état relatif de l'agriculture et des manufactures, sur les obstacles que peuvent se faire réciproquement ces deux sources fécondes de la richesse particulière et générale, sur les moyens de les faire cesser et de donner un libre cours à leur développement et à leur puissance. L'intention peut être louable, mais il est au moins douteux qu'elle soit bienfaisante. Il est temps que la science préserve les peuples des dangereux écarts du pouvoir même le mieux intentionné.

Il serait trop long d'énumérer ici tous les dommages que fait éprouver à la richesse de chaque peuple l'inobservation des principes d'économie politique et de finance. Mais il est facile de voir que plus ils se propageront, moins la richesse sociale sera compromise, plus ses progrès seront rapides, plus s'accroîtra la richesse universelle, patrimoine de tous les peuples industrieux et commerçants.

Mais sous quelle forme doit-on faire intervenir la science économique et financière dans les cas généraux ou particuliers qui portent atteinte à la richesse publique ou privée? Sans aucun doute il faut donner la préférence au mode qui fera connaître plus tôt et avec plus d'éclat les fautes, les erreurs et les écarts constatés par les faits, qui accélérera les moyens d'en détourner les résultats, et en préviendra la continuation ou le retour. Il doit suivre leur mobilité, leur étendue, leur difficulté et leur importance. Comme ils n'arrivent ni chaque jour, ni à des époques fixes, ni dans des temps donnés; qu'il s'écoule entre eux des intervalles plus ou moins éloignés, qu'il faut plus ou moins de temps pour les découvrir, les exposer et en faire pressentir les conséquences, il est évident qu'on ne peut adopter la forme rapide et fugitive du journal; la matière pourrait souvent manquer au journal ou le journal à la matière, et comme on ne peut ni la suppléer lorsqu'elle manque, ni la réduire lorsqu'elle abonde, un journal n'atteindrait pas au but qu'on doit se proposer.

Il me semble qu'on remplira toutes les conditions du sujet par la publication de feuilles périodiques dont les livraisons plus ou moins fréquentes seront proportionnées à l'abondance des matières et à l'urgence des circonstances. On peut présumer que 30 à 36 feuilles chaque année suffiront sinon pour épuiser le sujet, du moins pour l'embrasser dans une certaine étendue. Il vaut mieux rester en deçà du but que de le dépasser. D'ailleurs la publication de 30 à 36 feuilles par année n'est pas au-dessus des forces d'un écrivain familiarisé avec de pareils sujets, suffisamment accrédité par ses nombreux ouvrages en économie politique et en finance. Si je ne m'abuse pas, le public m'accordera dans cette circonstance la même indulgence dont il a honoré mes longs et constants efforts pour les progrès d'une science spécialement consacrée à l'avancement de la richesse et de la civilisation.

ARTICLES ENTIÈREMENT TERMINÉS

QUI SERONT PUBLIÉS SUCCESSIVEMENT

ET A DES ÉPOQUES PLUS OU MOINS RAPPROCHÉES.

1° Crise commerciale de 1825.
2° Administration des finances pendant la restauration.
3° Des obstacles aux progrès de la richesse moderne.
4° Théorie de l'impôt.
5° Du pouvoir politique dans le système commercial.
6° Du gouvernement à bon marché.
7° Des douanes.
8° Du système monétaire.
9° De l'amortissement.
10° Du crédit.
11° Des céréales.
12° Des dettes fondées.

La totalité des matières, qui seront données dans le courant de l'année, formera 1 volume in-8° de 500 pages et au-dessus, même papier et même caractère que le Prospectus.

PRIX POUR UN AN :

12 francs pour Paris et 14 francs pour les départements, *franco par la poste.*

On ne paiera le prix de la Souscription qu'en recevant la première livraison.

On Souscrit à Paris :

CHEZ F.-G. LEVRAULT, LIBRAIRE,

RUE DE LA HARPE, n° 81.

A STRASBOURG, MÊME MAISON,

RUE DES JUIFS, N. 33.

Imprimé chez Paul Renouard, rue Garancière, n° 5.

1re LIVRAISON.

PRINCIPES

D'ÉCONOMIE POLITIQUE

ET DE FINANCE.

LYON

OBSERVATIONS PRÉLIMINAIRES.

L'ouvrage dont je publie la première livraison a,
comme je l'ai annoncé dans le Prospectus, pour objet et pour but l'application des principes d'économie
politique et de finance aux fausses mesures du pouvoir, aux fausses spéculations du commerce, aux fausses entreprises des particuliers, qui portent de si
graves atteintes à la richesse sociale; il me semble que
leur publication périodique fera insensiblement pénétrer les lumières de la science dans les grandes discussions de la richesse, lui donnera plus de garanties,
rendra plus facile et plus rapide la propagation de l'é-
conomie politique parmi les classes éclairées, et con-
tribuera puissamment aux progrès de la civilisation.

Qu'on ne prenne aucun ombrage d'un contrôle

I

qui doit mettre en évidence les méprises du pouvoir, du commerce et des particuliers dans les emplois
de la richesse ; ce contrôle, purement scientifique,
sera sans passion, sans tracasserie, sans malveillance,
et dans la seule vue du bien public. La science est
de sa nature inoffensive ; elle n'est hostile qu'à l'erreur, et qui pourrait s'en plaindre ? L'erreur est toujours un mal, fût-elle aussi vieille que le temps et
aussi accréditée que les usages et les habitudes dont
elle tire presque toujours son origine dans les matières économiques ; mais ce qu'on ne sait pas assez,
c'est que les erreurs qui nuisent à la richesse sont
surtout funestes au pouvoir dont elles diminuent les
ressources, la force et la puissance : c'est le ser-
que de le préserver de ses propres erreurs.

Sans doute la science, et surtout l'économie politique, n'a pas toujours raison ; elle n'est pas infaillible,
ses progrès en font foi ; mais sa faillibilité ne lui fait
rien perdre de sa considération, de son crédit et de
son influence sur la question de la richesse. Ses doctrines sont plus méconnues qu'exposées à de sérieuses
résistances, quelques novateurs les menacent depuis
quelque temps ; mais leurs hostilités ne sont pas redoutables, il est aisé de voir qu'on ne hasarde de
nouvelles théories que parce qu'on ignore celles qui
existent ; ce ne sera donc pas m'écarter de mon sujet
que de réfuter des opinions subversives de la science
dont la propagation et la diffusion ont été l'occupation et le vœu de toute ma vie.

RÉFUTATION

DE QUELQUES OPINIONS RÉCENTES SUR L'ÉCONOMIE POLITIQUE.

L'économie politique, telle que l'enseignent Turgot, Smith et Malthus, fait dériver le bien-être, l'aisance et la richesse de chaque individu, de chaque classe de la population et de chaque pays, du travail universel, de l'échange universel, de la concurrence universelle : c'est là son beau idéal.

Dans ce système, le pouvoir se borne à protéger les travaux, les échanges et les concurrences; sa protection est égale et la même pour tous; chacun est l'arbitre de sa fortune, et la richesse générale se compose de la totalité de la richesse individuelle. Son individualisme n'altère point sa puissance collective; il n'y a point de dépendance de chacun envers les masses, ni des masses envers chacun, il n'y a que réciprocité d'utilité et de service de chacun envers tous et de tous envers chacun; sous ce point de vue, l'éco-

1.

nomie politique ou sociale réunit toutes les conditions
de la liberté individuelle, tous les droits, tous les intérêts, toutes les satisfactions de la vie civile.

Des écrivains estimables et estimés en économie
politique, envisagent cette science sous un autre
point de vue, lui imposent d'autres lois et en atten-
dent de plus grands prodiges ; ils ne considèrent la
richesse comme un avantage pour un pays qu'autant
qu'il en résulte du bonheur pour tous ; ils ne veulent
pas l'égalité des conditions, mais du bonheur pour
toutes les conditions : d'où il suit que les produits du
travail doivent être répartis non selon la loi de la production, et proportionnellement aux droits respectifs
des consommateurs réglés par lé commerce, mais selon le tarif de leur bonheur.

Si cette doctrine novatrice est inspirée par la charité chrétienne, par un sentiment d'humanité, par l'a-
mour de ses semblables, elle est digne d'éloges, de
respect et d'admiration, et je lui donne mon entière
adhésion ; mais si l'on croit que ce sont là les lois fondamentales primitives et finales de l'économie politique, on s'abuse étrangement. L'économie politique n'a
aucun moyen de faire qu'on ne soit pas pauvre, indigent, misérable quand on ne travaille pas ou qu'on
travaille peu ou mal, elle n'a aucun moyen de donner
un salaire sans travail ou un salaire différent de celui
fixé par la concurrence, ni d'assurer la même aisance
à ceux qui font un bon ou un mauvais usage de leur
salaire. Là où chacun vit de son travail, et tel est le
vœu de l'économie politique, chacun ne doit attendre sa

fortune que de soi; et partout où les lois ne dégradent pas leur auguste caractère par d'odieux privilèges, cette condition des classes laborieuses est la plus fortunée de toutes celles dont elles ont joui dans la société civile; il est même permis de croire que l'économie politique qui fonde la richesse sur le travail, l'échange et la concurrence, n'y a pas peu contribué.

On n'en est pas cependant satisfait, et ce qui ne doit pas causer peu de surprise, des écrivains ambitieux de popularité accusent les prodigalités des gouvernans du malaise et de la détresse des classes pauvres et peu fortunées; mais les plus légères notions de l'économie politique suffisent pour dissiper leurs erreurs ou leurs préjugés; je ne veux pas cependant me faire le champion ou l'apologiste des gouvernans, ce serait m'écarter de mon sujet; ce qu'il y a de vrai dans les accusations banales contre les gouvernans, c'est que les bons ne font pas tout le bien qu'ils pourraient faire, et que les mauvais font plus de mal qu'on ne leur en impute; mais qui souffre de leurs torts, qui a droit de s'en plaindre, qui peut en poursuivre le redressement rationnel? Ce ne sont pas les classes pauvres ou peu fortunées, elles n'ont d'autre mise sociale que leur travail qui n'est et ne peut être atteint que par les détresses des classes aisées et riches qui les font travailler. C'est d'abord sur ces classes que pèsent les torts des gouvernans, les autres classes ne souffrent que de leur souffrance, et comme associées à leur bonne ou mauvaise fortune. C'est le comble de l'aveuglement de supposer, comme le font les novateurs

que je signale, que ces classes pauvres et peu fortunées ont des intérêts propres et indépendans de ceux
des classes riches et aisées, et que les unes sont à
l'abri des injures que les autres souffrent. De telles
hypothèses sont inconciliables avec les principes de l'é-
conomie sociale.

Sans doute les classes pauvres et peu fortunées
paient leur quote part de l'impôt qui est ordinairement le plus grand tort des gouvernans envers elles ;
mais c'est s'abuser que de croire que si on les exemp-
tait de tout impôt, il n'y aurait plus de pauvreté, d'indigence et de misère; je ne crains pas de dire que la
part d'impôt qu'elles supportent leur est moins onéreuse que si elle était acquittée par les classes riches
et aisées; il y a là, je le sais, de quoi faire crier au
paradoxe, il serait même facile de l'envenimer et de
m'accuser d'impopularité; je ne fais cependant que
parler le langage de la science, et l'on ne peut arriver
jusqu'à moi que comme son complice; mais alors je
ne suis coupable que de m'être égaré sur les pas des
hommes les plus populaires et qui ont consacré toute
leur vie au triomphe et à la gloire de l'humanité; et
ce qui me rassure encore plus que leur égide, c'est que
la science n'est ici que le résultat des faits.

Les classes pauvres et peu fortunées forment en
France environ les trois quarts de la population ou
vingt-quatre millions d'individus; si, comme tout
porte à le croire, leur part moyenne dans l'impôt est
de dix francs par individu (1), leur part contributive

(1) Celle de toute la population est de 33 fr. par individu.

est de 240 millions, ou près du quart de l'impôt d'un milliard que paie le peuple français.

Si les classes pauvres et peu fortunées étaient exemptes d'impôt, les 240 millions qu'elles paient tomberaient à la charge des classes riches et aisées; mais comment ces classes pourraient-elles les payer? Il n'existe que deux moyens, la réduction de leur dépense ou la diminution de leur capital, il n'y a pas de troisième moyen.

Mais qu'est-ce que réduire les dépenses de 240 millions? C'est diminuer le travail du montant de 240 millions.

Et qu'est-ce que payer avec son capital l'impôt de 240 millions? C'est réduire les fonds du travail de la totalité du capital consommé par l'impôt.

Exempter les classes pauvres et peu fortunées de l'impôt de 240 millions qu'elles paient, et le faire supporter par les classes riches et aisées, c'est exactement la même chose que diminuer la masse du travail de 240 millions, baisser le salaire de la même somme et réduire dans les mêmes proportions les subsistances des classes pauvres et peu fortunées. Vaut-il mieux pour elles payer moins d'impôts et gagner moins de salaires, ou avoir plus de salaires et payer plus d'impôts? le résultat économique serait le même dans les deux cas; il n'y aurait ni plus ni moins de bien-être et d'aisance dans un cas que dans l'autre; mais il y aurait plus d'oisiveté et de vices, moins de moralité et plus de désordres sociaux.

Ce n'est pas tout.

Si le travail était réduit chaque année de 240 millions, la production diminuerait chaque année de 240 millions, et sa décadence accroîtrait chaque année la détresse des classes pauvres et peu fortunées.

Cet exemple doit faire sentir avec quelle réserve et quelle défiance il faut accueillir les novations en économie politique; il ne suffit pas de bonnes intentions pour faire le bien du peuple et mériter la popularité, il faut encore savoir comment on produit la richesse dont dépend son bien-être, et alors on découvre que la production de la richesse est assujétie à des lois qu'on ne peut ni changer ni modifier au gré de ses passions et de ses intérêts.

Des écrivains anonymes ne font aucun doute de la puissance illimitée de l'économie politique pour la production de la richesse, ils ne craignent pas de dire qu'elle ne doit laisser aucun besoin en souffrance aucun desir impuissant, aucune ambition déçue. C'est une feuille périodique qui impose ce prodige à l'économie politique, et cependant elle paraît garder des mesures dans ses doctrines et se tenir éloignée des opinions extrêmes.

« On est d'accord, dit cette feuille, qu'il faut amé-
« liorer le sort physique du plus grand nombre, non
« en dépouillant la minorité des riches, ni quêtant
« l'aumône pour la majorité des pauvres, mais en
« créant pour tous une somme plus forte de bien-être,
« en augmentant la richesse sociale et lui ménageant
« une diffusion plus équitable, et la chose est possible !
« car il faut bien reconnaître les accroissemens pro-

« digieux donnés , depuis trois siècles , au capital et
« aux revenus qui composent la fortune particulière et
« générale des nations et des individus; il faut bien
« reconnaître la divisibilité lente et progressive de la
« richesse et de la diminution sensible des classes
« nombreuses de prolétaires et d'indigens, même sous
« un régime faux et inique d'économie politique et
« sociale que renverseront l'intelligence et la moralité
« de notre époque. »

Quoi! l'économie politique a , depuis trois siècles,
fait des accroissemens prodigieux au capital et au revenu des peuples et des individus; elle a considérablement diminué le nombre des prolétaires et des indigens, et cependant on l'accuse d'avoir suivi un régime faux et inique ? Il me semble que quand une
cause a produit de bons effets , elle ne doit point trouver
de détracteurs ; n'eût-elle pas fait tout le bien qu'elle
aurait pu faire, on ne doit pas moins lui tenir compte
du bien qu'elle a fait , la modicité du bienfait n'est
jamais un motif d'ingratitude.

Qu'on doive concevoir de hautes espérances de l'a-
venir des peuples et de celui des classes pauvres et peu
fortunées, j'en accepte l'augure. La perfectibilité humaine ne s'épuise pas par les succès ; mais il ne serait
ni sage ni logique d'en conclure qu'on fera mieux
qu'on n'a fait , et que l'avenir sera délivré de prolétaires et d'indigens , parce que le passé en a diminué
le nombre. Je crois aux progrès de l'économie politique, et cependant je ne vois pas d'où viendra le perfectionnement ; on ne s'est pas expliqué sur les espé-

rances dont on se flatte, et l'on est dispensé de raison-
ner sur ce qu'on ne connaît pas; mais si l'on en peut
juger par ce qu'on a laissé apercevoir, quelque défiance est permise sur le succès qu'on nous promet.

Que dit-on en effet ?

« Si les débats législatifs et la presse peuvent con-
« server encore leur crédit , si les questions de minis-
« tère et de système veulent devenir nationales et po-
« pulaires, c'est à condition.... que députés, écrivains,
« hommes d'état, pour être quelque chose, devront se
« faire les moteurs intelligens d'une immense produc-
« tion, les répartiteurs fermes et purs de la fécondité
« et de la richesse du pays. »

Ainsi, dans le système de l'économiste novateur, ce
n'est plus la population qui, par son travail libre et indépendant, doit produire la richesse sociale, la distribution ne doit plus se faire par l'échange des produits , ni l'échange être régularisé par la concurrence
des échangistes; le pouvoir sera le moteur intelligent
d'une immense production et le répartiteur ferme et
pur de la richesse du pays; mais où le pouvoir pren-
dra-t-il la force motrice de la production ? Sera-t-elle
physique ou morale, renouvellera-t-il les castes ou l'esclavage, ne sera-t-il que le moteur, le directeur, le chef
d'atelier du travail du pays? Alors on doit sentir que
ses facultés, quelque étendues qu'on les suppose, n'é-
quivaudront pas à celles de toute la population industrielle et laborieuse inspirée par son intérêt; comment
pourrait-il l'égaler dans ses créations presque toujours l'œuvre de l'expérience , et la surpasser dans le

développement qu'elle leur donne par l'impulsion de l'intérêt personnel, de l'émulation, de la rivalité et de l'ambition? il n'aurait ni l'œil ni la tête du maître, et recevrait la loi au lieu de la donner. S'il est universellement reconnu que tout ce que le gouvernement fait faire n'est ni aussi bien fait ni à aussi bon marché que ce que fait l'industrie privée, ne serait-ce pas se jouer des leçons de l'expérience que de lui confier les soins de la production et d'en attendre les prodiges qu'on croit pouvoir lui imposer?

Ce serait bien autre chose si le pouvoir devait être le répartiteur de la production; sa répartition serait-elle facultative ou légale? L'un et l'autre mode sont si monstrueux qu'on ne sait pas comment ils ont pu venir à la pensée de quiconque a la moindre notion de la concurrence, cette loi fondamentale de l'économie politique; qui ne voit en effet qu'aucun pouvoir humain ou social ne peut tenir la balance de la répartition des produits du travail avec autant de fermeté et d'impartialité que la concurrence du producteur et du consommateur; elle est fondée sur la nature des choses, que peuvent contre elle toutes les combinaisons humaines?

Mais ne dira-t-on pas : à quoi bon réfuter des opinions qui n'ont pas besoin de réfutation, n'est-ce pas leur donner une importance qu'elles n'ont pas et ne méritent pas? Cette réflexion ne m'a point échappé; mais il m'a semblé qu'il était bon de les réfuter pour préserver les classes pauvres et peu fortunées des illusions dont on les berce pour leur malheur et dont

elles ne sont que trop disposées à être les victimes.
Quand on leur dit que le pouvoir doit être le moteur
d'une immense production , qu'il doit la répartir de
manière à diminuer le nombre des prolétaires et des
indigens, et que s'il ne peut pas niveler les conditions; il doit dispenser du bonheur à toutes; il est bon
qu'elles sachent que le pouvoir ne peut pas plus pour
elles que pour les classes riches et aisées, qu'il ne dépend pas plus de lui de faire les pauvres riches que les
riches pauvres; que le bien-être, l'aisance, la richesse
sont le produit du travail total , que chacun prend
dans ces produits la part que lui donne l'échange , et
que l'impartialité de l'échange lui est garantie par la
concurrence des vendeurs et des acheteurs , ou par
l'offre et la demande. Peut-on faire mieux? je l'ignore,
mais je ne crains pas de dire que dans aucun temps ,
dans aucun pays ni sous aucun gouvernement, on n'a
fait aussi bien : ce résultat mérite quelque considération, même de la part des novateurs.

Ce n'est pas que je pense que le gouvernement doive
rester indifférent au bien-être, à l'aisance, à la richesse des peuples qu'il régit; mais , quelque intérêt
qu'il y prenne, il doit agir comme la Providence qui
pourvoit aux besoins de tous par des lois générales, et
ne répand ses bienfaits sur personne par des lois particulières. A son exemple, il doit travailler à la prospérité
publique par la sagesse et l'habileté de ses mesures; mais il ne lui appartient pas d'en faire la répartition, personne ne peut lui demander compte de celle
qui se fait sans son concours et sa participation , elle

est l'œuvre commune de tous les individus, de toutes les classes de la population de chaque pays; le pouvoir ne peut ni a changer ni la modifier par son autorité ou son influence.

Telles sont les lois de l'économie politique sur les points fondamentaux de la production et de la répartition des produits, et il ne sera pas inutile de les avoir rappelées dans un moment où l'on s'efforce de les dénaturer, de les pervertir, et où leur déviation a été le signal de tant de désordres et de perturbations économiques, moraux et politiques. La vérité est toujours utile à tous, et l'erreur un mal même pour ceux qu'elle veut protéger.

SUR LES DOUANES.

(Article premier.)

Les douanes françaises limitent les relations commerciales de la France avec les autres peuples à l'importation des objets qu'elle ne produit pas, et que d'autres peuples produisent, et à l'exportation de ceux qu'elle produit, et que les autres peuples ne produisent pas. Ce commerce s'élève annuellement à 600 millions d'importations, et se balance par des exportations d'une égale valeur. Dans cette direction il n'a que des avantages et point d'inconvéniens ; l'échange qu'il fait des produits dissemblables des divers pays donne à chaque peuple plus d'aisance, de commodités et de jouissances, et n'a de bornes que dans la faculté de produire et de consommer : bornes indéfinies et indéterminées.

Quoique la limite du commerce avec l'étranger

soit tracée par sa nature, on veut la lui faire franchir, l'entraîner dans de nouvelles voies, agrandir son domaine et l'étendre jusqu'aux produits que chaque pays fait le mieux et à meilleur marché. Mais qu'espère-t-on de cette innovation ?

On se persuade qu'en ouvrant le marché national aux produits de l'étranger analogues à ceux du pays, la concurrence s'établira entre eux, et en fera baisser le prix; que le bon marché des consommations améliorera la condition des classes les plus nombreuses et les moins aisées de la population, et qu'on accomplira le vœu de l'humanité, les devoirs du gouvernement et la dette sacrée des peuples libres.

Peut-on arriver à ce but desirable par la consommation des produits exotiques au détriment des produits indigènes? Convient-il de mettre aux prises les producteurs nationaux avec les producteurs étrangers? Est-il indifférent à un pays de consommer ses produits ou ceux de l'étranger? Si la préférence est due à ceux qui sont les meilleurs et à meilleur marché, on ne peut la donner aux produits de l'étranger que sous la condition d'en payer la valeur; et où prendra-t-on cette valeur?

Ce n'est pas dans les produits indigènes, qui sont épuisés par l'échange qu'on en fait avec les objets que le pays ne produit pas. C'est un commerce à part qui n'a rien de commun avec le nouveau.

Ce n'est pas non plus avec les produits indigènes moins bons et plus chers que ceux de l'étranger, il n'y a point d'échange entre des produits supérieurs et inférieurs; aucun équivalent ne peut balancer leur inégalité permanente.

Il n'y a de ressource que dans les capitaux, mais leur épuisement serait rapide, et de leur disparition graduelle et successive, résulteraient la décadence et la ruine du pays consommateur des produits étrangers qu'il ne peut pas payer avec ses produits indigènes.

Tel serait le résultat infaillible de l'innovation qui étendrait le commerce des produits dissemblables des divers pays à leurs produits les meilleurs et à meilleur marché.

Une autre considération fait encore mieux sentir les dangers de cette innovation.

Toute consommation de produits exotiques analogues aux produits indigènes, réduit dans la même proportion la production nationale, le salaire du travail, les profits du capital, la rente de la terre, le revenu du pays, l'impôt, principe de vie, de force et de puissance des états modernes. On saperait donc par sa base la prospérité du pays, nécessairement dépendante de sa production, et l'on serait d'autant plus pauvre, qu'on produirait moins, et qu'on consommerait plus de produits étrangers. Jusqu'où s'étendrait cette consommation si elle embrassait les produits les meilleurs et à meilleur marché? C'est ce dont il est difficile de se faire une idée dans l'état actuel de l'industrie relative des peuples.

Depuis la découverte des machines, et leur application à toutes les branches de l'industrie, le monde commercial a subi une transformation totale. Ses rap-

ports sont détruits ou changés. Un ordre nouveau a
commencé avec les machines perfectionnées. L'ouvrier qui ne faisait que l'œuvre d'un individu, fait
maintenant, avec les machines, l'ouvrage de deux cents,
et avec un million d'ouvriers un pays peut inonder
de ses produits tous ceux qui lui sont inférieurs en
industrie. La domination des machines exclut toute
concurrence; il faut faire aussi bien que le pays où
elles sont le plus perfectionnées, ou leur abandonner
le marché; on ne peut pas même glaner après eux :
leur fécondité excède tous les besoins.

Un droit protecteur, quel qu'il fût, serait impuissant
pour balancer la supériorité des machines; il serait
fixe et les machines progressives.

Il pourrait suffire le jour qu'il serait établi, et se
trouver hors de toute proportion dans un an, dans
un mois, et peut-être dans un temps plus court. La
taxe sur les alambics en Écosse en offre un exemple
mémorable; et il n'est pas le seul : n'a-t-on pas vu en
France dans l'espace de quinze ans les machines faire
baisser les prix des produits de l'industrie de 50, de
75 et même de 100 pour cent? qui peut dire si la
baisse est arrivée à son terme et où elle s'arrêtera?
Dans un tel état des choses, il y aurait plus que de
l'imprudence à établir l'équilibre des machines par
un droit protecteur. On risquerait de compromettre la fortune d'un pays, au moment où l'on
croirait l'avoir assurée. Il n'y a désormais de sûreté
pour le producteur national qu'à l'abri du monopole du marché intérieur, et l'on ne doit disputer

l'empire de l'industrie que dans les marchés du monde.

On ne revient pas de sa surprise, lorsqu'on se représente par la pensée la condition à laquelle la cessation de toute prohibition réduirait le producteur agricole et industriel de la France, et cependant la France est, sous le rapport de l'agriculture et de l'industrie, dans une position élevée et supérieure à celle de la plupart des autres peuples agricoles et industriels. Jamais la vérité ne fut si loin de la vraisemblance que dans le prodige des machines. On s'accuse d'exagération lors même qu'on ne fait que résumer les faits les mieux constatés.

Il est de fait que la Russie, la Pologne, la Prusse, quelques petits états de l'Allemagne et de l'Amérique du nord, pourraient nous fournir annuellement pour 4 à 5oo millions de céréales, et d'autres produits agricoles à 25 et 3o pour cent, meilleur marché que nos produits de la même nature.   4oo millions.

Il est de fait que l'Angleterre et la Belgique nous livreraient chaque année pour 1oo millions de houille et de fer à 4o et 5o pour cent, meilleur marché que nos fers et nos houilles.   1oo

Il est de fait que l'Angleterre, la Belgique, la Saxe et la Suisse verseraient chaque année sur nos marchés pour plus de 5oo millions de tissus à 3o et 4o pour cent, meilleur marché que la plupart de nos tissus.   5oo

Report   1ooo

A reporter 1000 millions.

Enfin, il est de fait que l'Angleterre,
la Hollande et l'Amérique du nord,
qui naviguent à beaucoup moins de
frais que notre marine marchande,
nous approvisionneraient chaque année des produits des deux Indes, et de
ceux de la pêche maritime, et feraient
notre fret à 25 et 30 pour cent, meilleur marché que nos armateurs. On
ne peut pas évaluer ces services au-
dessous de.   500
                                                         ——————

Total des produits meilleurs et à meilleur marché que l'étranger pourrait
fournir à la France s'il n'existait pas de
prohibition.   1500 millions.

C'est à-peu-près le quart de la valeur de notre travail, de notre production et de notre revenu.

Le droit protecteur nous préserverait-il de la perte
de la totalité ou d'une partie de nos produits du sol
et de l'industrie; ou cette perte serait-elle balancée
par de nouveaux emplois de nos capitaux et de notre
travail? Ce sont là des questions sur lesquelles ou
peut disserter tant qu'on voudra; mais on conviendra
qu'il serait périlleux de braver leur solution.

Qu'on ne s'effraie pas cependant de notre inférior-
rité en agriculture, en industrie, et en navigation;
elle résulte de causes temporaires et transitoires qui
ne résisteront pas à l'action du temps. On peut s'en

reposer sur les nombreuses épreuves que nous en avons faites. Nous avons réparé la perte de nos colonies, l'épuisement de nos capitaux dans les longs désastres de notre révolution, et dans les fréquentes perturbations de notre crédit, et les exigences du blocus continental, qui nous força de disperser les débris de nos capitaux sur toutes les branches de l'industrie, de ne donner à chacune que des secours insuffisans et hors de proportion avec ceux que d'autres peuples leurs prodiguaient avec tant de libéralité dans l'espoir de leur assurer une supériorité irrésistible, espoir qui n'a pas été déçu.

Si quelque chose doit nous surprendre et nous rassurer dans les circonstances où nous sommes, c'est que, malgré tous les obstacles que notre industrie avait à surmonter, elle a fait d'immenses progrès, et si elle n'a pas atteint les peuples qui l'avaient devancée, elle nous a du moins affranchi des tributs que nous aurions payés à leur industrie : désormais, il ne s'agit plus entre eux et nous que du mieux faire et du meilleur marché, but auquel il faut tendre, mais sans compromettre l'état actuel de la production nationale.

Il ne faut pas nous le dissimuler ! notre industrie ne s'est élevée au point où elle est parvenue que sous la sauvegarde de la prohibition de l'industrie étrangère, et du monopole d'un marché toujours croissant de 26 à 32 millions de consommateurs : lui ravir ce palladium, quand sa protection lui est encore nécessaire ce serait l'engager dans une lutte périlleuse, et l'exposer à de funestes revers. Attendons qu'elle soit parvenue à l'égalité des forces, et par ce qu'elle a fait, on peut, sans trop de présomption, se flatter que le moment n'est pas éloigné où elle n'aura rien à redouter du mieux faire et du meilleur marché de l'industrie étrangère.

Ici se présente une question de principe tout-à-fait étrangère à l'état de l'industrie relative des peuples industrieux, mais qui peut donner une idée exacte de la nature, du caractère et de l'étendue de leurs relations commerciales.

Est-il vrai qu'indépendamment de l'échange de leurs produits dissemblables, les peuples peuvent étendre leur commerce aux produits qu'on fait le mieux et à meilleur marché?

Ad. Smith, le législateur de la science économique, a conseillé le commerce du mieux faire et du meilleur marché. Il a posé en principe que tout prudent père de famille ne fait pas lui-même ce qui lui coûterait plus cher à faire qu'à acheter. (1)

Mais son autorité n'a pas suffi pour accréditer sa doctrine, elle n'a point obtenu l'assentiment des gouvernemens, et elle est encore un des points les plus controversés de l'économie sociale. Il n'y a pas de doute que le père de famille qui paie avec ce qu'il fait le prix de ce qu'il achète, a du profit à acheter ce qui lui coûterait plus cher à faire. Dans ce cas, il y a échange des produits les mieux faits et à meil-

---

(1) Rich des nat, liv. iv, ch. 2.

leur marché, et par conséquent avantage pour tous les échangistes : mais, si l'un des deux échangistes ne trouve point à vendre les produits de son travail pour payer le prix de ceux qu'il consomme, il doit renoncer à acheter ce qu'il ne peut pas payer avec son travail, et se contenter de ses produits, quoique moins bons et plus chers que ceux qu'il aurait achetés, parce qu'il tire parti de son travail, qui forme la plus grande valeur de tous les produits qu'il consomme.

Ce qui est vrai du père de famille, l'est à bien plus forte raison d'un pays qui ne peut pas payer avec son travail le prix de ce qu'il achète. Dans ce cas, la consommation de ses produits quoique moins bons et plus chers que ceux de l'étranger, lui est plus profitable que celle des produits de l'étranger, parce qu'il consomme la valeur de son travail, et qu'il l'aurait perdue en consommant les produits de l'étranger. Le travail est la source de la richesse moderne, et l'on doit prendre garde de la laisser écouler sur le sol étranger.

Et qu'on ne dise pas que si le producteur national ne peut pas payer avec les produits de son travail le prix de ce qu'il achète de l'étranger, il peut donner en échange les matières premières dans lesquelles il entre plus ou moins de travail.

Cet emploi de son travail le placerait dans la condition la plus fâcheuse pour sa fortune et sa puissance politique. Dans la production des matières premières, le travail et les capitaux ne sont pas aussi productifs que ceux qui sont employés dans l'industrie. L'agriculture, qui produit la plus grande partie des matières premières, est de toutes les industries celle qui donne de moindres profits aux capitaux fixes, et de moindres salaires au travail.

La rente du propriétaire qui représente les profits du capital fixe de l'industrie agricole, n'est pas au-dessus de 3 à 4 pour 100, tandis que les profits du capital fixe de toutes les autres branches de l'industrie sont au moins de 10 pour 100.

Les salaires du travail industriel sont à-peu-près le double de ceux du travail agricole.

Aussi, les pays même les plus avancés dans l'agriculture sont-ils, sur l'échelle de la richesse, bien loin des pays industrieux; surtout depuis que l'industrie fécondée par les machines fait avec un ouvrier l'ouvrage de 200. Dans un tel état de choses, il ne faut à l'industrie que des consommateurs, et il est de l'intérêt des peuples industrieux qui ne peuvent pas soutenir le commerce de leurs rivaux de se refuser au commerce des produits les meilleurs et à meilleur marché; il dévorerait leurs richesses accumulées, épuiserait leur revenu, et les ferait rétrograder vers les emplois mal récompensés de l'agriculture.

Mais n'est-il pas à craindre que si chaque peuple prohibe le commerce des produits les meilleurs et à meilleur marché de l'étranger, et se contente de ses produits, quoique moins bons et plus chers que ceux de l'étranger, l'industrie locale délivrée de la concurrence étrangère ne reste stationnaire, que le producteur n'abuse du monopole du marché intérieur pour élever le prix de ses produits au-dessus de leur valeur intrinsèque; que la cherté des produits ne soit, pour le plus grand nombre des consommateurs, une cause de malaise et de souffrance, qu'elle ne restreigne la consommation, n'arrête le développement de la production, et n'oppose un obstacle fâcheux aux progrès de la richesse particulière et générale? Ce danger est en effet signalé dans la science économique. Elle réprouve avec toute l'énergie de la conviction le régime des corporations, restrictif de la concurrence intérieure; le système prohibitif de la concurrence étrangère et les privilèges, qui tuent toute émulation, tout progrès, tout avancement; elle garde toute sa prédilection pour la liberté absolue du commerce qu'elle considère comme le plus puissant mobile de la richesse moderne. Il faut cependant en convenir, l'expérience n'a réalisé ni le blâme, ni les éloges de la théorie.

En Angleterre, l'industrie, toujours assujétie au régime des corporations, des prohibitions et des privilèges a toujours été progressive, et s'est élevée à un degré d'avancement et de perfectionnement auquel aucun autre peuple industrieux n'est parvenu. En suivant la marche de l'Angleterre, les autres peuples industrieux ont aussi obtenu des succès; ils sont moins étendus, mais sont tout aussi certains. Il semble donc que l'industrie n'a besoin pour sa prospérité que du monopole du marché national, et qu'avec son secours elle peut surmonter tous les vices des corporations, des prohibitions et des privilèges. Ce phénomène ne doit causer aucune surprise, si l'on considère

que l'industrie est particulièrement sous l'influence
de la perfectibilité humaine, et lui doit tous ses succès. Si telle est sa puissance sous le poids énorme des
corporations, des prohibitions et des privilèges, quels
prodiges n'en doit-on pas attendre sous le régime de
la liberté de l'ouvrier et de l'ouvrage, avec la certitude de la consommation des produits par le monopole du marché; avec la concurrence des collabora-
teurs même du produit, avec l'espoir d'arriver à la fortune par plus d'habileté, d'activité et de travail. Douter
de l'efficacité de la concurrence de tous les producteurs
d'un pays, ce serait méconnaître la nature humaine et
les temps où nous vivons. Appeler l'étranger dans la
lutte de la production nationale, ce serait conspirer
contre elle, ou du moins s'exposer à des périls qu'elle
ne serait peut-être pas en état de supporter.

Qu'on ne perde pas de vue surtout que dans l'état
actuel des arts industriels, et de la presse, qui leur donne
la plus grande publicité, la concurrence des produits
étrangers dans le marché national, n'est nécessaire ni
utile aux progrès de l'industrie locale; on la remplace
avec plus de succès et de profit par l'importation des
machines et l'exportation des ouvriers des pays les
plus expérimentés et les plus capables de familiariser
les nationaux avec leurs procédés et leurs pratiques.
Quand on peut si facilement s'approprier la fabrication des peuples les plus habiles, il est inutile d'acheter leurs produits pour les étudier, les imiter et les
égaler en beauté et en bon marché. L'imitation qui
doit égaler son modèle avant d'entrer en concurrence

avec lui, n'est pas aussi sûre du succès, et coûte beaucoup plus que celle qui s'élève à l'ombre du monopole du marché, et ne se hasarde à entrer en concurrence que quand elle peut la soutenir. Il vaut mieux
suivre les voies de l'industrie avec des guides et des
maîtres qui en facilitent l'accès, que d'interroger des
modèles qui ne se révèlent qu'au génie.

Ainsi, aucune raison ne motive l'extension du commerce avec l'étranger relativement aux produits les
meilleurs et à meilleur marché. Cette innovation est
contraire à sa nature qui, comme on l'a vu, le circonscrit et le limite aux produits dissemblables de tous
les pays. C'est ainsi qu'on l'a toujours compris et pra-
tiqué dans tous les temps et dans tous les pays. Toujours il a porté au nord les produits du midi, ceux
du nord au midi, et ceux du tropique dans le monde
entier. Jamais on ne l'a vu, dans le dessein et l'espoir
d'étendre ses spéculations sur les produits les meilleurs et à meilleur marché, porter des fourrures aux
peuples chasseurs, des peaux et des laines aux peuples
pasteurs, des produits de l'agriculture aux peuples
agriculteurs; du coton, du sucre, du tabac, des métaux précieux dans les deux Amériques; des épiceries
et des tissus dans l'Inde, et du thé à la Chine. Pourquoi donc l'engager dans la lutte du mieux faire et
du meilleur marché? Pourquoi faire du plus puissant
moyen de paix et de civilisation, un foyer de rivalités, d'hostilités, de domination de conquête et de spo-
liation? ce problème est au-dessus de mes forces, et je
laisse sa solution aux plus habiles.

Je crois cependant à la possibilité d'étendre le commerce avec l'étranger au-delà de ses limites naturelles. Je l'indiquai en 1822 dans mon opinion législative sur la loi des douanes; je rendis à la liberté du commerce l'hommage de ma conviction, comme je la lui avais rendue dans mes ouvrages d'économie politique, mais je déclarai qu'on ne pouvait la tirer du chaos où l'avait plongée le blocus continental que par des traités de réciprocité entre les gouvernemens. Le gouvernement anglais a-t-il partagé ou devancé mon opinion? peu importe! ce qu'il y a de certain, c'est qu'il poursuit le système de réciprocité avec toute l'habileté qu'on lui connaît, et qu'il se félicite du succès qu'il en obtient. N'est-ce pas là le véritable gage de conciliation des peuples commerçans? c'est du moins le seul qui dans mon opinion ne blesse aucun intérêt s'il ne les satisfait pas tous.

2° LIVRAISON.

SOMMAIRE.

PRINCIPES

D'ÉCONOMIE POLITIQUE

ET DE FINANCE.

~~~~~~~~~~~~~~~~~~~~~~~~~~~~~~~~~~~~~~

SUR LES DOUANES.

(Article second.)

———

Dans l'état actuel du commerce des nations, les douanes sont les arbitres des relations commerciales de tous les pays; elles les dirigent par des mesures plus ou moins prohibitives, plus ou moins onéreuses, et tendent surtout à faire tourner leur balance en faveur du pays qu'elles régissent; mais il faut en convenir! cet arbitrage prodigieux sous tant de rapports ne satisfait personne. L'opinion publique poursuit de toute son influence le remplacement des prohibitions par des taxes modérées et conciliables avec la liberté du commerce, vœu plus facile à faire qu'à accomplir.

Il me semble que la difficulté n'est pas là. Les importations du commerce étranger ne sont pas toutes nuisibles à l'industrie nationale. Il en est qui non-seulement ne lui font aucun dommage, mais qui lui sont même nécessaires et utiles; pourquoi donc entraver leur circulation et leur imposer des conditions difficiles et dispendieuses; d'autres au contraire sont hostiles à l'industrie nationale, la mettent en péril, si elles ne causent pas sa ruine. Peut-on, doit-on les tolérer à aucun prix? C'est là, ce me semble, le nœud que les douanes françaises ne dénouent ni ne tranchent. Leur grand vice est de frapper le commerce sans utilité pour l'industrie, d'être arbitraires pour le bien comme pour le mal, de ne reculer que devant l'influence du commerce et de l'industrie, et de faire par faveur ce que la justice et souvent la nécessité exigent. Si je ne me fais point illusion, les douanes peuvent, non concilier la prohibition et la liberté, qui sont inconciliables, mais appliquer l'une et l'autre aux cas qui leur conviennent. La difficulté en est grande, mais elle n'est pas insoluble.

L'esprit actuel des peuples commerçans est de vendre beaucoup à l'étranger, et d'acheter peu de lui, comme s'il y avait plus de profits à vendre qu'à acheter, ou plus de chances dans l'achat que dans la vente! C'est une de ces préventions contre lesquelles échoue la raison humaine. Ce qu'il y a d'étrange, c'est qu'elle est moderne, on n'en trouve aucune trace ni dans l'antiquité, ni dans le moyen âge; elle ne parut que vers le milieu du xviie siècle. Jusque-là on avait regardé le commerce avec l'étranger comme une faculté inoffensive; on ne manifestait contre lui ni inquiétude, ni défiance, ni jalousie. Tyr, Carthage, Marseille et Corinthe faisaient sans résistance et sans obstacles le commerce dans tous les pays, et recevaient partout l'accueil le plus hospitalier. Il ne faut pas s'en étonner! ils portaient à chaque pays les produits qu'il n'avait pas et desirait avoir, et en exportaient ceux qu'ils avaient et dont ils ne se souciaient pas. Le commerce offrait donc partout des jouissances sans sacrifices et même sans privation; pouvait-il n'être pas desiré, recherché et reçu avec empressement et faveur?

Qu'on ne tire aucun argument contre moi d'un fait célèbre dans l'histoire ancienne.

Si le Carthaginois Hannon déclara aux Romains qu'il ne souffrirait pas qu'ils se lavassent les mains dans les mers de Sicile, ni qu'ils naviguassent au-delà du beau promontoire, ni qu'ils étendissent leur trafic en Afrique et en Sardaigne, ce n'était pas dans des vues prohibitives de commerce, mais dans des craintes politiques; ce n'est pas la route du commerce qu'il voulait leur fermer, il savait qu'ils n'en faisaient aucun cas, il voulait seulement les éloigner des pays dont la conquête pouvait tenter leur ambition; que telle fut l'intention de l'amiral carthaginois, c'est ce qui résulte du traité lui-même, qui permet aux Romains de trafiquer directement avec Carthage. (1)

Le moyen âge ne fut pas plus que l'antiquité hostile au commerce avec l'étranger, il lui imposa à la vérité des tributs auxquels l'antiquité ne paraît pas l'a-

(1) Traité qui termina la première guerre punique.

3.

voir assujéti, mais si l'on fait attention à l'espèce de ces tributs, on est porté à les regarder comme le prix de la protection qu'on lui accordait, ou des services qu'on lui rendait. Dans cette période de violence et de cupidité, le commerce était sujet à des droits de navigation sur les fleuves, de séjour dans les ports, de passage sous les ponts, de stationnement sur les quais, et de roulage; mais ce qui mérite surtout d'être remarqué, c'est qu'on percevait les mêmes droits sur le commerce intérieur et extérieur; on ne les distinguait pas l'un de l'autre.

D'où vient que les peuples modernes se sont fait du commerce des idées si différentes de celles qu'on en avait dans l'antiquité et le moyen âge? d'où leur est venue la pensée de limiter ses importations et de ne mettre aucunes bornes à ses exportations? Quelque étrange que doive paraître cette révolution commerciale, il est difficile de ne pas en apercevoir le germe dans des passions politiques.

Cromwell en donna le premier exemple dans le fameux acte de navigation que lui inspira son ressentiment contre la Hollande, qui avait épousé la cause des Stuarts. Cette mesure hardie de Cromwell ferma les ports de l'Angleterre à la Hollande, ébranla sa puissance commerciale, et prépara sa décadence politique.

L'acte de navigation eut plus tard de plus grands et de plus fortunés résultats pour l'Angleterre. L'expérience lui apprit qu'on pouvait en tirer d'utiles privilèges sur la navigation des autres peuples, et elle ne négligea rien pour s'en assurer la possession. A la

restauration de Charles II, on lui donna tous les développemens qui pouvaient réaliser les projets ambitieux
qu'il favorisait. Deux dispositions composent tout le
système qu'il établit.

1° Il défendit d'importer en Angleterre les produits
de l'Asie, de l'Afrique et de l'Amérique, autrement
que sur des navires anglais.

2° Il ne permit d'introduire en Angleterre les produits de l'Europe que sur des navires anglais, ou sur
des navires construits dans le pays de la production.

Cette double prohibition fit entrer l'Angleterre
dans un système commercial entièrement différent de
celui que faisait le monde commerçant. La liberté était
la loi commune du commerce; des tributs plus ou
moins onéreux l'entravaient dans sa marche, mais ne
l'arrêtaient point dans sa carrière. Après l'établissement du système prohibitif en Angleterre, ce fut tout
autre chose : tout accès lui fut fermé dans les ports
de ce pays, mais le pays ne se priva point par cette
exclusion de la faculté de continuer son commerce
avec les autres peuples; ils ne commerçaient plus avec
elle, mais elle commerçait avec eux, étrange combinaison, qui réunit dans ses mains les profits du
commerce qu'elle faisait avec eux, et de celui qu'ils ne
faisaient plus avec elle. Les richesses qu'elle en re-
cueillit furent immenses. Un écrivain très versé dans
la connaissauce pratique du commerce, les a évaluées
pendant une période de trente années à la somme
prodigieuse de 16 milliards. (1)

_____

(1) Du commerce intérieur, par M. Rodet.

On ne peut se faire une idée des trésors que le système prohibitif aurait accumulés en Angleterre, si la guerre de la révolution française n'avait entraîné le commerce général dans de nouvelles directions qui obstruèrent ses canaux et portèrent le désordre dans la circulation. Le système continental rendit commun à tous les peuples commerçans le système prohibitif jusqu'alors réservé à l'Angleterre. Chacun fut forcé de pourvoir à ses besoins, l'industrie locale prit la place du commerce général, et les douanes prohibitives la préservèrent de ses dangereux essais. Elles prirent en France le caractère imposant de protectrices de l'industrie nationale contre l'invasion de l'industrie supérieure de l'étranger.

L'Angleterre s'est long-temps méprise sur les résultats de l'industrie locale protégée par les douanes prohibitives; elle était loin de leur attribuer l'engorgement des produits de son industrie; leur dépréciation, la réduction des profits de son capital, la diminution du travail, et la détresse de ses classes laborieuses. Long-temps ses écrivains les plus éclairés en ont cherché les causes dans les dépenses excessives de la guerre, l'énormité de la dette publique, la pesanteur des impôts, et les vices du système monétaire. Docile à leurs avis, le gouvernement fit usage de tous les remèdes qu'on lui signalait, et cependant le mal ne cessait pas et ne devait pas cesser tant qu'on prenait des effets pour des causes, et des apparences pour des réalités.

Enfin, l'Angleterre a compris que le système prohibitif dont elle avait recueilli pendant près d'un siècle et demi les fécondes moissons, en développait maintenant le germe chez d'autres peuples, qu'elle ne pouvait plus se flatter de leur faire accepter ses produits, quand elle refusait les leurs, et elle s'est résignée à une justice tardive ; elle a modifié son fameux acte de navigation, limité son système prohibitif, et proposé aux peuples navigateurs un système de réciprocité ; mais avec quelque habileté que ses nouvelles doctrines aient été professées, publiées, accréditées, elles ont eu peu de succès, l'industrie locale ne s'est pas ralentie, et le système prohibitif semble avoir reçu un nouvel élan des critiques intéressées de l'Angleterre.

Plusieurs états de l'Amérique du nord ont créé de nombreuses manufactures à l'abri des douanes prohibitives, spéculation qu'on ne devait pas craindre de sitôt d'un peuple qui n'abonde ni en capitaux ni en crédit, ni en population, et qui tire de si grands profits de l'emploi qu'il en fait dans l'agriculture et le commerce, mais il s'est laissé séduire par la supériorité des bénéfices des manufactures dans un pays dont la population est progressive et dont les progrès n'ont point de bornes ; ne fût-ce qu'une illusion, il ne sera pas facile de l'y faire renoncer tant qu'il lui suffira de la sauve-garde des douanes prohibitives.

La Prusse suit la même marche, elle compte aussi sur leur puissance pour donner les plus grands développemens à ses manufactures nées pour la plupart du système continental ; mais elle a bien compris que si leurs produits n'avaient de débouché que dans ses.

marchés, on ne devait en attendre ni de grands profits, ni de grands progrès, ni une grande influence
sur la richesse du pays ; la consommation intérieure
a été rarement en effet son principe et sa source. Dans
ses vues spéculatives, la Prusse a conçu un plan ingénieux, mais plus spécieux que solide pour se placer au
rang des peuples industrieux et opulens.

Elle a su persuader au plus grand nombre des états
de la Confédération germanique qu'il est de leur intérêt commun d'ouvrir à leur industrie locale la libre
circulation de leurs marchés respectifs, de les fermer
aux produits de l'industrie étrangère, ou du moins
de ne les y admettre que moyennant des droits protecteurs qui les tiendraient dans une infériorité vénale.

Ce premier succès n'est pas le terme de l'ambition
manufacturière de la Prusse, elle ne désespère pas
d'attirer dans sa fédération prohibitive la Confédération helvétique, l'Allemagne du sud au nord, depuis
le Valais et le Simplon jusqu'à Oldemburg, de l'est à
l'ouest depuis Cologne jusqu'à Dresde, du Hanovre à
la Bohême, de Lausanne à Tilsitt, et d'Oldemburg
à Cracovie. Dans ce cas, les douanes prohibitives de
la Prusse s'étendraient sur un espace de plus de cinq
cents lieues.

Ainsi, dans le même moment où l'Angleterre renonce au système des douanes prohibitives comme à
une erreur trop long-temps funeste aux progrès de la
richesse commerciale, et cherche à entraîner la France
dans son mouvement libéral, les douanes étendent
leur empire dans le Nouveau-Monde, et dans une

grande partie de l'Allemagne, et il y a tout lieu de craindre que de si grands succès n'en préparent de plus grands encore. C'est à-peu-près l'histoire de tous les succès.

Ce qui a paru étrange dans cet évènement, c'est que la France et l'Angleterre, dont il menace les intérêts commerciaux, n'en aient pris aucun ombrage et ne lui aient suscité aucun obstacle. Leur silence sanctionne-t-il le système prohibitif des douanes dans chaque pays? serait-il vrai qu'il ne porte aucune atteinte au commerce, et lui est plus favorable que contraire? C'est une opinion qui peut paraître paradoxale, mais qui, comme cet article essaiera de le prouver, a le mérite de concilier le système prohibitif des douanes avec l'intérêt du commerce, et de favoriser le développement de la richesse particulière et générale. Ce n'est pas là sans doute le motif du silence de l'Angleterre et de la France dans cette circonstance; il faut en chercher la cause ailleurs.

Aurait-on pensé que les états de la Confédération germanique ont pu faire conjointement ce que chaque état aurait été libre de faire dans son territoire? Cette question est plus compliquée qu'elle ne le paraît au premier aspect.

Sans doute un état libre et indépendant peut former avec d'autres états libres et indépendans comme lui une fédération industrielle et commerciale, quoiqu'elle nuise à d'autres peuples ses alliés, fortifie leurs rivaux, et altère la balance politique. L'indépendance des peuples n'est pas relative mais absolue.

Il est un autre point de vue sous lequel il convient de considérer la fédération prohibitive de la Prusse, c'est de comparer la condition actuelle et future des divers états fédérés sous les rapports économiques et politiques.

A présent, la Confédération germanique se pourvoit d'objets d'industrie, partie dans ses manufactures, et partie dans celles de la France et de l'Angleterre, et elle en paie la valeur en blé, en laine et en bestiaux; mais où trouve-t-elle le débit de ces produits? ce n'est pas dans sa population, elle en est abondamment pourvue, et leur abondance est si grande que s'ils n'avaient pas d'autre écoulement que le marché local, ils seraient sans valeur et insuffisans pour couvrir la dépense des produits des manufactures.

Jusqu'ici on en a trouvé le débit en France et en Angleterre, et il était assuré tant qu'ils servaient d'échange aux produits de leurs manufactures; mais ce débit continuera-t-il après l'exclusion donnée à ces produits par la Fédération? Il est permis d'en douter, et alors comment les états agricoles de la Fédération paieront-ils à leurs co-états manufacturiers les produits qu'ils en recevront, et s'ils ne peuvent pas les payer, que deviendra l'industrie fédérée, comment pourra-t-elle se maintenir? Les manufactures ne peuvent s'établir avec succès que là où la population manufacturière est nécessaire à la consommation des produits agricoles, et leur offre un écoulement. Là où les cultivateurs ne peuvent entretenir les manufactures locales qu'avec les secours des marchés étrangers, le pays ne peut devenir manufacturier; il doit rester agricole.

D'un autre côté, que deviendront les états de la fédération industrielle, qui ne trouveront plus en France ni en Angleterre le débouché du produit de leur sol, et qui subiront les justes représailles de l'exclusion qu'ils donneront aux produits de leur industrie? Sans débouchés pour leurs produits agricoles, sans aucun moyen de se pourvoir d'objets d'industrie, quelle sera leur détresse? ne sera-t-elle pas la cause de la perte de leur indépendance et de leur asservissement à la puissance qui n'aura pas souffert si elle n'a pas profité de leur ruine?

Comment la France et l'Angleterre, qui doivent ressentir le contre-coup de la disparition politique d'états libres et prospères avec lesquels elles entretenaient d'utiles relations politiques et commerciales, et de leur réunion à d'autres états dont elles doivent voir avec déplaisir l'extension et l'aggrandissement, sont-elles restées aussi impassibles que si elles avaient été désintéressées? Le ministre du commerce de France a-t-il dissipé toutes les inquiétudes quand il a dit : (1)

« Le gouvernement a observé la marche des asso-
« ciations commerciales de l'Allemagne; il s'est con-
« vaincu que c'est à chacun des états qu'on appelle à
« en faire partie à juger pour le présent et pour l'ave-
« nir de ce qu'il doit en attendre de profit matériel et
« d'indépendance. Si, pour contrarier les associations,

(1) Dans un rapport au roi.

« nous eussions consenti à altérer l'uniformité de
« notre tarif, nous lui eussions enlevé notre prin-
« cipal avantage; d'ailleurs, en supposant que toute
« l'Allemagne puisse devenir un seul état commercial,
« serait-il plus difficile dans cette hypothèse, de for-
« mer sur une grande échelle des rapports commer-
« ciaux avec elle? »

Sans doute c'eût été s'écarter des premières notions
du droit des gens et de la morale politique, que d'user
de sa prépondérance pour empêcher des peuples libres
de se confédérer pour des intérêts d'industrie et de
commerce. Les puissans doivent protéger les faibles
et non les opprimer, mais quand ils n'usent de leur
influence sur les faibles que pour les déterminer à
faire ce qui est conforme à leurs intérêts, et c'est ce
que la France aurait fait dans cette circonstance, son
influence eût été grande, noble et légitime. L'intérêt
de la plupart des états fédérés, de ne pas se fermer le
marché de la France, est trop évident pour qu'on en
eût fait le sacrifice, si l'on n'avait pas été dominé
par des considérations qu'il eût été trop dangereux de
braver, et il eût convenu à la France de dissiper de
pareilles craintes et de rassurer sur des dangers illusoires.

C'est une erreur de croire que si l'Allemagne devient un seul état commercial, il ne sera pas plus difficile de former des rapports avec elle sur une plus
grande échelle; il est plus facile de ne pas entrer dans
une fédération que de la rompre. Dans le premier
cas, on ne prend conseil que de son intérêt; dans le

second, on est forcé de le subordonner à celui de la fédération, et souvent même de s'immoler à ses convenances. Le ministre n'aurait pas dû oublier le faisceau du père de famille. Heureusement la France n'a besoin pour le rompre que de fermer son marché aux blés, aux laines et aux bestiaux de la fédération prohibitive de l'Allemagne.

Dans l'esquisse que je viens de tracer des divers mouvemens des douanes, on distingue trois régimes différens qui forment autant d'époques dont il convient d'avoir une idée sommaire.

Dans la première époque, les douanes n'avaient d'autre mission, d'autre attribution, d'autre fonction que d'imposer des taxes sur le commerce, sans aucune distinction des produits exotiques et indigènes, des commerçans nationaux et étrangers. On ne cherchait dans l'impôt que des produits pour le fisc, et l'on s'inquiétait peu de leurs résultats pour la production et le commerce; on ne portait pas ses vues au-delà de l'impôt (1). Cet état de choses finit à l'acte de navigation de l'Angleterre.

A cette seconde époque, les douanes changèrent d'esprit, de direction, et de destination. L'Angleterre interdit aux commerçans étrangers l'importation des produits exotiques, la réserva à ses négocians, et s'assura tous les profits de son commerce avec l'étranger. Là commence le système prohibitif des douanes.

(1) Je ferai connaître particulièrement cette époque des douanes dans un troisième article.

Les autres peuples qui n'avaient pas, comme l'Angleterre, les moyens de s'approvisionner avec leur navigation, furent moins prohibitifs, ils se contentèrent d'imposer de plus fortes taxes sur les produits exotiques qui avaient des analogues dans les produits indigènes, et des taxes moins fortes sur les commerçans nationaux que sur les étrangers. C'était favoriser la production et le commerce, c'était l'instinct des intérêts du pays. L'économie sociale n'avait pas encore appris les véritables principes de la matière; aussi la législation de cette époque n'offre-t-elle que des réglemens de police plus ou moins oppressifs du commerce, selon que l'administration était plus ou moins éclairée ou clairvoyante. Si quelques administrateurs ont laissé un souvenir honorable de leur administration, c'est moins pour le bien qu'ils firent que pour le bien qu'ils voulaient faire. C'est là tout ce qui reste de cette époque qui se prolongea jusqu'au système continental.

A cette troisième époque, les douanes ont confié à l'impôt la protection de l'industrie nationale contre l'invasion de l'industrie étrangère, et comme si la protection était d'autant plus assurée que l'impôt est plus considérable, on n'y a mis aucune borne. Dans l'espace de moins d'un demi-siècle, il a presque décuplé et atteint le chiffre de 106 millions. (1)

Mais son excès a décrié sa protection. Les intérêts qui en souffrent en jettent les hauts cris; on l'accuse d'avoir créé un monopole favorable à quelques indus-

(1) Budget de 1836.

tries, préjudiciable aux autres, et désastreux pour la
fortune publique. Cette collision fait fermenter les
passions, aigrit les esprits, excite une commotion
générale. On impute au monopole, à l'œuvre de l'impôt protecteur, les succès des industries favorisées, le
malaise, les souffrances et les désastres des autres.
Peu s'en faut qu'on ne regarde la ruine des industries
prospères comme un moyen nécessaire pour faire fleurir et prospérer celles qui languissent et dépérissent; peu s'en faut, qu'à l'exemple des états de l'A-
mérique du nord, la France agricole ne fasse des vœux
pour sa séparation de la France industrielle. L'émoi
est au comble, et l'étranger s'apprête à assister aux
funérailles de notre industrie. L'impôt protecteur, le
monopole, sont-ils aussi funestes qu'on le dit? Si je
ne me trompe, ses torts ne sont ni tous sérieux, ni
tous fondés, et lorsqu'on les a soumis à une investigation approfondie, ou n'a pas de peine à reconnaître
qu'ils viennent uniquement de ce qu'on méconnaît la
nature des relations commerciales, et qu'on les regarde comme identiques. C'est du moins à ce résultat
que je me flatte d'arriver par l'évidence des faits qui
sont les vrais principes de l'économie sociale.

L'impôt protecteur de l'industrie nationale frappe
sur deux sortes d'importations :

Les unes sont analogues aux produits indigènes,
en augmentent la quantité, peuvent la rendre surabondante, en déprécier la valeur, en réduire la reproduction, il peut donc être nécessaire de leur appliquer l'impôt de protection, et l'on en comprend la

nécessité lorsqu'on ne professe pas la liberté absolue du commerce.

Les autres importations se composent d'objets que le pays ne produit pas, qui ne font point obstacle à l'industrie nationale, ni concurrence à ses produits; l'impôt dont on les grève ne peut donc avoir les mêmes effets sur elles que sur les importations analogues aux produits indigènes; il faut préciser leurs effets particuliers.

Et d'abord on ne comprend pas comment on a pu assujétir à l'impôt protecteur de l'industrie nationale des importations qui sont inoffensives pour elles, qu'on n'a aucun intérêt à repousser, et qu'on accueille partout avec le plus grand empressement.

C'est ainsi que les produits du midi circulent librement dans le nord, ceux du nord dans le midi, et ceux du tropique dans le monde entier. Non seulement aucune industrie locale ne souffre de leur circulation dans la localité, mais même elle est utile et profitable à toutes. Elle procure à la population des jouissances nouvelles qui l'excitent à de plus grands travaux pour en payer la valeur; et la richesse particulière et générale s'accroît de toute la production nouvelle qu'elle encourage et nécessite. Ce n'est donc pas contre elle qu'on doit diriger l'impôt protecteur.

On doit placer sur la même ligne les importations des produits du sol étranger, qui forment une variété des produits indigènes qu'on consomme simultanément avec eux, sans qu'une consommation nuise à l'autre. Tels sont les produits du sol de tous les pays qu'on recherche dans chacun d'eux pour des perfections naturelles qu'on ne peut pas leur donner. Prohiber leur importation ou la restreindre par un impôt protecteur, ce serait priver les classes opulentes, riches et aisées des jouissances qu'elles ne trouvent pas dans les produits indigènes, ou plutôt ce serait encourager la contrebande, et faire perdre à l'état des contributions d'autant plus précieuses qu'elles ne sont supportées que par les classes en état de les payer; qu'elles sont payées volontairement, et d'une perception facile.

Les importations de cette espèce se sont élevées en France, en 1829, à. . . . . . . 140 millions.
Et l'impôt à. . . . . 60 millions.
Environ 49 p. 100.

Ce qui est vrai des importations des produits du sol qui n'ont point d'analogie dans les produits indigènes, ou qui n'en sont qu'une variété, l'est également de l'importation des produits de l'industrie étrangère dont l'industrie nationale ne peut pas égaler la perfection. Quelque mesure qu'on prît contre ces importations, la contrebande les ferait échouer, et moyennant une prime de 25 à 30 p. 100, en approvisionnerait le pays. Le plus sage est de faire profiter le trésor public de la prime de la contrebande, c'est la seule indemnité qu'on puisse se promettre d'une importation inévitable et tout-à-fait inoffensive.

Il y a même ceci de remarquable dans ces importations, que leur consommation ne nuit point à celle des produits indigènes d'une qualité inférieure. Ces deux qualités ne s'excluent pas l'une l'autre, ne nuisent point

4

à la consommation particulière, et sont simultanément consommées. Chacune d'elles a pour ainsi dire
ses consommateurs spéciaux; l'une des deux dispa-
raîtrait du marché qu'on ne consommerait pas davantage de l'autre. Elles forment deux produits sans
identité comme sans concurrence. De là vient, comme
je l'ai fait remarquer, que dans moins d'un demi-siècle l'impôt des douanes s'est élevé de 1 2 à 106 millions,
ce qui ne peut s'expliquer que par la progression des
importations de produits plus perfectionnés que ceux
de l'industrie nationale, et ce qui doit rassurer sur les
progrès de ces importations, c'est que l'industrie nationale n'en a point souffert et a au contraire suivi la
même progression. Il est en effet impossible qu'un
pays consomme long-temps des produits étrangers
sans les payer en produits indigènes, autrement sa richesse décroîtrait rapidement, et sa population diminuerait, ce qui n'est point arrivé pendant toute la
progression des produits de l'impôt des douanes.

Et l'on doit d'autant plus s'applaudir de l'importation des produits que le pays n'avait pas, et que son
industrie ne pouvait pas lui donner, qu'on leur doit
les progrès qu'elle a faits; elle y a trouvé des modèles
qu'elle s'est efforcée d'égaler, et presque toujours de
tels efforts sont couronnés d'un plein succès.

C'est en imitant les tissus de coton qu'elle importait
de l'Inde, que l'Angleterre est parvenue à leur donner une si grande perfection, qu'elle a surpassé ses
modèles et soutient contre eux la concurrence dans
les marchés de l'Inde.

Si la France n'a pas encore obtenu les mêmes avantages de l'importation des produits supérieurs de l'industrie étrangère, il ne faut pas en conclure qu'elle a été nuisible à son industrie ; il est certain au contraire qu'elle a été profitable à la production, comme modèle, à la consommation, comme accroissement de jouissance et d'agrément, et au pays, comme mobile d'un plus grand travail, d'une plus grande industrie, d'une source plus abondante de prospérité et de richesse ; ce résultat n'a été ni accidentel ni temporaire, ni transitoire ; il sera durable et permanent ; il est fondé sur la nature des choses.

De l'autre part...................		140 millions
Impôt (environ 49 p. 100).......	60,000,000	
Quant aux importations des produits perfectionnés de l'industrie étrangère, ils se sont élevés en France, en 1829, à..........		35
Impôt (environ 6 p. 100).......	6,671,548	
Enfin l'importation des matières premières n'est ni ne peut être l'objet de l'impôt protecteur, et les douanes n'ont pas pu sérieusement leur en faire l'application. Elles étaient nécessaires et non hostiles à l'industrie nationale, et ne pouvaient par conséquent être assujéties à l'impôt destiné à la protéger....		
Ces matières premières se sont élevées en France, en 1829, à.................		307
L'impôt, à...............	37,174,733	
Environ 16 p. 100..........		
Total..........	103,846,281	482

Maintenant qu'il est évident que l'impôt protecteur n'est pas applicable aux importations qui n'ont point d'analogie avec les produits de l'industrie nationale,

4.

comment qualifier l'impôt que les douanes font
peser sur ces importations? Cet impôt n'a aucun rapport avec l'impôt de protection qui est seulement applicable aux importations offensives à l'industrie nationale; il ne peut donc être assimilé ni confondu avec
lui; il faut l'en séparer et le classer parmi ceux de sa
nature. Sous quelques rapports qu'on l'envisage, on
lui reconnaît tous les caractères de l'impôt de consommation. On ne peut en effet le justifier que parce
qu'il atteint la jouissance que procure la consommation des produits exotiques, taxe d'autant plus raisonnable que les produits indigènes qui donnent les
mêmes jouissances y sont également assujétis. Dans
ce cas, l'impôt des douanes, qui n'atteint que des
consommations, doit être distinct de celui qui doit
protéger l'industrie nationale. L'un frappe les consommateurs, et l'autre l'importateur; il faut les séparer pour dissiper la confusion qui en résulte, et la
méprise qu'elle produit. On pourrait tout aussi bien
classer l'impôt de consommation en question parmi
les contributions indirectes, que dans les douanes,
auxquelles il est tout-à-fait étranger. L'Angleterre l'a
fait avec succès en 1822 : elle a transporté à l'accise
l'impôt des douanes sur les consommations, et il en
est résulté simplification de l'administration des
douanes et économie dans les dépenses. Le résultat
serait le même pour la France.

Si l'impôt qui n'est que de consommation n'était
plus compris dans les douanes, comme cela devrait
être, il en résulterait nécessairement que les douanes

ont méconnu le véritable caractère des relations commerciales quand on leur a appliqué indistinctement
l'impôt protecteur. On devait en excepter les importations qui ne sont point offensives à l'industrie nationale, qui n'introduisent dans le pays que des produits
qu'il n'a pas, et que son sol et son industrie ne peuvent pas lui procurer ; la méprise des douanes est
si frappante à cet égard que, malgré l'énormité de
l'impôt, les importations imposées ont été constamment progressives, ce qui est démontré par la progression de l'impôt, qui s'est élevé dans moins d'un
demi-siècle, de 12 à 106 millions ; et ce qui ne doit
pas surprendre, puisque l'impôt était payé par le
consommateur, et non par l'importateur. A ce sujet,
je ferai une observation qui me paraît d'une assez
grande importance dans les circonstances actuelles.

On poursuit avec le plus grand zèle l'abaissement
du tarif des douanes, et je suis loin d'y contredire. On
doit cependant sentir que, dès que le tarif est relatif
aux impôts de consommation sur des produits exotiques, on ne peut le réduire sans opérer la même réduction sur les impôts de consommation des produits
indigènes. Il y aurait plus que de l'inconvenance à se
montrer plus favorable aux consommateurs des produits exotiques qu'aux consommateurs des produits
indigènes, surtout lorsqu'il est certain que les produits
exotiques sont consommés par les classes riches, et les
produits indigènes par les classes moins aisées de la
population, et que celles-ci ont plus de droits à être
soulagées que les autres.

Je dois encore faire remarquer qu'en retranchant l'impôt de consommation des attributions des douanes, il en résulterait une vérité trop peu connue, et qu'il serait si important de divulguer : c'est que les produits qu'un pays n'a pas et ne peut pas se procurer avec son sol et son industrie, peuvent y être importés par le commerce, sans obstacle, dommage ou préjudice pour l'industrie nationale, et même avec profit pour ses progrès, et un immense avantage pour la prospérité et la richesse du pays.

Alors toute la question des douanes se réduirait à la question de la nécessité de l'impôt protecteur contre les importations de produits analogues aux produits indigènes. Que résulterait-il de ces deux sortes de produits dans le marché national? Qu'arriverait-il si, comme on y est assez disposé, on ouvrait aux produits les mieux faits et à meilleur marché de tous les pays la lice contre les produits sur lesquels chaque pays compte et doit compter pour sa stabilité, sa prospérité, sa fortune, sa puissance et son indépendance? Chaque pays doit-il exposer à la concurrence des importations de l'étranger la valeur des produits

De son agriculture,

De ses mines,

De sa pêche maritime,

De ses manufactures,

Et de sa navigation?

Quelle serait sa condition si ses producteurs ne pouvaient pas compter sur le marché national pour le débit de leurs produits; si le marché du pays leur était disputé par des produits meilleurs et à meilleur marché de l'étranger? Si chaque pays devait l'emporter sur ses concurrens par la supériorité de son sol et de son industrie, son existence serait tellement précaire qu'il est douteux qu'il pût entretenir une population nombreuse et se maintenir au rang qu'il occupe dans le monde politique; son indépendance même serait compromise; son infériorité économique le ferait insensiblement tomber sous le joug des peuples qui domineraient ses marchés; ces deux dominations sont indivisibles. Malheur au peuple qui livre ses marchés à la concurrence de tous les peuples, et qui est réduit à l'alternative d'être leur égal ou leur inférieur.

Dès qu'un pays est habité par un peuple en corps de nation, sa conservation est son premier besoin, son premier devoir, sa première loi; et où peut-il la chercher et la trouver si ce n'est dans son travail, son industrie et son sol, dans leurs produits naturels et industriels, et dans tout ce qui y est adhérent? Il ne peut ni ne doit rien céder, ni compromettre de ce qui est nécessaire à sa sûreté, à son repos, à son bien être, à sa prospérité sociale, à sa puissance politique.

Aussi remarque-t-on, dès les temps les plus reculés, un mur élevé dans chaque pays pour empêcher l'exportation de ses produits, ce qui entraînait nécessairement la prohibition des importations des produits analogues à ceux du pays; les importations sont toujours proportionnées aux exportations. Ce n'est que récemment qu'on est parvenu à réaliser le commerce des céréales dans toutes les localités, dans toutes les.

provinces du même état. La gloire en est due à Colbert, à qui la France doit tant d'autres directions utiles à son industrie et à sa fortune. Hors des limites de chaque état, le commerce des céréales est encore frappé d'une prohibition générale; tous les efforts qu'on a fait pour lui faire franchir ses barrières naturelles sont restés sans succès. Les hommes d'état les plus célèbres ont essayé de cent manières la solution du problème, et il n'est pas encore résolu. La législation des céréales attend encore un législateur. Ce ne sera pas un des moindres prodiges de son génie, s'il échappe à la nécessité de garantir au producteur agricole le monopole du marché national pour le débit de ses produits (1). Sans cette garantie, qui oserait faire à la culture du sol les avances qu'elle nécessite? et sans des avances immenses cette branche de la production serait en souffrance, le pays pauvre et misérable, l'état sans force, sans crédit et sans considération.

Sans doute les mines sont d'une moindre importance que l'agriculture (2), et cependant quel est le pays tant soit peu jaloux de ses intérêts qui voudrait renoncer à leur exploitation, dans la crainte qu'elles ne fussent pas aussi fécondes que celles des autres pays! Et comment hasarder leur exploitation, si l'on ne garantit pas aux spéculateurs qui l'entreprennent le retour de leurs avances avec un profit proportionné aux risques qu'elles courent; et ces retours et ces profits,

(1) Je traiterai le sujet des céréales dans une prochaine livraison.
(2) Elles n'en font pas en France la 40ᵉ partie.

qu'est-ce qui peut les leur assurer, si ce n'est le monopole du marché national? La nature a été si prodigue envers certains pays, et si avare envers d'autres, que la liberté du commerce établirait un véritable monopole en faveur des pays qu'elle a enrichis de ses dons, et serait pour ceux qu'elle en a déshérités une cause d'infériorité industrielle qu'il leur serait difficile de surmonter.

La pêche maritime a encore un caractère particulier, qui semble également repousser la liberté du commerce de ses produits.

1° Les produits qu'elle donne servent à la subsistance de la population, et un peuple qui connaît ses véritables intérêts ne renonce pas à un genre de production qui concourt à accroître ses ressources, ses forces et sa puissance.

Nul doute que la liberté du commerce ne l'approvisionnât aussi bien et à meilleur marché que la pêche nationale; mais le bon marché ne doit être ici d'aucune considération: c'est ce que le pays perd par l'abandon de la pêche qu'il faut faire entrer en ligne de compte, et sous ce rapport, sa perte est incalculable et irréparable.

2° La pêche maritime est la pépinière des matelots nécessaires à la navigation, cette source de la richesse, de la puissance, et de l'indépendance d'un pays maritime. Admettre la concurrence de l'étranger dans le marché des produits de cette branche d'industrie nationale, ce serait sacrifier les intérêts du pays aux peuples qui naviguent à meilleur marché, perdre uue partie de ses forces navales, affaiblir sa puissance. Aussi Adam Smith, le grand promoteur de la liberté du commerce, en a-t-il excepté spéciale-ment les industries qui concourent à la défense de l'indépendance du pays. Toutes les raisons d'éco-nomie sociale et politique font donc une nécessité d'exclure du marché national les produits de la pêche étrangère.

En France, les manufactures ont une grande part à sa prospérité, à sa richesse, à sa puissance; en 1812, un savaut ministre évaluait ses pro-duits, à . . . . 1,744,355,241 fr. et tout porte à croire qu'ils ont plutôt augmenté qu'ils ue sont restés stationnaires. Dans ce cas, ils forment à-peu-près la moitié des produits du sol, quoi-qu'ils n'emploient pas plus du cinquième du travail de sa population.

A quelle somme la concurrence des produits meil-leurs et à meilleur marché de l'industrie étrangère ré-duirait-elle ceux de l'industrie nationale? il est diffi-cile de hasarder une opinion à cet égard; mais il est facile de pressentir la perte énorme qui pourrait en résulter pour le pays.

Cette réduction, quelle qu'elle fût, diminuerait la masse du travail, ou mettrait dans la nécessité de lui chercher un autre emploi, et dans l'un comme dans l'autre cas, il y aurait pour le pays une perte irrépa-rable de revenu et de capital.

Si l'étranger, par des produits meilleurs et à meil-leur marché, arrêtait la consommation de 400 millions de produits de l'industrie nationale, le travail et le salaire diminueraient de cette somme; cette diminution porterait le trouble et le désordre dans le travail et le salaire de toutes les manufactures, exciterait le mécontentement des classes laborieuses et pourrait les porter à des excès qu'il est sage de prévenir.

N'y eût-il, comme on est porté à le croire, que déplacement de l'emploi du capital et du travail; l'exportation que l'étranger ferait de nos produits fût-elle égale aux 400 millions de salaire et de travail qu'il aurait fait perdre à nos manufactures par ses importations, ce déplacement seul entraînerait des pertes de temps, de travail et de profit, dont le pays ne recevrait aucun dédommagement, et dont l'étranger aurait tout le profit. Il n'est donc pas aussi naturel qu'on le pense, de soumettre les manufactures d'un pays à la concurrence de l'étranger; toutes les chances lui sont contraires, et toutes sont favorables à ses concurrens.

La navigation, comme la pêche maritime, présente à tout pays navigateur deux intérêts, l'un commercial, et l'autre politique.

On peut, jusqu'à un certain point, trouver une sorte de compensation de la perte des profits de cette branche de l'industrie nationale dans le bon marché de la navigation étrangère; il n'y a dans tout cela qu'une perte d'argent, et l'on sait qu'elle peut se réparer.

Mais où serait pour un peuple navigateur le dédommagement de la perte de sa navigation? ou trouverait-il les forces navales suffisantes pour protéger

ses côtes, sa sûreté, son indépendance et se maintenir
dans le monde politique au rang que lui assignent
son sol, sa population, son industrie, sa richesse,
son courage, sa gloire et sa renommée? Où il n'y a
pas de navigation commerciale, il n'y a pas de force
navale, de puissance maritime, d'indépendance nationale.

Qu'on n'en conclue pas cependant qu'un peuple
navigateur doit fermer ses ports à la navigation étrangère, et qu'à l'exemple de l'Angleterre, dans son acte
de navigation, il doit, avec ses seules ressources, suffire à ses importations et à ses exportations maritimes.
La volonté ne suffit pas toujours pour faire ce que
l'intérêt commande. On ne crée pas à volonté une
marine marchande, et quand celle qu'on a ne suffit
pas aux besoins de son commerce maritime, il faut
bien se résigner au concours de la marine étrangère.
On ne peut pas proportionner son industrie à sa marine marchande; mais il y a loin de la liberté de la
navigation à la coopération supplétive de la navigation étrangère. Dans le premier cas, on court le risque de perdre ses avantages naturels et acquis; dans
le second on ne cède que ceux qu'on ne peut conserver; et c'est ce qu'on a toujours fait en France. Sa
marine n'a jamais suffi à la moitié de son commerce
maritime, et l'on a dû suppléer à son insuffisance par
la navigation étrangère; toutefois je ferai remarquer
qu'en admettant son concours, on avait depuis Colbert, par une prime, assuré à la marine nationale la
préférence sur la marine étrangère, et qu'on n'avait

abandonné à celle-ci que ce qu'on ne pouvait pas conserver à l'autre. Cette mesure était-elle sage et conforme aux intérêts du pays? Cette question se confond avec celle des douanes protectrices de l'industrie nationale contre ses importations de produits analogues à ceux des produits indigènes, et doit recevoir la même solution.

Maintenant qu'on peut juger par les faits de quelle importance il est pour chaque pays de préserver de la concurrence de l'industrie étrangère, les produits des principales sources de sa richesse agricole et industrielle, produits d'où dépendent ses ressources, sa force et sa puissance, il doit paraître bien difficile d'accréditer la liberté du commerce sans réserve et sans limite. On doit sentir qu'il est indispensable de la repousser de tout pays où elle susciterait une lutte désastreuse pour l'industrie nationale, et toute lutte le serait infailliblement pour lui, puisque le commerce n'importe dans un pays que les produits dont la supériorité lui assure le débit. Le résultat de la lutte de l'industrie étrangère contre l'industrie nationale serait donc pour tout pays, fatale à sa prospérité et à sa fortune.

On s'abuse lorsqu'on suppose que la concurrence de l'industrie étrangère serait favorable aux consommateurs, détruirait ou modifierait le monopole des producteurs, et rétablirait l'équilibre des intérêts de la production et de la consommation. Là, où comme en France, il y a 5 à 6 millions de producteurs agricoles et 1,500,000 à 2 millions de producteurs industriels,

et où les intérêts des producteurs et des consommateurs sont réglés par la concurrence du marché, régulateur impartial, incorruptible et d'une égale justice
pour tous, c'est le comble de l'aveuglement de croire
la présence de l'étranger nécessaire pour porter les
producteurs à rendre la justice qu'ils doivent aux
consommateurs. L'étranger lui-même n'offrirait pas
d'autre garant de son utilité que la concurrence du
marché, et elle ne lui donnerait ni plus de poids, ni
plus de mérite; son intervention est donc évidemment
inutile et sans objet.

On peut d'autant moins se faire illusion à cet égard
que depuis l'établissement des douanes prohibitives,
depuis moins de deux siècles toutes les branches de
l'industrie nationale ont été progressives en France:
la population a suivi les progrès de l'industrie; la
prospérité s'est répandue dans toutes les classes de la
population; la richesse, auparavant concentrée dans
les sommités sociales, a circulé dans une sphère plus
étendue, et c'est sur cette base que s'est élevé le nouvel édifice politique. Comment cette révolution, en
quelque sorte l'œuvre des douanes prohibitives, peut-
elle échapper à l'attention des bons esprits, et comment peut-on attendre de la liberté du commerce, ce
qu'on a obtenu de sa prohibition? Comment peut-on se
faire encore un épouvantail du monopole des douanes,
des souffrances des classes inférieures de la population
et de la nécessité d'améliorer leur condition, quand
elles peuvent en avoir la gloire et le mérite? C'est les
abuser que de leur répéter que les gouvernemens sont

les arbitres de leurs destinées! Quand les lois sont égales pour tous, les gouvernemens ne peuvent rien pour
personne; quand l'égalité n'a de limite que dans la
concurrence, personne ne peut se plaindre de son lot,
ni le rendre meilleur si ce n'est aux dépens d'autrui.

La concurrence de l'étranger dans les marchés du
pays ruinerait ses producteurs, que les consommateurs n'y gagneraient rien; où plutôt la ruine des
producteurs serait suivie de près de celle des consommateurs, et l'étranger s'enrichirait de leur ruine commune. C'est donc avec raison que les douanes ferment
l'accès du marché national aux produits de l'industrie
étrangère, analogues aux produits indigènes. Cette
sorte d'importations n'est pas dans la nature du commerce; il est limité à la seule importation des objets
qu'un pays ne produit pas, et ne veut ou ne peut pas
produire. Dans cette limite il n'a rien à redouter des
douanes d'aucun pays. Utile à tous, sans dommage
pour aucun, il ne peut éprouver d'obstacles ni de résistance nulle part. Les dispositions prohibitives des
douanes françaises, et un impôt très onéreux, ne l'ont
pas empêché d'importer en France pour 600 millions
de produits.

En définitive, la théorie des douanes est simple et
facile, ou du moins elle ne présente pas de difficultés
sérieuses. Il faut distinguer l'importation des objets
que le pays ne produit pas, de l'importation des objets qu'il produit. Ces deux importations diffèrent de
nature, de tendance et de résultat; elles doivent donc
être régies par des lois et des règles différentes.

Des produits nouveaux importés dans un pays, sont inoffensifs, lui procurent des jouissances qu'il est de son intérêt de multiplier, parce qu'elles donnent une nouvelle impulsion à l'industrie nationale, l'excitent à produire l'équivalent des produits importés, et sont une nouvelle source de production, de prospérité et de richesse. De telles importations, si elles sont durables, se balancent toujours par des exportations de produits indigènes. Dans cette direction, le commerce avec l'étranger, ne représente que l'échange du travail et de l'industrie des divers pays, en répand les bienfaits par leur circulation, et devient le plus puissant mobile de la civilisation du monde. Sa liberté illimitée n'est pas une faveur, c'est un hommage rendu à ses services.

L'impôt de consommation auquel on l'assujétit ne porte aucune atteinte à sa liberté, c'est le consommateur qui le paie, il n'affecte le commerçant que quand il est excessif. Alors il restreint la consommation, la production et le travail; il fait un mal irréparable. La modération du tarif des douanes est une condition de leur bonne gestion. Qu'on n'en conclue pas cependant que le tarif doive être inférieur aux impôts de consommation des produits indigènes, ce serait favoriser la consommation des produits exotiques aux dépens de celle des produits indigènes, ce qui ne serait ni raisonnable ni conforme aux intérêts du pays. Assimiler les impôts sur ces deux sortes de consommations, est tout ce que commande une bonne administration des douanes.

Autant l'importation des produits nouveaux doit être protégée, encouragée, favorisée dans les intérêts du pays, autant l'importation des produits analogues à ceux du pays doit être découragée, repoussée, prohibée. Elle fomente entre le travail national et celui de l'étranger, une lutte dont l'issue menace le pays des plus fâcheuses calamités. Si le travail du pays n'est pas plus habile que celui de l'étranger, s'il succombe, il languit, dépérit et condamne le pays à toutes les misères de l'infériorité. Aucun pays, tant soit peu éclairé, ne doit s'exposer à un état aussi précaire. Le travail est une propriété inaliénable, le principe vital de l'état social et politique des peuples modernes; le mettre à l'abri des atteintes de l'étranger est non-seulement un devoir sacré, mais une nécessité absolue.

On ne peut tempérer la sévérité de la prohibition dont on s'effraie avec si peu de raison, que par la réciprocité des importations, d'où résulte le meilleur emploi du travail et du capital de chaque pays. Dans cette nouvelle voie, les douanes peuvent rendre de grands services à leur pays, concilier ses intérêts et ceux de l'étranger, et mériter les suffrages et la reconnaissance de tous les bons esprits.

Tels sont les principes régulateurs des douanes : jusqu'à quel point les douanes françaises en ont-elles fait l'application dans leur gestion, c'est ce que je me propose d'examiner dans un troisième et dernier article sur les douanes.

5

DE LA RICHESSE.

Dans la signification la plus étendue, la richesse consiste dans l'abondance des objets nécessaires, utiles, commodes et agréables à la vie des individus, des peuples et des gouvernemens. Ces objets sont produits chaque année par l'agriculture, l'industrie, le commerce, les sciences et les arts. Leur valeur en monnaie exprime le revenu de chaque pays ou la reproduction de la richesse consommée. Le revenu de la France est évalué à environ 7 millards. (1)

(1) Savoir : Agriculture...................... 4 milliards.
Industrie...................... 2
Commerce...................... 1

Somme pareille...... 7 milliards.

Cette somme, répartie entre 32 à 33 millions d'individus qui composent le peuple français, donne à chacun environ 200 fr.

La modicité de ce lot doit faire sentir combien on s'abuse quand on se

Ce revenu se divise en trois parties distinctes, qui ont chacune un emploi particulier, et le reproduisent avec plus ou moins d'abondance et de profit.

La première partie est employée à la reproduction des subsistances. Le producteur qui les consomme, les reproduit en les consommant : de telle sorte que la production et la consommation sont une seule et même chose, et le consommateur et le producteur un seul et même être.

La seconde partie du revenu est convertie en objets plus ou moins durables, tels que le vêtement, le logement, l'ameublement, le linge, la vaisselle, les objets précieux, les outils, instrumens et machines de toutes les industries et en métaux qui servent à la fabrication de la monnaie. Dans ce cas la consommation du revenu est indivisible avec sa reproduction et le consommateur est en même temps producteur.

Enfin la troisième partie est mise en réserve pour les besoins imprévus et pour les améliorations de toutes les branches de la production. Ici encore la réserve ne se consomme que sous la condition de sa reproduction, et le consommateur se confond avec le producteur.

persuadé qu'on peut améliorer la condition des classes les plus nombreuses et les moins aisées de la population par une répartition plus libérale du revenu. Tout ce qu'on donnerait à ces classes au-delà de leur part fixée par la concurrence, accroîtrait la consommation au-delà de l'économie, le levier de la richesse moderne. Au lieu de soulager la partie indigente de la population, on condamnerait le pays à une éternelle indigence, on la rendrait pour ainsi dire l'état naturel des pays auparavant les plus prospères et les plus florissans.

Cette doctrine de l'économie sociale ne donne lieu à aucune controverse, quand la consommation du revenu se fait par le producteur d'un objet matériel; mais il y a une grande dissidence parmi les savans sur les consommations qui ne font que coopérer à la production générale. On convient de cette coopération, mais on ne veut pas qu'elle soit productive; on la regarde comme un poids mort sur la production, qui l'atténue, la réduit et la fait descendre au dessous de son niveau naturel; c'est surtout aux services publics qu'on reproche cette stérilité; et de là vient la prévention qui s'élève contre leur nombre et leur traitement, et qui rend si populaires tous les hommes qui influent sur leur réduction. On croit que tout ce qu'on retranche aux services publics est autant de gagné pour les producteurs et que la production s'enrichit de leur consommation.

Cette doctrine me paraît complètement erronée, et son erreur extrèmement nuisible à la richesse. Je l'ai combattue dans tous mes ouvrages, et si je ne l'ai pas décréditée, j'ai tout lieu de croire qu'elle a beaucoup perdu de son crédit. Malthus, lui-même, qui l'avait soutenue contre moi avec la plus grande chaleur, l'a, dans son dernier ouvrage, sinon abandonnée, du moins envisagée comme susceptible de modification. Je ne retracerai point ici cette controverse, une des plus importantes de l'économie sociale, et la plus offensive pour le système d'Ad. Smith. Il me suffira de la résumer pour préserver les services publics de la fausse opinion qu'on en a conçue.

Dans ma pensée c'est la même chose de travailler directement à la production du revenu, ou de coopérer à sa production. Dans les deux cas, il y a production du revenu. La coopération dont je parle dans ce moment, est celle qui résulte des services publics.

Soit qu'ils assurent l'indépendance du pays, la paix publique et la sûreté du producteur direct et immédiat du revenu; soit que par l'instruction qu'ils donnent au producteur, ils le rendent plus capable de produire; soit qu'ils augmentent les moyens de production par le débit et le bon prix des produits, résultat nécessaire des routes, canaux, ports et marchés; soit qu'ils l'encouragent à donner les plus grands développemens à la production par la certitude de jouir sans réserve et sans restriction de ses fruits, il y a dans tout cela des relations si étroites avec la production, qu'on ne peut les séparer l'une de l'autre, ni assigner leur part respective dans le résultat commun. Accorder tout au producteur et refuser tout aux services publics qui coopèrent avec lui, est tout aussi raisonnable que de faire résulter la production de la coopération des services publics. Dans l'œuvre générale, il y a concours et non individualité. Que serait en effet la production sans la coopération des services publics? Elle serait précaire, incertaine, hors de toute proportion avec ce qu'elle est, quand elle est secondée par les services publics. Qu'on en juge par la comparaison de son état dans les pays où elle est protégée, facilitée, encouragée par la coopération des services publics et de celui auquel elle est réduite dans les

pays où elle est abandonnée aux efforts des producteurs, privée des secours publics, ou plutôt en proie
à leurs avanies. Il est de fait que les pays les plus fer-
tiles et les plus riches de la terre, sont moins productifs que ceux que la nature a traitée avec le plus de
sévérité. Les beaux climats de l'Asie si supérieurs par
leur fertilité à ceux de l'Europe septentrionale, sont
dans une déplorable infériorité sous le rapport de la
production de la richesse et de la puissance. On dirait
que les facultés de l'homme ont surpassé les facultés
de la nature. D'où vient cet inconcevable phénomène?
Personne ne s'y méprend, tous les esprits instruits et
éclairés en attribuent la cause à la différence des services publics dans les deux pays. L'Indou seul par son
infatigable travail, conserve à son sol sa supériorité
naturelle. Sa religion lui tient lieu de la coopération
des services publics. Loin donc de soulever contre les
dépenses du pouvoir la défaveur publique, comme on le
fait avec plus de zèle que de raison et de justice, l'intérêt particulier et général les recommande à la raison de tous les amis de la civilisation. Dans l'article qui suivra celui-ci, j'essaierai d'établir la nécessité de proportionner les services publics aux exigences sociales et leurs traitemens à l'état de la richesse
générale, et j'espère qu'on y reconnaîtra la juste
application des principes d'économie sociale, dont
la propagation est le but de cet ouvrage. Je ne
crains pas qu'on m'accuse de flatter le pouvoir; ma
vie publique me met à l'abri de ce reproche, je ne
lui fus jamais ni servile ni hostile, et si je ne fis rien

pour lui, il n'a non plus rien fait pour moi; et je puis
en parler avec l'indépendance d'un caractère qui ne
s'est démenti ni un jour ni une heure depuis le 4 avril
1789, que je fus nommé électeur de Paris, et que
j'entrai dans la carrière de nos longues révolutions.

DES PRINCIPES RÉGULATEURS

DES DÉPENSES PUBLIQUES,

ou

DU GOUVERNEMENT A BON MARCHÉ.

Dans les états depuis long-temps constitués et or-
ganisés, les dépenses publiques ont une sorte de fixité,
parce que les services publics sont à-peu-près les mêmes. On y fait chaque année ce qu'on a fait auparavant, et les innovations sont rares ou résultent d'é-
vènemens extraordinaires qui, quand ils se prolongent,
modifient l'état ordinaire et se confondent avec lui.
C'est ainsi que se forme l'augmentation des dépenses
publiques dans les anciennes constitutions sociales et
politiques.

Il en est tout autrement dans les pays bouleversés
par les révolutions. Les services publics, au milieu
des ruines et des débris qu'elles amoncèlent, sont un

problème dont la solution n'est pas facile, et dont tout le monde se croit capable. On veut tout réviser, tout subordonner à un examen scrupuleux, tout assujétir à des règles positives, tout coordonner dans l'intérêt général. Dans cette direction on est entraîné dans de nouvelles routes, on les parcourt sans guide, on s'égare souvent, et l'on s'éloigne du but qu'on croit avoir atteint; c'est ce qu'on a vu depuis qnarante-cinq années, à chaque phase de nos révolutions; c'est ce qu'on remarque surtout dans les travaux individuels et collectifs de nos chambres électives. On peut résumer leurs débats en trois points principaux :

1° Les services publics nécessaires,

2° Leur rétribution,

3° Les ressources affectées à leur libération.

Je n'ai pas le dessein de retracer les débats qui se sont élevés et s'élèvent encore chaque année dans les chambres législatives sur la fixation des services publics; je crains bien qu'on ne parvienne pas encore de long-temps à se mettre d'accord sur les besoins réels et effectifs, à se préserver de la parasite sinécure, à prévenir l'avide cumul, et à diviser le service dans les proportions des forces individuelles. Le temps seul peut apprendre jusqu'où il faut aller, et où il faut s'arrêter, et réduire la difficulté aux inévitables résultats de la mobilité des affaires humaines. C'est là le but auquel les chambres doivent viser, le plus noble prix de leurs travaux, la plus sûre égide de leur pouvoir. Alors elles auront l'inappréciable mérite de faire le bien en empêchant le mal.

Laissant donc de côté la question de la fixation des services publics, j'arrive à celle qui fait le sujet de cet article, à leur rétribution, question d'un haut intérêt, parce qu'elle se rattache aux principes fondamentaux de l'économie sociale encore peu connus, et qu'il serait si important de connaître.

On paraît croire qu'on peut régler arbitrairement la rétribution des services publics, et qu'il suffit pour la réduire au taux le plus bas que sa réduction améliore la condition du contribuable. Dans cette opinion on met toujours en opposition la rétribution du service public avec l'impôt, comme si l'un devait être la raison de l'autre, comme si retrancher au serviteur de l'état le prix légitime de ses services, c'était un droit du contribuable; comme s'il y avait du patriotisme à dénaturer les rapports des services publics avec les besoins de l'état, et à briser les liens qui les unissent et les confondent avec les rapports sociaux. Je ne crains pas de le dire ; c'est là une grave erreur! Il n'y a rien d'arbitraire dans la rétribution des services publics; on ne peut ni l'élever ni l'abaisser, et il ne suffit pas pour avoir un gouvernement à bon marché de le vouloir. La question a plus d'étendue, et doit être envisagée de plus haut. Il y a sur ce point des principes qu'on ne peut ni méconnaître ni éluder.

C'est un principe fondamental en économie sociale, que les salaires du travail, les profits du capital et la rente de la terre se proportionnent à l'état de la richesse du pays.

Est-elle progressive, les salaires du travail et la rente de la terre suivent sa progression, et les profits du capital subissent également son influence.

Est-elle stationnaire, les salaires du travail, les profits du capital, la rente de la terre restent à-peu-près dans le même état et sont assujétis même dans leur immobilité à la loi de la richesse?

Enfin la richesse est-elle rétrograde, les salaires du travail et la rente de la terre souffrent de sa décadence et les profits du capital en tirent d'incontestables avantages?

D'où il suit évidemment que la richesse est, dans tous les cas, le régulateur du prix des services privés qui concourent à sa production directe et immédiate.

Cette doctrine n'est ni spéculative ni idéale, elle est pleinement confirmée par les faits qui se passent sous nos yeux, et qu'il suffit de rappeler pour que chacun puisse avoir la conscience de sa certitude et de sa vérité.

Pourquoi les salaires du travail et la rente de la terre sont-ils plus élevés à Paris, dans les grandes villes et dans leurs banlieues, que dans les départemens, les arrondissemens et les communes qui en sont éloignées? c'est qu'il y a plus de richesse dans un lieu que dans l'autre, et que partout la richesse est la mesure des valeurs qui la composent. Aussi toutes les valeurs se portent-elles des localités pauvres vers les pays riches, parce qu'elles y sont mieux appréciées.

Cette domination de la richesse est incontestable sur tous les agens de la production, sur tous les produits, sur tous les intérêts privés. S'étend-elle aussi sur les services publics, sont-ils aussi fixés et déterminés par l'état de la richesse du pays? On ne conçoit pas qu'il en soit autrement dans le système commercial sous lequel nous vivons.

Là où le commerce règle le prix de toutes les valeurs, de tous les services, de tout ce dont on veut se défaire, de tout ce dont on desire la possession; là où toute la vie n'est que l'échange de ce qu'on a contre ce qu'on veut avoir, les services publics ne peuvent pas former une exception à la loi générale, une anomalie dans l'économie universelle.

Sans doute il y a dans les services publics un caractère particulier qui les distingue des services privés; la considération dont ils jouissent, les honneurs qui y sont attachés, l'autorité dont ils sont investis, l'influence qu'ils exercent sont d'un si grand prix qu'on pourrait se contenter de ce mode de rétribution; mais serait-il bon, convenable, et dans les intérêts du pays? Je ne crains pas de le dire, un pays qui ne rétribuerait les services publics que par les honneurs et les distinctions serait mal servi et souffrirait de graves dommages de ce genre de service; il ne faut pas même remonter bien loin dans l'histoire pour trouver des preuves nombreuses et irrécusables des résultats funestes de sa gratuité.

Sous l'ancien régime de la France, la plus grande partie des services publics était gratuite, et le gouvernement pouvait à juste titre se dire à bon marché.

Le clergé avec sa dotation suffisait à la plus grande partie des dépenses du culte.

La noblesse n'était que faiblement rétribuée pour son service militaire.

La magistrature recevait à peine l'intérêt du prix des charges qu'on lui vendait pour exercer les fonctions judiciaires.

L'administration des intendans de province, de leurs subdélégués et des maires était peu dispendieuse.

En un mot, ce gouvernement était à si bon marché, qu'en 1788 ses dépenses ne s'élevaient qu'à . . . . 316,299,951 fr. (1)

On peut donc, sans paradoxe, appeler le régime de cette époque un gouvernement à bon marché. Quelle était cependant la situation du pays? elle est bien connue, et on n'accusera pas d'exagération le tableau que je vais en retracer.

Les classes laborieuses étaient dans un état habituel de pauvreté.

L'industrie languissait.

La culture d'un sol fertile, vaste et varié ne donnait qu'un produit net (2) d'environ. 1,200,000,000 l. t.

Le commerce ne devait sa prospérité qu'au monopole de l'opulente colonie de Saint-Domingue.

Enfin, telle était la désastreuse influence de ce gouvernement à bon marché, que la maison de Bour-

_____

(1) C'était environ la moitié de ce qu'elles coûtaient en 1832. Elles se montaient à 616,654,313 fr.

(2) Il est à présent de près de 1,700,000,000 et a par conséquent augmenté d'un tiers.

bon, qui régnait en France, en Espagne et à Naples, dans les pays les plus riches par leur position et par leurs vastes colonies en Asie, en Afrique et en Amérique, qui exerçait un empire absolu sur une population compacte d'environ 40 millions d'individus, luttait avec peine contre l'Angleterre, dont la population ne dépassait pas 7 à 8 millions d'individus, et dont le gouvernement était le plus cher qu'il y eût au monde. (1)

N'y avait-il aucune relation entre le gouvernement à bon marché de 1788 et la misérable situation de la France à cette époque? La coïncidence qu'on remarque entre l'une et l'autre n'était-elle que l'effet du hasard ou d'une cause particulière et spéciale?

Ce qui complique cette question, c'est qu'après le renversement du gouvernement à bon marché, la rétribution des services publics a été considérablement augmentée, et non-seulement la richesse n'a point décliné, mais même elle a fait d'immenses progrès et n'a été arrêtée dans son prodigieux développement ni par l'accroissement des dépenses publiques, ni par les désastres et les dilapidations de trois révolutions, ni par les ruineuses exigences de vingt années de guerres civiles et étrangères, ni par les dévastations de deux invasions de l'Europe armée, ni par l'énormité des tributs payés à l'étranger pour l'évacuation du territoire, ni par les profusions de la restauration, ni

(1) En 1786 les services publics coûtaient à l'Angleterre : liv. tournois 332,998,165, et par conséquent 16 millions de plus que les mêmes services ne coûtaient en France.

par le milliard de l'émigration; on dirait que plus on a dépensé, plus on s'est enrichi.

Sans doute il ne serait pas d'une saine logique d'imputer au bon marché de l'ancien régime, la détresse de la France à cette époque, ni de faire honneur à la cherté du nouveau gouvernement des progrès immenses de la richesse du pays, d'autres causes ont certainement concouru à la différence de ces résultats. Il est même possible que la cherté ou le bon marché des deux gouvernemens n'y ait eu qu'une part secondaire; mais on conviendra du moins que si le gouvernement à bon marché de l'ancien régime n'était pas la cause absolue de la situation fâcheuse de la France, la cherté du gouvernement qui l'a remplacé n'a point été un obstacle aux progrès de sa richesse, d'où l'on est fondé à tirer la conséquence que la rétribution des services publics n'améliore ni ne détériore l'état social et politique d'aucun pays. Quelle est donc la loi qui la régit ? Ce qu'il y a de certain, c'est que les services publics ne peuvent pas être rétribués dans un pays riche comme dans un pays pauvre. Ils se proportionnent dans un cas comme dans l'autre à l'état de la richesse et ne diffèrent pas de la condition des autres rapports sociaux.

De même qu'en économie politique on ne peut pas concevoir que, dans le même pays et à la même époque,

Les propriétaires du sol soient riches, les fermiers pauvres et les cultivateurs dans l'indigence;

Que les manufacturiers s'enrichissent pendant que

leurs ouvriers sont dans la détresse et la misère,

Que les commerçans accumulent des trésors, tandis que les classes de la population qui les secondent dans leurs nombreuses opérations, végètent et sont réduites à la pénurie;

Et que les classes riches de la population vivent dans le faste et l'opulence, quand les classes qui servent à leurs plaisirs, à leurs jouissances et à leurs agrémens, sont dans le dénûment et la souffrance ;

Comme il est certain que dans tous ces cas, la richesse circule de proche en proche dans des proportions relatives et nécessairement subordonnées à son abondance, condition qu'on ne peut ni changer ni modifier;

Ainsi le gouvernement d'un pays commercial, doit proportionner les traitemens publics à l'état de la richesse générale. Non-seulement ils ne peuvent pas être inférieurs à ceux des services privés, mais ils doivent leur être supérieurs, afin que les services publics conservent la prépondérance dont ils ont besoin pour accomplir leur tâche laborieuse et difficile.

Si le gouvernement qui fait nécessairement partie des services publics, n'était pas placé au degré où il doit être dans l'échelle de la richesse sociale, il n'aurait ni la puissance, ni le crédit, ni la considération indispensable à ses hautes fonctions. Les grandeurs du pouvoir ne lui seraient d'aucun avantage s'il était privé des trésors de la fortune. Qu'on parcoure l'histoire de tous les gouvernemens, depuis le patriarchat, les clans et les tribus, jusqu'aux plus puissans empires de l'antiquité et des temps modernes, et l'on reconnaîtra que tous concentraient en eux et absorbaient la plus grande partie de la richesse sociale; qu'ils lui devaient leur force, leur puissance, leur splendeur, et que dès qu'ils en furent dépouillés, ils succombèrent et disparurent devant leurs plus fortunés ennemis. Résister à un ordre de choses imposé par l'expérience des siècles, c'est fermer les yeux à la lumière et se perdre dans l'abîme des passions politiques.

Si dans la vue d'un gouvernement à bon marché, l'armée, la marine, la diplomatie étaient, par l'infériorité de leur traitement, placées dans un état d'inégalité avec celle des autres puissances du monde civilisé, l'indépendance de l'état serait compromise, son commerce ne pourrait étendre ses relations dans les pays où il ne serait ni protégé ni secouru, ni sur le pied d'une entière égalité avec ses rivaux et ses concurrens. Il serait réduit à un simple roulage dans l'intérieur; de tous les services qu'il rend à chaque pays le moins utile et le moins profitable à sa prospérité.

D'un autre côté, l'industrie sans le débouché des marchés étrangers, serait resserrée dans le cercle étroit de la consommation intérieure, sans émulation, sans activité, sans aucun moyen d'avancement et de perfectionnement.

Enfin l'agriculture, découragée par l'industrie languissante, par le commerce circonscrit dans les limites les plus étroites, réduite à l'approvisionnement d'une population pauvre et stationnaire, ne pourrait

6

faire aucun pas en avant dans cette route sans relations et sans issue.

Le gouvernement à bon marché ne serait ni moins fâcheux ni moins déplorable, si le système judiciaire était combiné dans des vues économiques plutôt que dans l'intérêt des justiciables. Dans ce cas, la justice serait lente, sujette aux influences du pouvoir et au crédit des richesses, et peu disposée à préserver le faible et le pauvre de l'oppression du puissant et du riche.

Que serait-ce si le bon marché du gouvernement laissait en souffrance les innombrables services de l'administration? alors, plus de sûreté publique; les routes seraient dégradées, les établissemens publics dépériraient, les infirmités humaines ne recevraient que des secours insuffisans dans les asiles qui leur sont ouverts, l'enseignement serait hors de proportion avec la population et les hautes études privées d'encouragement seraient négligées si elles n'étaient pas délaissées.

Voilà jusqu'où peuvent s'étendre les effets désastreux du gouvernement à bon marché dans un pays riche, et cependant ils ne retracent que le mal qui peut en résulter; que n'y aurait-il pas à dire si l'on se rendait compte du bien qu'ils empêchent, arrêtent ou paralysent?

Ce n'est pas par ce qu'un gouvernement coûte, qu'on doit juger s'il est cher ou à bon marché, mais par l'état de la prospérité publique, sur laquelle il exerce un empire si étendu; et qu'on ne croie pas qu'il soit

bien difficile de savoir à quoi s'en tenir sur ce point
si compliqué, et par conséquent si obscur. Dans les
états commerçans, la statistique des importations et
des exportations pendant une certaine période de
temps, donne la véritable mesure du gouvernement,
de sa cherté ou de son bon marché.

Le commerce avec l'étranger est, pour les peuples
modernes, le mobile et la mesure de leur prospérité
particulière et générale. Il donne l'impulsion au commerce intérieur qui le communique à l'industrie d'où
elle parvient à l'agriculture. Ces divers agens de la
richesse sont moins puissans par leur propre force,
que par celle qui les met en activité, et tous sont plus
ou moins dépendans de l'influence du gouvernement.
Dans cette position, il convient que le gouvernement
s'occupe moins de la grandeur des dépenses que nécessitent les services publics, que des avantages que
doivent en tirer les affaires générales du pays. Comme
régulateur d'un peuple commerçant, il doit savoir
que, si les opérations du commerce réussissent, la grandeur des bénéfices souffre peu de la dépense des services publics, et que si elles échouent, la modicité
des dépenses réduit fort peu la perte qu'elles éprouvent. On ne doit donc s'inquiéter que du succès, et
surtout il faut prendre garde de ne pas le compromettre par la modicité de la rétribution des services
publics. Il y a toujours plus de chances de succès
quand tout le monde est bien payé, que quand tout
le monde souffre ! Les revers du directoire et la fortune de l'empire, n'eurent pas de cause plus puissante

que la différence de rétribution des services publics sous les deux gouvernemens.

Si c'est pour renverser le gouvernement de Louis-Philippe qu'on a imaginé les économies, les retranchemens et le gouvernement à bon marché, on a bien su ce qu'on faisait, mais comment ne s'est-on pas aperçu que c'était une hostilité qu'il fallait repousser, plutôt qu'une mesure financière qu'on devait discuter.

Dira-t-on qu'il faut qu'un état proportionne ses dépenses à ses ressources! Cela est vrai, et même tellement évident, que quand on voudrait faire autrement on n'y parviendrait pas; l'état déclinerait rapidement et marcherait à une ruine inévitable. Aussi n'est-ce pas sur ce point qu'il peut s'élever de controverse. Elle ne peut avoir lieu que quand des circonstances extraordinaires nécessitent des dépenses plus considérables que celles que le pays peut acquitter; dans ce cas si l'impôt dépasse les facultés du contribuable, il est juste, il est nécessaire de réduire la rétribution des services publics dans une proportion égale à l'excès de l'impôt. De telle sorte que si l'impôt grève le contribuable au-delà de ce qu'il peut payer, le serviteur et le pensionnaire de l'état doivent souffrir sur leur traitement et leur pension, une réduction qui allège le fardeau du contribuable; mais dans ce cas, ce n'est pas par réduction, mais par retenue qu'il faut procéder. La réduction suppose l'excès du traitement et de la pension; la retenue opère un prélèvement temporaire. Autant il serait injuste de réduire le traitement du service public quand le contribuable ne souffre pas,

autant il est juste dans des temps difficiles de faire
sur la rétribution des services publics, une retenue qui
rende moins pesant le fardeau du contribuable: il faut
que le serviteur, le pensionnaire de l'état et le contribuable, se ressentent également de la bonne ou mauvaise fortune de l'état; leur condition doit être la
même; l'un ne peut être dans l'aisance et l'autre dans
la détresse. Hors ce cas, les services publics doivent
être à l'abri de toute réduction, de toute inquisition,
de toute tracasserie. Comme les services privés, ils ne
doivent pas dépendre de l'état du revenu annuel
du contribuable qui est naturellement variable, mais
de l'état de la richesse acquise, qui a plus de stabilité
et moins de mobilité. Le gouvernement ne doit pas
plus inquiéter chaque année, les serviteurs de l'état
sur leur traitement, qu'un fermier, un manufacturier,
un négociant ne peuvent subordonner les salaires aux
profits annuels de l'agriculture, de l'industrie et du
commerce. Tous les services publics et privés comp-
tent et doivent compter sur la fixité de leur traitement
déterminée par la richesse acquise; si par quelque
cause que ce soit, l'état souffre dans son revenu et le
commerce dans ses bénéfices; c'est une perte qu'ils
doivent supporter, parce qu'ils profitent seuls des avantages d'une année féconde, abondante et riche.

Ainsi on doit tenir pour certain que la rétribution
des services publics, n'est pas plus arbitraire que celle
des services privés. Tous sont fixés par l'état de la
richesse sociale, et l'on ne peut pas plus dans un pays
faire un gouvernement à bon marché par la réduction

des traitemens, qu'on ne peut dans un pays pauvre, entretenir un gouvernement dispendieux par l'excès des traitemens publics. Ce n'est pas par ce que les gouvernemens coûtent, qu'on peut juger s'ils sont dispendieux ou à bon marché, c'est par l'état prospère ou misérable des peuples dont ils régissent les intérêts et les affaires.

Il y a cependant un cas où l'on soumet à une retenue, la rétribution des services publics; c'est celui où des circonstances extraordinaires nécessitent une extension démesurée de l'impôt. Alors il paraît juste de rendre le fardeau moins onéreux en le faisant peser sur l'impôt et sur le traitement.

Mais cette mesure consacrée par l'usage, est-elle aussi raisonnable qu'on paraît le croire! cela dépend du mode de paiement des dépenses publiques, si comme on l'établit depuis quelque temps, on doit subvenir aux dépenses ordinaires par l'impôt et aux dépenses extraordinaires par l'emprunt; il n'y a plus de motifs pour réduire le traitement des serviteurs de l'état, puisque cette réduction ne doit avoir lieu qu'à la décharge de l'impôt qui y est tout-à-fait étranger.

Il reste donc à savoir sur quoi repose la doctrine récente de l'impôt pour les dépenses ordinaires et de l'emprunt pour les dépenses extraordinaires. L'on ne peut s'en faire une idée exacte que par une connaissance approfondie de la nature du caractère et des résultats de l'emprunt et de l'impôt. Leur état réciproque me semble devoir jeter une vive lumière sur les controverses qui obscurcissent encore cette partie de la science financière, embarrassent sa marche et compromettent ses succès.

L'emprunt se compose des économies du pays qui emprunte et de celles de tous les pays dont les capitaux cherchent ce genre d'emploi. Dans l'état actuel du commerce, tous les peuples prennent part aux emprunts des divers gouvernemens comme ils fréquentent les marchés de tous les pays. Les emprunts publics ne sont pour eux qu'une branche du commerce général, ils suivent ses impulsions et se règlent par ses intérêts.

Les économies sont de deux sortes; elles sont disponibles ou capitalisées.

Celles-ci alimentent le travail, source des richesses et prennent le nom de capitaux.

Celles-là cherchent un emploi et servent à l'extension du travail, aux développemens de la prospérité publique, aux progrès de la richesse sociale.

Les capitaux entrent rarement dans les emprunts publics et il serait très fâcheux qu'il en fût autrement. Nécessaires aux travaux qu'ils alimentent, on ne pourrait les détourner de leur emploi sans réduire le travail, la production, le revenu, la prospérité et la richesse du pays auquel ils appartiennent; mais ce malheur n'est pas à craindre, les capitaux ne quittent pas facilement les emplois où ils sont attachés. L'habitude exerce sur eux comme sur toutes les actions humaines, une influence irrésistible. On ne persuadera jamais à un agriculteur, à un manufacturier, à nu commerçant d'abandonner leurs travaux accoutumés pour porter leurs capitaux dans les emprunts publics, quand même ce nouveau placement leur offrirait de plus grands profits. Les petits grands-livres en offrent en France un exemple remarquable.

Il n'y a donc que les économies non capitalisées et par conséquent disponibles qui entrent dans les emprunts publics. Quand elles suivent cette direction, elles ne concourent plus directement au développement du travail et de la production, sont étrangères à leurs progrès et sans influence sur la richesse sociale. Elles restent stationnaire, c'est un mal sans doute; mais est-il plus ou moins grand que celui qui résulte de l'impôt? Là est toute la difficulté.

L'impôt est un prélèvement sur la portion du revenu qui excède les frais de production, et que par cette raison on appelle le revenu net. Si l'impôt absorbe le cinquième du revenu net, et ce taux est bien modéré, le contribuable privé du cinquième de son revenu doit suffire à ses besoins, à ses prospérités, à sa richesse avec les quatre cinquièmes qui lui restent, et si comme cela n'est que trop à craindre, ils sont insuffisans, il souffre; sa richesse s'altère et la richesse générale décline. Ce résultat est inévitable.

Et qu'on ne croie pas que la consommation du cinquième du revenu, effectuée par les créanciers et les serviteurs de l'état, produise les mêmes effets que celle des propriétaires du revenu net: il n'y a aucune parité entre ces deux genres de consommation.

Celle du cinquième réservé pour le service de l'état, n'est représentée que par le service rendu, service

utile en soi, mais incapable de toute production directe et immédiate. Jusqu'à quel point les services de
l'état sont-ils indirectement productifs ? c'est une
question encore vivement controversée ; mais on a pu
dans l'article précédent, sur la richesse, en pressentir
la solution ; à présent il suffit de faire remarquer que
la consommation du cinquième en question n'est pas
reproduite par ses consommateurs, mais par les producteurs des quatre autres cinquièmes ou de la richesse
du pays.

Sous ce premier point de vue, l'impôt diffère de
l'emprunt en ce que celui-ci ne consomme que des
économies, consommation qui ne nuit qu'aux progrès
de la richesse, tandis que l'impôt peut grever les producteurs d'un fardeau au-dessus de leurs forces, ce qui
entraîne la décadence de la production et de la richesse.

D'un autre côté, l'emprunt ne prélève rien sur la
production, il la laisse aux producteurs qui en dispo-
sent comme bon leur semble. Les produits qu'il livre
à l'état, proviennent des économies faites sur leur
consommation, et ne sont pas détournés de la production. Sans doute l'emprunt comme l'impôt consomme des produits, mais l'emprunt ne les prend que
sur le consommateur ; ce qui ne porte aucune atteinte
à la production et ne cause aucun dommage au producteur ; l'impôt, au contraire, retranche au producteur le cinquième de ses produits, et le force de reproduire cinq avec quatre, condition qu'il n'est pas
toujours assuré de remplir, et qui dans tous les cas,
énerve ses facultés productives.

Ce n'est pas que le producteur ne soit pas grevé par l'emprunt, il est certain, au contraire, que c'est lui qui rembourse l'emprunt en capital, intérêts et amortissement ; mais il ne le rembourse que successivement et par petites portions, telles qu'un trente-sixième par an, de sorte qu'au lieu de payer à l'impôt le cinquième de ses produits, le producteur ne paie que le trente-sixième qui suffit au paiement de l'intérêt, et à l'amortissement du capital de l'emprunt : il a donc trente-cinq portions de ses produits pour en reproduire trente-six, tandis que l'impôt ne lui en laisse que quatre pour en reproduire cinq.

D'un autre côté, le prêteur trouve dans l'intérêt de sa créance sur l'état l'équivalent de la consommation dont il s'est privé, et cet équivalent est facilement reproduit par le contribuable sur lequel il est imposé.

Il y a donc dans le système de l'emprunt avantage pour le producteur qui, au lieu de payer à l'impôt le cinquième de ses produits, n'en paie que le trente-sixième.

Profit pour le prêteur qui, par ses économies sur ses consommations, devient propriétaire du 36e de la production affectée à son emprunt.

Et accroissement de la richesse du pays dans la proportion du 36e emprunté.

Enfin, l'emprunt a encore sur l'impôt l'avantage de stimuler l'économie, de favoriser l'accumulation des capitaux et d'accélérer les progrès de la richesse, tandis que l'impôt épuise les forces du producteur, atténue les ressources de la production, et nuit à sa fécondité.

On peut cependant faire deux objections contre la supériorité de l'emprunt sur l'impôt :

1° On peut dire que l'emprunt n'est pas toujours de la 36ᵉ partie de l'impôt qu'il remplace, et que dans des temps fâcheux il coûte plus cher, exige de plus grands sacrifices et devient plus onéreux à l'état.

Mais quel est le résultat de cette objection? c'est que l'emprunt est préférable à l'impôt tant qu'il demande moins au contribuable, et qu'il perd ses avantages quand ses exigences sont égales à celles de l'impôt, condition rare et à-peu-près impossible.

2° On peut encore objecter que l'impôt est plus avantageux que l'emprunt, quand le contribuable reproduit en totalité l'impôt, ce qui arrive naturellement quend l'impôt n'est pas au-dessus de ses forces.

Cet argument ne repose que sur l'hypothèse que le contribuable peut reproduire le montant de l'impôt; mais si cela lui est possible, à plus forte raison reproduira-t-il le montant de l'emprunt, qui n'est que le 36ᵉ de l'impôt. Prétendre que, comme l'emprunt exige du contribuable moins d'efforts et de sacrifices que l'impôt, le contribuable se bornera à reproduire l'emprunt, quoiqu'il eût pu reproduire l'impôt, c'est une lutte d'hypothèses qui ne mérite pas de nous occuper; ce qu'il y a de vrai, c'est que le contribuable n'a pas besoin d'autre aiguillon, d'autre stimulant pour produire tout ce qui est dans ses facultés que l'impulsion de son intérêt : telle est la loi fondamentale de toute l'économie politique.

L'emprunt me paraît donc préférable à l'impôt pour tous les besoins publics, soit ordinaires, soit extraordinaires ; mais on n'a pas encore osé envisager cette vérité dans toute son étendue, et comme on n'en a pas aperçu toute la portée, on l'a limitée à l'emprunt des dépenses extraordinaires, et on a laissé à l'impôt le paiement des dépenses ordinaires; il ne serait cependant pas facile de trouver dans la science économique des motifs de cette étrange distinction des ressources pour chaque nature de dépense. La mesure la plus économique dans un cas l'est également dans l'autre, et l'adopter dans un cas et la répudier dans l'autre, c'est offenser la logique et la raison.

Ainsi aucune circonstance ne peut motiver ni la réduction, ni la retenue de la rétribution des services publics. Si l'impôt peut y suffire, il doit acquitter cette dépense de l'état comme toutes les autres dépenses; il n'y a point de raison pour tenir le serviteur dans la gêne ou le malaise, pour rendre la condition du contribuable plus douce ou moins onéreuse. Dans le système commercial, l'échange fait passer toutes les valeurs sous son niveau, et les services publics sont de la même nature que les autres valeurs vénales.

Que si l'impôt ne peut pas, sans surcharge pour le contribuable, suffire au paiement des dépenses publiques, l'emprunt offre ses ressources pour combler le déficit de l'impôt; et si l'on sait le mettre à profit, il supplée à l'insuffisance de l'impôt et le remplace avec le plus grand avantage pour la richesse sociale ; cette assertion paraîtra sans doute paradoxale; mais que de conquêtes offre encore cette partie de la science à quiconque saura l'explorer.

Je traiterai cet important sujet dans la livraison ultérieure.

3ᵉ LIVRAISON.

SOMMAIRE.

PRINCIPES

D'ÉCONOMIE POLITIQUE

ET DE FINANCE.

~~~~~~

SUR LES DOUANES.

(Article 3ᵉ et dernier.)

———

Dans les deux articles que j'ai publiés sur les douanes (1), je crois avoir établi que la nature du commerce, les intérêts de l'industrie nationale, la balance des relations commerciales des peuples, la stabilité de leur prospérité relative ne peuvent se concilier qu'avec un système de douanes qui laisse un
libre cours au commerce avec l'étranger, qui n'importe que des objets que le pays ne produit pas, qui
le frappe de prohibition s'il importe des objets que le
pays produit, et ne déroge à la prohibition que dans
les cas de réciprocité et pour un meilleur emploi du
capital et du travail de chaque pays.

(1) Première livraison, p. 14; seconde livraison, p. 29.

7

Cette théorie des douanes, fondée sur les élémens et les résultats du commerce avec l'étranger est-
elle conforme ou contraire à leurs doctrines pratiques
et usuelles ? C'est ce qui me reste à examiner, pour
embrasser dans toute son étendue ce sujet si vaste, si
compliqué, si obscur. Dans ce dessein, je vais donner, une idée succincte de la direction des douanes
françaises avant la révolution commerciale au xv°
siècle, depuis cette époque jusqu'à nos jours, et de
son état actuel. Ce rapprochement des faits et des principes me paraît devoir répandre de vives lumières sur
les obscurités de cette partie si importante de l'économie sociale et des finances. Il est aussi permis d'espérer que la science moins indéterminée et plus positive,
dissipera les illusions de la liberté illimitée du commerce, et réalisera ses avantages quand elle est circonscrite dans ses limites naturelles. Le grand point
dans les affaires est de ne pas marcher au hasard et
de savoir ce qu'on fait.

Dans des temps reculés, sous Philippe-Auguste, en
1204, le commerce était libre en France, on ne faisait aucune distinction de produits exotiques et indigènes ; mais les douanes imposaient des taxes sur le
commerce à son entrée et à sa sortie de chaque division
du territoire (1). Ces taxes n'étaient ni prohibitives,
ni restrictives, ni protectrices de l'industrie locale ;

(1) Elle formait trois parties distinctes :
    Les pays compris dans les cinq grosses fermes ;
    Les provinces réputées étrangères ;
    Les provinces conquises.

elles étaient domaniales, le droit de la souveraineté, le prix de la permission de faire le commerce. Les douanes n'ont pas eu, dans l'origine, d'autre principe ni d'autre cause.

Trois siècles après, sous François Ier, on établit des droits spéciaux sur les importations de l'étranger. La douane de Lyon percevait des droits sur les draps de soie, d'or et d'argent, venant de l'étranger, sur les matières premières, les soies teintes venant de l'Italie, de l'Espagne et du comtat Venaissin, et sur les marchandises du Levant, les drogueries et les épiceries; mais ces droits étaient encore des impôts tout-à-fait étrangers à la protection de l'industrie nationale; ce qui ne laisse aucun doute à cet égard, c'est que près de deux siècles après, sous Henri IV, et pendant l'administration de Sully, les exportations étaient assujéties aux mêmes droits que les importations.

D'où l'on peut conclure avec quelque certitude que les douanes n'avaient encore d'autre objet que de percevoir des impôts sur le commerce, sans aucune distinction des choses et des personnes.

Colbert lui-même, dont le génie fit faire de si grands progrès au commerce et à l'industrie de la France au-

Les taxes étaient différentes dans chacune de ces fractions du territoire.

Les pays compris dans les cinq grosses fermes étaient assujétis à des droits de péage, à des droits locaux et de douane sur les exportations.

Les provinces réputées étrangères étaient sujettes à l'imposition foraine, à un droit appelé la *resve*, et à un droit de haut passage.

Dans les provinces conquises on observait les lois de leur réunion à la France.

torisa le transit, établit des ports francs, et mit d'a-
bord peu de différence entre les importations et les
exportations.

Si dans le tarif de 1664 il diminua les droits de
douane, la diminution porta également sur les importations et les exportations; preuve certaine qu'elles
ne se présentaient à sa pensée que comme matière imposable.

A la vérité, dans le tarif de 1667, le ministre augmenta les droits sur les importations; protégea la navigation qui, de son temps, était, ainsi que le cabotage,
envahis par l'étranger, et eut l'inappréciable mérite
d'établir la liberté du commerce intérieur.

Ces innovations donnèrent l'impulsion à la révolution qui se fit alors dans le système des douanes. Elles devinrent plus favorables aux exportations
qu'aux importations, et l'on distingua le commerce
intérieur du commerce avec l'étranger. (1)

Mais il faut en convenir, ces innovations étaient
plus instinctives qu'éclairées, plus d'opinion que de
conviction, plus de croyance que de certitude. On
voyait qu'il y avait quelque chose à faire, mais on ne

(1) En 1664, suppression des droits sur l'exportation des soieries;
En 1687, prime à l'exportation des sucres raffinés;
         Réduction des droits sur l'exportation des vins;
         Établissement de droits sur l'importation de plusieurs pro-
            duits exotiques.
En 1691, diminution dans l'étendue des cinq grosses fermes des droits
sur les soies du Dauphiné, de la Provence et du Languedoc.
En 1716, diminution de la moitié des droits sur l'exportation des sucres
raffinés.

savait pas ce qu'il fallait faire ; on était porté à favoriser l'exportation, mais on ne savait pas quels rapports elle avait avec l'importation. La guerre avec la
Hollande provoquée par des innovations dans la
législation des douanes avait obscurci les notions qui
commençaient à se faire jour, et l'on resta jusqu'en
1716 dans le chaos d'où l'on cherchait à sortir.

Pendant la dernière moitié du XVIIIe siècle, l'esprit
de la législation administrative ne fut novateur que
sur deux points. On diminua les droits sur les exportations autant que le permettaient les besoins du trésor, et l'on modéra, lorsqu'on n'affranchit pas de tout
droit, l'importation des matières premières. On sentait
le besoin de favoriser l'industrie nationale, mais on
se gardait bien de croire que le moyen était dans la
prohibition de l'industrie étrangère. On usait envers elle d'une si grande modération, qu'en 1784,
les importations et les exportations qui se montaient à . . . . 530 millions tourn.

Ne furent imposées qu'à . . 12   »

C'est-à-dire, à un peu plus de 2 pour o/o.

Il est vrai que le trésor percevait d'autres droits ,
que ceux des douanes sur l'importation des produits exotiques. Ils étaient payés par les compagnies
privilégiées qui en faisaient l'importation. M. Neker
évaluait la totalité du produit des douanes de 30 à
40 millions ; ce qui sur une somme de 530 millions ;
portait la taxe de 6 à 8 pour o/o, proportion très
modérée qui autorise à penser qu'on ne considérait

encore les douanes que comme une ressource pour le trésor, et non comme une sauve-garde, pour la production nationale.

Après la révolution de 1789, les choses restèrent dans le même état. L'Assemblée constituante, dont on ne peut révoquer en doute les lumières, le zèle et l'habileté pour les intérêts commerciaux de la France, ne trahit, dans sa fameuse loi du 15 mars 1791, aucun sentiment de crainte ou de jalousie contre l'importation des produits exotiques; elle fut très réservée dans ses prohibitions; ses taxes furent plus restrictives que prohibitives; elle ne montra de véritable prédilection que pour la navigation qu'elle protégea par des taxes spéciales; hors ce cas, il serait difficile de dire si la loi eut en vue l'intérêt de la production nationale : un seul sentiment prédomine, c'est la modération des taxes : aussi, leur produit ne s'éleva-t-il en 1792 qu'à. . . 12,622,141 liv. t.

La loi de 1791 ne fut pas long-temps en vigueur, elle subit le sort de toute la législation, elle fut sacrifiée à l'arbitraire. Le gouvernement révolutionnaire se servit des douanes comme d'un moyen d'aggression ou de représailles, ouvrit, ou ferma les ports au gré de ses caprices, et vendit à quelques individus, les sacrifices qu'il imposait à toute la population, les transactions commerciales furent perverties, les prix excessifs et les intérêts du commerce l'objet du plus odieux trafic.

Malgré les lois du 1ᵉʳ août 1792, du 19 mai 1793, et du 9 floréal an VII, les douanes ne furent pas plus productives (1), elles le furent moins, et cela devait être, après la tempête révolutionnaire ; elles ne se relevèrent qu'en l'an vii après le rétablissement de l'ordre. (2)

Les lois du 29 floréal an x, et 8 floréal an xi, furent conçues dans un esprit différent de celui qui avait présidé aux lois antérieures des douanes : autant les taxes avaient été modérées jusqu'alors, autant elles furent excessives et oppressives pour le commerce ; leur objet avoué était de préserver la production et la navigation du pays, de la concurrence du commerce étranger. Là commence la lutte nouvelle de l'industrie nationale contre l'industrie étrangère, lutte qui fut la cause, l'occasion où le prétexte du blocus et du système continental. Il est inutile de s'y arrêter ; on n'en peut tirer ni lumière, ni document sur le mérite ou les vices du système des douanes introduit par les lois de l'an x, et de l'an xi (1802 et 1803).

Les évènemens de 1814 amenèrent un nouvel ordre de choses. La législation de 1802 et de 1803 disparut avec son législateur. Calculée dans des vues politiques plutôt que commerciales, cette législation avait élevé le produit des douanes de 9 à 10 millions, jusqu'à . . . . 98 millions.

---

(1) En l'an v, le produit brut fut de. . . . . 15,317,934 livres.
En l'an vi,   id. 12,413,250
En l'an vii,   id. 9,532,370
(2) En l'an viii, id. 14,064,318
Ep l'an ix,   id 18,962,512

Il serait assez curieux de savoir comment Bona-
parte parvint à concilier cette énorme progression
des produits des douanes, qui ne pouvait résulter que
d'une énorme importation des produits étrangers
avec la protection de l'industrie nationale, qu'il
croyait trouver dans l'énormité des droits de douanes;
ce problème ne fut pas aperçu, ou du moins on
n'en chercha pas la solution.

L'ordonnance d'avril, et la loi de décembre 1814,
qui baissèrent les tarifs de 1802 et de 1803, de 25,
de 30, de 40 et même de 50 pour 0⁄0, n'excitèrent
ni surprise, ni plainte, ni réclamation. On approuva
le retour au tarif de 1791, qui avait conservé sa
réputation de sagesse, et qui la méritait en effet, parce
qu'il n'avait pas perdu de vue les intérêts des relations commerciales, ce dont on s'était fort peu
soucié pendant l'orage révolutionnaire, et l'on crut
avancer en faisant rétrograder les tarifs de Bona-
parte, jusqu'en 1791.

Cette restauration des tarifs ne fut qu'éphémère:
les évènemens de 1815 exigeaient des ressources immenses pour faire face aux déplorables exigences du
moment, et dans le tarif de 1816 on ne consulta que
les effrayantes nécessités du trésor. Toutes les branches de l'industrie et du commerce en jetèrent les hauts
cris; mais on se soumit à la nécessité. On n'était pas
encore arrivé à regarder l'énormité du tarif des douanes
comme la sauve-garde de l'industrie et du commerce;
on n'y voyait que ce qu'il est en effet, un impôt.

Ses produits qui, avant la loi d'avril 1816, n'étaient

que de . . . . 37 millions.

S'élevèrent progressivement, après la
loi de 1822, à . . . . 76 »

Sa fécondité lui concilia la faveur du pouvoir, et il
ne fut plus question que de l'accréditer dans l'opinion
publique. Dans ce dessein, on établit en principe que
les tarifs des douanes protègent l'industrie et le commerce du pays contre la concurrence de l'industrie et
du commerce de l'étranger. Avec cette insinuation,
qui a pu faire illusion à de très bons esprits, on n'a
pas craint de donner la plus grande extension au tarif
des douanes, et l'on s'est félicité de voir ses produits
s'élever, en 1834, à environ . . . 106 millions.

D'où il résulte que les produits des douanes ont
presque décuplé dans l'espace de 43 ans.

Maintenant, qu'on a des notions, sinon complètes,
du moins approximatives du tarif des douanes françaises pendant plus de six siècles, on peut jusqu'à un
certain point se rendre compte de ses résultats.

Si je ne me fais point illusion, le tarif des douanes
est tout-à-fait indifférent au commerce avec l'étranger, et n'influe ni en bien ni en mal sur les relations
commerciales des peuples. La raison en est évidente,
c'est qu'il est un impôt de consommation, et par conséquent payé par le consommateur. Le commerce en
est toujours remboursé, comme de ses autres avances
et de ses profits, par le consommateur de ses produits.

L'excès du tarif n'a pas même, comme l'excès des
autres impôts de consommation, l'effet de réduire la
consommation des produits importés; les tarifs pro-

gressifs de l'an x (1802) et de l'an xi (1803), de 1816 et de 1822 en font foi. Au lieu de diminuer les produits des douanes, ces tarifs excessifs les ont presque décuplés, ce qui ne serait arrivé à aucun impôt de consommation, et ce qui aurait encore moins eu lieu si les tarifs avaient frappé sur le commerçant étranger, et réduit ses profits ou absorbé ses avances. Quel que soit le taux des tarifs, il n'est pour le commerçant étranger qu'une avance dont il doit être remboursé, comme de ses autres avances par le consommateur.

Comment donc arrive-t-il que l'excès des tarifs de douanes ne réduit pas la consommation et n'atteint pas le commerçant étranger? Ce phénomène s'explique facilement.

Le commerçant étranger, qui sait combien il lui importe d'empêcher la réduction de la consommation qu'opérerait nécessairement l'excès du tarif, réduit ses profits afin de laisser à la consommation toute son intensité, et retrouve le prix de ses sacrifices dans le bon marché des produits qu'il reçoit en paiement de ceux qu'il vend. S'il vend à bon marché, il achète encore à meilleur marché, et le producteur reçoit sa loi, parce que ses produits destinés à l'étranger n'ont d'autre acheteur que lui. Le commerce avec l'étranger se résout toujours en un échange des produits qu'il importe avec ceux qu'il exporte; il faut qu'ils se balancent entre eux, autrement le commerçant étranger ne pourrait pas continuer son commerce, et le tarif ne donnerait plus d'autres produits.

L'échange des produits étrangers contre les produits

indigènes fait donc retomber sur ceux-ci la perte que
les produits étrangers ont éprouvée par le tarif, et le
tarif atteint par conséquent le producteur national,
qui en paie la valeur avec ses produits; et il faut bien
que cela soit ainsi! Avec quelle valeur le commerçant
étranger peut-il payer les produits qu'il achète si ce
n'est avec la valeur des produits qu'il vend? Il faut
donc qu'ils se balancent, et par conséquent les tributs
que l'étranger paie au fisc retombent de tout leur
poids sur le pays.

Combien donc on s'abuse, lorsqu'on croit que le
tarif des douanes peut régler les relations commerciales d'un pays avec l'étranger; et surtout assurer à
l'industrie nationale la préférence sur l'industrie
étrangère. Dès qu'on ouvre les barrières au commerce
étranger, rien ne peut résister à sa supériorité; elle
n'a d'autres limites que l'impuissance du pays à satisfaire ses exigences.

Toutefois, si le tarif des douanes est peu redouté
de l'étranger, et lui est en effet peu redoutable, on doit
craindre qu'il ne soit infiniment nuisible à la production du pays, et à son commerce avec l'étranger. On
en jugera par quelques réflexions théoriques sur
son application aux diverses classifications des produits imposés. C'est moins une critique de détail que
j'ai en vue, que l'intérêt de la science, dont les principes sont entièrement inconnus par le tarif.

Dans le tableau des douanes françaises, en 1829 (1),
on trouve les résultats suivans :

(1) Compte général de l'administration des finances en 1830, p. 449.

Exportations.   504,024,629
Importations.   483,353,139

    Excédant des exportations.   20,671,490

Taxes sur les importations. 99,633,473
Idem, sur les exportations. . . . . . .·   1,334,614

           Total. 101,028,087

Ce qui frappe dans ce tableau, c'est le tarif sur les importations; il y a là des incohérences difficiles à concevoir et à expliquer.

Sur les importations montant à.   483,352,139
les deux tiers montant à. 322,343,426
sont consommés en France et supportent un
   impôt de. 49,694,280

      Environ 16 pour cent.

Le troisième tiers montant à. . 161,117,713
est réexporté soit dans les mê-
  mes produits, soit en produits identiques , et grevé
  d'un impôt de. 49,939,193

      Environ 31 pour cent.

Comment expliquer une taxe de 16 pour 100 sur des produits importés et consommés en France, et celle de 31 pour 100 sur des produits importés et réexportés? Ces deux taxes sont évidemment contraires à tous les principes, à tous les intérêts, à toutes les combinaisons économiques et commerciales.

Un impôt sur les exportations, double de celui sur les importations, devait nécessairement réduire l'exportation, et opposer un obstacle insurmontable au commerce du pays avec l'étranger; il faut pour faire mieux

sentir les vices de cette partie de l'impôt des douanes,
entrer dans les détails de son application.

ANIMAUX VIVANS.

On en importa en 1829 pour..............   17,324,319

La taxe fut de........................ 3,575,076

       Environ 20 pour cent.

Et l'on en exporta pour..................   7,119,503

Quel fut, dans ce cas, l'effet de la taxe? Son
excès restreignit nécessairement l'importation et l'exportation. Les Français consommèrent moins de bestiaux étrangers et en vendirent moins à l'étranger. La
taxe fut par conséquent également préjudiciable au
commerce avec l'étranger, et au commerce intérieur.

Ce qui mérite surtout d'être remarqué, c'est qu'on
n'avait même pas dans ce cas le prétexte de la protection de l'industrie agricole, puisque nos bestiaux trouvaient à l'étranger un écoulement qui balançait l'importation des bestiaux étrangers. La taxe n'avait donc
d'autre effet que de priver le pays d'une partie des
profits de cette branche du commerce.

Craignait-on que les bestiaux étrangers n'envahissent nos marchés, et que leur consommation ne fît
obstacle à celle de nos bestiaux? Mais comment ne
voyait-on pas que si la taxe de 20 p. 100 n'empêchait
pas l'exportation de près de la moitié de la quantité
importée ; sans la taxe ou même avec une taxe moindre, on aurait plus importé ou plus exporté. La taxe
a donc évidemment empêché l'extension de cette
branche du commerce.

Peu importe qu'on ait vendu à l'étranger les bestiaux importés, ou les indigènes, le résultat était le même pour le pays.

Dans le premier cas, le pays n'avait consenti à payer les bestiaux étrangers 20 pour 0/0 plus cher que les indigènes, que parce que les uns valaient plus que les autres, et qu'en consommant ce qui valait plus de préférence à ce qui valait moins, il n'y avait ni gain ni perte; on trouvait au contraire dans la plus grande valeur des animaux étrangers, un moyen d'améliorer ceux de son crû; motif digne d'éloges, qu'on eût dû récompenser au lieu de le réprimer par une taxe de 20 pour 0/0.

Dans le second cas, si les bestiaux importés n'ont pas été consommés en France, s'ils ont été exportés malgré une taxe de 20 pour 0/0, c'est une preuve que sans la taxe, ou une moindre taxe, cette branche de commerce eût été plus considérable qu'elle ne le fut.

Ainsi, l'effet naturel de la taxe de 20 pour 0/0, sur les animaux vivans importés de l'étranger, fut de limiter cette branche du commerce avec l'étranger.

PRODUITS ET DÉPOUILLES D'ANIMAUX.

On en importa en 1829 pour..,..........   95,226,669
La taxe fut de.....................   7,199,953
      Environ 7 et demi pour cent.
Et l'on en exporta pour...................   12,762,601

Si la taxe de 7 1/2 pour 0/0, ne paraît pas avoir eu d'influence sur l'importation de cet article, on n'en peut pas dire autant de l'exportation. La taxe de 7 1/2 pour 0/0, fut pour nos concurrens une prime qui leur assura la préférence sur les marchés étrangers; de là vient que cette branche de commerce fut si restreinte et si limitée.

FRUITS.

On en importa en 1829 pour................ 9,424,837

La taxe fut de......................... 1,158,704

      Environ 10 pour cent.

Et l'on en exporta pour.................. 7,136,123

N'est-il pas évident que sans la taxe de 10 pour 0/0, les importations et les exportations auraient été plus considérables qu'elles ne le furent. Les douanes sacrifièrent le commerce aux intérêts du fisc et enrichirent le trésor des dépouilles du commerce. Comment n'avait-on pas des idées plus exactes de l'impôt des douanes, comment ignorait-on qu'il n'est qu'un impôt de consommation et que tout impôt de cette nature qui détruit la matière imposable, se détruit lui-même? Ce n'est pas ainsi qu'on doit faire contribuer un peuple aux besoins de l'état.

DENRÉES COLONIALES DE CONSOMMATION.

On en importa en 1829 pour.............. 63,483,260

La taxe fut de......................... 46,254,723

      Environ 75 pour cent.

Et l'on en exporta pour.................. 2,560,341

Si la France ne revendit qu'une si faible quantité de denrées coloniales, c'est que l'impôt en augmentait le prix de 75 pour 0/0. Il n'y a pas d'autre raison de la modicité de la consommation d'une denrée aussi agréable, et presque nécessaire. L'importation des sucres ne fut que de . .   147,478,294 liv. pesant.

Ce qui pour une population de 32 millions d'individus, ne donnait pas à chacun 2 1/2 kilogrammes.

En Angleterre l'importation du sucre fut de 400 millions de livres pesant.

La taxe fut de. . . . . . . 75 millions fr.
Environ 19 pour 0/0.

L'exportation de. . . . . 200 millions liv. p. et la consommation intérieure de. . 200 millions liv. p. et de 5 kilogrammes par individu.

En supposant que la population de l'Angleterre fut de 20 millions d'individus, ce qui ne s'éloigne pas beaucoup de la vérité, quelle énorme disproportion dans la consommation de cette denrée, qui est presqu'un objet de nécessité, entre deux peuples, qui, s'ils ne sont pas également riches, jouissent d'une aisance à-peu-près égale. La taxe qui, en France, était de 75 pour 0/0, et en Angleterre de 19 pour 0/0, explique cette différence.

Il importe plus qu'on ne pense à la prospérité d'un pays, de n'opposer aucun obstacle à la consommation des objets qu'il ne produit pas et ne peut pas produire, qu'il desire consommer et qui lui est aussi agréable que la consommation du sucre.

Sans l'importation du sucre, on ne produirait pas les objets destinés à les payer, et l'on n'en produirait pas d'autres. Il y aurait, par conséquent, moins de travail, de productions, de produits, et de revenus pour le pays.

Ce qui est vrai du sucre l'est également de l'importation de tous les objets que le pays n'a pas et ne peut pas se procurer par son travail. La consommation de chacun d'eux donne l'impulsion à une production nouvelle ou plus étendue que celle qui aurait eu lieu sans leur importation ; d'où il suit que supprimer et restreindre leur importation par l'excès de l'impôt, c'est supprimer ou restreindre dans la même proportion la production et le travail du pays. S'il ne consommait que ses produits indigènes, il ne consommerait pas tout ce qu'il consomme quand il est excité par les jouissances qui résultent pour lui de la consommation de produits exotiques, et presque toujours plus agréables que ceux du pays ; et, par conséquent, il ne produirait pas tout ce qu'il produit pour les consommer. Sa population serait moins nombreuse ; son capital moins abondant, son travail moins étendu, sa richesse moins grande, sa force et sa puissance moins redoutables. On ne peut pas se former une idée de l'influence de la consommation sur la production de la richesse. On l'a peut-être exagérée dans un ouvrage anglais (1); mais malgré son invraisemblance, je me flatte qu'on me pardonnera de la reproduire.

« Si, dit l'écrivain anglais, l'on considère non-seu-

_____

(1) Attribué à un des ministres les plus renommés de l'Angleterre, lord Liverpool. *État de l'Angleterre en* 1822.

8

« lement notre population, mais ses habitudes et ses
« moyens de consommation, ce n'est peut-être pas
« trop de dire que la consommation de l'empire bri-
« tannique en tout genre ; excepté seulement en
« France, excède celle de tout le continent de l'Eu-
« rope. S'il en est ainsi, et la preuve en serait facile,
« les objets de cette consommation, quant à leur
« étendue, doivent être d'une plus grande étendue
« commerciale que les objets de consommation de
« tout le continent. »

Quand le fait que je viens de retracer n'aurait pas
toute l'exactitude desirable, il faut convenir qu'il porte
une terrible accusation contre les douanes de tous les
pays, essentiellement restrictives par l'excès de l'impôt de
consommation, dont elles grèvent les produits imposés.

Que de regrets ne doit pas encore causer à la
France, sous les rapports commerciaux, l'énormité de
la taxe des sucres, par les douanes. Quels que soient
les avantages de sa position sur celle de l'Angleterre,
malgré ses débouchés sans concurrence en Suisse, dans
la Haute-Italie et dans le sud-ouest de l'Allemagne,
elle n'a, en 1829, réexporté des sucres que pour la
modique somme de 2,540,341 fr.

Tandis que l'Angleterre investie, pour ainsi dire,
du monopole de ce riche commerce en a réexporté à
la même époque 200 millions de liv. pesant. La
prime de 55 fr. que les douanes françaises donnent à
l'Angleterre, assure à son commerce la préférence
dont il jouit. Ces réflexions appellent de sévères investigations sur cette partie de nos douanes.

SUCS VÉGÉTAUX.

On en importa en France en 1829 pour...   3o,833,3o6 fr.
La taxe fut de...................... 10,841,617

       Environ 33 pour cent.

Et l'on en exporta pour...............   9,248,736

On conviendra qu'une taxe aussi énorme paralyse tout commerce avec l'étranger et prive le pays de ses riches profits. Quel commerce pourrait en effet lutter contre une prime de 33 pour cent donnée à ses concurrens?

FRUITS TIGES ET FILAMENS A OUVRER.

On en importa en 1829 pour...........   61,163,551 fr.
La taxe fut de...................... 2,759,015

       Environ 12 et demi pour cent.

Et l'on en exporta pour...............   2,110,249

Puisque la taxe n'empêcha ni l'importation ni l'exportation de ces produits, on est fondé à en conclure que si elle avait été moins forte, l'importation et l'exportation auraient été plus considérables, et, par conséquent, la taxe fut sur cet article comme sur beaucoup d'autres une entrave, sinon un obstacle au commerce.

Les résultats de la taxe sont encore bien plus funestes au commerce, lorsque, comme dans une foule de cas, les exportations sont infiniment supérieures aux importations; mais la question ne peut être bien comprise qu'avec le secours de l'exemple.

TISSUS DE LIN ET DE CHANVRE.

En 1829, les importations s'élevèrent à...   17,362,243 fr.
et la taxe fut de..................... 2,759,116
          Environ 15 pour cent.
Et l'on en exporta pour................   67,747,268

Quel est l'effet d'une taxe sur l'importation d'un article, dont l'exportation est de beaucoup supérieure à l'importation ?

Il me semble que quand un pays exporte un genre de produit en quantité quatre fois supérieure à celle qu'il importe, la taxe sur l'importation entrave, restreint, limite cette branche de commerce, et l'empêche de s'étendre aussi loin qu'elle pourrait aller ; en effet de deux choses l'une: ou les produits importés sont consommés en France, ou ils sont ré-exportés.

S'ils sont consommés en France, c'est qu'ils valent mieux que les produits indigènes de toute la taxe, dont ils sont grevés, et que leur consommation est plus avantageuse que celle des produits indigènes, qui ne paient point de taxe. Pourquoi donc restreindre cette consommation par la taxe ? Ce n'est pas parce qu'on préfère les produits exotiques aux produits indigènes, et que cette préférence empêche la consommation des produits indigènes. Dès que ces produits ont un débouché à l'étranger, l'importation ne leur fait aucun préjudice, et il n'y a aucune raison pour la limiter ; la limitation n'a d'autre effet que d'en réduire le commerce, et de priver le pays de ses bénéfices.

Si au contraire les tissus ne sont pas consommés en France, s'ils sont exportés, la taxe de 15 pour 0/0 en réduit l'importation et l'exportation, et a les mêmes résultats pour le commerce; elle en arrête les progrès et le développement.

OUVRAGES EN MATIÈRES DIVERSES.

En 1829 on en importa pour........... 15,450,799 fr.
La taxe fut de..................... 3,429,293
        Environ 15 pour cent.
Et l'on en exporta pour............... 71,535,211

C'est ici le même cas que celui des tissus, et l'on doit lui appliquer les mêmes principes et les mêmes raisonnemens.

Quand un pays exporte des produits de sa fabrication 4 à 5 fois au-delà de ce qu'il importe de ceux de l'industrie étrangère, la taxe est sans utilité pour l'industrie nationale, et préjudiciable à son commerce, c'est là son effet naturel et nécessaire.

Supposera-t-on que si l'importation n'était pas limitée par la taxe, elle nuirait par sa concurrence, à l'exportation des produits indigènes de la même espèce?

Sans doute cela est possible, peut-être même vraisemblable, mais il n'est pas de l'intérêt d'un pays d'investir du monopole une fabrication qui n'en a pas besoin pour prospérer, et qui sans monopole trouve le débit de ses produits à l'étranger, il vaut mieux alors laisser une entière liberté, à cette branche de commerce, parce que la consommation des produits exotiques féconde d'autres branches d'industrie, dont les produits servent à payer ceux de l'étranger. C'est se former de fausses notions des intérêts des peuples industrieux et commerçans, que de restreindre sans nécessité leurs relations avec les autres peuples, sous le vain prétexte de leur réserver une plus grande part dans les profits particuliers de leur industrie et de leur commerce; leur intérêt est au contraire de donner la plus grande extension au marché local, quand l'industrie locale n'en souffre pas; et quand peut-on le faire avec plus d'avantage, que quand on vend plus à l'étranger qu'on n'achète de lui; quand on importe pour 15 millions de produits, et qu'on en exporte pour 71 millions; alors l'industrie locale n'a rien à redouter de l'industrie étrangère; la concurrence même lui est favorable, et sert également les intérêts du commerce étranger et national.

Maintenant qu'il est, ce me semble, démontré qu'un impôt de 51 millions sur 180 millions de produits importés qui sont ensuite exportés, limite leur importation et leur exportation, paralyse le commerce avec l'étranger et tarit une des sources les plus fécondes de la richesse particulière et générale, prétendra-t-on que ce mal est prévenu ou du moins atténué par la restitution de l'impôt lors de l'exportation des produits importés? Cela serait vrai et mes observations sans fondement, si la restitution de l'impôt était intégrale, mais l'on sait que cette restitution n'est que partielle; à peine forme-t-elle un cinquième de l'impôt; encore éprouve-t-elle des difficultés et des tracasseries qui fatiguent le commerçant et le détournent de ce genre de commerce. Mon observation subsiste donc dans toute sa force.

Enfin dans le tableau des douanes françaises, en 1829, figure un dernier article qui forme un objet à part et ne se rattache à aucune des catégories que je viens de parcourir.

Ce sont l'importation et l'exportation de l'or, de l'argent et du platine;

On en importa en 1829 pour.............	147,831,991 fr.
Et l'on en exporta pour.................	66,413,453
Excédant des importations......	81,408,538

En thèse générale, un pays n'importe plus de métaux précieux qu'il n'en exporte, que parce qu'il en a besoin pour sa monnaie ou sa fabrication; mais avec quelle valeur les paie-t-il?

Si c'est avec les produits de son sol, de son industrie et de son commerce, ses exportations doivent dépasser ses importations de la totalité des métaux précieux qui excède leur exportation. Ce ne fut pas le cas, en 1829, l'exportation des produits, ne dépassa leur importation que de . . . . . 20,000,000 fr.

Tandis que l'importation des métaux précieux excéda leur exportation de . 81,000,000

Le pays contracta donc à raison de

cet excédant, une dette envers l'étranger

de. . . . . 61,000,000 fr.

Comment l'a-t-il éteinte?

On ne peut supposer que trois moyens :

1° Elle a pu être absorbée par les opérations de l'étranger sur les fonds publics, et daus ce cas l'étranger est devenu créancier de l'état de cette somme. Le gouvernement pouvait facilement s'en assurer, et la publicité du fait n'eût pas peu contribué à l'affermissement du crédit public.

2° On peut aussi supposer que les 61 millions ont été versés par l'étranger dans le pays pour y acquérir des propriétés, y créer des établissemens d'industrie et de commerce, ou prendre part à ceux qui y existent, et il eût été bon de s'en assurer. Le change eût pu fournir à cet égard tous les documens desirables, ils eussent dissipé tous les doutes sur l'emploi d'une somme aussi considérable.

3° Enfin, on peut supposer que les 61 millions ont été employés à acquérir dans le pays une influence funeste à sa sécurité, à corrompre les serviteurs de l'état, à solder les émeutes, la chouannerie, la presse mercenaire, les partis hostiles au gouvernement, et le change eût donné au gouvernement tous les moyens de suivre la destination d'une somme aussi considérable; il eût été digne d'un gouvernement éclairé de flétrir par la publicité de si odieuses trames.

En un mot, les douanes forment en quelque sorte le compte ouvert des relations commerciales de chaque pays avec l'étranger. On doit, par conséquent, y trouver tous les documens qui peuvent éclairer ses profits et ses pertes, ses avantages ou ses dommages, la bonne ou mauvaise direction de ses affaires. Les douanes sont, pour ainsi dire, l'artère vital d'un pays.

Quelles conséquences tirer de la direction des douanes françaises en 1829? N'est-ce pas qu'elles n'avaient en vue que l'impôt? Vainement dissimulait-on son énormité sous le vain prétexte de la protection de l'industrie nationale; on a vu par les détails dans lesquels je suis entré, qu'une foule de branches de notre industrie n'en avaient aucun besoin, puisque leurs produits trouvaient un débouché à l'étranger, et que leur exportation dépassait trois et quatre fois l'importation des produits analogues. Dans un tel ordre de choses, l'impôt n'avait de motifs que dans les besoins du trésor, et alors il était le plus funeste de tous les impôts, il portait atteinte à la production de la richesse dont il doit être le résultat. Sous ce rapport, les douanes françaises paraissent encore dans l'enfance; elles ne reposent sur aucun principe fixe et positif. C'est surtout dans cette partie de l'administration publique qu'on sent le besoin du concours des lumières générales, de l'expérience des hommes pratiques et de la diffusion de la science de l'économie sociale et des finances.

En résumant l'application que j'ai faite aux douanes, dans cet article et dans les deux précédens des principes de l'économie sociale et de finance relatifs au commerce étranger, on voit que les douanes ont toujours été en opposition directe avec les principes, ont toujours fait le contraire ou toute autre chose que ce qu'ils prescrivent, et ont donné des résultats fâcheux qu'on eût évité par leur observation.

Les principes veulent qu'on distingue l'importation des objets que le pays ne produit pas de celle des objets que le pays produit; que la première jouisse d'une liberté illimitée et que l'autre soit frappée d'une prohibition absolue.

Les douanes n'y ont eu aucun égard dans aucun temps ni même à présent.

Elles ont toujours confondu dans une seule et même catégorie les deux sortes d'importation, les ont toujours soumises aux mêmes lois, aux mêmes règles, aux mêmes mesures, au même régime: quel a été le résultat de cette confusion?

Dans le système de la liberté de toutes les importations qui figure le premier dans l'histoire des douanes, elles sacrifièrent l'industrie nationale à l'industrie étrangère, et il en sera toujours ainsi quand on admettra dans le marché national la concurrence des produits exotiques, analogues aux produits indigènes.

Dans le système prohibitif qui succéda au système de liberté, les douanes privèrent le pays d'objets dont la consommation eût été une nouvelle source de travail, de production, de prospérité et de richesse.

Enfin dans le système actuel de l'impôt protecteur qui paraît destiné à concilier les deux systèmes de

liberté et de prohibition, les douanes ne protègent
point l'industrie nationale contre l'industrie étrangère
qui leur est hostile, elles restreignent l'importation des
produits qui sont inoffensifs pour elle. Ce système a
tous les désavantages des deux autres et n'a aucun de
leurs avantages.

L'énormité de l'impôt ne donne point, comme on
se le persuade, l'exclusion aux produits de l'industrie
étrangère qui sont analogues aux produits indigènes.
L'impôt n'est qu'une avance de l'importateur dont le
consommateur le rembourse comme de ses autres
avances. Si l'importateur n'est pas remboursé de la
totalité de l'impôt par le prix de la vente de ses produits, il achète moins cher les produits qui doivent
le couvrir du prix des produits qu'il a vendu, et la
balance n'est jamais contre lui, si elle ne lui est pas
toujours favorable. De sorte que dans aucun cas il ne
court aucun risque et n'est point arrêté dans ses importations par l'énormité de l'impôt.

D'un autre côté l'énormité de l'impôt, impuissante
contre l'importation des produits analogues aux produits indigènes, a plus d'efficacité contre l'importation des objets que le pays ne produit pas. Leur
cherté en restreint la consommation qu'il faudrait
encourager, parce qu'elle est une nouvelle source
de travail et de production, un moyen d'émulation, de progrès et de perfectionnement de l'industrie
nationale.

Ainsi les douanes en ne tenant aucun compte des
principes de l'économie sociale et des finances. régu-

gulateurs du commerce étranger, n'ont point rempli
leur destination, dévient de leur route et manquent le
but auquel elles doivent atteindre. Qu'elles rentrent
sous le joug des principes et elles feront autant de bien
qu'il me semble qu'elles ont fait de mal.

DU CRÉDIT.

(Premier article.)

———•———

Le crédit se présente sous des formes si nombreuses, si variées, si disparates qu'il est difficile et peut-être impossible d'en donner une définition qui l'embrasse sous ses différens aspects. Tout ce qu'on peut faire dans un sujet si compliqué, c'est de saisir les principaux traits qui signalent sa nature, son principe, ses facultés et sa puissance. Sous ce point de vue le crédit est surtout remarquable par ses spéculations sur les produits accumulés, connus sous le nom de capitaux, et par la direction qu'il donne aux économies ou produits disponibles qui cherchent un emploi qui les reproduise avec profit : je les appellerai produits disponibles.

Aux capitaux le crédit veut procurer un emploi plus profitable ou plus convenable.

Aux produits disponibles le crédit veut assurer un emploi qui les reproduise avec profit.

Sous l'un et l'autre rapport, le crédit est essentiellement spéculatif, mais ses spéculations ont des causes et des effets matériels ; il opère sur des produits réels dont il veut augmenter la quantité et la valeur. Quand on fait porter ses spéculations, comme on l'a fait très souvent sur des probabilités, des espérances et des chances, on s'égare on se perd dans le champ des illusions et des chimères, on prend l'ombre pour le corps, et cependant c'est un vice habituel de sa nature contre lequel les exemples des maux qui en résultent sont impuissans.

Ce qui mérite surtout d'être remarqué, c'est que le crédit n'impose à ceux qui ont recours à ses services, que la condition de fidélité aux engagemens, fidélité garantie par la moralité. Les lois qui lui offrent d'autres garanties dans la pénalité des contraintes, des saisies mobilières, des expropriations immobilières ne lui sont d'aucun secours ; leur exécution épuise les ressources du débiteur sans profit pour le créancier. La véritable base du crédit est dans la moralité du débiteur. Heureusement elle lui suffit. Le manque de foi est si rare dans les temps ordinaires qu'il ne porte ni atteinte ni altération au crédit, et ne l'empêche pas de poursuivre le cours de ses spéculations et de ses services, il ne souffre que des agitations politiques et des crises commerciales.

Il est encore digne de remarque que la monnaie n'entre pour rien dans les opérations du crédit; elle n'y intervient, comme dans toutes les transactions du commerce, que pour exprimer la valeur des objets qu'elles embrassent; il n'en existe plus de trace quand elles sont consommées.

Ainsi le crédit spéculatif que je me propose d'envisager dans cet article est celui qui opère sur les capitaux et sur les économies et qui par ses opérations exerce une si grande influence sur la prospérité et la richesse d'un pays.

Cette sorte de crédit se présente sous quatre rapports qui quoique différens se rattachent aux mêmes principes, subissent les mêmes conditions, suivent la même direction et tendent aux mêmes résultats. On les désigne sous les dénominations de

Crédit privé,
Crédit commercial,
Crédit public,
Crédit politique.

On ne peut se former une idée exacte de chacun d'eux que par la connaissance des services, de la tendance et du but qui les distinguent, les caractérisent ' et forment de chacun d'eux une espèce à part.

DU CRÉDIT PRIVÉ.

Le crédit privé transfère des capitaux ou produits disponibles, du propriétaire qui ne fait ou ne veut pas en faire l'emploi à une autre personne qui le peut et le veut.

Si la consommation qu'on en fait, ne les reproduit pas comme il arrive aux consommations des prodigues et des dissipateurs, la richesse du pays diminue de toute la valeur des produits consommés sans reproduction,

Si la consommation ne les reproduit qu'avec perte comme dans les fausses entreprises d'agriculture, d'industrie et de commerce, la richesse diminue et les affaires du pays souffrent et dépérissent.

Ce n'est que lorsque la consommation des produits disponibles, opérée par le crédit privé les reproduit avec plus ou moins de profits que le crédit privé est plus ou moins utile et profitable, et contribue aux progrès de la richesse particulière et générale. C'est une des voies par lesquelles elle se forme, s'accroît et s'étend dans une progression indéfinie; mais il ne faut pas perdre de vue que le crédit privé consomme des produits disponibles, qu'il ne peut ni s'en passer, ni leur donner une autre destination que celle de leur reproduction, c'est sous ce seul point de vue, qu'il entre dans les considérations de l'économie sociale.

DU CRÉDIT COMMERCIAL.

Le crédit commercial est l'auxiliaire du commerce ; le seconde dans ses spéculations, le met en état de les suivre dans toute leur étendue, et de n'y mettre pour ainsi dire aucunes bornes. Les spéculations du commerce embrassent les produits que les producteurs de tous les pays ne veulent pas consommer. Le commerce les achète des producteurs, leur cherche des consommateurs, et tire de leur consommation le montant de ses avances et des profits qui doivent en être la récompense. Les avances du commerce consistent dans le prix d'achat des produits, et dans les frais de leur circulation du producteur au consommateur. Si le commerce devait en effectuer le paiement au moment de l'achat et de la circulation, toutes les valeurs monétaires existant dans le monde n'y suffiraient pas (1), et leur emploi serait si dispendieux, qu'il éleverait le prix des produits au-delà des facultés des consommateurs; ce qui en restreindrait la consommation et la reproduction, et opposerait un obstacle insurmontable aux progrès de la richesse qui, comme on l'à vu, résulte de l'abondance progressive des objets nécessaires, utiles, commodes et agréables à la vie des individus, des peuples et des gouvernemens.

(1) En France elles dépasseraient 3 milliards.

C'est alors que le crédit vient au secours du commerce ; le producteur lui accorde un crédit plus ou moins long pour le paiement du prix de la vente des produits, et se contente de la promesse du paiement, à l'époque convenue.

D'un autre côté, le commerce obtient un semblable crédit des agens de la circulation, aux mêmes conditions d'une promesse de paiement, dans les termes convenus.

Ces promesses prennent dans le commerce la dénomination d'effets, ils tiennent lieu de la monnaie qui eût été nécessaire pour le paiement des produits et des frais de leur circulation ; ils diminuent les frais que son emploi eût coûtés, et l'économie qui en résulte tourne au profit du consommateur, qui paie les produits à meilleur marché. Ce service du crédit n'est ni le seul, ni le plus grand dont on doive lui tenir compte ; il en rend un autre qui le place au premier rang des créations les plus fortunées de l'économie sociale.

Le crédit donne aux effets du commerce la propriété de circuler, comme la monnaie, et de produire les même résultats. Jusqu'à leur échéance, ils jouissent de tous les avantages de la monnaie : ils sont de la monnaie pour le porteur, il s'en sert pour continuer la production, la circulation et la consommation, et elles n'éprouvent pas un moment d'interruption et de retard. Dans ce cas le crédit équivaut à la monnaie ; mais il ne faut pas s'y méprendre ! le crédit n'opère ce prodige que parce qu'il a un gage dans les pro-

duits qu'il fait circuler. Il est pour ainsi dire équivalent à ces produits, il est matériel comme eux, et
sa matérialité explique ses causes et ses effets, et ne
permet pas de les appliquer à des cas différens.

Dans les banques même où la matérialité du crédit
est la moins facile à saisir et à reconnaître, on la
retrouve tout entière, sans restriction et sans modification : les banques font circuler les effets du
commerce, et au premier aspect ces effets ne présentent que l'engagement de ceux qui les ont sous-
crits : engagement qui n'a rien de réel ni de matériel ; mais en décomposant ces effets, on reconnaît
qu'ils ont pour gage les produits qu'ils ont mis en
circulation, et qu'ils disparaîtront avec la consommation de ces produits ; le crédit des banques, comme
le crédit commercial, dont il est une branche, est
donc tout aussi réel, tout aussi matériel que le
crédit privé. Partout l'un et l'autre partent de la
consommation des produits soit capitalisés, soit disponibles pour arriver à leur réproduction avec profit.

----•••--

DU CRÉDIT PUBLIC.

Le crédit public rentre dans les termes des
deux autres crédits. Les propriétaires de produits
capitalisés ou disponibles les prêtent aux gouvernemens sous des conditions de profits et de rem-

boursement qu'il est inutile de retracer ici; mais la reproduction que doivent opérer les gouvernemens n'est pas la même que celle qui résulte du crédit commercial et du crédit privé; elle n'est ni matérielle ni spéciale, ni sensible; elle ne se fait remarquer que par les progrès de la puissance des gouvernemens et de la civilisation des peuples; résultat qu'on n'apperçoit que par la comparaison des siècles et des périodes de la vie sociale, dans lesquels le crédit a exercé son empire et son influence.

Dans les trois variétés de crédit que je viens de décrire, on voit qu'il a en vue le meilleur emploi des produits capitalisés et des produits disponibles; l'augmentation de la richesse consommée annuellement, par la richesse produite chaque année, et la progression de la prospérité actuelle par la prospérité de l'avenir. S'il ne fût pas sorti de cette ligne, il n'aurait rendu que des services à la richesse, il en eût été le principal mobile et le plus puissant ressort.

Mais on a méconnu ses véritables facultés, on lui en a attribué qu'il n'a pas; on l'a égaré dans des voies qui lui sont étrangères, on l'a transporté, de la réalité, son véritable domaine, dans les chances de l'hypothèse et de la spéculation; en un mot on l'a sacrifié à l'idéalité. C'est surtout dans le système des banques que l'erreur s'est introduite avec le plus de succès et a fait le plus de ravage. Comme on ne voit pas bien comment les banques, et surtout celles de circulation, multiplient leur fonds monétaire, lui donnent une plus grande valeur, et en tirent de plus

grands profits que ceux qu'il donne dans d'autres
emplois; comme on n'a pas aperçu le rapport du papier
de banque avec sa garantie dans le fonds monétaire, on
a cru que le papier de banque équivaut à la monnaie, qu'il est redevable de sa valeur monétaire à
l'institution des banques, et n'a d'autre gage et
d'autre garantie que la foi de celui qui le reçoit, et
de celui qui le donne. Ces notions l'ont perverti, et
sa perversité a favorisé de honteuses déceptions, et
de coupables fraudes. On compte dans les annales
du crédit plusieurs époques où l'on en a étrangement
abusé, où ses abus ont causé des maux infinis et
compromis pendant long-temps la prospérité et la
richesse des peuples; tels ont été en France le système
de Law et les assignats, en Angleterre les spéculations de la compagnie de la mer du Sud, la suspension du remboursement en espèces du papier
de la banque de Londres, et la crise commerciale
de 1825; ces funestes évènemens dérivent tous de la
même cause de l'infraction des principes de l'économie sociale tutélaires et régulateurs du crédit.

On ne peut envisager ces diverses époques si
éloignées et si récentes sans être frappé du peu de
progrès de la science du crédit dans l'espace de plus
d'un siècle (1). Ce qu'il y a de plus étrange dans les
unes et les autres, c'est qu'elles sont également les
résultats de la doctrine, que le crédit tient lieu de
capitaux, et de produits disponibles et qu'il n'a be-

(1) De 1716 à 1825.

soin pour son succès que de la confiance qu'il inspire.
Essayons de réfuter cette doctrine et peut-être en
jaillira-t-il d'utiles lumières sur les véritables attributs
du crédit.

CHAPITRE I.

Du système de Law.

Le long règne de Louis XIV, si glorieux pour la
France sous le point de vue militaire, administratif,
et littéraire, lui fut funeste et désastreux sous le
rapport de la prospérité, et de la richesse. A la mort
du grand roi, les finances étaient dans un état déplorable ;

Les revenus de l'état, évalués au maximum, ne
s'élevaient qu'à la somme de.................. 154,819,907 liv. t.
Et les dépenses publiques se montaient à....... 146,823,581
Le revenu excédait la dépense de........... 7,996,326

Mais dans les dépenses n'était pas comprise la dette
publique. Elle consistait

En dette perpétuelle.....................2,400,000,000 liv. t.
exigible...................... 710,000,000

Total...........3,110,000,000
L'intérêt, à raison de 5 p. cent, était de. 155,000,000
On n'avait, pour y faire face, que l'ex-
cédant du revenu sur la dépense..... 7,996,326

Le déficit était donc de............147,003,674

Il n'est pas facile d'apercevoir comment on aurait
pu couvrir cet énorme déficit à une époque où la ri-

chesse générale avait fait si peu de progrès, où le revenu public avait atteint et peut-être dépassé les facultés des contribuables et où l'on ne pouvait espérer aucun secours ni de nouveaux impôts, ni de nouveaux emprunts.

On était donc en état de banqueroute, et tout ce qu'on crut pouvoir faire de mieux, ce fut de la rendre partielle de totale qu'elle était; mais ce moyen scandaleux fut insuffisant, et après la banqueroute partielle, l'état se trouva encore grevé d'une dette qu'il était hors d'état d'acquitter.

Elle était en intérêts de . . . . . 45,937,402.

Et en billets d'état exigibles de. . . 250,000,000. (1)

Dans un tel état de choses, le crédit était impuissant, il ne peut opérer qu'avec des capitaux ou des produits disponibles, et les uns et les autres se refusaient également à toutes ses combinaisons. Les capitaux avaient un emploi dont on ne pouvait pas les tirer et les produits non-seulement n'offraient aucune disponibilité, mais même étaient insuffisans pour les besoins publics.

C'est dans cet état de détresse que Law offrit et fit accueillir son système de crédit dont il développait l'utilité et les avantages dans des termes qu'il importe de retracer. « Que manque-t-il, disait Law, au proprié-« taire pour défricher ses terres, au manufacturier « pour multiplier ses métiers, au négociant pour étendre

---

(1) Voyez mon *Essai sur le revenu public*, t. 1, liv. 2, ch. 7, édition de 1823, chez MM. Treuttel et Wurtz.

ses expéditions? des avances, c'est-à-dire du numé-
« raire pour payer la main d'œuvre, la matière pre-
« mière. La Hollande, placée sur le sol le plus ingrat
« et sur les rivages les plus dangereux, est la plus
« riche nation du monde : pourquoi ? parce qu'elle
« regorge de numéraire ? C'est le crédit, c'est l'insti-
« tution des banques qui donnent au papier la valeur
« et l'efficacité de l'argent. »

Le système de Law se résumait donc en deux
propositions fondamentales.

1° Le numéraire est le moyen de donner la plus
grande intensité au travail qui est la source des richesses.

2° L'institution des banques donne au papier la
valeur et l'efficacité de l'argent.

Ces deux propositions sont si paradoxales qu'on a
de la peine à concevoir qu'elles aient pu faire illusion
même à une époque où l'on était peu avancé dans la
science du crédit.

Sans doute on ne s'est jamais rendu compte du
rôle que le numéraire ou la monnaie joue dans la
production de la richesse. Aujourd'hui même que
l'économie politique a fait de si grands progrès, on
ne sait pas si la monnaie est l'effet ou la cause de la
richesse; ce qui me paraît certain dans cette controverse, c'est que partout où la monnaie abonde, on
est riche, et qu'on est dans la pauvreté partout où
elle est rare. Mais l'abondance de la monnaie contri-
bue-t-elle plus à la production de la richesse que la
richesse n'opère l'abondance de la monnaie? C'est

une question qui embrasse tout le système des richesses, et l'on sent que ce n'est pas ici qu'on peut le développer dans toute son étendue. Cette digression
m'entraînerait trop loin de mon sujet. Je ferai seulement remarquer la solution qu'on a donnée à la
question de l'influence de la monnaie sur la richesse
dans un écrit périodique. (1)

« Le numéraire, dit l'écrivain, n'est point l'aliment
« dont se nourrit l'ouvrier, l'étoffe dont il s'habille,
« l'outil qu'il emploie dans ses travaux; le numéraire
« est l'équivalent qui sert à procurer toutes choses par
« la voie des échanges; mais il faut que ces choses
« existent. Couvrirait-on une île déserte de tout l'or
« du Mexique ou de tout le papier de la banque
« d'Angleterre, on n'y ferait pas naître tout-à-coup
« des usines, des canaux, une industrie. Quand on
« augmente dans un pays la masse du numéraire sans
« augmenter en même temps la proportion de toutes
« choses, on ne fait qu'élever les prix sans accroître
« la richesse. »

Cet argument répand peu de lumières sur le problème qu'il s'agit de résoudre, et pourquoi? C'est
qu'il est hors de la question.

Sans doute, l'or dont on couvrirait une île déserte ne la féconderait pas; il lui serait tout-à-fait
inutile; mais en serait-il de même si l'île était ha-
bitée par une population pauvre, mais qui connaîtrait
la valeur de l'or et les moyens d'en faire usage? à coup

(1) *Encyclopédie progressive*, 1826, 1re livraison.

sûr elle n'attendrait pas pour le mettre à profit que toutes les choses contre lesquelles il doit s'échanger fussent en proportion avec lui; elle devancerait ce moment fortuné en faisant venir de l'étranger les subsistances, les vêtemens, les outils, et les instrú- mens de travail, et même les hommes nécessaires à la création et au développement de toutes les branches d'industrie, de commerce, de sciences et d'arts; et, dans un temps plus ou moins long, elle atteindrait à la prospérité, à la richesse, à la puissance, et à la considération que comporterait sa situation physique, morale, religieuse et politique. N'est-ce pas là ce qui résulta de l'importation des trésors du nouveau monde dans l'ancien? Et n'est-ce pas encore ce que font les masses de papier de circulation, qui sont pour ainsi dire entées sur la monnaie métallique et semblent accroître sa puissance sans augmenter sa masse? Il y a là certainement un phénomène, qui, parce qu'il a donné lieu à des erreurs grossières, n'est pas bien compris, et appelle de plus profondes méditations que celles qui ont eu lieu jusqu'à présent.

L'écrivain dont je discute l'opinion, semble être tombé dans une méprise non moins grave quand il a dit :

« Quand on augmente dans un pays la masse du « numéraire, sans augmenter en même temps la pro- « portion de toutes choses, on ne fait qu'élever les « prix sans accroître la richesse réelle. »

Il est certain au contraire que la hausse des prix, quand elle est fondée sur la monnaie métallique,

augmente les profits du producteur, l'encourage à
donner plus d'étendue à la production et à obtenir
de plus grands produits. Plus les produits d'un pays
augmentent en quantité et en valeur métallique, plus
il prospère, plus sa richesse est progressive. Ces résultats
sont d'une telle évidence qu'il est inconcevable qu'ils
n'aient pas été aperçus par un écrivain qui ne paraît
pas étranger à la science.

On voit donc que si la doctrine de Law sur l'abondance de la monnaie n'avait pas toute la certitude qu'il lui
accordait, elle n'était pas non plus aussi erronée qu'elle
a paru l'être. Tout ce qu'on en peut conclure, c'est que
ce sujet n'est pas épuisé, et doit encore occuper les
esprits qui s'intéressent au succès de la science du
crédit.

Est-il vrai, d'ailleurs, comme le croyait Law qu'a-
vec de la monnaie on peut se procurer tous les moyens
de travail, de production et de richesse?

La monnaie métallique a deux sortes de propriétés,
l'une d'opérer l'échange de tous les objets mis en vente;
l'autre d'être un produit vénal comme tous les autres
produits du travail.

Sous le premier rapport le besoin de la monnaie
métallique est limité par le nombre et la masse des
échanges. Si cent millions suffisent aux échanges, tout
ce qui surpasse cette somme est inutile et cherche
un autre emploi; il n'est donc pas exact de dire
qu'avec de la monnaie, un pays se procure tout ce
qui lui manque pour travailler et s'enrichir. La monnaie fait faire l'échange des choses mises en vente,

mais elle n'augmente pas ces choses et par conséquent elle est impuissante pour opérer les prodiges que Law lui attribuait.

A la vérité, comme produit utile, la monnaie métallique peut aller chercher dans les pays étrangers les objets qui manquent au pays qui la possède, mais cette ressource est bien faible et bientôt épuisée. L'Espagne en offre un exemple mémorable et instructif. Elle a été le canal par lequel les trésors du nouveau monde se sont écoulés dans l'ancien, et cependant, il est de fait que cette circulation loin de l'enrichir l'a appauvrie, parce qu'elle lui a fait abandonner ses ressources naturelles.

Ainsi, soit comme monnaie, soit comme marchandise, la monnaie métallique ne change rien à l'état du pays; et ce n'est pas parce que la Hollande regorgeait de numéraire, qu'elle était la nation la plus riche du monde.

Mais de toutes les erreurs de Law la plus grossière et la plus pernicieuse était de croire que l'institution des banques fait de la monnaie avec du papier et que le crédit donne à leur papier la valeur de la monnaie métallique.

Que fait une banque? elle met son papier en circulation et s'engage à l'échanger contre la monnaie métallique à la volonté du porteur. Elle ne fait donc pas de la monnaie avec du papier puisqu'elle promet de remplacer son papier par la monnaie. Quel est donc le rôle de son papier dans la circulation des valeurs d'échange? il représente la monnaie et en tient lieu jusqu'à ce qu'elle soit nécessaire; la nécessité arrivée il disparaît, et son rôle est fini. Ce qu'il importe surtout de faire remarquer, c'est que le papier n'est rien par lui-même et tire toute sa valeur de la promesse de son remboursement en monnaie, condition que Law n'avait pas aperçue.

Les banques ne font donc pas de la monnaie avec du papier, mais elles font circuler du papier sous la foi de son remboursement en monnaie. Si elles manquent à leur promesse, leur papier n'est pas de la monnaie, c'est un chiffon, une déception, une fraude.

Faut-il s'étonner si, avec de si fausses notions du papier de banque, Law créa un système si monstrueux dans ses conceptions, ses directions et son but; si ce système entraîna la ruine de tous ceux qu'il séduisit, et précipita le pays dans un abîme de misères et de calamités!

Law fit l'essai de son système par une banque de circulation des effets du commerce. Le fonds de sa banque fut de six millions de livres, non en papier mais en monnaie métallique, et par conséquent tout fut réel et matériel dans cette création, et comme tout était conforme aux principes de la matière, cette banque eut un succès complet. On prétend qu'avec son fonds monétaire de six millions elle fit circuler pour 50 à 60 millions de valeurs. Ce serait encore aujourd'hui un prodige qu'il serait difficile d'accréditer. Qu'on juge de l'effet qu'il dut produire dans un pays où l'on n'avait aucune notion du papier de banque! On devait croire et l'on crut qu'il avait des qualités occultes, et

l'on accorda une fois aveugle aux doctrines de Law sur
le papier monnaie.

Du succès de son papier de banque pour la circulation des valeurs du commerce, Law conclut que si
sa banque de circulation spéciale était convertie en
une banque de circulation générale du papier monnaie, si elle avait « des bureaux corespondans dans les
« villes secondaires, elle pourrait étendre les avanta-
« ges du papier monnaie, le faire pénétrer jusque
« dans les bourgs et les campagnes, et tripler le moyen
« d'échange, c'est-à-dire avoir trois fois plus de mon-
« naie et trois fois plus de moyens de travail et de
« richesse. »

C'était une erreur manifeste.

Le papier de banque convient éminemment au commerce dont il fait circuler les effets à peu de frais et
dont il trouve le remboursement, soit dans le prix
vénal des produits dont ses effets ont effectué la consommation, soit dans le fonds de réserve des banques.
Dans ce cas le papier de banque a un régulateur de
sa valeur et un garant de son paiement dans la solvabilité de la banque et sous ce rapport il équivaut à
la monnaie métallique qu'il remplace.

Mais quel rapport ce papier d'échange des effets
du commerce a-t-il avec un papier d'échange universel
qui n'a ni valeur fixe, ni garantie de son remboursement, qui dépend de l'opinion que chacun a de sa valeur, opinion vague, variable et arbitraire? Un tel
papier est impropre aux échanges, y porte le désordre
et la confusion et entrave leur cours qu'il devrait fa-

ciliter et encourager : c'est ce qui résulta de l'emploi du papier de la banque générale de Law dans toutes les transactions civiles.

Vainement Law l'environna-t-il de tous les prestiges qui doivent l'accréditer, vainement réussit-il à lui donner une valeur monétaire supérieure à celle de la monnaie métallique ; vainement le fit-il jouir d'un crédit universel, toutes ses combinaisons échouèrent contre la nature des choses; le crédit de son papier s'évanouit aussitôt qu'il fut avéré qu'on ne pouvait le réaliser en aucune valeur matérielle, et qu'il n'avait point d'équivalent; il périt parce qu'il était une pure idéalité, une véritable chimère; le même sort est réservé à tout papier de crédit qui usurpe les fonctions de la monnaie métallique.

Law ne fut pas plus heureux dans l'emploi qu'il fit de son papier-crédit dans des entreprises commerciales et financières; il fonda une compagnie pour l'exploitation du commerce colonial des deux Indes pour le remboursement des dettes de l'état et pour la ferme du revenu public; le fonds de cette compagnie fut de 600,000 actions dont la valeur nominale fut de . . . . fr. 2,400,000,000.

Cette somme fut puisée par les actionnaires dans les billets de la banque et dans les créances de l'état que la compagnie prit pour comptant et dont elle crédita d'autant ses actionnaires.

Avec le papier-crédit de la banque la compagnie des Indes paya les fournisseurs et les agens de son commerce, remboursa les créanciers de l'état et acquitta le prix de la ferme du revenu public; mais de tels paiemens n'étaient que fictifs et ne la libéraient pas envers les créanciers qui les avaient reçus; elle restait toujours leur débitrice du montant de ses billets, parce qu'en effet ses billets n'avaient aucune valeur réelle et ne contenaient qu'une simple promesse de paiement.

Qu'arriva-t-il lorsque la compagnie fut forcée de se liquider? elle avait deux sortes de créanciers, les porteurs de son papier de crédit et ses actionnaires, et elle n'avait pour les couvrir de ce qui leur était dû que les profits de son commerce, l'intérêt des dettes de l'état qu'elle avait remboursées et les bénéfices de la ferme des revenus publics: le tout s'élevait à la somme d'environ . . . . fr. 80,000,000.

En capitalisant ses bénéfices à 5 pour cent, elle avait pour faire face à son passif, un capital de.......................fr. 1,600,000,000

C'est avec ce capital que la banque devait payer à ses créanciers le montant de ses billets de crédit.....................2,400,000,000

Elle n'avait à leur donner que........1,600,000,000

Elle était donc en faillite d'une somme de. 800,000,000 ou de 33 pour cent.

Son fonds épuisé par les porteurs de billets de crédit, elle restait à découvert envers ses actionnaires du montant de leurs actions.

Lors de leur création ces actions ne représentaient qu'un capital de . . . fr. 2,400,000,000.

Mais elles avaient acquis par la hausse une valeur de plus de . . . . 12,000,000,000.

Les actionnaires perdirent et leur mise de fonds et la valeur qu'il avait acquise par la hausse des actions, et sous ce rapport leur perte fut épouvantable.

Mais en la réduisant à celle de leurs fonds primitifs 2,400,000,000

Et en y ajoutant celle des porteurs des billets de crédit 800,000,000

Il en résulte évidemment que le système de Law occasiona une perte de 3,200,000,000

Si au lieu du papier-crédit Law eût employé de la monnaie métallique, quelle eût été la perte que ses créanciers et ses actionnaires auraient subie? il est facile de s'en rendre compte.

Si les actionnaires avaient versé de la monnaie métallique dans la caisse de la compagnie, cette monnaie l'aurait libérée envers ses fournisseurs, les agens de son commerce, les créanciers de l'état qu'elle avait remboursés fictivement et l'état pour le prix de sa ferme du revenu public, elle n'aurait eu lors de sa liquidation qu'à faire face à ses actionnaires qui comme on l'a vu avaient versé pour le prix de leurs actions 2,400,000,000

Le fonds social représentait . . 1,600,000,000

Leur perte n'eût donc été que de   800,000,000
ou de 33 pour 100.

Telle eût été la différence des deux modes de procéder : elle nous explique clairement pourquoi toute opération conduite avec du papier-crédit produit une perte quatre fois plus considérable que celle qui est

10

dirigée avec de la monnaie métallique. Dans le premier cas il faut, avec les bénéfices de l'opération, faire face au capital qui n'a jamais été fourni, ce qui est à-peu-près impossible; tandis que dans le second cas l'opération trouve dans le capital fourni et dans ses bénéfices de plus grandes ressources pour se liquider envers ses créanciers et ses actionnaires; cette observation, qui n'a pas encore été faite, donne la solution du problème du papier-crédit et des catastrophes qu'il a toujours entraînées après lui.

Chose étrange !

Malgré le bouleversement produit par le système de Law dans toutes les relations d'intérêt privé, de bons esprits restèrent persuadés qu'on ne devait attribuer sa ruine qu'à son exagération, à l'envie et à la malveillance. On lui faisait un mérite d'avoir rétabli comme par magie le travail, l'industrie et le commerce, la prospérité particulière et générale; on ne pouvait pas comprendre que ces résultats certains et irrécusables ne dérivassent pas de causes durables et permanentes et que de si grandes choses ne fussent qu'une illusion. Ce qui n'est pas moins singulier, cette opinion en opposition avec les faits a été propagée par des écrivains postérieurs et récens. Est-il donc si difficile d'en apercevoir l'erreur et le prestige ?

Pendant que le papier grossissait chaque mois, chaque semaine, chaque jour la somme de la richesse fictive des individus et du public, et qu'on ne voyait pas le terme de sa progression, tout le monde proportionna ses jouissances à sa richesse fictive; l'excès des consommations nécessita plus de travail, d'industrie et de commerce, les terres acquirent une plus grande valeur, et la richesse réelle profita jusqu'à un certain point des progrès de la richesse fictive; mais lorsqu'il fut certain et avéré que la richesse réelle n'était pas le dixième de la richesse fictive, que celle-ci n'existait que dans les chiffres et qu'en les réduisant à leur véritable expression ils ne contenaient en réalité que le dixième de leur valeur totale, on retomba dans la langueur, l'inertie et le découragement, et trente années ne suffirent pas pour réparer les funestes résultats de quatre années d'erreurs, de crédulité et d'aveuglement.

Quelles lumières le système de Law répand sur le crédit! Il me semble qu'elles dissipent les nuages dont on l'a si long-temps enveloppé, et qu'on ne peut plus se méprendre sur sa nature et les principes qui le régissent. Il est évident que le crédit ne fait pas avec du papier de la monnaie métallique, que le papier-crédit n'effectue aucun paiement et se réduit à une promesse de payer, promesse dont la valeur est vague, variable, indéterminée, et par conséquent incapable d'offrir un équivalent aux valeurs réelles et effectives. De ce que le système fut brillant tant qu'on crut à ses promesses, s'ensuit-il que si l'on n'avait pas cessé de croire, l'illusion aurait opéré comme la réalité? Non, l'illusion a dans le crédit un terme qu'elle ne peut pas dépasser c'est celui des échéances, c'est celui où il faut compter avec la réalité, où il faut tenir ce qu'on a promis. Manque-t-on à sa promesse, le crédit cesse

10.

avec l'illusion qui l'avait produit et accrédité, et le papier qui était leur gage, n'est plus qu'un instrument de déception et de ruine.

Telle est la leçon que la science du crédit a recueillie de l'épreuve du système de Law, leçon qui quoique souvent répétée, comme on va le voir, n'a pas préservé les peuples de leur penchant aux illusions et à l'idéalité du crédit.

CHAPITRE II.

De la compagnie de la mer du Sud.

A-peu-près à l'époque où Law s'efforçait d'accréditer en France un système de papier-crédit qui devait la tirer de sa détresse et la porter rapidement à un haut degré de prospérité, on s'occupait en Angleterre des moyens d'alléger le fardeau de la dette publique qui l'écrasait et la réduisait à un état peu différent de celui de la France.

La dette publique de l'Angleterre formait deux branches distinctes.

L'une était rachetable;

Et l'autre remboursable à des termes plus ou moins éloignés.

On réussit à réduire à 5 o/o l'intérêt de la dette rachetable. Ce succès fut dû à la banque et à la compagnie des Indes qui possédaient la plus grande partie de cette dette, et qui non-seulement consentirent à la réduction de son intérêt, mais même offrirent des fonds au gouvernement pour le mettre en état de rembourser les créanciers récalcitrans.

A l'égard de la dette non rachetable, la compagnie de la mer du Sud qui était créancière d'une partie considérable de cette dette proposa au gouvernement, en 1719, un plan pour en réduire l'intérêt à 4 o/o à partir de la Saint-Jean 1727.

Son plan consistait :

A augmenter par de nouvelles concessions du gouvernement le monopole de son commerce dans divers pays ;

A payer les concessions du gouvernement par la réduction de l'intérêt de la dette rachetable ;

Et à indemniser les créanciers de la perte d'une partie de l'intérêt de leurs créances par leur association à la compagnie et leur participation aux bénéfices de son commerce.

Ces bénéfices furent tellement exagérés par les ruses et les artifices de l'agiotage, que les actions de la compagnie de la mer du Sud s'élevèrent à des prix non moins extravagans que ceux de la compagnie des Indes de la création de Law.

Il semble qu'il y a pour les peuples des temps de vertige intellectuel non moins contagieux que les épidémies qui attaquent leur existence physique. En Angleterre on se laissa emporter par l'esprit de spéculation qui s'était emparé de la France et les deux pays furent en proie aux mêmes désordres et aux mêmes calamités.

On trouve encore ici, comme dans le système de Law, une spéculation de commerce et de finance fondée sur le crédit de bénéfices imaginaires; mais dans la spéculation de la mer du Sud on composa le fonds social avec une partie de la dette publique qui était une valeur réelle et positive, tandis que Law ne mit dans le fonds social que des billets de crédit dont la valeur était idéale et dépendait des bénéfices du commerce. En France on spéculait avec des espérances et en Angleterre avec des réalités.

Les deux spéculations échouèrent parce que les bénéfices ne répondirent point à l'opinion qu'on s'en était formée.

Mais en France la perte des actionnaires fut totale parce que les bénéfices espérés devaient faire face au fonds social et à ses profits. Chimère monstrueuse et inconcevable.

En Angleterre la perte des bénéfices du commerce fut ressentie par l'action, mais elle ne l'absorba pas entièrement parce qu'elle avait une valeur propre et indépendante de ses bénéfices.

Nouvelle preuve que le crédit ne peut opérer qu'avec des valeurs réelles, et que ce n'est qu'avec elles qu'il peut espérer un véritable succès ou éviter une ruine totale.

Ce résultat me paraît inévitable.

CHAPITRE III.

De l'assignat-monnaie.

L'assignat-monnaie est d'une autre nature que le papier-crédit; ils forment deux espèces distinctes qui ont chacune joué un rôle différent dans l'histoire du crédit.

Le papier-crédit qui n'avait de garantie de son remboursement que dans la solvabilité de celui qui devait l'effectuer était personnel.

L'assignat-monnaie qui avait un gage spécial dans les domaines nationaux était réel.

Il semble donc que le sort de ces deux espèces de papier-crédit devait différer comme leur nature, il a cependant été le même; le papier-crédit de Law et l'assignat-monnaie ont été précipités dans le même abîme. La raison en est facile à saisir. L'un et l'autre étaient identiques en matière de crédit, ils contenaient également la promesse de payer une somme de monnaie métallique, promesse qui avait plus ou moins de valeur selon que le crédit lui était plus ou moins favorable ou contraire.

A la vérité l'assignat avait cours forcé de monnaie; mais cette considération ne le tirait pas de la dépendance du crédit; la loi lui donnait bien une valeur monétaire, mais comme elle ne fixait pas celle des objets dont il devait être l'équivalent, le vendeur de ces objets était le maître d'en élever le prix jusqu'à concurrence de la valeur que le crédit donnait à la monnaie; et alors ce n'était pas l'assignat qui faisait les fonctions de monnaie, c'était l'objet vendu. L'ordre des choses était interverti, l'objet vendu faisait les fonctions de la monnaie, et il fallait plus ou moins de valeur nominale en assignats selon le crédit dont il jouissait. D'où il résulte évidemment que l'assignat-monnaie et le papier-crédit étaient également dans la dépendance et sous l'influence du crédit.

Cette théorie est pleinement confirmée par les faits : depuis l'émission des assignats jusqu'à leur suppression ils éprouvèrent dans leur valeur monétaire toutes les variations que firent subir aux domaines nationaux les vicissitudes politiques qui les mettaient en péril, les mesures de finances qui en réduisaient la masse ou en détérioraient la valeur, et l'excès des dépenses publiques qui en dévoraient la plus grande partie; en un mot la valeur de l'assignat-monnaie fut toujours réglée par celle de son gage dont le crédit était toujours l'arbitre. On le vit descendre graduellement du pair à plus de quinze fois au dessous de sa valeur nominale, dégradation toujours relative à la valeur des domaines nationaux.

Il ne faut pas croire cependant que si les domaines nationaux n'avaient rien perdu de leur valeur vénale l'assignat-monnaie aurait conservé sa valeur nominale, d'autres causes la lui auraient fait perdre. De toutes les garanties données à la circulation du papier-crédit, la moins favorable est celle qui repose sur des propriétés immobilières ; toutes les tentatives qu'on a faites pour changer ce résultat, et elles sont nombreuses, ont échoué ; il ne faut pas s'en étonner.

Le papier-crédit de quelque nature qu'il soit, réel ou personnel, fait l'office de la monnaie métallique, et il ne remplit bien cette fonction qu'autant qu'il peut être à volonté échangé contre elle. Ce n'est que par la certitude et la facilité de cette conversion qu'il peut circuler comme monnaie. Quand il est privé de cette faculté, sa valeur est incertaine et arbitraire, et la pire de toutes les monnaies est sans contredit celle dont on ne peut pas dire ce qu'elle vaut.

Et qu'on ne croie pas qu'une propriété immobilière soit une bonne garantie de la valeur monétaire du papier-crédit.

La difficulté de convertir la propriété immobilière en monnaie métallique, prive le papier-crédit de son échange avec la monnaie, et par conséquent on ne sait jamais ce qu'il vaut, ni s'il égale ou surpasse les besoins de la circulation. La faculté d'échanger le papier-crédit contre la monnaie est la seule mesure de sa valeur réelle et effective.

Ainsi le crédit sous quelque forme qu'il se présente est toujours assis sur la réalité et la matérialité des objets sur lesquels il opère ; le papier qu'il introduit dans la circulation est assujéti à la loi de la réalité ; s'il ne peut pas y atteindre, il n'est rien, il n'est qu'une illusion quand il n'est pas une déception : d'autres exemples déposent des mêmes faits et confirment les mêmes principes.

CHAPITRE IV.

Des billets de la banque d'Angleterre, pendant la suspension de son remboursement en monnaie.

La banque d'Angleterre est une banque de circulation des valeurs commerciales, son papier est remboursable en monnaie métallique à la volonté du porteur, et son remboursement garanti 1° par les effets de commerce qu'elle escompte; 2° par la réserve en monnaie métallique que la banque destine à couvrir l'insuffisance du recouvrement des effets escomptés; 3° par la créance de la banque sur l'état, créance énorme qui forme presque toujours les deux tiers des billets en circulation. De telles garanties semblaient devoir mettre les billets de la banque à l'abri de tout discrédit; elles ne purent cependant l'en préserver dans une circonstance mémorable.

La guerre de l'Angleterre contre la révolution française avait mis le gouvernement anglais dans la nécessité de verser des fonds énormes sur le continent. On évalue les versemens qu'il y fit depuis 1793 jusqu'en 1797 à plus de 800 millions de francs. Cette vaste opération fut confiée au crédit de la banque; mais ce crédit épuisa sa monnaie métallique.

En 1797, M. Pitt hors d'état de rembourser à la banque ses imprudentes avances, la fit autoriser par un ordre du conseil du roi, à suspendre le remboursement de ses billets en monnaie métallique; cette suspension devait cesser un an après la paix.

Assurément, cette suspension ne porta aucune atteinte aux garanties du billet de la banque, il ne perdit rien de sa valeur réelle, et cependant il éprouva pendant vingt années que dura la guerre une perte qui grossit graduellement et fut à la fin d'environ 3o o/o de sa valeur nominale. Il faut donc pour la stabilité du crédit de papier de banque quelque chose de plus que la garantie de son remboursement; il faut que ce remboursement puisse s'effectuer en monnaie métallique à la volonté du porteur. Le moindre retard dans son remboursement suffit pour le déprécier, et si ce retard est indéterminé, sa dépréciation est plus variable, plus incertaine, plus arbitraire, et par conséquent plus difficile à connaître et à préciser. La raison en est facile à saisir.

Quand le billet de banque n'est pas remboursable à volonté, on ne sait pas dans quelle proportion il est avec le besoin des échanges qu'il effectue, et avec les valeurs de la banque qui doivent effectuer son remboursement; on n'a donc aucune certitude de sa valeur réelle et effective, on ne peut en juger que par son échange contre le lingot, ou par le cours du change avec l'étranger; encore ces deux moyens n'offrent-ils pas tous les documens desirables.

Si le billet non remboursable à volonté ne s'échange pas au pair contre le lingot, il y a lieu de croire à sa dépréciation jusqu'à concurrence de la baisse qu'il subit, et cela est vrai si les autres valeurs n'éprouvent point de variation dans leur rapport habituel avec le lingot. Dans ce cas la hausse du lingot étant particulière au billet, c'est lui qui subit la baisse, et l'on ne peut l'attribuer qu'à sa dépréciation. Le cas devient encore plus évident lorsque la dépréciation du billet par rapport au lingot est la même avec les autres valeurs dont il est l'équivalent. Alors sa dépréciation est certaine et consiste dans tout ce qu'il faut donner de plus en billet qu'en monnaie métallique pour le même objet ; il y a même ceci de particulier, que plus il faut donner au-dessus de la valeur nominale du billet pour l'égaler à sa valeur réelle, plus on le multiplie, plus il abonde dans l'échange, plus son abondance le détériore. La perte qu'il éprouve augmente celle qu'il doit éprouver, et de là vient qu'un billet dont le remboursement est assuré, éprouve une perte réelle de 3o o/o. Dans de telles circonstances, il est difficile de révoquer en doute la dépréciation du billet.

Elle est évidente surtout lorsque le cours du change confirme la baisse du billet contre le lingot. Si l'étranger qui importe dans un pays des produits, qui lui représentent en lingots une valeur de 100,000 f., reçoit les 100,000 fr. en billets, dont la conversion en lingots ne lui produit que 97,000 fr., il éprouve une perte de 3,000 fr., dont il ne peut se couvrir qu'en élevant le prix de ses produits à 103,000 fr., ce qui prouve évidemment une baisse dans le billet de 3 pour o/o ; il est vrai cependant que cette baisse peut être modifiée pour l'étranger par le cours du change, s'il est favorable au pays qui l'a payé en billets ; dans ce cas il peut être plus ou moins difficile de préciser la véritable valeur du billet, mais lorsque malgré la faveur du change, le billet perd contre le lingot, la perte qu'il éprouve ne peut pas être la matière d'un doute raisonnable.

C'est d'après les deux épreuves du change, avec l'étranger et de l'échange avec le lingot, dans les marchés du pays, qu'il fut reconnu et avéré en Angleterre, que le billet de banque était successivement descendu à 30 pour 0/0 au-dessous de sa valeur nominale.

Ainsi la seule suspension du remboursement du billet de banque en monnaie métallique, suffit pour le déprécier de 30 pour 0/0 quoiqu'il offrît d'ailleurs toutes les garanties de son remboursement; d'où l'on peut conclure avec certitude que la véritable garantie du billet de banque, est dans son remboursement en monnaie métallique à la volonté du porteur. Hors de là il perd son véritable caractère de billet de crédit, il appartient à une autre catégorie de valeurs qui peuvent avoir leur prix, mais qui n'ont pas la faculté de remplacer la monnaie métallique.

CHAPITRE V.

Du billet de banque dans la crise commerciale de l'Angleterre en 1825.

A peine sortie du désordre qu'avait porté dans toutes les transactions civiles la transition du billet non remboursable à son remboursement en monnaie métallique, l'Angleterre s'abandonna à tous les excès, à toutes les illusions, à tous les délires de l'esprit de spéculation; ce fut une sorte de manie et de frénésie: en 1824 ses spéculations à l'intérieur et à l'étranger dépassèrent 5 milliards, les billets de banque firent, en grande partie, les fonds de cette immense spéculation, les 800 banques dispersées sur la surface de l'Angleterre, ne refusèrent les escomptes d'aucune espèce de valeur, prodiguèrent leurs billets à tout venant, et facilitèrent les spéculations les plus extravagantes. Les choses furent portées au point que dans l'espace d'une année, la somme de leurs billets en circulation fut doublée; ce qui fit que l'Angleterre fut dépouillée de ses capitaux disponibles et inondée de billets de banque.

Qu'est-ce qui garantissait le remboursement de ces billets en monnaie métallique? Pas autre chose que les bénéfices des spéculations qu'ils avaient encouragées. Non-seulement ces bénéfices ne se réalisèrent pas, mais la plus grande partie des capitaux disponibles qui auraient dû les produire, furent anéantis, leur perte fut évaluée à plus de 1,100,000,000 fr.

Cette déconfiture atteignit d'abord le billet de banque, qui se trouva sans garantie et perdit sa valeur. Frappé de discrédit, équivalent incertain, périlleux et précaire, stérile dans les mains des porteurs, il fut repoussé de tout échange, ou reçut la loi qu'on voulut lui donner. Il entrava la circulation qu'il devait effectuer, et ne retrouva quelque crédit que lorsque des secours eurent garanti son remboursement, et que des mesures préventives eurent rendu son émission moins facile et sa solvabilité moins équivoque.

Dans cette dernière crise, si mémorable dans les Annales du commerce, on voit se reproduire le même caractère que nous avons fait remarquer dans les billets de banque: il est évident que ce billet n'est rien par lui-même, et tire toute sa valeur des garanties qui assurent son remboursement en monnaie métallique. Ce fait résulte également de tous les évènemens qui l'ont mis à l'épreuve, et confirme la vérité des théories qui l'avaient devancée. On peut donc conclure, de l'accord des faits et de la théorie, que cette partie de la science a toute la certitude que peuvent avoir les connaissances humaines.

DU CRÉDIT POLITIQUE.

Le crédit politique est le levier de la richesse des peuples modernes, et le point d'appui de leurs gouvernemens: pendant la paix il fait circuler les fonds publics, en maintient, élève ou fait baisser la valeur suivant l'état de chaque pays, la bonne ou la mauvaise administration de ses affaires, la crainte et les espérances qu'il inspire, et la confiance qu'il mérite.

Dans sa direction, il prend pour guide le change du commerce et le cours des dettes publiques de tous les pays, et sous ce rapport il est l'organe des intérêts particuliers et généraux de tous les pays ; organe non moins éclairé, ni moins redoutable, que l'opinion résultant des lumières et de la raison des peuples.

Pendant la guerre, le crédit politique joue un plus grand rôle, et exerce une plus vaste influence sur les destinées des peuples et des gouvernemens ; il est en quelque sorte la Providence des puissances belligérantes ; il multiplie leurs ressources, développe leurs forces, les soutient dans l'adversité, répare leurs défaites, prépare leurs succès, assure leurs triomphes, leur impose la paix, en dicte les conditions, et fixe leur avenir.

Dans l'antiquité, le sort des nations ne dépendait que du génie, de la guerre, de la puissance des armes, de la fatalité de la victoire. Carthage vaincue, disparut du monde politique, et Rome victorieuse, l'asservit à son joug.

De nos jours, le plus grand guerrier des temps modernes, et peut-être de tous les temps ; le héros, long-temps le favori de la victoire, le génie de son siècle ne put triompher des 20 milliards, que le crédit politique mit à la disposition de sa mortelle ennemie. Ainsi se vérifia le dicton moderne que la victoire reste au dernier écu. Et qui dispose du dernier écu ? c'est sans contredit le crédit politique.

Combien on s'abuse ! lorsqu'on ne voit dans les bourses du commerce que des spéculations odieuses,

un outrage aux lois, une insulte à la morale. Au milieu des désordres qu'elles entraînent, et que je dé-
plore avec tous les moralistes, elles accomplissent un
grand phénomène économique! C'est la fixation de
la valeur des fonds disponibles de tous les pays, et
leur répartition parmi les gouvernemens qu'on juge
les plus capables d'en faire le meilleur emploi, et
les plus incapables d'en abuser; tel est en effet le
résultat du cours des fonds publics, dans toutes les
bourses du commerce. Quel imposant contrôle du
pouvoir! quel moyen puissant de réprimer ses abus!
quel mobile des progrès de la civilisation générale!

Mais ici s'élève une question d'économie sociale,
du plus haut intérêt. Convient-il aux intérêts de
chaque pays, d'ouvrir son marché aux fonds publics
de tous les pays de se soumettre à la loi de leur concurrence, et d'accorder une liberté illimitée à leur
importation et à leur exportation? Quels sont les
résultats de cette liberté? Il en est un que je crois
devoir signaler.

Qu'arrive-t-il quand les fonds disponibles d'un pays
vont chercher un emploi dans d'autres pays, et
quand un pays emploie les capitaux de l'étranger?
Pour qui sont les bénéfices de cette émigration des
capitaux?

Le capitaliste qui porte ses capitaux dans un pays
étranger, n'y est déterminé que parce qu'il en tire
des profits plus considérables que ceux que lui aurait
produit leur emploi dans son pays, et cela lui est
d'autant plus facile, qu'il a tout pouvoir sur l'étranger,

qui, sans les capitaux qu'il lui procure, serait privé de travail, de salaires et de profit, et n'aurait aucun moyen d'améliorer sa condition.

Mais si l'importation des capitaux est plus avantageuse au capitaliste que leur emploi dans son pays, en est-il de même pour le pays qui est privé de leur emploi? Les intérêts des capitalistes et du pays sont-ils identiques ou différens. En quoi consiste l'identité ou la différence?

A la vérité, l'emploi des capitaux d'un pays à l'étranger augmente leur profit pour le pays, et cet avantage est pour lui du plus grand prix, parce que les peuples ne sont riches et puissans que dans la proportion de leurs revenus, dont les profits des capitaux forment une partie considérable; ils ne peuvent compter pour rien le travail qui donne les profits du capital, parce que les frais du travail, loin d'augmenter le revenu, le réduisent de toute la somme qu'il a coûté; et par conséquent il semble qu'il n'est d'aucune importance pour la richesse d'un pays que ses capitaux soient employés au-dedans ou au-dehors; l'emploi qui donne les plus grands profits est celui qu'on doit rechercher.

Dira-t-on que l'exportation des capitaux disponibles fait renchérir ceux qui sont employés dans le pays? Cela est vrai: et comme les capitaux sont le mobile et la mesure du travail et de la production, plus ils ont de prix, plus ils augmentent les frais de production, plus les produits haussent de prix, plus leur débit et difficile, plus la consommation diminue;

et plus la production souffre. Il semble donc que ce qu'on a gagné du côté du revenu, par l'exportation des capitaux, on le perd par l'augmentation des frais de production.

On peut cependant croire que le mal n'est pas aussi grand qu'il paraît l'être; on peut espérer que le bon prix des capitaux favorise la formation de nouveaux capitaux, qui remplacent ceux qui ont été exportés; de telle sorte qu'ils sont toujours assez abondans pour que leur prix n'augmente pas les frais de production, et ne nuise pas au bon marché des produits qui est la plus sûre garantie de leur prompt débit, et de leur consommation.

Mais une autre difficulté se présente : est-il bien vrai qu'il soit indifférent à la richesse d'un pays que ses capitaux soient employés à son service ou à celui de l'étranger, et qu'elle n'est intéressée qu'à la grandeur de leurs profits qui concourent à sa progression?

Les capitaux ne donnent des profits que par leur emploi dans un genre d'industrie, emploi qui nécessite plus de travail, d'industrie agricole, manufacturière où commerciale d'où il résulte que le pays est mieux cultivé, l'industrie plus perfectionnée, le commerce plus étendu, la population plus nombreuse; or tout cela ne paraît pas sans avantage pour un pays quoiqu'il ne soit pas plus riche d'un centime, si les capitaux ne sont pas sa propriété, s'il n'en est que l'agent, l'instrument productif. Sans doute la richesse ne consiste que dans le revenu et non dans les frais qui l'ont produit; mais ces frais ne sont pas pour cela inutiles au pays producteur; on compte encore dans le monde politique, comme élémens de force, de puissance et de considération, le nombre de la population, l'étendue du sol cultivé, le degré d'avancement de l'agriculture, de l'industrie et du commerce ; et quoiqu'il soit vrai qu'ils ne sont que des instrumens de richesse que les capitaux mettent en œuvre, et qu'ils n'ont de valeur pour elle, que par les profits qu'ils donnent, tellement que si ces profits appartenaient à un autre pays, comme cela n'est arrivé que trop souvent aux peuples tributaires, celui qui en est privé n'aurait aucun accès à la richesse, on ne peut pas se faire à l'idée qu'un peuple nombreux, laborieux, actif et industrieux, doive être rayé de la liste des peuples riches, parce qu'il ne travaille qu'avec les capitaux des autres peuples, qu'il leur rend les profits, et ne conserve que les frais de production qui servent à son entretien et à sa subsistance. Il faut donc malgré l'évidence des principes économiques, admettre que l'exportation des capitaux prive le pays d'où ils sont exportés des avantages de leur emploi, et en fait profiter ceux qui en font l'emploi.

Dans ce cas, le crédit politique favorable à la richesse individuelle du capitaliste, et à celle du pays qui en fait l'emploi, serait préjudiciable aux intérêts du pays dont il exporte les capitaux, il étendrait la richesse générale par la circulation des capitaux des pays riches aux pays pauvres, et serait plus profitable

aux progrès de la richesse universelle, qu'à l'accumulation de la richesse particulière et locale.

D'après cela, ne serait-il pas d'une sage prévoyance,
de la part des pays riches dont on exporte les capitaux, de surveiller leur exportation afin qu'elle ne
leur devienne pas plus nuisible que profitable? Je
bornerai là mes réflexions sur ce sujet; c'est une vue
nouvelle: des esprits plus éclairés et plus expérimentés pourront la féconder ou la réduire à sa véritable valeur, mais il me semble qu'elle mérite d'être
approfondie.

Dans un autre article, j'essaierai de suivre le crédit
spéculatif dans ses nombreuses directions, d'apprécier
ses immenses avantages, d'en assurer à chaque pays
sa part relative, et de signaler les écueils dont ils
sont environnés. Cette branche de l'économie sociale
se recommande par son importance et son utilité,
mais ce n'est pas une légère tâche que d'exciter en sa
faveur l'intérêt qu'elle mérite.

4ᵉ LIVRAISON.

SOMMAIRE.

1° Du Crédit, (2ᵉ article).

2° De l'influence du Système monétaire sur la richesse
   moderne.

PRINCIPES

D'ÉCONOMIE POLITIQUE

ET DE FINANCE.

~~~~~~

DU CRÉDIT.

(Second article.)

———

Dans un premier article, j'ai fait voir que le crédit spéculatif, dans son état naturel et habituel, tend à réduire les frais de production et de circulation des produits, à faciliter leur consommation, et à assurer l'emploi de ceux que la consommation laisse disponibles. Dans cette direction, le crédit spéculatif est le mobile de la richesse, de la puissance et de la civilisation des peuples modernes. Leur vie individuelle, sociale et politique suit le mouvement que le crédit donne à la production, à la consommation, à l'emploi des économies, à l'extension indéfinie des capitaux qu'elles accumulent. Ces résultats sont dus surtout au signe monétaire qui sert de véhicule au crédit, qui

2

doit sa valeur à la monnaie, et a sur elle l'avantage de s'étendre et de se resserrer suivant l'étendue et la limite des besoins monétaires.

Si le crédit spéculatif s'était toujours borné à l'application du signe monétaire aux progrès de la consommation et de la production, ses services eussent été inappréciables et son influence incalculable; mais ses succès dans sa sphère accréditèrent l'opinion, que sa puissance était illimitée. On se persuada que ses services dans les opérations positives et matérielles de la production et de la consommation, seraient les mêmes dans les spéculations aventureuses du commerce et dans les détresses des gouvernemens, et on le prodigua outre mesure dans ces deux sortes d'emploi. Cette tentative fut, en France et en Angleterre, pendant plus d'un siècle, la cause des plus grands désastres et de longues et cruelles calamités pour les deux peuples. Ses revers l'ont rendu plus habile dans ses spéculations, mais non plus prudent ni moins périlleux. Il est plus attentif aux écueils qui l'environnent, mais il ne craint pas de les braver, et chaque jour signale des dangers s'il n'amène pas des naufrages. C'est cet état précaire du crédit spéculatif que je veux essayer de rendre sensible, non dans l'espoir de le sauver de ses propres excès; on ne renonce pas si facilement à l'illusion des richesses qu'il promet; mais l'évidence des témérités dont elles sont le prix, peut faire sentir aux gouvernemens combien il importe de régulariser des chances qui égarent des fonds si nécessaires aux intérêts généraux des peuples.

Le crédit spéculatif s'est, depuis long-temps, concentré dans les banques (1); mais ce n'est que fort tard qu'elles ont connu tous les prodiges d'un signe monétaire qui semble défier tous les besoins du commerce et des gouvernemens, et survit à ses catastrophes; c'est là surtout qu'il a développé toute sa puissance. Son influence sur la production est moins remarquable, mais non moins digne de remarque.

Le crédit spéculatif n'a eu qu'une part indirecte et secondaire aux progrès de la production agricole. Aucun peuple n'a été redevable aux banques et à leur signe monétaire, du desséchement de son sol, des progrès et du développement de son agriculture. La raison en est facile à saisir.

Les travaux agricoles se paient, pour la plus grande partie, en salaires qu'on ne peut acquitter avec le signe monétaire des banques. A quelque degré qu'on ait fait descendre ses fractions, elles n'ont été nulle part au-dessous de 25 francs, et à ce taux même, on ne pouvait pas l'appliquer au paiement des salaires. Il eût fallu le réaliser en monnaie : par conséquent il ne pouvait être d'aucune utilité directe pour l'agriculture.

A la vérité, l'agriculture a pu, par un autre côté, ressentir ses heureux effets. Dans les villes où les banques ont formé des établissemens, elles les ont promptement tirées de leur état de misère et de sta-

(1) Voyez mon *Dict. d'écon. polit.* aux mots *Banque* et *Crédit*, chez Ladvocat, 1826, et mon ouvrage sur les *Systèmes d'écon. politique*, 2ᵉ édition, Treuttel et Wurtz.

gnation. L'Ecosse et les Etats-Unis du nord de l'Amérique en offrent des exemples mémorables. La fortune des villes s'est répandue dans les campagnes, qui, à leur tour, n'ont pas peu contribué à l'accroissement et à la prospérité des villes.

Ce qui mérite surtout d'être remarqué dans cette action et réaction des villes sur les campagnes, et des campagnes sur les villes, c'est que leur prospérité acquise ou progressive n'a même pas été arrêtée par les nombreuses et souvent scandaleuses catastrophes des banques, et ce phénomène fait naître quelques réflexions non moins curieuses qu'utiles.

Les banques ne s'établissent pas sans un fonds monétaire plus ou moins considérable. Le signe qui le représente ne le remplace que lentement, et se confond long-temps avec lui par la facilité de leur conversion mutuelle. Dans cet état, le signe monétaire concourt aussi efficacement que la monnaie à tous les genres de production, et son discrédit, quand il arrive, ne leur porte aucune atteinte. Les industries qu'il a créées, les sols qu'il a fécondés, les cultures qu'il a améliorées, se conservent dans l'état où elles sont arrivées, et résistent à la tempête qui emporte le signe monétaire, et souvent lui offrent un abri contre elle. Le bien qu'il a fait ne souffre ni de son discrédit, ni de sa catastrophe. Elle ne fait que des maux particuliers, que leur subdivision rend presque insensibles. Les nombreuses faillites des banques d'Ecosse et des Etats-Unis du nord de l'Amérique, n'ont arrêté ni fait rétrograder leur prospérité agricole, indus-

trielle et commerciale, ni opposé aucun obstacle à
l'établissement et au crédit de nouvelles banques (1) :
il en est comme de la grêle qui ravage un canton et
laisse les autres intacts, le dommage qu'elle fait éprouver aux uns est inconnu des autres. C'est encore ce
qui vient d'arriver aux banques des Etats-Unis du
nord de l'Amérique.

Les discussions qui se sont élevées entre leur banque et leur président, sur le dépôt des fonds publics,
ont donné lieu à la suspension des escomptes de la
banque pendant huit mois. Cette suspension a dû
être d'autant plus funeste au crédit commercial, qu'on
évalue les escomptes à plus de 4 milliards 600 millions
par an. Que de faillites, de pertes et de malheurs
n'en sont-ils pas résultés! et cependant le commerce
en a soutenu le choc, les affaires ont repris leur cours,
et le pays n'a rien perdu de la prospérité qu'il doit à
ses banques et à leur signe monétaire.

Pourquoi donc celles qui se sont multipliées avec
tant de facilité en Angleterre, en Ecosse et dans les
Etats-Unis du nord de l'Amérique, où elles ont pro-
voqué et développé tant d'industrie et de commerce,
de richesses et d'opulence, et augmenté la population

(1) En 1830, les États-Unis du nord de l'Amérique comptaient 330
banques, avec un capital d'environ................145,192,268 doll.

    Environ 800 millions fr.

En 1834, le nombre des banques était de 400 et leur
capital de.................................200,000,000 doll.

    Un milliard de francs.

dans des proportions jusqu'alors inconnues, n'ont-elles pu s'enraciner et s'étendre sur le sol de la France, ou n'y ont-elles poussé que de frêles racines toujours près de se dessécher? Ni les lumières, ni les moyens ne nous ont manqué; il ne faut en accuser que la nature de notre ancien gouvernement, nos mœurs chevaleresques, les vanités de notre magistrature et notre éloignement pour la vie industrielle.

Malgré sa modération, son respect religieux pour la propriété, et ses justes craintes des clameurs de l'opinion publique, l'ancien gouvernement avait des besoins si pressans, et ses ressources étaient si bornées, qu'il lui était difficile de ne pas user de toute son influence pour se procurer les secours dont il avait besoin; et il ne se faisait aucun scrupule de les devoir à la ruine des établissemens les plus utiles et les plus profitables du crédit commercial. La caisse d'escomptes, ce faible embryon du crédit spéculatif en France, fut étouffée sous l'énorme fardeau des besoins du gouvernement, et ne fut d'aucune utilité pour notre industrie et notre commerce. Que pouvaient-ils abandonnés à leurs forces, et sans le secours des banques et du crédit monétaire, dont leurs rivaux et leurs concurrens tiraient de si grands avantages. Ils n'avaient de ressource que dans le monopole du marché national, et ils en furent dépouillés en 1826. Le traité de commerce avec l'Angleterre les livra sans défense à sa concurrence, qu'ils étaient hors d'état de soutenir. C'en était fait de leur fortune sans le secours imprévu de la révolution française, qui leur a ouvert la carrière qu'ils parcourent déjà avec tant d'éclat et de succès.

Notre nouvel état social et politique permet à la France de donner l'essor à son industrie et à son commerce; mais il faut bien se persuader qu'ils ne pourront entrer en lice que quand ils auront, comme leurs rivaux et leurs concurrens, l'appui de banques nombreuses et de leur inépuisable et économique signe monétaire. C'est là seulement qu'ils trouveront des fonds qui peuvent leur donner la vie, favoriser leur développement, et les porter à toute leur élévation. Plus ils feront de progrès avec le concours de leurs puissans auxiliaires, plus ils feront fleurir et prospérer l'agriculture. Elle ne peut avancer qu'à leur suite, mais ils l'affermissent sur des bases inébranlables. C'est sur le sol que se réalisent en définitive les richesses accumulées par l'industrie et le commerce; c'est avec lui qu'elles s'incorporent.

Mais les banques ne bornent pas leurs spéculations à seconder la production et à favoriser les consommations; elles tendent surtout à s'approprier les richesses du commerce général par les accaparemens, à influer sur sa liquidation, et s'assurer un change toujours favorable par la direction de l'or, monnaie universelle du monde commerçant. On ne peut se former quelques notions de ce système prodigieux, que par un examen approfondi de la dictature de la banque d'Angleterre sur toutes les autres banques du pays. C'est son régime qu'il faut, pour ainsi dire, confronter avec les principes d'économie sociale, afin de savoir jusqu'à quel point elle contribue aux progrès de la richesse nationale, dont elle semble être le levier et la sauvegarde.

Le crédit spéculatif a pris en Angleterre un si grand développement qu'il paraît fabuleux. Un écrivain, très versé dans cette partie de la statistique, évalue à 36 milliards la liquidation annuelle des opérations dans lesquelles il est plus ou moins intéressé (1). Ce résultat inouï semble défier toute crédulité; il est cependant difficile de lui refuser toute croyance, quand on se rend compte des élémens dont il se compose.

En Angleterre, le crédit entre pour beaucoup dans tous les travaux de la production, dans toutes les transactions du commerce intérieur et extérieur, dans le service des dépenses publiques du pays et de l'étranger, et dans les grandes entreprises de l'industrie humaine sur tous les points du globe. Sa coopération à la production de la richesse particulière, générale et universelle, a une si grande part dans sa répartition, que l'enquête parlementaire de 1832 lui attribue la supériorité commerciale de l'Angleterre sur tous les peuples commerçans. Mais ne s'est-on pas exagéré ses avantages? Les tributs que le crédit impose à l'industrie ne sont pas tous profitables au peuple qui les reçoit, ni sans profit pour les peuples qui les paient. Ils diffèrent entièrement de ceux qui sont les fruits sanglans de la victoire et ruinent le vaincu sans enrichir le vainqueur. Les tributs payés au crédit sont le prix de services productifs, une part dans les bénéfices qu'il

(1) Les opérations de la banque de France n'en font pas la cinquième partie.

produit. Sans doute le partage est inégal, mais toutes les parts ont une valeur, tous les co-partageans gagnent, aucun ne perd. L'enquête est tombée, à cet égard, dans une erreur qu'il importe d'autant plus de réfuter, que la science des relations commerciales des peuples est environnée de préjugés funestes aux progrès de la richesse et de la civilisation.

L'enquête s'applique surtout à établir que le change est toujours en faveur de l'Angleterre, et elle se fonde, « sur ce que ses importations, quand elles ont été manu-« facturées, lui rapportent par leurs exportations quatre « fois ce qu'elles lui ont coûté, et qu'il y a, par consé-« quent, un paiement régulier en or, fait par le monde « entier au pays. Elle ajoute que plus on a en abondance « les marchandises du reste du monde, plus on en vend, « plus leur prix se soutient, et qu'on agit d'autant plus « dans l'intérêt du pays, qu'on fait plus pour le rendre le « marché du monde; ce qui ne doit pas être bien diffi-« cile, puisque c'est ici qu'on fait le réglement des be-« soins de l'Inde, de la Chine, du Brésil, de la Russie, « du monde entier.

« Si nous n'avions pas besoin de grains, continue « l'enquête, tout l'or et l'argent du monde tendraient à « venir dans ce pays, et l'on ne voit pas comment les « peuples du continent pourraient vivre; on ne sait pas « ce qu'ils deviendraient sans les vins et les autres ar-« ticles qui viennent ici pour la consommation; quand « ils ne peuvent pas s'acquitter envers nous avec leurs « produits, et qu'ils deviennent trop pauvres, nous leur « prêtons. »

De cette esquisse partielle de l'enquête résultent deux faits, dont je me plais à reconnaître la vérité. Il est certain :

1° Que l'Angleterre trouve dans ses exportations une valeur qui excède celle de ses importations;

2° Que l'excédant serait payé en or sans l'importation des grains, des vins et des autres articles qu'elle consomme.

Mais quelle conséquence peut-on tirer de ces deux faits ?

Est-ce, comme l'enquête l'insinue, que les exportations de l'Angleterre l'enrichissent en appauvrissant les autres peuples ? Est-ce qu'elle leur donne des secours quand elle les a appauvris ?

Ces deux assertions sont en opposition directe avec les principes d'économie sociale, régulateurs des relations commerciales des peuples. Si elles avaient quelque fondement, le commerce loin d'être utile et profitable à tous les peuples commerçans, loin de les rapprocher et de les faire concourir à leur prospérité, à leur richesse et à leur civilisation, comme l'enseigne l'économie sociale, serait la cause de la misère des uns et de l'opulence des autres, fomenterait leur désunion et les armerait les uns contre les autres, résultat déplorable qui, heureusement, est imaginaire, et qu'il importe de dissuader dans l'intérêt de tous les pays et pour le bonheur de l'humanité.

Les importations des produits d'un pays dans l'autre, ne peuvent nuire au pays importateur qu'autant qu'elles sont analogues à ses produits indigènes, et il est toujours en son pouvoir d'empêcher cette sorte d'importation. Celles qui se composent d'objets qu'il ne produit pas, ne lui font ni préjudice, ni dommages; elles sont au contraire pour lui des motifs de plus de travail, de production, de produits, de revenu et de richesse. Comme il ne peut consommer les produits importés que sous la condition d'en payer la valeur, il est obligé de la produire et sa production augmente sa richesse. (1)

L'importateur peut, comme le dit l'enquête, trouver dans ses importations un prix quadruple de ce qu'elles lui ont coûté, elles peuvent l'enrichir; mais sa richesse ne coûte rien au peuple qui en est l'occasion ou la cause; il n'y a entre eux qu'un échange, et il n'est point dans la nature de l'échange d'enrichir l'un des échangistes et d'appauvrir l'autre. Tous deux s'enrichissent également parce qu'ils ont plus d'objets nécessaires, utiles et agréables qu'ils n'en avaient avant l'échange. Si les produits importés sont payés quatre fois leur valeur par le pays qui les consomme, il a produit quatre fois autant d'objets qu'il en fallait pour les payer, et cette augmentation de produits en quantité ou en valeur ajoute autant à sa richesse qu'à celle de l'importateur, quoique celui-ci ne lui ait livré que le quart de leur valeur. L'importateur a gagné trois fois plus que le consommateur, mais il n'y a entre eux que la différence du gain; l'importateur peut se féliciter de ses

(1) Voyez les deux premières livraisons sur les Douanes.

avantages sur le consommateur, mais il n'a pas raison
de dire qu'il l'a appauvri. On ne comprend donc pas
comment, dans une enquête aussi imposante par le caractère des magistrats et par la considération des té-
moins, on a pu méconnaître un des principes fondamentaux des relations commerciales, celui de leur utilité
réciproque pour tous les peuples commerçans, principe
qu'il importe le plus de propager parce qu'il est le gage
et la garantie des progrès de la richesse commerciale.

Une autre considération du sujet fait encore mieux
sentir l'erreur de l'enquête sur l'appauvrissement des
peuples importateurs.

Si, comme on n'en peut raisonnablement douter,
le pays qui importe ce qu'il ne produit pas s'enrichit
de la totalité de l'équivalent qu'il produit pour payer
ses importations, dans quelles proportions s'enrichit
le pays exportateur? Est-ce, comme le dit l'enquête,
de quatre fois la valeur des objets qu'il exporte? Cela
serait desirable, parce que les progrès de la richesse
seraient indéfinis et illimités, mais deux obstacles insurmontables marquent leur terme.

Les exportations se font nécessairement des pays
industrieux aux pays agricoles, et les équivalens des
exportations de l'industrie sont nécessairement limités
par les facultés productives de l'agriculture. Dès que
les peuples agricoles n'ont plus de terres à défricher
ou ne peuvent plus augmenter leurs produits, les exportations de l'industrie sont arrivées à leur terme, et
la richesse des peuples industrieux et agricoles reste
nécessairement stationnaire.

Sans doute ce cas est purement hypothétique, il n'est jamais arrivé et vraisemblablement n'arrivera pas; mais il était bon de le faire remarquer, parce qu'il en résulte que le sort des peuples importateurs et des peuples exportateurs est commun; que quand la richesse de l'un est progressive, l'autre fait des progrès, et quand l'une s'arrête l'autre est stationnaire. Le peuple industrieux devance le peuple agricole, mais il ne peut ni l'appauvrir, ni le secourir dans sa pauvreté; l'un et l'autre subissent la même loi.

Un second obstacle s'oppose à la supériorité progressive des peuples exportateurs de l'industrie, c'est que la nature des choses porte les peuples agricoles à devenir industrieux, et que chaque pas qu'ils font dans cette nouvelle carrière ferme la route aux peuples exportateurs, et rend leur richesse stationnaire, s'il ne la fait pas rétrograder. Dans cette position, leur état est précaire et ils n'ont d'autres ressources que d'user avec ménagement des richesses accumulées pendant leur prospérité. L'enquête les a placés dans un point de vue bien différent, et il m'a paru utile de le faire remarquer dans l'intérêt de la science.

Une autre erreur non moins grave, ni moins évidente de l'enquête, résulte de l'assertion que plus on a en abondance les marchandises du reste du monde, plus on en vend, plus leur prix se soutient, plus on s'enrichit.

Cette assertion se fonde sur le principe que plus on produit, plus on consomme, et que si l'on ne consomme pas tout ce qu'on produit, c'est qu'on ne produit pas assez; ce principe est d'origine anglaise, on l'a importé parmi nous, mais une expérience constante et toujours funeste aurait dû le discréditer parmi les hommes pratiques du commerce, dont le gouvernement consultait l'expérience. C'est cette erreur qui produisit en Angleterre la crise commerciale de 1825. L'enquête elle-même en offre une preuve irrécusable.

« En 1824, dit l'enquête, il y eut une grande spé-
« culation en laine, lins et autres articles; une im-
« mense quantité de laines avait été tirée de tous
« les points du globe. A la fin de l'année il fallut en-
« voyer sur le continent une masse considérable de
« numéraire pour payer ces traites. Si on ne l'avait
« pas fait et que ces traites fussent tombées de 1 ou 2 0/0
« l'alarme eût été terrible.

« En 1825 continue l'enquête, la banque s'aper-
« cevant que l'or sortait du pays pour d'immenses
« spéculations sur les grains qui avaient rempli nos
« greniers, refusa d'escompter les billets pour grains,
« laines et autres produits. »

Nul doute, par conséquent, que l'excès des spécu-lations ne fut la cause de la crise de 1825 si désas-treuse pour l'Angleterre et dont le contre-coup se fit sentir dans tout le monde commerçant. Cet évènement réfute donc la doctrine accréditée par l'enquête que la fortune des peuples commerçans dépend de l'accumu-lation des marchandises du reste du monde. Quelques avantages qu'on puisse s'en promettre, ils sont tous me-nacés par l'engorgement et les difficultés du débit. Ce n'est pas assez d'accaparer les marchandises du monde

entier, il faut en trouver le débit, et là est la difficulté. Le commerce doit être l'intermédiaire entre le
consommateur et le producteur ; mais il ne doit
stimuler la production que quand il est lui-même
stimulé par la consommation. Si la production doit
devancer la consommation, c'est quand la consommation lui donne l'impulsion ; ce n'est que par le débit
de ses produits que la production contribue aux progrès de la richesse ; la production sans débit est stérile ;
l'engorgement de ses produits l'arrête dans sa marche
quand elle ne la fait pas rétrograder. Tel est le résultat évident de la crise de 1825, ainsi que je le démon-
trerai dans un article spécial. A présent il me suffit
de faire remarquer que si le crédit des banques est
favorable à la production par la facilité qu'il donne
à la consommation, ce crédit met la production dans
un danger imminent et se perd avec elle, quand il
l'encourage et la porte au-delà des facultés de la
consommation. C'est ce qui résulte évidemment
des revers continuels du commerce de l'Angleterre
depuis 1793 jusqu'en 1826. On compte dans cette
période trois cent soixante-onze banques en faillite
indépendamment de celles qui composèrent avec leurs
créanciers. Il est donc de la sagesse et du devoir des
gouvernemens de mettre les banques dans l'impuissance
de se livrer à leur penchant pour l'accaparement des
marchandises du monde entier, et ce n'est pas sans étonnement qu'on voit le peu de progrès que la science
du crédit des banques a fait dans un pays si profon-
dément versé dans toutes les matières du commerce.

Huit cent trois banques dans les provinces et soixante-quinze banques à Londres sont autant d'agences du crédit spéculatif en Angleterre, de ses facultés, de ses services, de ses intérêts et de sa fortune. Indépendantes les unes des autres, elles sont cependant solidaires de leurs revers réciproques, le discrédit des unes rejaillit sur le crédit des autres; la panique s'étend rapidement et les frappe toutes plus ou moins gravement. La banque d'Angleterre est seule constituée assez fortement pour échapper à ce sauve-qui-peut; mais on l'accuse et non sans apparence de raison de n'avoir dû son salut qu'aux victimes qu'elle a faites dans tous les temps critiques. L'enquête dit à ce sujet:

« En novembre 1825, avant la panique il y eut une « immense quantité de billets tirés pour grains, et « lorsque la banque les vit fondre sur elle, elle refusa « d'escompter; mais dix ou douze jours après elle vit « que son refus ne produisait rien de bon, elle es- « compta tous les billets sur de bonnes maisons et « pour quelque somme que ce fût. »

Non-seulement la banque d'Angleterre met en péril les autres banques par le refus ou la diminution de ses escomptes; mais elle précipite leur ruine, c'est ce que dit encore littéralement l'enquête. Voici dans quels termes:

« Lorsque la banque diminue ses émissions, on « n'agit plus en bourse qu'avec crainte; tout homme « qui a quelque chose se resserre et veut voir jusqu'où « ira la pénurie de l'argent; les marchandises tombent « à bon marché, les exportations sont plus considéra-

« bles, et les manufacturiers sont obligés d'envoyer
« leurs marchandises au dehors et de les vendre à tout
« prix. »

Cet aveu de l'enquête doit faire sentir aux partisans
du remplacement des prohibitions par les taxes le peu
de garantie qu'elles offrent aux productions de chaque
pays dans les crises commerciales, qui forcent les manufacturiers qu'elles frappent de vendre au dehors
leurs marchandises à tout prix. Il est évident que dans
ce cas la crise commerciale d'un pays devient commune
à tous, et que les peuples qui ne sont pas protégés
par les prohibitions sont victimes des spéculations qui
leur sont étrangères. Plus on approfondira ce sujet,
plus on reconnaîtra la vérité des principes régulateurs
des douanes que j'ai établis dans les deux premières
livraisons.

D'un autre côté, l'enquête fait un aveu qu'il importe
de faire remarquer ; c'est que la banque, par la diminution de ses émissions, a le pouvoir de rendre l'argent rare, de faire baisser le prix des choses et de s'assurer un change favorable pendant un mois ou deux.

Sans doute cette vaste influence de la banque sur le
commerce intérieur de l'Angleterre et sur ses relations
commerciales avec les autres peuples est exagérée ;
mais si elle avait quelque vérité, il est difficile de comprendre qu'un pays aussi éclairé conserve un établissement qui tient dans ses mains les intérêts de la production et du commerce, et subordonne à sa position
et à sa conservation le crédit et la fortune du pays,
sans qu'on prenne des mesures pour les soustraire

13

à sa dictature et à sa domination arbitraire. De telles assertions, quoique garanties par une enquête solennelle, étonnent la raison et le bon sens, et le doute prévaut sur la conviction. On ne peut concevoir cet inconcevable abandon des intérêts généraux du pays aux intérêts particuiers de la banque, que par son utilité et peut-être sa nécessité pour le gouvernement. Si l'on en juge, en effet, par les rapports de la banque avec le gouvernement, et surtout par l'étendue des fonds qu'elle lui consacre, on ne peut méconnaître que le gouvernement tient le premier rang dans la clientelle de la banque et le commerce le second.

Aux trois crises commerciales de 1797, de 1810 et de 1825, ses avances au gouvernement étaient si considérables qu'elle ne pouvait donner aucun secours efficace au commerce; son actif était employé aux besoins du gouvernement, dans le premier cas pour les trois cinquièmes, dans le second pour un quart, et dans le troisième pour la moitié; de sorte qu'il ne restait pour les escomptes du commerce et pour la réserve que des ressources insuffisantes et hors de proportion avec leurs besoins (1). Sous ce point de vue, la banque d'Angleterre n'est que la succursale de l'échiquier ou trésorerie, et si ce n'est pas le but

---

(1) *Situation de la banque d'Angleterre au 25 février 1797*:

Actif................................fr.	439,902,325
Avances au gouvernement......................	311,687,575
Restait pour les escomptes et la réserve.......	128,214,750

Les billets en circulation.............216,006,250 formaient près du double des escomptes et de la réserve.

qu'elle ambitionne, ni celui que lui donne sa haute importance commerciale, c'est sans contredit celui qu'elle remplit dès son origine et celui où ont éclaté ses plus grands services sous le rapport du crédit, le seul qui entre dans le sujet que j'envisage.

On a de la peine à se défendre de quelque surprise quand on considère que la banque d'Angleterre est à-la-fois la banque du gouvernement et celle du commerce; l'incompatibilité de ces deux services est cependant passée en proverbe. Les États-Unis du nord de l'Amérique l'ont spécialement consacrée dans la maxime que le pouvoir et l'argent ne doivent pas être réunis dans la même main; maxime vraie et même nécessaire dans les gouvernemens absolus, mais sans aucun fondement dans les gouvernemens constitutionnels, qui sont essentiellement tutélaires et conservateurs de tous les intérêts, les vivifient tous ou les entraînent tous dans leur ruine. Que deviendrait en effet le crédit des banques, si les gouvernemens ne pou-

Au 31 mars 1819 :

Actif..............................	979,493,750
Avances au gouvernement	230,303,750
Restait pour les escomptes et la réserve.......	749,190,000
Les billets en émission..................627,769,250	
Il ne restait donc pour la réserve que........121,420,750	

Au 29 février 1832 :

Actif..............................	737,320,750
Avances au gouvernement......................	375,820,500
Restait pour les escomptes et la réserve......	341,500,250
Les billets en émission..................627,769,250	

dépassaient de près de moitié la réserve.

13.

vaient subvenir aux besoins du service? S'il n'y avait
pas de crédit public, il ne faudrait pas non plus
compter sur le crédit commercial. Le bon état des finances est le plus solide fondement du crédit particulier et général, et l'on ne doit pas être surpris de voir
que, dans un pays aussi éclairé que l'Angleterre, on
ne prenne aucun ombrage de la solidarité de la banque
et du gouvernement ; solidarité spécialement constatée
par la suspension du paiement en espèces des billets
de la banque pendant vingt années. Ce qui n'est pas
moins digne de remarque, c'est que la banque n'ait
rien perdu de son crédit, quoique de l'aveu de l'enquête son papier ait perdu 32 pour 0/0 pendant la
suspension, quoiqu'elle garde le plus profond mystère
sur l'état de ses affaires et règle son dividende comme
bon lui semble. Cette sorte de dictature du crédit spéculatif paraît si naturel à un peuple commerçant, que
l'enquête n'a pas craint d'exprimer le vœu que la
banque d'Angleterre soit la banque capitale, qu'elle
ait tout le numéraire sous sa surveillance et toutes les
émissions de billets sous sa responsabilité. Rien ne
peut mieux, ce me semble, caractériser la sorte de garantie que veut le crédit, que la confiance aveugle
dans ses agens. Là est la loi fondamentale. On en verra
de nouvelles et d'éclatantes preuves dans un troisième
et dernier article sur les dettes fondées, une de ses
branches les plus importantes, les moins connues et
les moins appréciées.

———

DE L'INFLUENCE

DU SYSTEME MONÉTAIRE

SUR LA RICHESSE MODERNE.

Un des points les plus compliqués, les plus obscurs et les plus controversés de l'économie politique, est de savoir ce que doit être la monnaie, pour bien remplir ses fonctions dans l'échange des valeurs vénales. Ce n'est pas sur sa nécessité, son utilité et ses services, que porte le dissentiment; on s'accorde au contraire à reconnaître la nécessité de son concours et de sa coopération dans l'échange; mais on n'en est pas plus éclairé sur sa nature, son principe, ses procédés et ses résultats. On va sur ce point du pour au contre et les contraires se croient également dans le vrai.

Les écrivains les plus recommandables regardent la monnaie comme l'équivalent de tout objet soumis à l'échange, le régulateur de ses avantages, le gage de leur durée. Comme équivalent, on la préfère à tout autre objet d'échange, et cette préférence est si grande qu'elle suffit le plus souvent pour déterminer l'échange. Dans ce sens, la monnaie a non-seulement une valeur vénale, mais sa valeur, à raison de la préférence qu'on lui accorde, est la mesure des valeurs.

D'autres écrivains, dont l'opinion est aussi d'un grand poids, ne voient dans la monnaie que le moyen et non la fin de l'échange; ils pensent même que ce moyen est fictif, arbitraire, variable selon les besoins, les lieux et les circonstances; et par conséquent, que la monnaie est l'expression de la valeur réciproque des objets dont elle opère l'échange.

Cette dissidence sur le caractère de la monnaie a été de tout temps la source d'abus, de désordres et d'excès, qui ont souvent épuisé la richesse, entravé ou paralysé ses progrès. On l'accuse même de la détresse qui, depuis 1825, afflige l'Angleterre. Ce qui ne doit pas causer peu de surprise, c'est que les siècles éclairés et civilisés ne diffèrent pas des siècles ignorans et barbares; les désordres de la monnaie depuis un demi-siècle ne seraient pas déplacés dans les pages de l'histoire des XIII° et XIV° siècles. C'est toujours le même aveuglement, les mêmes illusions, les mêmes désastres; les choses en sont venues au point qu'on s'est persuadé que la nécessité de la monnaie lui tient lieu de valeur, pourvu qu'elle ne dépasse pas les besoins de la circulation.

De telles disparates ne doivent plus décréditer la science économique; la monnaie ne doit plus être un mystère afin qu'on ne puisse plus en abuser. Il faut constater ses propriétés, ses facultés, ses procédés et ses services, en déduire les lois qui doivent la régir et donner à cette partie de la science toute l'autorité dont elle a besoin.

On ne peut se faire une idée exacte de la monnaie qu'en la considérant en action dans un échange spécial.

Que fait-on quand on veut échanger du blé contre du vin?

Le mode généralement usité est de porter son blé au marché, de l'échanger contre la monnaie et d'échanger la monnaie avec le vin. (1)

Dans ce double échange, la monnaie est tour-à-tour l'équivalent du blé et du vin. Mais en quoi consiste cet équivalent? A-t-il une valeur semblable et identique à celle du blé et du vin? Offre-t-elle les mêmes réalités matérielles et commerciales, les mêmes sécurités et les mêmes garanties qu'ils donnent?

Ou l'équivalent monétaire, de quelque substance qu'il soit, n'a-t-il qu'une valeur fictive, nominale, expressive de la valeur respective du blé ou du vin?

Telle est la question controversée et dont il importe de chercher la solution.

Il me semble que sur ce point les faits doivent être consultés; il faut savoir ce qu'a été la monnaie depuis l'introduction du commerce moderne dans les pays civilisés, c'est à elle-même qu'il appartient de se faire connaître, et c'est par ses actes qu'on peut l'apprécier.

_____

(1) Dans ce cas, comme dans tout autre, l'échange prend le nom de vente; mais sa dénomination ne change rien à sa nature : il transfère la possession des objets qui lui sont soumis.

Avant la découverte des mines de l'Amérique méridionale, et le versement de leurs métaux précieux
dans le commerce de l'Europe, l'échange des valeurs
vénales se faisait en monnaie métallique d'or et d'argent. Comme cette monnaie était rare, elle avait une
grande valeur d'échange et se mesurait contre les au
tres valeurs avec un très grand avantage; elle leur
faisait la loi, et en ce sens on peut dire qu'elle était la
mesure de leur valeur respective.

On évalue à 200 millions de ducats (1) la monnaie
métallique que l'Europe employait alors au service des
échanges, et l'on peut se former une idée de sa valeur
vénale par comparaison avec celle du blé et des salaires du travail, qui forment la plus grande partie de
la valeur des produits de l'industrie humaine.

Au milieu du xiv° siècle, époque à laquelle on évaluait la monnaie métallique à 200 millions de dollars, le prix du quarter de blé, en Angleterre, était
de. . . . . 3 sh. 4 den. à 4 sh. (2)

Et le salaire de la journée d'un ouvrier de la dernière classe, était de. . . . . . 2 den. st. (3)

Dans le siècle suivant, la somme de la monnaie métallique augmenta, elle s'éleva à 250 millions de dol. (4)

(1) Un peu plus d'un milliard de fr.

(2) Le quarter contient 8 boisseaux anglais; le prix de chaque boisseau
était donc de 5 à 6 den. st. ou 10 ou 12 s. tourn.

Le boisseau anglais contient un peu plus de 2 boisseaux et demi français
et chaque boisseau français valait de 4 à 5 s. tourn.

(3) 4 s. tournois, ou d'un tiers de boisseau anglais, ou d'un boisseau
français.

(4) Environ 1250 millions.

Le prix du blé et des salaires suivit la progression de la monnaie métallique, leur prix s'éleva dans la proportion de l'augmentation de la monnaie.

Le quarter de blé valut . . 5 sh. 6 den. (1)

Et le salaire des ouvriers monta à 3 1/2 den. (2)

De 1545 à 1640, les mines d'Amérique versèrent en Europe une si grande quantité d'or et d'argent, que la valeur d'échange de la monnaie métallique baissa de un à quatre.

Le prix du quarter de blé s'éleva à 40 sh.   (3)

Et le salaire des ouvriers à. . . 1 sh. 1 den. (4)

Le prix du quarter de blé ne suivit pas dans cette période la proportion de la valeur monétaire, et l'on en trouve la raison dans les variations qu'opèrent dans la valeur du blé l'inconstance des saisons et les lois du monopole. Cette considération paraît d'autant plus satisfaisante qu'on remarque dans la même période plus de conformité dans la hausse des salaires avec la baisse de la monnaie métallique.

De 1640 à 1775, les mines d'Amérique continuè-rent à donner d'abondans produits; ils s'élevaient an-nuellement à. . . . 47 millions de dollars. (5)

Mais leur fécondité n'eut plus d'influence sur la va-leur d'échange de la monnaie métallique, leur pro-duction annuelle était absorbée par l'extension de l'in-

(1) Près de 7 liv. t.
(2) 7 s. tournois.
(3) 50 l. tournois.
(4) 27 à 28 s. tournois.
(5) 235 millions de francs.

dustrie et du commerce. Adam Smith a clairement démontré que pendant cette période de temps la valeur d'échange des métaux précieux n'éprouva point de dépréciation ultérieure; le prix-monnaie de tous les objets resta à-peu-près stationnaire, sauf une légère tendance à la baisse.

Le haut prix monétaire du travail et des produits de l'industrie dans toutes ses branches, fit faire des prodiges aux manufactures de l'Angleterre.

En 1767, Hartgrave inventa les mull-jenny.

La même année, Cartwrigth fit faire des progrès immenses à la filature, et l'année suivante Watt prit une patente pour sa machine à vapeur.

Ces découvertes réduisirent tellement les frais de production, que la valeur vénale des produits éprouva une diminution considérable; leur bon marché en augmenta la consommation dans le monde civilisé et donna l'impulsion à tous les genres de production pour en payer le prix. Les objets d'échange se multiplièrent, leur circulation nécessita une plus grande quantité de monnaie que celle qu'on tirait de la production des mines, et l'on suppléa à leur insuffisance par le crédit, les banques et le papier monnaie. Ces auxiliaires de la monnaie métallique en conservèrent l'abondance qui maintint le haut prix du travail et des profits dans toutes les branches de l'industrie et du commerce.

Dans la dernière partie du XVIIIe siècle, le prix du quarter de blé était de. . . . . . . 48 sh. (1)

(1) 60 francs.

et le salaire de l'ouvrier de. . . .   1 sh. 2 den. (1)

Il me semble que si l'on s'arrêtait à la période que je viens de parcourir et aux documens qu'elle donne sur la nature, le caractère et les résultats de la monnaie dans l'échange des valeurs vénales, on n'hésiterait pas à reconnaître que la monnaie métallique a eu une valeur vénale comme toutes les valeurs d'échange, et que son abondance ou sa rareté a réglé sa valeur vénale comme celle de toutes les valeurs qui sont dans le commerce.

Mais avant de se fixer sur les résultats de la période d'abondance de la monnaie métallique et d'en déduire les lois qui semblent en dériver, voyons quels ont été les effets de la monnaie pendant la période de décadence de la production des métaux précieux qui s'est écoulée depuis 1810 jusqu'à présent; voyons si celle-ci confirmera ou détruira les résultats de la période qui l'a précédée.

En 1810, les troubles de l'Amérique espagnole réduisirent les travaux des mines; la production diminua, et les produits de toutes les mines exploitées qui étaient auparavant évalués à 54,980,000 doll. (2)

descendirent à.   .   .   .   .   23,980,000 doll. (3)

Cette décroissance de la production des métaux précieux n'en diminua point la consommation, elle s'accrut au contraire par les progrès de l'industrie et du commerce, et par la prodigieuse extension du luxe

(1) 1 fr. 50 cent.
(2) 274,900,000 francs.
(3) 119,900,000 francs.

et du faste parmi les classes opulentes, riches, et même aisées dans le monde civilisé. Les statistiques offrent à cet égard de précieux documens.

On trouve dans les tableaux d'importation et d'exportation, des différentes nations civilisées pendant les 20 dernières années, des preuves nombreuses et irrécusables des progrès de leur commerce extérieur; ceux de leur commerce intérieur sont moins évidens, mais ne sont pas moins certains. Ce n'est pas trop hasarder que d'avancer que pendant cette période de 20 années le besoin de la monnaie a augmenté de 10 pour %.

En 1825, la circulation de la monnaie métallique en Europe était évaluée à.   1310 millions de doll. (1)
à présent on l'évalue à.   1600 millions de doll. (2)

Les besoins de la circulation ont donc nécessité une plus grande masse de monnaie métallique : on l'évalue annuellement à   . .   13 mllions de doll.

D'un autre côté la consommation annuelle des métaux précieux par la fabrication des manufactures est calculée à.   . . . .   34 millions de doll.

       Total   47 millions de doll. (3)

l'approvisionnement annuel   . . . . .
    n'est que.   . . . .   23,980,000 doll.

le déficit annuel est par.   . . . . . .
    conséquent de.   . .   23,220,000 doll. (4)

(1) 6 milliards 600,000 francs.
(2) 8 milliards.
(3) 235 millions francs.
(4) 116,100,000 francs.

Si l'on ajoute à ce déficit la suppression du papier monnaie, en Angleterre, en France, en Autriche, en Prusse, en Russie, en Norvège, en Suède, en Danemark et aux États-Unis, on doit sentir que la rareté de la monnaie métallique a dû augmenter sa valeur vénale et déprécier celle de tous les produits de l'industrie contre lesquels elle s'échange.

C'est en effet ce qui est arrivé depuis 1811; les statistiques de l'Angleterre établissent que la valeur des ses produits exportés a diminué de 45 pour %.

En supposant que les progrès de l'industrie dans toutes ses branches aient réduit ses frais de production de 15 à 20 pour %, la rareté de la monnaie métallique a dû occasioner dans sa valeur vénale une hausse de 25 à 30 pour % et dans la valeur vénale des autres produits une baisse égale : supposition tout-à-fait vraisemblable d'après le tableau des douanes de l'Angleterre en 1814, comparé à celui de 1828.

En 1828, les valeurs déclarées furent comparativement à celles de 1814, en baisse dans les proportions suivantes :

manufactures de coton.	55 pour %
de soieries.	55
de toileries.	45
de lainages.	32
de fontes et cuivres.	27
de fer et d'acier travaillé ou non travaillé.	36
de plomb de chasse.	27
de salpêtre raffiné.	66

de charbon de terre et de forges.   .   23

de savon et chandelles.   .   .   .   56

de lard , jambon, bœuf et porc.   .   30

de poisson de toute sorte.   .   .   36

de pain et biscuit.   20

de semences de toute sorte.   .   .   42

de   vaisselle plate, plaquée; joail-
lerie. et horlogerie.   7

Ainsi la rareté de la monnaie métallique a élevé sa valeur vénale, comme son abondance en avait opéré la baisse. Dans la période de son extrême abondance qui en porta la masse d'un milliard à 6; sa valeur vénale éprouva une baisse de 1 à 4, et dans la période de sa rareté, où la production annuelle de métaux précieux diminua de 54 à 23, sa valeur vénale a baissé d'environ 25 à 30 pour %.

Ainsi les faits les plus authentiques démontrent jusqu'à l'évidence, que pendant plus de trois siècles, les peuples les plus célèbres par leur industrie et leur commerce, ont employé dans l'échange la monnaie métallique, qu'elle a eu constamment une valeur vénale comme tous les autres objets d'échange et que sa valeur vénale .a été comme. toutes les valeurs vénales, assujétie à la loi de .l'abondance et de la rareté, de l'offre.et de la demande, du besoin et de l'approvisionnement.

Mais peut-on conclure de ce qui a été et de ce qui est, à ce qui doit. être? est-il nécessaire que la monnaie soit métallique et qu'elle ait une valeur vénale comme tous les autres objets d'échange? ne s'est-on

pas égaré quand on a imprimé le caractère de monnaie à une matière vénale? n'aurait-on pas pu et ne
doit-on pas la remplacer par une matière sans valeur d'échange; par le papier? n'est-il pas vrai qu'en
définitive ce n'est pas la monnaie qui est l'objet et le
but de l'échange, que ce sont les produits du sol, de
l'industrie et du commerce qu'on cherche à se procurer
par l'échange, et que la monnaie n'est que le moyen
de les faire passer de celui qui veut s'en défaire à celui qui desire leur possession? Il est donc tout-à-fait
indifférent que le moyen de transfert ait ou n'ait pas
une valeur vénale, puisque ce n'est pas sa possession
qu'on veut, mais les produits qu'elle transfère. Pourquoi donc le papier-monnaie n'effectuerait-il pas le
transfert de l'échange tout aussi bien que la monnaie
métallique?

Il me semble que cette argumentation ne peut
pas soutenir l'épreuve de la raison et du raison-
nement.

La monnaie métallique a une valeur vénale qui donne
à tout échangiste l'équivalent de l'objet dont il se des-
saisit; avec elle l'échange est consommé, et tout
échangiste a tout ce qu'il veut avoir.

Le papier-monnaie, au contraire, promet un équivalent, mais ne le donne pas; et l'échange n'est pas
consommé tant que l'équivalent n'est pas donné. La
promesse que contient le papier-monnaie est fragile,
versatile et sujette à toutes les vicissitudes de la fortune. Si, comme il arrive ordinairement, le papier-monnaie est une dette du gouvernement, il n'a que le cré-

dit de ses autres dettes et il y a aujourd'hui bien peu de gouvernemens qui jouissent d'un crédit intégral ; leur dette a presque toujours une valeur inférieure à son titre nominal, et leur papier-monnaie, malgré son privilège de circulation, éprouve le même sort.

D'un autre côté le gouvernement qui met en circulation le papier-monnaie peut en émettre au-delà des besoins de l'échange, et comme on ne peut constater l'excédant, on le redoute et par conséquent, le papier-monnaie, toujours dans un état de désordre, est incapable de remplir les fonctions de la monnaie.

On ne peut donc raisonnablement mettre en parallèle le papier-monnaie qui n'a qu'une valeur fiduciaire avec la monnaie métallique qui a une valeur égale à celle de tous les objets dont elle effectue l'échange.

Mais ne peut-on pas donner au papier-monnaie toute la valeur de la monnaie métallique ? n'est-ce pas là ce que font les banques ? leur papier ne fait-il pas les fonctions de la monnaie quoiqu'il n'ait qu'une valeur fiduciaire ? Où serait donc la difficulté de le substituer à la monnaie métallique et quel avantage n'en résulterait-il pas pour le monde commerçant ?

Si comme les statistiques l'annoncent, la monnaie métallique actuellement en circulation dans le commerce général des peuples s'élève à.   8 millards de f.

l'intérêt de cette somme à 5 pour %

coûte annuellement . . . . . . 400 mil.

somme que la conversion de la monnaie métallique en billets de banque réduirait vraisemblablement à. . . . . . 100 mil.

Ce qui produirait une économie annuelle de . . . . 3oo mil.

Sans doute cette perspective est séduisante et vraie
quand le papier de banque est remboursable en monnaie métallique à la volonté du porteur; mais dans
cette limite, il n'offre pas toutes les ressources qu'on
attend de la monnaie de papier, et ne produit pas une
grande économie de la monnaie métallique; que si l'on
veut le soustraire à la condition du remboursement à
volonté, il rentre dans la catégorie du papier-monnaie et ne peut remplir ses fonctions de monnaie métallique. L'Angleterre en offre un exemple mémorable.

Avant le bill du 25 février 1799, qui autorisa
la banque d'Angleterre à suspendre le remboursement
de son billet en monnaie métallique, il avait tous les
attributs de la monnaie métallique et en tenait lieu;
mais il perdit cette précieuse faculté dès qu'il ne fut
plus remboursable; il se décrédita peu-à-peu, et finit
par perdre 32 pour o/o de sa valeur nominale.

A quelle cause doit-on attribuer cette dépréciation
du billet de banque? ce n'est ni à son insolvabilité ni
à son abondance.

Il ne vint à l'esprit de personne que la banque n'é-
tait pas en état de rembourser ses billets, et ce ne fut
pas la crainte de leur non-remboursement qui leur
fit perdre leur crédit; mais le billet n'était plus remboursable à la volonté du porteur et par conséquent,
on ne pouvait plus le considérer comme monnaie mé-

tallique, il n'avait plus ni rapport ni connexité avec elle.

Il y a donc dans la monnaie métallique une qualité, une propriété, un attribut qu'on ne peut ni communiquer ni transmetire à un objet qui n'a pas de valeur d'échange; les billets de banque et les valeurs de commerce ne peuvent la suppléer qu'autant qu'ils sont remboursables en monnaie métallique, et qu'une réserve de cette monnaie en assure le remboursement, réserve qui doit être plus ou moins considérable selon l'état de la circulation de chaque pays. On ne peut donc avec quelque raison soutenir le système du remplacement de la monnaie métallique par le papier-monnaie réduit aux besoins de l'échange.

Ce système compte cependant de nombreux partisans et des écrivains d'un grand poids.

« Les événemens extrêmement remarquables, dit « M. Say (1), survenus en Angleterre, ont prouvé que « le seul besoin d'un agent de la circulation d'une « marchandise-monnaie pouvait soutenir la valeur « d'un papier-monnaie absolument dénué de gage, « pourvu qu'on en bornât la consommation à celle « que réclament les besoins de la circulation.

M. Say s'est évidemment mépris sur les faits qui ont déterminé son adhésion au système en question ; on a même de la peine à comprendre et à expliquer sa méprise.

Non-seulement les évènemens résultant de la sus-

(1) L. 1, ch. 21, § 9 de son *Traité d'économie politique.*

pension du remboursement du billet de la banque d'Angleterre ne prouvaient pas que ce billet, quoique dénué de gage, pouvait faire l'office de la monnaie métallique; mais il fut au contraire avoué et reconnu par tous les partis, que quoique ce billet n'eût, par la suspension de son remboursement, rien perdu de son gage, il s'était graduellement déprécié, et avait fini par éprouver une baisse de 32 pour 0/0 de sa valeur nominale (1). Sa dépréciation toujours croissante inspirait même un si grand effroi, qu'on ne put le calmer que par le retour à la monnaie métallique ; ces faits, consacrés par des mesures parlementaires, n'ont pas pu échapper à l'attention de M. Say; comment donc les a-t-il méconnus?

« Mais, a dit M. Say, les écrivains anglais profon-
« dément versés dans cette matière, ont présumé que,
« puisqu'en faisant usage de la monnaie métallique,
« on ne se sert pas de ses propriétés physiques et
« métalliques, on pouvait employer, pour cet usage,
« une matière moins chère que les métaux précieux,
« du papier, par exemple, en prenant des précautions
« pour que la somme de la monnaie de papier ne pût
« pas être portée au-delà des besoins de la circula-
« tion. »

De tels moyens existent-ils? Ni les écrivains anglais dont parle M. Say, ni M. Say lui-même n'en ont indiqué aucun, et tous les écrivains qui soutiennent le système contraire, sont unanimement d'avis que, sans

(1) Voyez l'enquête parlementaire de 1832.

14.

le remboursement du billet de banque en monnaie métallique, il n'y a aucun moyen de savoir dans quelle proportion son émission est avec les besoins de la circulation. Ce qu'il y a de singulier dans cette controverse, c'est que M. Say cite avec éloge un moyen imaginé par M. Ricardo pour atteindre au but desiré, et que ce moyen réfute complètement l'argument que M. Say en tire. En quoi consiste ce moyen?

A obliger la banque ou toute autre corporation, qu'on autorise à émettre de la monnaie de papier, à la rembourser en lingots à bureau ouvert.

Mais comment ne s'est-on pas aperçu que ce moyen si ingénieux n'est, en définitive, que le remboursement du billet de banque en valeur métallique, ce qui rentre dans le système des adversaires du papier-monnaie. Je ne sais pas bien quel est l'avantage qui résulterait, pour les banques, du remboursement en lingots substitué au remboursement.en monnaie métallique; mais ce qui me paraît certain, c'est que si le remboursement en lingots était un obstacle au remboursement du billet, il ruinerait le crédit du billet, et le rapprocherait plus ou moins de l'état du papier-monnaie.

On n'est donc pas peu surpris de voir que M. Say a tiré du remboursement du billet en lingots, la conséquence, « qu'il ne laisserait dans la circulation que « ce que réellement les besoins monétaires réclament, « et que le discrédit ne serait pas à craindre, parce « que le seul besoin d'un agent des échanges ferait « tellement monter le papier-monnaie, lorsqu'on s'en

« serait fait rembourser une certaine quantité, et qu'il
« n'y aurait point de monnaie d'argent pour la rem-
« placer, que bientôt de tels remboursemens ne con-
« viendraient plus à personne. »

Cette conséquence me paraît aussi peu exacte que
les faits et les raisonnemens dont elle est tirée. Que la
monnaie de papier soit rare ou abondante, peu importe, puisque, dans l'un ou l'autre cas, elle n'a aucune valeur d'échange, condition indispensable à tout
échange. La rareté peut rendre les échanges plus difficiles, mais elle ne peut lui donner ni valeur, ni crédit, ni confiance. Le papier-monnaie non remboursable
n'a qu'une valeur nominale, dont rien ne garantit la
solidité et la durée : celui qui la donne ne sait pas ce
qu'elle vaut, et celui qui la reçoit ne sait pas ce qu'elle
vaudra. Qu'il y en ait peu ou beaucoup dans la circulation, son caractère ne change pas : elle est toujours
précaire, versatile, incertaine.

Ainsi, tout démontre que le billet de banque lui-
même n'est l'auxiliaire de la monnaie métallique que
jusqu'à concurrence de la réserve qui en assure le
remboursement.

Il y a cependant, à toutes les époques de l'établissement du papier-monnaie non remboursable, un
phénomène toujours remarqué et jamais expliqué :
c'est la prospérité qui a toujours suivi l'émission du
papier-monnaie. Essayons de nous en rendre compte.

Partout où l'on établit le papier-monnaie, son apparition donne la plus forte impulsion au travail, à
l'industrie, au commerce, à tous les agens de la pro-

duction; il y a plus d'activité dans les affaires, dans la
circulation et dans la consommation. Il en fut ainsi
lors du système de Law. Je l'ai fait remarquer et en ai
dit la raison ailleurs (1), et je n'y reviendrai pas ici;
mais il est utile de s'arrêter sur le même phénomène
qui s'est reproduit en Angleterre, après la suspension
du remboursement du billet de banque. On en a donné
des motifs plus ou moins plausibles, qui me semblent
répandre un nouveau jour sur le papier-monnaie, ce
qui me fait espérer qu'on me pardonnera de les pré-
senter ici avec quelque étendue.

« Il est certain, disent les partisans du papier-
« monnaie, que la suspension du remboursement du
« billet de banque contribua au développement de la
« prospérité publique. Cet effet se fit surtout remar-
« quer par l'extension et l'amélioration de la culture
« du sol. Pendant la période qui s'écoula entre la
« suspension et la reprise des paiemens en monnaie
« métallique, l'agriculture fit plus de progrès que
« pendant tout le cours du xviiie siècle; plus de terre
« fut mise en culture et enclose de 1797 à 1819, que
« de 1697 à 1797. Que cette florissante condition de
« l'agriculture fut le résultat de la suspension du billet
« de banque, c'est ce qu'il n'est pas difficile d'expliquer.»

« On reconnaît maintenant, continue-t-on, que la
« suspension baissa la valeur de la monnaie, et, par
« conséquent, diminua graduellement le montant de

(1) *Essai pol. sur le revenu public*, liv. ii, ch. 7, 2e édit., Treuttel et
Wurtz; et la 3e livraison, à l'art. *Crédit*.

« tous les paiemens qu'on devait faire en monnaie mé-
« tallique. La livre sterling qui, théoriquement, re-
« présentait 120 gros, n'en représenta plus que 95, et
« même moins. La hausse dans le prix des denrées
« suivit la baisse de la monnaie : il en fut de même
« de chaque partie de la consommation ; mais cette
« hausse fut purement nominale : il n'y eut point
« d'addition à la valeur intrinsèque des denrées, la
« différence vint de l'altération des monnaies. Il n'y
« eut d'exception que pour le blé, qui est affecté dans
« son prix, non-seulement par la baisse de la mon-
« naie, mais encore par l'état de l'approvisionnement,
« toujours dépendant des bonnes et des mauvaises
« saisons.

« Mais comment la baisse de 24 grains sur la livre
« sterling contribua-t-elle à développer les ressources
« du pays ? Ce fut parce qu'elle tourna au profit des
« fermiers, qui avaient de longs baux à exploiter. Ils
« payèrent avec 14 ou 15 shillings la livre sterling de
« rente qu'ils devaient à leur propriétaire, ce qui leur
« donna un bénéfice de 25 à 30 pour 0/0 sur leur
« bail, bénéfice qu'ils employèrent à l'amélioration de
« leurs fermes et à l'extension de leurs entreprises
« agricoles. Leur énergie changea la face du pays et
« augmenta prodigieusement la production agricole.

« Le propriétaire s'indemnisa de la diminution de
« son revenu, par les remboursemens qu'il fit à ses
« créanciers, d'une somme inférieure à sa dette no-
« minale.

« Les créanciers, les rentiers et généralement tous

« ceux qui vivent du revenu furent les victimes de la
« baisse de la monnaie; ils furent moins riches, mais
« leurs débiteurs furent plus à leur aise, et comme
« ils formaient le grand nombre on dut croire à une
« plus grande prospérité. »

Sans doute tels furent les résultats de la suspension
du remboursement du billet de banque, elle fut favorable aux débiteurs et préjudiciable aux créanciers ;
les uns perdirent et d'autres gagnèrent, mais il n'y
eut dans cette révolution de fortune aucun avantage,
rien d'utile pour la prospérité publique.

On dit, à la vérité, que le fermier qui payait à son
propriétaire 25 à 30 pour 0⁄0 de moins que ce qu'il
lui devait, employait ces bénéfices à donner plus d'extension à ses entreprises agricoles ; mais cette cause
isolée ne suffit pas pour opérer la prospérité d'un
pays, c'est sans doute beaucoup de donner par de
plus grands capitaux plus de développement à la production agricole, et d'accroître la masse des produits,
mais ce n'est pas assez pour la prospérité publique, il
faut de plus que l'agriculture trouve le débit de ses
produits à un assez bon prix pour la couvrir des frais de
production et tirer un bon profit de son industrie, et ce
débit est indépendant de la production, il ne peut
venir que de l'augmentation de la population et de
l'accroissement de ses moyens de consommation. Le
concours du débit et de la production peut seul opérer
la prospérité publique, et si la suspension du remboursement du billet n'avait favorisé que la population agricole, elle eût été impuissante pour la prospé-

rité publique. Il faut donc chercher ailleurs les causes
de la prospérité réelle ou apparente qui fut alors généralement remarquée.

Si je ne m'abuse point, on les aperçoit dans l'illusion produite par la baisse de la valeur nominale du
billet de banque. Cette baisse éleva le prix des valeurs
vénales, et opéra de la même manière que l'abondance
de la monnaie métallique produite par la découverte
des mines de l'Amérique : chaque échangiste reçut de
ses valeurs d'échange une plus grande somme de mon-
maie que celle qu'il avait coutume de recevoir ; il se
crut plus riche et consomma davantage ; il fallut, par
conséquent, produire davantage pour satisfaire à l'accroissement des besoins de la consommation ; et en ce
sens il est vrai de dire que la baisse de la monnaie,
soit de papier, soit métallique, donne l'impulsion
à la prospérité publique.

« Quand l'augmentation de la quantité de mon-
« naie commence, dit Hume, des individus en plus
« ou moins grand nombre vont au marché avec de
« plus fortes sommes, ils offrent des prix plus élevés ;
« la hausse des prix encourage les producteurs à dé-
« ployer plus d'activité et d'industrie, et un accroisse-
« ment de production en est la conséquence. »

Cette opinion a été combattue par un écrivain anglais de l'école de M. Ricardo, et cette controverse
mérite de nous arrêter un instant.

« La doctrine de M. Hume, dit M. Mill, suppose
« un manque d'idées claires touchant la production ;
« ses agens sont les produits eux-mêmes et non leur

« prix ; ce sont les subsistances des ouvriers, les ou-
« tils, les machines qui aident leur travail et les ma-
« tières qu'ils façonnent; la quantité de ces objets
« n'augmente pas avec celle de la monnaie; comment
« donc y aurait-il un accroissement de production ? »

Il me semble que si M. Hume n'a pas suffisamment
développé l'influence de la baisse de la monnaie sur
les progrès de le production, M. Mill l'a repoussée
parce qu'elle était subversive de son système monétaire; essayons de décrire la coopération de la monnaie
dans l'œuvre de la production.

Quand la monnaie baisse dans sa valeur d'échange,
il y a au marché plus de monnaie que d'objets d'é-
change, ceux-ci haussent par conséquent de valeur,
ou ce qui est la même chose, on donne pour les acquérir une plus grande quantité de monnaie; celui
qui reçoit de ses produits plus de monnaie qu'il n'avait
coutume d'en recevoir, en fait l'emploi dans d'autres
objets qui n'ont pas encore haussé de valeur, et par
conséquent il a pour les produits qu'il a donnés en
échange une plus grande quantité d'objets à consommer. Si la monnaie se portait à-la-fois sur tous les objets d'échange et les faisait tous hausser également, la
baisse laisserait les choses dans l'état où elles étaient
auparavant. Avec plus de monnaie on n'obtiendrait
pas une plus grande quantité de produits; mais il n'en
est pas ainsi, la monnaie ne se répand que successivement sur chaque objet d'échange, et un certain
temps s'écoule avant que la baisse se soit fait sentir
dans tous les échanges. Jusque-là, il n'y a de hausse

que sur certains objets et ce sont les plus recherchés ; les heureux possesseurs de ces objets jouissent d'une véritable prime sur les autres objets d'échange et en consomment une plus grande quantité que celle qu'ils devraient consommer. Plus de consommation des objets recherchés nécessite plus de production, et tant que cet état de choses dure on est dans un état de prospérité progressive. Ce n'est que lorsque la baisse de la monnaie a atteint tous les objets d'échange que leur valeur réciproque se rétablit dans la proportion de l'abondance ou de la baisse de la monnaie, et quand on en est arrivé là elle n'influe plus sur la valeur des objets d'échange et devient tout-à-fait étrangère à la prospérité publique.

Ce qui a occasioné l'erreur de M. Mill, c'est qu'il n'a considéré la monnaie que comme un instrument d'échange, et en ce sens il a eu raison de dire que multiplier l'instrument d'échange ce n'est pas augmenter les objets d'échange, ni en accroître la production.

Mais la monnaie, qui est un objet d'échange, qui a une valeur vénale comme tout autre objet d'échange, ne peut être assimilée à un instrument passif d'échange ; elle en est le moyen, et plus ce moyen abonde ou perd de sa valeur plus on s'empresse de le posséder, soit par de nouveaux échanges, soit pour l'accumuler. Elle est toujours un objet d'envie et l'on ne néglige rien de ce qui peut en assurer la possession. De là vient que l'abondance de la monnaie métallique a toujours influé sur la prospérité publique.

En est-il de même de la monnaie de papier qui n'a

aucune valeur vénale, et qui par conséquent n'est pas un moyen mais un instrument d'échange ? Dans les premiers momens, l'abondance de l'instrument le fait prendre pour un moyen d'échange, et tant que l'illusion dure elle produit les mêmes effets que la monnaie métallique et donne la plus grande impulsion à la consommation, à la production et à la prospérité publique.

Mais comme son abondance ne tarde pas à la déprécier parce qu'elle n'a aucune valeur vénale, qu'elle ne peut servir qu'à l'échange et que personne n'en veut pour elle-même, loin de favoriser l'échange, elle lui fait obstacle; on ne la prend que le plus tard qu'on peut et l'on se hâte de s'en défaire parce que sa possession n'offre aucune sécurité.

Il ne suffit pas alors pour lui conserver son crédit d'en réduire l'émission à la somme que réclament les besoins de la circulation. Sa rareté peut tout au plus rendre les échanges difficiles, mais elle ne lui donne ni plus de valeur, ni plus de crédit, ni plus de confiance. Comme sa valeur n'est que nominale, que rien ne garantit ni sa stabilité, ni sa durée, sa rareté ne change ni sa nature, ni son caractère, et la laisse dans un état précaire et périlleux; celui qui la donne ne sait pas ce qu'elle vaut et celui qui la reçoit ne sait pas ce qu'elle vaudra; qu'il y en ait peu on beaucoup en circulation son état est toujours variable et incertain. .

Il est dans la nature de la monnaie métallique de faire la loi à tous les objets d'échange, parce qu'elle a une valeur durable qu'ils n'ont pas, parce qu'elle leur est préférable sous une foule de rapports et leur est toujours préférée.

Il n'en est pas de même du papier-monnaie : dans son échange avec les produits qui sont dans le commerce, au lieu de faire la loi à ces produits, comme c'est le privilège spécial de toute monnaie métallique, il la reçoit parce qu'on ne le prend que par nécessité dans l'espérance qu'on en trouvera le placement dans le moment du besoin, et que son crédit se soutiendra jusque-là.

Une autre considération fait encore mieux sentir la différence des deux sortes de monnaie et l'impossibilité absolue de les assimiler.

La difficulté de la production des métaux précieux, leurs frais de production et de transport, la concurrence des besoins qu'ils doivent satisfaire, limitent jusqu'à un certain point l'abondance de la monnaie métallique et lui assurent une valeur durable ou du moins la rendent peu sujette à de grandes variations, et par conséquent en font un moyen d'échange infiniment précieux.

Ces divers avantages n'existent pas pour le papier-monnaie, la facilité et le bon marché de sa production ne mettant point de bornes à son émission, on a beau savoir que son abondance est la cause infaillible de son discrédit, on se flatte qu'elle n'a pas atteint sa limite parce qu'elle n'est pas connue, et l'on se persuade que si on la dépasse on pourra reculer et y revenir. Mais ces illusions se dissipent promptement : l'abondance du papier-monnaie le déprécie sans que sa dépréciation tourne au profit des autres valeurs; il ne peut plus soutenir la concurrence des objets qu'il recherche, on le repousse de tous les marchés, de toutes les transactions, de toutes les opérations du commerce. Sa nécessité même précipite sa ruine, et ses revers non-seulement détruisent la prospérité éphémère qu'on lui devait, mais ils opposent un obstacle insurmontable à la marche des affaires.

Si le papier-monnaie, parvenu à un certain degré de discrédit, continuait les fonctions de l'échange, tout contrat serait impossible; aucun capitaliste de bon sens ne voudrait employer ses capitaux parce qu'aucun emploi ne lui offrirait la certitude de leur retour; aucun propriétaire ne voudrait affermer sa propriété à courts ou longs baux parce que la rente ne pourrait être calculée sur aucune base fixe et positive; on ne pourrait faire aucune spéculation ni dans l'industrie ni dans le commerce, parce qu'elles se résoudraient dans une monnaie fictive et idéale. On vivrait au jour le jour, ou comme le dit le proverbe de la bouche à la main.

On n'échappe à tant de calamités que par le retour à la monnaie métallique, retour qui lui-même entraîne des maux infinis pour les particuliers et pour le pays.

De même que le papier-monnaie avait favorisé les classes productives aux dépens de celles qui vivent du revenu, les débiteurs aux dépens des créanciers, les prodigues aux dépens des économes; de même le retour à la monnaie métallique, quoique nécessaire et inévitable, entraîne long-temps des embarras dans toutes les affaires, change et dénature les rapports établis entre les classes laborieuses et industrielles, les capitalistes et les propriétaires du sol; met les débiteurs hors d'état de s'acquitter envers leurs créanciers et produit un chaos universel. Il y a une banqueroute funeste aux classes riches et aux classes industrieuses, subversive de toute confiance, de tout crédit et productive d'une sorte d'atonie dans la production de la richesse. Les revues anglaises font un tableau effrayant des maux que leur pays a soufferts et souffre encore de cette révolution monétaire, et cependant elle se prolonge depuis dix ans. Celle qui résulta en France du système de Law eut à-peu-près la même durée.

Il semble donc que si le papier-monnaie obtient quelques succès lors de son émission et opère une sorte de prospérité, elle n'est qu'éphémère et entraîne de déplorables désastres.

Il ne faut pas confondre avec le papier-monnaie le billet de banque, remboursable en monnaie métallique à la volonté du porteur. Celui-ci équivaut à la monnaie métallique, en fait les fonctions et en économise les frais jusqu'à concurrence de la réserve en monnaie métallique que nécesssite son remboursement facultatif. Toute la circulation du billet de banque au-delà de la réserve est une véritable augmentation de la monnaie métallique, en maintient l'abondance et favorise les progrès du travail, des salaires, des profits du capital et de la rente de la terre; il fait tout fleurir, tout prospérer et ne met de bornes à la richesse générale que par la réserve en monnaie mé-tallique.

Il ne faut pas cependant se dissimuler que si le billet de banque remboursable a une prodigieuse in-fluence sur les progrès de la richesse moderne, il lui a porté de terribles atteintes. Quand on retrace dans sa pensée toutes les catastrophes qu'a subies le billet de banque, quoique remboursable, il est bien difficile de savoir si le mal l'emporte sur le bien ou le bien sur le mal. Qui peut calculer les dommages que le commerce en a soufferts et les balancer avec les profits qu'il en a tirés? Ce qu'il y a de moins certain dans cette obscurité profonde, c'est que la richesse détruite par le discrédit du billet de banque avait été produite par son crédit, et, qu'en dernière analyse, on a plus avancé que rétrogradé dans la carrière de la richesse.

En un mot c'est au crédit et à ses procédés perfectionnés par les billets de banque que les agens de la production dans toutes ses branches ont dû l'inappréciable avantage d'écouler leurs produits sans attendre la consommation, de continuer leurs travaux sans interruption, d'employer une moindre quantité de monnaie métallique et par conséquent de réduire les frais de production. Ainsi, ils ont produit davan-tage et à meilleur marché, ont été plus assurés du débit et de la consommation de leurs produits, et n'ont point vu de limite à leur prospérité. Sous ce rapport, le billet ou la monnaie de banque a une grande part aux progrès de la richesse moderne.

Mais dans le monde commerçant, comme dans le monde moral, le mal est à côté du bien, la prospérité a ses revers, le crédit touche au discrédit et la création à la destruction.

Tant qu'on n'a employé la monnaie de banque qu'à donner plus d'activité au travail, à l'industrie, au commerce, à tous les agens de la production, à les tenir au niveau de la consommation et à faire circuler leurs produits du producteur au consommateur, la monnaie de banque n'a eu que des avantages et point d'inconvéniens. Dans cette sphère d'activité, elle a toujours un équivalent dans les produits qu'elle fait naître ou circuler; à mesure qu'on les consomme, elle sort de la circulation, et après leur consommation, elle disparaît et ne laisse de trace de ses services que dans les progrès qu'elle a fait faire à la production, à la circulation, à l'aisance, à la fortune privée et à la richesse sociale.

Mais on ne s'en est pas tenu là; on a supposé à la monnaie de banque des facultés occultes, une puissance immense, une sorte de vertu magique; le commerce s'en est promis des ressources inépuisables pour ses spéculations, et les gouvernemens se sont flattés qu'elle couvrirait l'excès de leurs dépenses; mais les évènemens ont dissipé ces vains prestiges.

Les spéculations déçues et les dépenses publiques non acquittées et sans moyens pour les acquitter ont encombré la circulation d'une monnaie de banque dont on n'avait pas besoin et dont on ne trouvait

15

aucun emploi utile et profitable. Dans un tel état de choses, la monnaie de banque s'est successivement dépréciée, et sa dépréciation, également funeste à ceux qui la donnaient et à ceux qui la recevaient, jetait l'alarme dans tous les esprits. Les capitaux se resserraient, le travail languissait, les classes laborieuses étaient dans la souffrance, la richesse déclinait et sa décadence répandait de sombres nuages sur l'état social et sur l'état politique. N'est-ce pas là ce qu'on a vu?

Dans l'espace de près de 40 ans, l'Angleterre compte trois crises commerciales et une crise financière, qui toutes avaient leur cause et leur mobile dans l'abus de la monnaie de banque. Sa richesse en a souffert d'innombrables dommages; de longues calamités ont pesé sur sa population, et malgré d'ingénieux palliatifs, le mal a continué ses ravages sans qu'on puisse en prévoir le terme. Le tableau particulier de chacun de ces évènemens, de leurs causes et de leurs effets répand un jour lumineux sur la nature et le caractère de la monnaie de banque, cette branche si importante et encore si mal appréciée de la science économique.

Dans le court intervalle qui s'écoula après la paix de 1783 jusqu'en 1793, des banques nombreuses s'établirent dans toute l'Angleterre (1), et donnèrent à la circulation des valeurs d'échange une impulsion jusque alors inconnue. Le succès éblouit. On ne garda

(1) D'après un état mis sous les yeux du parlement, le nombre des licences accordées en 1812 pour l'émission des billets de banque, s'éleva

aucune mesure dans l'émission de la monnaie de banque, et son excès produisit une crise effrayante.

En 1793, le discrédit de la monnaie de banque occasiona de nombreuses banqueroutes; les porteurs de cette monnaie en réclamèrent le remboursement en monnaie métallique; les banques de province eurent recours à la banque d'Angleterre, qui non-seulement leur refusa tout secours, mais même restreignit l'émission de sa monnaie dans la crainte d'épuiser sa réserve en monnaie métallique et de compromettre son crédit particulier. On l'en blâma, et l'on prétendit que si elle avait secouru le commerce par une grande émission de sa monnaie et par la mise en circulation d'une plus grande quantité de monnaie métallique, elle aurait arrêté la catastrophe et maintenu le crédit.

Ce qui paraît confirmer cette opinion, c'est que la crise fut arrêtée et le crédit rétabli par un prêt de 5 millions st. en billets d'échiquier que le gouvernement fit au commerce (1); il n'en fallut pas davantage pour tirer le commerce de sa situation critique qui ne provenait que de l'excès de ses approvisionnemens. Il faut cependant remarquer que les billets de l'échiquier sont d'une nature différente de ceux de la ban-

en Angleterre à 825, dont 66 étaient pour de nouvelles banques et 53 pour l'Écosse.

En 1827, il y avait 75 maisons de banque à Londres et 808 dans les provinces.

(2) Le parlement ouvrit un emprunt de 5 millions sterling au commerce, qui n'eut besoin que de 2,200,000 st., qui furent fidèlement remboursés aux échéances convenues.

que d'Angleterre; ceux-ci étaient de tout point semblables à ceux qui étaient décrédités, qui n'avaient
pour gage et pour garantie que des produits sans
débit et par conséquent sans valeur, ou du moins dont
la valeur était précaire : on devait donc craindre
qu'une nouvelle émission de la monnaie de banque
ne jouît pas de toute la confiance nécessaire à son
succès.

Il n'en était pas de même des billets de l'échiquier
leur valeur était certaine, positive, garantie par le
revenu public, par toute la fortune de l'état, ils
étaient d'ailleurs accrédités par l'intérêt qui y était
attaché et par la prime qu'on leur accordait sur la
place.

On ne peut donc pas juger des résultats d'une plus
grande émission de la monnaie de banque par l'effet
que produisit le prêt des billets de l'échiquier, la dis-
semblance de ces deux valeurs ne permet pas de les
identifier dans leurs effets. C'est donc encore un problème de savoir si dans le cas où la monnaie de banque perd la confiance qu'on lui accordait on peut la
lui rendre par une plus grande émission de celle des
banques qui ont conservé leur crédit.

Il me semble que cette mesure ne peut être hasardée que lorsque les banques qui font cette émission
ont une réserve suffisante pour rembourser leur monnaie dans le cas où elle ne rétablirait pas le crédit,
mais alors autant et mieux eût valu rembourser en
espèces les billets frappés de discrédit : c'eût été un
moyen assuré de rétablir leur crédit, de les réintégrer

dans la circulation et de leur rendre toute leur activité ; on eût au moins évité une circulation inutile, et si le mal n'eût pas été prévenu, on y aurait remédié aux moindres frais possibles; ce qu'il y a de certain dans ces crises redoutables, c'est qu'on ne peut échapper aux désastres de la monnaie de banque que par un prompt retour à la monnaie métallique.

La crise commerciale de 1793 qui réagit avec tant de force sur la monnaie de banque était à peine finie, qu'un nouvel abus de cette monnaie par le gouvernement produisit une nouvelle commotion bien autrement redoutable que celle qu'on avait si heureusement terminée. Les évènemens monétaires de 1797, jouent un si grand rôle dans l'histoire de la monnaie de banque, elle offre des documens si instructifs sur son caractère, qu'il importe de l'examiner dans tous ses détails afin de fixer les opinions sur ce point important.

En 1795, la banque d'Angleterre avait fait de si grandes avances au gouvernement, qu'elle se vit dans la nécessité de restreindre celles qu'elle était dans l'usage de faire au commerce. La restriction de la monnaie de banque nécessaire au commerce de la métropole et la crainte d'une invasion étrangère pendant toute l'année 1796, répandirent une terreur panique dans toute l'Angleterre; on n'accorda plus la même confiance à la monnaie de banque, on rechercha l'espèce, sa rareté se fit sentir dans le nord de l'Angleterre, plusieurs banques cessèrent leurs paiemens, et le contre-coup atteignit promptement la métropole.

Au commencement de 1797, la réserve de la banque d'Angleterre fut fortement attaquée par les banques de province, qui dans l'espoir de maintenir le crédit de leurs billets, se faisaient rembourser en espèces métalliques les billets de la banque d'Angleterre, qu'elles avaient en caisse, et qui formaient leur réserve particulière. Avant que la crise eût fait explosion, les directeurs de la banque en prévirent le danger et le signalèrent au chancelier de l'échiquier, M. Pitt, qui ne crut pas le mal aussi grand qu'il l'était, et ne prit aucune mesure propre à y remédier; mais sur l'avis que les directeurs de la banque lui donnèrent, le 20 février, qu'ils touchaient à une catastrophe inévitable, un ordre du conseil, du 26 février, défendit à la banque tout paiement en monnaie métallique.

D'où le gouvernement tenait-il l'autorité qu'il exerça sur la banque et sur ses créanciers? C'est ce qu'on ne peut concevoir dans un pays où la loi exerce un empire absolu et où l'on ne doit obéissance qu'à elle seule? Quelque étonnante que doive paraître cette irruption du pouvoir sur la propriété privée, dont tous les peuples sont le plus jaloux, on comprend cependant que plus la civilisation est avancée dans un pays, plus les lumières ont fait de progrès, moins on redoute l'arbitraire, plus on est disposé à l'excuser quand il paraît nécessaire, plus on est docile aux prescriptions de la nécessité, ce souverain maître des hommes et des choses, plus on se résigne facilement au joug qu'elle impose : l'ordre fut obéi.

Que la situation périlleuse de la banque fût le résultat de ses services pour le gouvernement, ce ne fut alors un doute pour personne et c'est aujourd'hui un fait historique. On sait maintenant que depuis 1793 jusqu'en 1797 la banque paya en subsides aux puissances étrangères et pour les dépenses des armées anglaises sur le continent de l'Europe, la somme énorme de 33,510,779 l. st. ou 837,769,475 fr.

Avances qui épuisèrent ses espèces, l'enveloppèrent dans les détresses du gouvernement, la privèrent des moyens de continuer ses services au commerce et nécessitèrent la suspension de ses paiemens en monnaie métallique.

On a cependant prétendu que l'épuisement de ses espèces eut moins de part à la suspension de ses paiemens en monnaie métallique que le discrédit de sa monnaie dans le pays; mais ce sont là des arguties inutiles. Il y a tout lieu de croire que les deux causes réagirent l'une sur l'autre et que l'effet produit leur fut commun.

Autorisée par l'ordre du conseil à refuser le remboursement de sa monnaie, la banque n'eut d'autre guide, d'autre régulateur de son émission que la discrétion et la prudence de ses directeurs, garantie illusoire puisqu'il n'existe d'autre moyen de connaître les proportions de la monnaie de banque avec les besoins du commerce, que par la demande de son remboursement en monnaie métallique. Dès qu'on n'a plus ce régulateur, on ne peut plus se former des notions exactes de l'état de la monnaie de banque dans ses rapports avec la circulation, que par le change avec l'étranger ou par le prix du lingot en monnaie de banque. Si le prix du lingot est plus élevé en monnaie de banque qu'en monnaie métallique, si avec 100 fr. en monnaie de banque on ne peut acheter des lingots que pour 90 fr., tandis qu'on en aurait pour 100 fr. en monnaie métallique, il est évident que la monnaie métallique vaut un dixième de plus que la monnaie de banque, ou ce qui est la même chose que la monnaie de banque perd un dixième de sa valeur nominale.

Quand cette première épreuve est confirmée par l'échange avec l'étranger, si 100 fr. de monnaie de banque ne valent à Hambourg que 90 fr., l'échange étant au pair de 100 fr. en monnaie métallique, on ne peut plus élever de doute raisonnable sur la dépréciation de la monnaie de banque résultant vraisemblablement de la surabondance de son émission.

On prétend cependant que le commerce ne demande jamais plus de monnaie de banque qu'il ne lui en faut pour ses affaires, et qu'aussi long-temps qu'on en borne l'émission aux bonnes lettres-de-change elle ne peut pas être excessive.

Mais on ne fait pas attention que la monnaie de banque agit non-seulement comme monnaie, mais aussi comme capital, et qu'un commerçant peut très bien desirer faire un emprunt à la banque sous la forme de monnaie, quoique le public n'ait aucun besoin d'augmenter la masse de sa monnaie. Qu'arrive-t-il cependant quand la monnaie, empruntée à la banque est échangée en denrées, elle augmente la monnaie sans augmenter les fonctions qu'elle doit exécuter, et l'excédant de la monnaie en diminue la valeur et hausse celle des produits contre lesquels elle s'échange. L'excès de l'émission de la monnaie de banque est donc la cause de sa dépréciation immédiate et l'on ne peut l'arrêter que par sa conversion en monnaie métallique.

Depuis la suspension de ses paiemens en espèces, la banque d'Angleterre porta l'émission de sa monnaie au-delà des besoins de la circulation, puisque le prix du lingot s'éleva au-delà de ce que la monnaie métallique l'aurait payé, et qu'il en fut de même du change avec l'étranger. Ces deux symptômes de la dépréciation de la monnaie de banque se firent sentir dans la circulation générale des valeurs vénales, et le commerce en ressentit plus ou moins de dommages.

Vainement la loi accorda-t-elle sa protection spéciale à la monnaie de banque, mit-elle le débiteur à l'abri des poursuites de son créancier, défendit-elle sa négociation moyennant un escompte et imposa-t-elle des peines pour son échange contre la guinée au prix du marché; vainement garantit-elle de toute saisie le fermier qui offrait de la monnaie de banque à son propriétaire, et étendit-elle la même mesure à tout débiteur qui offrait de la monnaie de banque en paiement de sa dette, cette monnaie n'en subit pas moins une baisse proportionnée à la différence de sa valeur relativement au lingot, et tout ce qui résulta de la protection de la loi, ce fut que les créances de toute nature subirent une perte de toute la différence de la monnaie de banque à la monnaie métallique.

On a cependant élevé des doutes sur la question de savoir si la perte qu'éprouva la monnaie de banque dans son échange avec la monnaie métallique peut être regardée comme une véritable dépréciation de la monnaie de banque; mais il suffit pour les dissiper d'en appeler aux principes de la matière.

Les métaux précieux sont universellement employés comme moyen d'échange; ils sont dans tous les pays divisés en pièces d'un poids ou d'une finesse déterminés, dont le titre et le poids sont attestés par l'autorité d'un timbre public; ainsi la monnaie métallique, en Angleterre, divise une livre d'or en 44 1/2 pièces d'or ou guinées, et une livre d'or ainsi divisée ne peut pas être inférieure en valeur à une livre d'or sous toute autre forme ou division.

Mais si la livre d'or en lingot indique la valeur de la livre d'or divisée en 44 1/2 pièces, de même la monnaie de banque dont le titre nominal est d'une livre d'or doit également valoir une livre d'or en monnaie ou en lingots; car, que signifie la monnaie de banque, si ce n'est la promesse de payer une certaine quantité de monnaie métallique ou de lingots? Mais quand cette promesse ne s'échange pas contre le lingot qu'elle doit payer et qu'elle ne donne par le change qu'une quotité du lingot inférieure à celle qu'elle doit donner, il est évident que la monnaie de banque ne vaut pas ce qu'elle promet et n'a pas la valeur de la chose promise.

L'état du change est encore une épreuve sûre de la valeur des différentes monnaies. Dans l'échange de la monnaie avec le lingot, le prix est fixé par la valeur identique de la monnaie avec laquelle on la paie, et le change de la monnaie des différens pays se fait de la même manière; le lingot donné pour la monnaie et la monnaie donnée pour le lingot ont une valeur identique; ainsi quand le change entre Londres et Hambourg donne une livre d'or dans la monnaie des deux pays le change est au pair; mais si dans l'un ou dans l'autre, on donne moins d'une livre d'or en échange de la monnaie de l'autre pays qui donne une livre d'or, le change est contre celui qui donne plus d'or qu'il n'en reçoit, d'où il résulte évidemment que quand la livre d'or en monnaie de Hambourg était échangée en monnaie de la banque de Londres moyennant une prime de 25 pour 0/0, cette dernière monnaie perdait 25 pour 0/0 et par conséquent éprouvait une dépréciation réelle et effective de 25 pour 0/0.

On ne peut donc pas raisonnablement mettre en question si la différence de la monnaie de banque à la monnaie métallique constitue une véritable dépréciation; il y a nécessairement dépréciation toutes les fois que la monnaie de banque ne donne pas toute la monnaie d'or et d'argent qu'elle promet, et certes il en était ainsi dans le cas du lingot et du change avec Hambourg.

A la vérité la promesse de la monnaie de banque n'était que suspendue, mais cette suspension altérait sa promesse et cette altération la dépréciait; il n'est pas égal pour un créancier de recevoir au prix convenu le paiement de ce qui lui est dû ou d'attendre

le bon plaisir de son débiteur, ou de ne pouvoir s'en
procurer la valeur qu'au prix du marché. Dès qu'il
éprouvait une perte sur cette monnaie cette perte était
la mesure de sa dépréciation.

Aussi tous les produits du sol et de l'industrie,
tous les services, toutes les transactions stipulées en
monnaie métallique augmentèrent en valeur de toute
la dépréciation de la monnaie de banque contre le
lingot; tous les échanges cherchèrent à se rapprocher
de la monnaie métallique, leur véritable équivalent et la
monnaie de banque ne fut reçue pour équivalent que
jusqu'à concurrence de sa valeur en monnaie métallique : ce qui réduisit la monnaie de banque à la valeur d'échange que lui donnait le marché.

Malgré cette dépréciation qui aurait dû rendre le
commerce plus circonspect dans ses spéculations,
l'Angleterre éprouva encore en 1810 de nombreuses
banqueroutes et une grande rareté d'espèces; le discrédit fut général. On proposa de remédier à la
détresse d'alors comme on l'avait fait en 1792 par
une avance de billets d'échiquier; mais on reconnut
que la situation n'était pas la même et dérivait d'une
cause plus redoutable et moins facile à dominer que
celle qui existait à cette époque. Ce n'était plus un simple
engorgement des produits qui obstruait le commerce
et que le temps devait infailliblement faire cesser : la
guerre générale qui, depuis 17 ans, dévastait l'Europe
épuisait ses trésors, stérilisait ses capitaux, resserrait
le commerce dans le canal étroit, précaire et périlleux
de la contrebande, et fermait toutes les issues à la

spéculation du peuple anglais, avait détruit sa confiance et les ressources qu'elle lui eût offertes dans
d'autres circonstances. Le mal ne venait pas de la
rareté de la monnaie de banque, mais de son discrédit
qui privait toutes les valeurs d'échange de leur équivalent et faisait obstacle à leur consommation; on
fut donc forcé de se résigner à un mal nécessaire et
d'attendre le remède du temps, l'auxiliaire de la faiblesse humaine. Sous ce rapport, la crise de 1810 ne
répand aucune lumière sur la monnaie de banque ni
sur le système monétaire.

Il est impossible de calculer l'étendue des calamités
qui résultèrent de la résignation d'un peuple essentiellement commerçant aux conséquences d'une monnaie dépréciée; mais ce qu'on comprend encore moins
c'est que cet état de choses ait pu se prolonger pendant 7 à 8 années; car ce ne fut qu'après ce laps de
temps qu'on sentit la nécessité d'y mettre un terme.
Mais alors on ne négligea rien pour sortir de la situation critique dans laquelle ou se trouvait; on y
procéda avec toutes les précautions que les habitudes
et les formes parlementaires imposent aux pouvoirs
de la législation. Après avoir entendu le pays dans ses
pétitions, les hommes expérimentés dans des enquêtes,
l'opinion publique dans ses nombreux journaux, et
de longues et savantes discussions dans les deux
Chambres du parlement, une loi fit cesser, en 1819,
la suspension du remboursement de la monnaie de
banque en monnaie métallique.

Ce qui frappe surtout dans cette importante mesure, c'est qu'on ne conçut aucune inquiétude des obstacles que pouvait éprouver la transition de la monnaie de banque à la monnaie métallique. On garda un silence absolu sur les transactions effectuées pendant la suspension et non encore consommées. Ces deux points me semblent dignes d'une attention particulière.

Sans doute, le gouvernement s'était assuré que la banque avait les moyens de rembourser ses billets en espèces, et qu'il n'y aurait pas plus de difficultés pour les banques de province; on pouvait donc attendre l'évènement avec une pleine sécurité, on avait d'ailleurs sous les yeux l'exemple de la France où les assignats avaient disparu de la circulation sans qu'elle en éprouvât aucun vide. Ce phénomène est d'autant plus inconcevable qu'il est de fait et de principe que le papier-monnaie fait sortir de la circulation la monnaie métallique et la force d'aller chercher à l'étranger un emploi qu'elle ne trouve pas dans le pays.

Si cette doctrine est aussi bien fondée qu'elle est bien accréditée, comment la concilier avec la réapparition subite et pour ainsi dire instantanée de la monnaie métallique en France au moment où elle fut nécessaire pour remplacer l'assignat? On ne peut pas croire que le commerce eût pris les moyens propres à la faire revenir de l'étranger; il était alors tellement restreint et limité qu'il n'en avait pas la faculté quand il en aurait eu la volonté. Supposer que le commerce étranger fît ce que le commerce français ne pouvait pas faire, ce serait supposer qu'il pouvait trouver en France des équivalens suffisans pour le couvrir de ses avances, supposition tout-à-fait invraisemblable, surtout lorsqu'on se rappelle quels étaient alors le désordre des affaires en France, la dilapidation de la fortune publique et l'épuisement de la richesse générale.

Serait-il donc vrai que, malgré l'expulsion de la monnaie métallique par la monnaie de papier, la monnaie métallique ne sort pas du pays, y est enfouie et n'attend pour reparaître que la cessation de la violence qu'on lui fait éprouver; ou, ce qui me paraît plus vraisemblable, la monnaie sortie de France pour faire place à l'assignat pouvait-elle y être rappelée à volonté, et l'emploi qu'on en faisait à l'étranger n'opposait-il aucun obstacle à son retour?

Dans l'un et l'autre cas, on n'a encore que des notions incomplètes des rapports de la monnaie métallique et de la monnaie de papier, et il ne serait pas plus difficile de faire succéder la monnaie métallique au papier-monnaie que le papier-monnaie à la monnaie métallique; elle s'excluent, sans doute, comme l'enseigne Adam Smith: mais la monnaie métallique, soit qu'on l'enfouisse, soit qu'on l'exporte, n'en est pas moins toujours à la disposition du pays dont elle est la propriété et toujours prête à reprendre ses fonctions monétaires quand elles deviennent nécessaires. Ce n'est là qu'une conjecture; mais il me semble qu'on peut, d'après l'exemple des assignats de France et des billets de la banque d'Angleterre, poser en principe que les effets du remplacement d'une monnaie par l'autre est plus onéreux aux intérêts privés qu'aux intérêts généraux, et qu'on doit plus s'occuper des maux particuliers qui peuvent en résulter que redouter les calamités générales qu'ils peuvent occasioner.

Si le parlement d'Angleterre ne se méprit pas en abandonnant à leur cours naturel la monnaie de banque et la monnaie métallique, fut-il aussi sage, aussi éclairé en ne prenant aucune part aux transactions effectuées pendant la suspension du remboursement et non consommées au moment où la suspension cessa?

Il est certain que pendant la suspension, la monnaie de banque éprouva une perte de 12 à 32 pour 0/0. Ce qui, lors du retour à la monnaie métallique, donna aux créanciers 12 à 30 pour 0/0 de plus que ce qu'ils avaient prêté ou livré à leurs débiteurs. Le sort des uns fut amélioré et celui des autres fut rendu plus fâcheux. La loi ôta à l'un pour donner à l'autre; c'était évidemment une injustice d'autant plus révoltante qu'elle pesait sur le débiteur qui était le moins en état de la supporter. Le parlement ne l'ignorait pas; mais il craignait de porter atteinte à la loi des contrats, de faire intervenir la loi dans les intérêts privés et de lui faire perdre sa considération en faisant douter de son équité.

Sans doute, la loi ne peut s'établir juge des transactions privées ni se faire l'arbitre de leur justice ou de leur convenance; elle a tout fait quand elle a posé la règle qui doit les régir; mais si des évènemens imprévus ont faussé la règle, ne peut-elle la

redresser dans l'intérêt de la justice et de l'équité.
C'est un des points que les constitutions sociales n'ont
jamais résolu et dont la solution a presque toujours
suscité les plus grands malheurs, je me donnerai donc
bien de garde d'énoncer mon opinion sur ce sujet délicat ; je me bornerai à faire remarquer que la France
fit avec un plein succès une loi de dépréciation, qu'elle
n'excita aucune réclamation et que l'Angleterre n'en
fit pas au grand dommage du peuple anglais.

Les débiteurs en état d'exécuter leurs engagemens
furent ruinés; ceux qui étaient au niveau de leurs
affaires perdirent leur crédit; toutes les relations
furent incertaines; toutes les transactions périlleuses
et le désordre universel.

Le fermier qui vendait ses produits en monnaie
métallique 30 à 40 pour 0/0 au-dessous de ce qu'il
les aurait vendus en monnaie de banque, et qui devait payer en monnaie métallique la rente de son propriétaire, perdait sur ses produits et sur sa rente;
sa perte dépassait 50 à 60 pour 0/0; il fut ruiné, obligé
de quitter sa ferme et de descendre dans la classe des
simples cultivateurs. De leur côté les propriétaires
dans la crainte de ne pas trouver des fermiers, et de
laisser leurs terres incultes, furent forcés de réduire
leurs rentes sans savoir précisément où la réduction
devait s'arrêter. Enfin, la baisse de la valeur vénale des
produits agricoles diminua le fonds des salaires, le travail fut moins payé, l'ouvrier moins à son aise consomma moins, et le retranchement des consommations
fut suivi du décroissement des produits agricoles.

16

Les mêmes causes produisirent les mêmes effets
dans l'industrie manufacturière, le fabricant qui vendait ses produits 30 à 40 pour 0/0 de moins qu'ils ne
lui avaient coûtés, vit son capital réduit d'un tiers ou
d'un quart; sa fabrication en souffrit, le travail languit,
les salaires baissèrent, les classes industrieuses passèrent de l'aisance et du bien-être, à la gêne et à la
détresse, et l'on se crut menacé d'une effroyable catastrophe; il n'en fut rien cependant, les premières
secousses passées, on reprit courage; l'équilibre se rétablit, et l'on retrouva la prospérité qu'on avait cru
perdue. D'où vint cette fortune subite ? la détresse
n'était-elle qu'imaginaire où la résurrection de la prospérité était-elle illusoire?

Il est certain que si un peuple perdait tout-à-coup
un tiers de sa monnaie métallique, tous les objets qui
s'échangent avec elle perdraient un tiers de leur valeur
vénale, ou ce qui est la même chose, on aurait au marché les mêmes produits avec une moindre somme de
monnaie métallique que celle qui était nécessaire
pour en payer le prix. Dans cette hypothèse, les consommateurs gagneraient tout ce que les producteurs
perdraient, mais les producteurs ne seraient pas long-
temps disposés à continuer leurs travaux, ils les réduiraient jusqu'à ce que la rareté de leurs produits en
eût relevé la valeur vénale au taux, non de la monnaie
métallique dont la diminution doit peser sur tous
les échangistes, mais au taux de la richesse générale
qui ne périt pas avec la monnaie.

Et qu'on ne croie pas que les deux tiers ou les trois

quarts de la monnaie conservée vaudraient autant que la totalité de celle qui existait auparavant et qu'il n'y aurait de changé que la dénomination des objets d'échange; l'abondance ou la rareté de la monnaie métallique n'est pas, comme on l'a vu, étrangère à la production de la richesse particulière et générale, et s'il en fallait donner une nouvelle preuve, on la trouverait dans la comparaison de l'état de la monnaie dans les pays riches et dans les pays pauvres.

La monnaie métallique abonde dans les pays riches, le prix des produits est élevé, les producteurs sont largement récompensés, tous les services sont bien payés, l'aisance est générale, et la richesse dans un état progressif.

Dans les pays pauvres, au contraire, la monnaie est rare, les produits à bas prix, et cependant on y manque de tout, on travaille mal et peu; la classe laborieuse vit dans la plus grande misère, et les classes riches ne le sont que parce qu'elles vivent de privations et remplacent l'économie par la parcimonie.

Dira-t-on que l'abondance ou la rareté de la monnaie métallique n'a aucune part à la position contraire des deux pays, qu'on prend l'effet pour la cause, et qu'il n'y a dans le pays riche abondance de monnaie que parce qu'elle est indispensable à la circulation de la richesse, et que dans les pays pauvres, la monnaie est rare parce qu'elle leur est inutile?

Mais même dans ce système, la monnaie doit se proportionner à la richesse, et l'on ne peut réduire l'une sans porter atteinte à l'autre. Il est en effet impossible qu'un pays pauvre avec la monnaie d'un pays riche reste pauvre, et qu'un pays riche conserve sa richesse avec la monnaie d'un pays pauvre, la raison en est évidente.

La monnaie métallique est un objet préféré, plus il est rare, moins on a l'espoir de se procurer la part qu'on desire, moins on est disposé à l'économie, au travail, à l'industrie, au commerce, à tout ce qui concourt à la production de la richesse; plus ce qu'on desire est difficile à obtenir, moins on fait d'efforts pour arriver à sa possession. Qui a jamais fait d'une parure de diamans l'objet de ses travaux, de ses soins, de ses privations? Il en serait de même de la monnaie métallique : si la valeur s'élevait au-dessus de la portée des classes laborieuses et industrieuses; la richesse perdrait son plus puissant mobile.

Par la même raison, le bon marché de la monnaie métallique offre aux classes les moins aisées de la population la possibilité de posséder une somme plus ou moins considérable selon leurs facultés ou leurs goûts, et cette disposition est sans contredit un des plus puissans ressorts de la richesse moderne.

Si ces aperçus sont exacts, le rétablissement de la monnaie métallique qui, en Angleterre, réduisit d'un tiers ou d'un quart la monnaie de crédit, et par conséquent, diminua dans la même proportion la valeur de tous les objets d'échange, dut porter le trouble et le désordre dans toutes les relations, dans toutes les transactions, dans toutes les positions, dans toutes les conditions de la vie sociale; la secousse fut forte en effet et vivement sentie, mais elle ne fut que passagère et ne laissa point de trace fâcheuse.

Ce phénomène n'est pas facile à comprendre : le dérangement des fortunes privées ne se répare ni facilement ni promptement. Ceux qu'il appauvrit ne recouvrent que lentement leur bien-être, leur aisance et leur richesse, et tant que leur détresse dure, la richesse continue à décliner; s'il n'en fut pas ainsi, quelle en fut la cause? c'est ce qu'il n'est pas facile de pénétrer et de découvrir.

Oserai-je hasarder une conjecture? Il me semble que l'obligation de réaliser en espèces à la volonté du porteur la monnaie de banque, non-seulement ne diminua point l'abondance de la circulation monétaire, mais même l'augmenta dans des proportions plus ou moins considérables selon qu'on accorda plus ou moins de crédit à la monnaie de banque devenue remboursable malgré les pertes éprouvées par les débiteurs; les classes industrielles et agricoles ont eu les mêmes moyens de travail, d'industrie et de commerce; la richesse n'avait pas disparu avec l'élévation de la valeur monétaire. On se livra donc avec une nouvelle ardeur à l'esprit de spéculation et d'entreprise, le gouvernement seconda habilement cette disposition par la perspective de la liberté générale du commerce, de son extension indéfinie dans l'Amérique méridionale, et des immenses bénéfices qu'on devait s'en promettre dans les nouvelles routes qui s'ouvraient devant lui. L'impulsion fut si forte, la commotion si violente, l'ébranlement si universel, et l'illusion si complète, qu'en 1824, le nombre des nouvelles entreprises s'éleva à 114;

et les capitaux dont elles de-
vaient faire l'emploi à   .   . 105,465,000 liv. ster.
l'Angleterre avait d'ailleurs
  prêté aux diverses puissan-
  ces de l'Europe depuis 1810   30,000,000
et aux nouveaux états de
  l'Amérique méridionale .   14,000,000
              Total   149,465,000
ou 3,745,475,000 francs.

Cet effort gigantesque qui, n'avait d'appui que dans
la monnaie de banque, entraîna une nouvelle catastrophe plus désastreuse que toutes celles qui l'avaient
précédée; vainement la monnaie de banque était-elle
remboursable en monnaie métallique, le remboursement était illusoire, il était hors de proportion avec la
réserve métallique des banques; aussi la plus grande
partie des banques cessèrent-elles leurs paiemens dès
qu'on leur demanda le remboursement de leur monnaie; l'alarme fut générale et d'autant plus effrayante,
qu'on ne pouvait se dissimuler que le pays avait perdu
près de 1,160,000,000 fr. dans ses spéculations commerciales et dans ses avances dans les deux mondes; s'il
restait encore quelque espérance de remboursement,
ils étaient éloignés et le vide qu'ils faisaient éprouver
à la circulation ne pouvait être comblé qu'avec les secours du temps, secours que ne peuvent suppléer
toutes les combinaisons humaines.

Deux mesures furent cependant adoptées pour tirer
le commerce de l'abîme profond dans lequel son imprudence et ses illusions l'avaient plongé.

L'une tendait à préserver la circulation des vices de la monnaie de banque qui la corrompaient et la dénaturaient : on soumit les banques à un régime moins défecteux et moins périlleux pour la fortune particulière et publique.

L'autre pourvut aux besoins des commerçans qui n'éprouvaient que des embarras dans leurs affaires et pouvaient donner des sûretés pour le remboursement des avances qu'on leur faisait.

Mais qui pouvaient faire ces avances avec le moins d'inconvéniens et le plus d'avantages pour tous les intérêts? Malgré ses récens désastres, l'Angleterre avait conservé le crédit de sa banque et celui de l'échiquier ; les billets de ces deux établissemens n'avaient éprouvé aucun échec et pouvaient par leurs secours ranimer le crédit chancelant du commerce ; mais cette fois on ne suivit pas le précédent de 1793, quoiqu'il eût eu un plein succès. La banque, cet auxiliaire si dévoué de l'échiquier, fit au commerce l'avance de 5 millions de liv. st. sous la condition que le gouvernement prendrait les mesures nécessaires pour la couvrir de ses pertes si elle en éprouvait.

Les précautions prises contre l'abus de l'émission de la monnaie de banque eurent tout le succès qu'on s'en était promis ; l'instrument des échanges reprit toute son activité et la circulation monétaire recouvra toute la confiance dont elle a besoin ; mais sous ces deux rapports, la monnaie n'a sur la richesse qu'une influence indirecte, et par conséquent impuissante pour réparer ses pertes. Son premier moteur est le

capital, et comme il avait prodigieusement souffert
des spéculations et des entreprises de 1824, elle ne
se rétablit que difficilement des atteintes qu'elle avait
reçues; chaque année les états d'importation et d'exportation de l'Angleterre offrent les résultats les plus
satisfaisans : à les en croire tout prospère, tout fleurit,
tout annonce une prospérité progressive, et cependant
les classes manufacturières ont besoin des secours de la
bienfaisance et lui doivent une grande partie de leur
subsistance. Quant aux classes agricoles on supplée à l'insuffisance de leurs salaires par la taxe des pauvres; les
propriétaires du sol ne doivent leurs immenses richesses
qu'au monopole des céréales et les capitalistes ne trouvent
plus pour leurs capitaux que des emplois insuffisans ou
peu profitables. Comment concilier ces faits notoires
avec les documens publiés par le gouvernement? Les
meilleurs esprits y sont empêchés et déjà s'élèvent sur ce
sujet de sinistres controverses. Ce qu'il y a de certain
c'est que l'Angleterre paraît avoir atteint le terme de
l'habileté du travail, de l'industrie, du commerce et de la
production. Elle a pénétré tous les mystères de la circulation monétaire, mais la consommation fait échouer
tous ses prodiges, les consommateurs manquent à ses
produits. Elle tourne ses regards vers l'Inde et la
Chine, puissent ses spéculations dans cette partie du
monde n'être pas déçues! On ne doit pas oublier que
dans la carrière qu'elle poursuit, tout ce qu'elle fait
dans son intérêt profite au monde commerçant et
quoiqu'elle ait souvent abusé de ses richesses pour les
accroître, on doit lui rendre la justice de reconnaître

qu'elle les a fait naître partout où elle s'en est approprié la meilleure partie. Telle est la conséquence naturelle et nécessaire du système commercial.

En résumé, il me semble démontré par les faits :

1° Que la monnaie doit avoir une valeur d'échange pour remplir ses fonctions dans l'échange des valeurs vénales.

2° Que l'abondance de la monnaie métallique est favorable aux progrès de la richesse particulière et générale.

3° Que le papier-monnaie ne peut remplacer la monnaie métallique, parce qu'il n'a pas de valeur d'échange, et que sa rareté ne peut pas en tenir lieu.

4° Que la monnaie de banque n'est un utile auxiliaire de la monnaie métallique, que lorsqu'elle est remboursable en espèces à la volonté du porteur, et jusqu'à concurrence des espèces qu'elles tiennent en réserve.

Il semble donc que ce qui reste à faire pour donner au système monétaire tout son développement, c'est de savoir jusqu'où l'on peut porter l'émission de la monnaie de banque sans compromettre son remboursement. La difficulté est grande sans doute, un si grand nombre de causes déterminent l'étendue du remboursement, qu'il n'est pas facile de lui assigner des règles fixes, positives et infaillibles. Il règne à cet égard une telle incertitude que les plus sages combinaisons des banques ne peuvent les mettre à couvert des périls inséparables de la condition du remboursement.

Dans l'espace de trente-trois ans l'Angleterre a éprouvé quatre fois toutes les calamités que peuvent entraîner la condition du remboursement de la monnaie de banque. Avec d'ingénieux palliatifs elle les a atténuées et pour ainsi dire dissipées; mais la cause subsiste, les effets peuvent se reproduire sans cesse, rien n'y fait obstacle et la monnaie de banque reste toujours sous les coups de l'imprudence des banques et des inépuisables nécessités des gouvernemens.

N'y a-t-il donc aucun moyen de donner à la monnaie de banque la consistance et la certitude de la monnaie métallique? Il faut en convenir, le problème est d'une haute importance pour la richesse moderne et on lui rendrait un service essentiel si l'on parvenait à le résoudre. Sans doute la solution est difficile, mais pourquoi serait-elle impossible, pourquoi désespérer de l'esprit d'association? Le système des assurances n'est encore qu'à son début, ne peut-on pas étendre ses services jusqu'à la garantie de la monnaie de banque? Ce n'est là, je l'avoue, qu'une vue hasardée, mais le publiciste peut l'explorer, y découvrir des résultats inespérés; c'est dans cette pensée que je la livre à ses méditations.

Ce qu'il y a de certain, c'est que si la monnaie de banque, qui a fait faire de si grands progrès au système monétaire, doit rester exposée au discrédit qui marche à sa suite, on ne doit recueillir qu'en tremblant les bienfaits qu'elle dispense à pleines mains, et le système monétaire reste défectueux dans sa partie la plus utile si elle n'est pas la plus recommandable.

5° LIVRAISON.

SOMMAIRE.

IMPRIMÉ CHEZ PAUL RENOUARD, RUE GARANCIÈRE, N. 5.

PRINCIPES

D'ÉCONOMIE POLITIQUE

ET DE FINANCE.

DU CRÉDIT

ou

DES DETTES FONDÉES.

(Article 3ᵉ et dernier.)

Les dettes fondées, le plus étonnant phénomène du crédit public, sont toujours un sujet de controverse en économie politique ; on n'est d'accord ni sur leur nature, ni sur leur caractère, ni sur leurs résultats. On ne sait pas si l'on doit les placer dans l'actif ou le passif de la fortune des peuples. Ad. Smith et son école les considèrent comme des consommations stériles, une perte de capitaux sans indemnité, un prélèvement sur le revenu du pays. Sans profit pour lui, un poids mort sur la production, un obstacle aux

17

progrès de la richesse générale. D'autres écrivains
moins accrédités que l'école d'Ad. Smith, mais non
sans célébrité, portent un autre jugement des dettes
fondées; ils les envisagent, les uns comme un accroissement de richesses, les autres comme un déplacement
inoffensif de la propriété privée, ou, pour me servir de
l'expression consacrée, comme un transfert de la main
droite à la main gauche. Cette dissidence est aussi ancienne que la dette publique qui, après de nombreuses modifications, est régularisée dans les dettes fondées. Le débat se prolonge depuis près d'un siècle et
demi et n'est pas près de finir.

Ce qui ne doit pas causer moins de surprise, c'est
que, pendant cette longue controverse, malgré les prédictions les plus sinistres, au risque de tout ce qui
pouvait en arriver, les dettes fondées ont augmenté
dans des proportions démesurées, effraient par leur
masse, et cependant le cours des affaires n'en souffre
pas; on est au contraire dans l'opinion qu'elles doivent être les auxiliaires de l'impôt pour le paiement
des dépenses extraordinaires, et le temps n'est peut-
être pas éloigné où l'on mettra en question si elles ne
doivent pas lui être préférées pour le paiement des
dépenses ordinaires. De nombreux symptômes signalent cette révolution en économie politique.

Il faut en convenir, les faits l'emportent sur la
science, l'expérience sur les doctrines, et les nécessités du présent sur les craintes de l'avenir. Pourquoi
ce dissentiment sur la direction des intérêts des peuples? Pourquoi les dettes fondées qu'on accuse d'être

si malfaisantes n'ont-elles ni arrêté ni retardé les progrès des richesses? Pourquoi la progression des unes et des autres a-t-elle été simultanée? N'y a-t-il pas entre elles des relations de causalité? Ne réagissent-elles pas les unes sur les autres? Ne sont-elles pas tour-à-tour cause et effet? Il y a là un problème qu'il est important de résoudre; sans doute la difficulté est grande, mais si je ne m'abuse pas, elle n'est pas insurmontable.

Les dettes publiques, sous leurs diverses formes, sont, pour la plus grande partie, résultées de l'excès et de l'urgence des dépenses de la guerre qu'on ne pouvait acquitter avec les produits de l'impôt. David Hume est le premier qui ait critiqué le mode d'y pourvoir par des emprunts publics; il aurait voulu qu'on y eût pourvu comme les peuples de l'antiquité qui leur consacraient les richesses accumulées dans le trésor public.

Mais n'y a-t-il pas une grave méprise dans le rapprochement de ces deux modes, dans leur comparaison et dans leur supériorité relative? L'esprit de conquête des peuples de l'antiquité leur donnait sur la guerre, ses dépenses et leur paiement d'autres vues que celles que l'esprit de commerce suggère aux peuples modernes, et l'on ne doit pas être plus surpris de la différence de leurs méthodes que de la disparité de leurs ressources. Chacun d'eux devait faire la même chose différemment.

Dans l'antiquité, le service militaire était personnel, rarement ou peu rétribué. Sous les empereurs, les dé-

17

penses d'une armée composée de 25 légions formant 125,000 hommes, ne dépassaient pas 40 millions de francs, et dans cette somme était comprise la dépense de l'habillement, des armes, des tentes, bagages et autres dépenses de l'armée (1). Ce qui me paraît surtout digne de remarque, c'est que ce n'était pas le manque de ressources qui nécessitait la modicité des dépenses. Hume (2) convient qu'après la conquête de l'Égypte, l'argent était aussi abondant à Rome qu'il l'était de son temps dans les principaux états de l'Europe.

Pourquoi donc les dépenses de la guerre étaient-elles si modérées, on pourrait même dire si parcimonieuses? On ne peut pas en faire honneur au désintéressement des armées; on sait qu'elles faisaient la guerre pour s'enrichir. Si elles se contentaient de la modique rétribution qu'elles recevaient de leur pays, c'est qu'elles comptaient sur les fruits de la victoire. Le butin était leur but. La guerre nourrissait la guerre, et la paix qui la terminait décidait de la perte ou du gain qu'on avait fait. Ce mode de pourvoir aux dépenses de la guerre convenait à l'état social et politique des peuples conquérans qui faisaient de la guerre une spéculation, et qui voulaient devoir leur succès non à leur mise de fonds, mais à leur courage. Tirer de ce mode particulier et pour ainsi dire spécial, une règle générale, un exemple à

(1) Ann. de Tacit., l. 4.
(2) Essai sur l'argent.

suivre, c'est une méprise qui ne devait pas échapper à l'esprit judicieux de David Hume.

Dans les temps modernes, les dépenses de la guerre sont d'une toute autre importance que dans l'antiquité. Le service militaire comme tout autre service public et privé doit être rétribué dans la proportion de la richesse du pays, et ce n'est qu'à cette condition qu'on peut se flatter de faire la guerre avec succès. Malheur aux armées mal payées, mal vêtues et mal approvisionnées. Le butin n'est compté pour rien et ne diminue pas d'une obole les dépenses de l'armée. La victoire n'en réduit pas la solde, et le vainqueur et le vaincu, chacun de son côté, doivent la payer intégralement. Comment donc pourrait-on, dans un tel état de choses, tenir en réserve des fonds pour des besoins dont on ne peut prévoir ni limiter l'étendue, et dont le terme est presque toujours dans l'impuissance d'y suffire? Dans ce cas, il ne reste que la ressource de l'impôt ou de l'emprunt, ou du concours de l'un et de l'autre. C'est ce qu'on a fait depuis près d'un siècle et demi dans tous les grands états de l'Europe. Pouvait-on faire autrement? La théorie eût préféré l'impôt; les gouvernemens ont partout appelé l'emprunt au secours de l'impôt, et l'on est maintenant porté à faire une règle pratique de ce qui ne fut d'abord qu'une nécessité. De quel côté est la raison? C'est ce qu'on ne peut savoir, avec quelque certitude, que par un examen approfondi des opinions contraires des meilleurs écrivains sur ce sujet d'un si grand intérêt pour la fortune des peuples.

L'évêque Berkley n'a pas craint d'appeler la dette publique une mine d'or, et il faut convenir qu'il était en avant de son siècle, s'il en approuvait les causes et prévoyait l'influence qu'elle devait exercer sur la richesse particulière et générale. Son opinion aurait paru moins paradoxale s'il avait montré ou fait entrevoir que les emprunts publics provoquaient des économies sur les consommations et conservaient à la production les capitaux dont elle a besoin pour sa prospérité; mais ce n'est pas sous ce rapport qu'il faisait un éloge si exagéré des emprunts publics, et par conséquent, il me paraît inutile de m'étendre davantage sur son opinion sans résultat pour la solution de la question des emprunts.

Melon était d'avis que la dette publique est une dette de la main droite à la main gauche, qui n'augmente ni ne diminue la richesse nationale, et cet écrivain a raison si, dans la dette publique, on ne considère que l'état à-la-fois créancier et débiteur. Il est certain que sous ce rapport il n'y a pour l'état ni créance ni dette, ni débiteur ni créancier; mais les choses changent de face lorsqu'il s'agit de l'état débiteur payant sa dette à ses créanciers. Dans cette opération, l'état qui paie souffre, et le créancier qui reçoit profite. Est-ce que le profit et le dommage se balancent? Rien de semblable. Il n'y a donc rien de commun dans le transfert de la main droite à la main gauche; cette image n'explique point la nature de la dette publique; il faut la chercher ailleurs.

Pinto a tranché la question et ne l'a point résolue.

Il suppose que la dette publique accroît la richesse nationale de la totalité de son capital, parce que son titre a tous les caractères des autres propriétés ; et cela est vrai pour le propriétaire de la dette publique ; mais pour l'état, la propriété de la dette publique est d'une toute autre nature que celle des autres propriétés ; celles-ci lui sont utiles, et celle-là lui est onéreuse ; les unes composent sa richesse, l'autre la diminue, la réduit, et souvent entraîne sa décadence et sa ruine.

Quelque étrange que doive paraître l'opinion de Pinto, elle eut de nombreux adhérens (1). Hume en fit une critique sévère.

« On aurait pu croire, dit cet écrivain, que cette « opinion n'était qu'un jeu d'esprit semblable aux dis- « cours des rhéteurs qui ont fait l'éloge de la folie, « de la fièvre, de Busiris et de Néron ; mais, contre « toute vraisemblance, elle a été soutenue et adoptée « par un de nos plus grands ministres, lord Oxford (2) « et son parti. »

On peut juger par ce passage de l'esprit de la réfutation. Elle fut décisive ; l'erreur fut réfutée, mais on n'arriva point à la vérité, et si je ne m'abuse pas, ce n'est pas dans cette ligne qu'on pouvait la trouver.

D'autres écrivains de la plus grande célébrité (3) ont fait une guerre à outrance aux emprunts publics ;

(1) MM. Hoppe d'Amsterdam, Gale, Spence et le juge Bayley.
(2) Robert Walpole.
(3) Montesquieu, Blackstone, Ad. Smith et son école.

enfin, la *Revue d'Edimbourg* (1) a reproduit le sujet dans toute son étendue et l'a traité avec toute la finesse d'observation et toute la force de raison qu'on pouvait attendre du meilleur esprit; mais il me semble que, malgré toute sa sagacité, elle n'a pas aperçu le phénomène des dettes fondées.

Elle suppose que les dettes fondées sont un capital entièrement anéanti, et que les rentiers de l'état tirent leur intérêt de l'industrie et des capitaux des autres classes de la société.

Cette supposition n'a aucun fondement, et les conséquences qu'on en déduit n'en dérivent pas. Si les dettes fondées se composent de capitaux anéantis, leur anéantissement a conservé les capitaux et l'industrie dont les produits servent au paiement de l'intérêt des dettes fondées. Il est donc juste, même sous ce point de vue, que, si les dettes fondées représentent des capitaux anéantis, elles participent aux produits des capitaux et de l'industrie qu'elles ont conservés. Il y a entre eux une sorte d'association qui les égale et rend leur destinée commune.

La *Revue* poursuit sa thèse et dit :

« Si un pays, avec 2 millions d'habitans, 400 mil-
« lions de capital et 40 millions de revenu à 10 pour
« 0/0, se trouve engagé dans une guerre, et que le
« gouvernement emprunte et dépense 50 millions,
« après la dépense des 50 millions, son revenu sera
« réduit à 35 millions, et quoique le pays ne soit pas

(1) Année 1823.

« privé de l'intérêt de la dette, puisque cet intérêt est
« seulement transféré d'un individu à l'autre, il n'en
« est pas moins certain qu'il est privé du revenu des
« 5o millions, et que le capital qui servait autrefois à
« alimenter et vêtir un huitième des habitans étant
« anéanti, il faut qu'ils tirent leurs moyens de sub-
« sistance du revenu de ceux qui probablement
« avaient déjà beaucoup de peine à s'entretenir eux-
« mêmes. »

C'est toujours la même supposition de l'anéantissement d'une partie du capital productif; supposition évidemment erronée comme cela résulte des
faits les plus authentiques; mais il convient auparavant de faire remarquer que les adversaires des
dettes fondées n'avaient pas d'autres motifs ni d'autres garanties quand ils prédisaient à l'Angleterre la
ruine de son commerce aussitôt que sa dette serait
montée à 3o millions sterl., et qui, quand cette première prédiction fut démentie par les faits, la renou-
velèrent pour le moment où elle atteindrait à 100
millions; mais ils ne furent pas meilleurs prophètes
dans un cas que dans l'autre. Non-seulement le commerce de l'Angleterre ne reçut aucune atteinte de sa
dette de 3o de 100 millions sterl., mais même il fut
aussi et plus florissant lorsqu'elle fut parvenue à
85o millions sterling. On dirait que sa progression
fut la cause des progrès du commerce anglais.

Que si cette conséquence n'est pas logique, on doit
convenir du moins qu'il n'y a pas, comme l'avaient
annoncé des prophètes beaucoup trop présomptueux,

de relation nécessaire entre l'anéantissement successif des 850 millions formant la dette fondée (1) et la ruine du commerce anglais.

Ce qui n'est pas moins digne de remarque, c'est que la dette progressive de la Hollande, pendant le long espace de 229 ans, ne fut pas plus destructive de son commerce que celle de l'Angleterre du commerce anglais.

L'intérêt de la dette de la Hollande s'éleva, sans aucun dommage pour elle, de. . .   78,100 fl.
à 18,276,005 (2)

Et à aucune époque elle ne lui fit obstacle et ne

---

(1) État progressif de la dette de l'Angleterre et de son intérêt, depuis le commencement du XVIIIᵉ siècle :

	Principal de la dette.	Intérêts.
Au commenc. du règne de la reine Anne..l. st.	16,400,000	1,310,000
A l'avènement de Georges 1er, en 1713......	52,000,000	3,351,000
A l'avènement de Georges II, en 1727......	52,000,000	2,217,000

La réduction de l'intérêt qu'on remarque dans cette époque, eut lieu en 1716.

En 1763, après la paix de Paris............	138,000,000	4,852,051
Après la guerre d'Amérique...............	258,000,000	9,143,913
Après la guerre de la révolution française, au 5 janvier 1817.....................	850,000,000	34,000,000

(2) Etat de l'intérêt de la dette publique de la province de Hollande :

En 1562, avant le commencement des troubles...	78,100 fl.
En 1579, à l'époque de l'union d'Utrecht.......	117,000
En 1671, avant l'invasion de Louis XIV........	5,509,519
En 1678, à la paix de Nimègue..............	7,107,128
En 1697, à la paix de Riswick..............	8,145,309
En 1713, à la prise d'Utrecht...............	13,475,029
En 1750, à la paix d'Aix-la-Chapelle.........	14,910,874
En 1789, à la révolution française............	14,988,822
En 1791...............................	18,276,015

l'empêcha ni d'être la première nation commerçante des temps modernes, ni de se maintenir au premier rang des peuples commerçans quand elle fut dépassée dans la carrière du commerce.

Si des faits aussi concluans n'ont pas empêché la propagation des préjugés des célèbres adversaires des dettes fondées; c'est qu'on a toujours supposé comme eux qu'elles avaient consommé des capitaux productifs d'un revenu qui avait disparu avec eux; mais, s'ils se sont trompés, c'est que l'expérience, juge suprême des doctrines, ne les avait pas préservés de l'erreur, et l'on ne doit pas s'étonner s'ils ne l'ont pas évitée; mais comment ceux qui sont venus après eux n'ont-ils pas profité de l'expérience, et reproduisent-ils la même erreur? Elle n'a plus ni prétexte ni excuse.

Non - seulement, l'accroissement progressif des dettes fondées, quoique portée jusqu'aux plus grands excès, n'a entraîné ni la ruine du commerce de l'Angleterre, ni celui de la Hollande; il n'a pas même arrêté leur progrès et leur développement. Si cependant les 21 milliards, montant des dettes fondées de l'Angleterre, et les 18 millions de florins, montant de celles de la Hollande, avaient, comme on le suppose, été prises sur les capitaux productifs du revenu, leur anéantissement, quoique graduel et successif, aurait réduit le travail, la production, le revenu, l'impôt; et si l'état, dans la plus déplorable détresse, n'avait pas péri, il serait déchu de son rang dans le monde politique. Rien de semblable n'a eu lieu; le contraire est arrivé.

Pendant le xviii° siècle, la dette publique de l'Angleterre augmenta de sept capitaux; son revenu public s'accrut dans la même proportion, et son revenu
général s'éleva jusqu'à cinq capitaux pour un (1).
L'actif et le passif du pays ont donc tous été progressifs, et sa population, sa richesse et sa puissance
sont parvenues au plus haut degré d'élévation. Doit-
on faire honneur à la dette publique de tant de prodiges? Y a-t-elle plus ou moins contribué? C'est ce
que je n'examinerai pas en ce moment. Il me suffit de
faire remarquer qu'elle n'y a mis aucun obstacle, ce qui
doit, ce me semble, la soustraire à l'anathème dont elle
est encore frappée.

La dette publique de la France n'offre ni les mêmes
documens, ni les mêmes résultats que ceux qui résultent de la dette de l'Angleterre et de celle de la
Hollande; mais ils ne leur sont pas contraires s'ils sont
différens.

(1) Au commencement du xviii° siècle :

L'intérêt de la dette publique................... 1,310,000 l. st.
ou 32,810,000 fr.

Le revenu public....................... 3,500,000
ou 87,500,000 fr.

Et le revenu du pays...................... 44,000,000
ou 902 millions francs.

En 1800, et par conséquent dans l'espace d'un siècle :

L'intérêt de la dette publique......... 9,143,913
ou 228,597,825 fr.

Le revenu public en temps de paix.... 26,773,000
ou 669,325,000.

Et le revenu du pays.............. 200,000,000
ou 5 milliards.

Depuis le 18 avril 1814 jusqu'au 1er janvier 1834, on a inscrit sur le grand-livre de la dette publique :

. . . .   150 millions de rente.

Au capital de. . . . .   3,018,469,340 francs.

Cette dette fondée ne résulte d'aucune consommation du capital; on sait qu'elle a été imposée par l'abus de la force et le droit de représailles : mais il est de fait qu'elle n'a porté aucune atteinte à la production du revenu et aux progrès de la richesse; d'où l'on peut conclure qu'elles ne sont pas incompatibles, peuvent coexister sans se nuire, si elles ne se prêtent pas un mutuel appui, comme on le verra dans la suite de cet article. Ce qu'il y a de certain, ce qui me paraît démontré en ce moment, c'est que les dettes fondées n'ont point, comme l'a avancé la *Revue,* anéanti une partie du capital productif du revenu.

La *Revue* a-t-elle plus de raison et mérite-elle plus de considération lorsqu'elle accuse les dettes fondées de faciliter, de prolonger la guerre et de la rendre plus dispendieuse? Cette critique est d'autant plus étrange qu'elle s'appuie sur ce qui fait le mérite des dettes fondées. Que dit en effet la *Revue* :

« D'un côté, le prêteur trouve son avantage dans « le taux élevé de l'intérêt, dans l'exactitude de son « paiement, dans l'espoir de profiter de la fluctua-« tion des fonds, et ces considérations puissantes le « déterminent à prendre part à l'emprunt.

« D'un autre côté, la masse des contribuables se « félicite également du système de l'emprunt qui, au « lieu de la grever de nouveaux impôts, ne lui de-

« mande que ce qui est nécessaire pour payer l'inté-
« rêt de l'emprunt.

« Mais, ajoute-t-elle, les effets des opérations fi-
« nancières ne peuvent pas être convenablement ap-
« préciés en examinant seulement leurs conséquences
« immédiates; il faut savoir quelles doivent en être les
« conséquences définitives, et alors on voit que les
« emprunts, en donnant aux gouvernemens la fa-
« cilité de se procurer de l'argent pour les besoins de
« la guerre, loin d'être un avantage, sont un de leurs
« plus grands inconvéniens. »

C'est déjà, ce me semble, un grand mérite des emprunts publics qu'ils conviennent également au pré-
teur, à l'état emprunteur et au contribuable qui paie
l'intérêt de l'emprunt. Leurs intérêts satisfaits, il
n'est pas trop facile de voir quel autre intérêt doit
être consulté et leur être préféré. Voici ce que la *Revue*
dit à ce sujet :

« Le plan des finances est vicieux quand il déguise
« les inconvéniens de la guerre et trompe le public
« sur sa situation réelle; c'est ce que font les dettes
« fondées. Les profusions de la guerre ne peuvent être
« balancées que par les progrès de l'industrie des par-
« ticuliers et par leur économie; mais pour cela, il
« faut qu'ils sentent l'influence qu'exercent sur leur
« fortune les frais de la guerre; et ce sont les illu-
« sions que le système des emprunts entretient, qui
« en forment le vice radical. Les progrès sont graduels
« et les contribuables ne sont pas encore sortis de
« leurs rêves que leur industrie et leur prospérité se

« trouvent grevées par les intérêts de la dette publi-
« que d'une somme beaucoup plus considérable que
« s'ils avaient immédiatement satisfait aux frais de la
« guerre. »

Il n'y a pas de doute qu'un particulier qui est en état
de payer la dépense qu'il veut ou qu'il est obligé de
faire, n'emprunte pas pour la payer; que ferait-il de
ses fonds? Leur chercherait-il un emploi? Mais où
pourrait-il leur en trouver un meilleur que celui qu'il
en fait sur lui-même? Il est donc vrai, en thèse générale, qu'il n'est de l'intérêt de personne d'emprunter quand on peut payer avec ses propres
fonds.

Mais il n'en est pas des dépenses des gouvernemens comme de celles des particuliers. Les gouvernemens n'ont pas le choix de payer avec des impôts ou des emprunts; ils n'ont recours aux emprunts
que quand l'impôt ne peut pas suffire aux dépenses
de la guerre; il y a pour eux nécessité de faire ce
qu'ils font et la nécessité ferme toute discussion sur le
choix des mesures les meilleures ou les moins mauvaises. Supposez que l'emprunt facilite et prolonge la
guerre, que l'impôt la rendrait plus difficile ou abré-
gerait sa durée, parce qu'il ne pourrait pas fournir
les moyens d'en payer les dépenses : c'est évidemment
s'abuser. Si l'on n'avait fait la guerre que quand l'impôt pouvait suffire au paiement de ses dépenses, la
paix eût été éternelle. Qui ne sait en effet que jamais
la guerre n'a été subordonnée au calcul de ses dépenses, et qu'elle ne finit que quand on n'a plus de

moyens de la continuer? Dans l'effervescence des passions qui allument ou attisent la guerre, on ne compte pour rien ses dépenses; on se fait illusion sur les ressources dont on peut disposer, et quand les ressources manquent, on y supplée par les réquisitions, et au besoin par le pillage et les dévastations. L'histoire est uniforme sur ce point. De tous les maux que la guerre entraîne avec elle, les emprunts sont les moins funestes, les moins désastreux, et, si j'ose le dire, les moins fâcheux pour les peuples. Ils font de la guerre une question d'argent qui se résout chaque jour dans les bourses du commerce. La hausse ou la baisse des emprunts de chaque partie belligérante les avertit chaque jour de l'état de leurs ressources réciproques, de la difficulté de continuer la guerre, de la nécessité de la terminer. La hausse et la baisse des emprunts publics sont les plus habiles et les plus heureux négociateurs de la paix parmi les peuples modernes.

La *Revue* appuie son opinion sur une autre considération; elle prétend que, « si chaque contribua-« ble était imposé pour sa quote part des dépenses an-« nuelles de la guerre, le desir de se maintenir dans sa « situation, de conserver sa fortune intacte, desir qui « naît avec nous et ne nous quitte qu'au tombeau, « engagerait le contribuable à s'acquitter en donnant « une impulsion plus active à son industrie, ou en « soumettant ses dépenses à une économie plus sé-« vère, afin que ses capitaux ne fussent pas anéan-« tis; ce qui n'a pas lieu sous l'empire de l'emprunt « où l'on n'épargne que ce qu'il faut pour payer l'in-

« térêt du capital, tandis que sous le régime de l'im-
« pôt on économise le capital lui-même. »

Des conjectures avancent peu la solution d'une
question; elles se balancent avec d'autres conjectures,
et disparaissent sans laisser aucune trace. Il ne suffit pas
de vouloir, par plus de travail et d'industrie, augmenter son revenu jusqu'à concurrence de l'impôt de
guerre. Tout développement du travail et de l'industrie exige de plus grands capitaux que ceux dont on
dispose; et il y a bien peu de contribuables qui aient
en réserve ceux dont ils auraient besoin pour augmenter leur revenu. On serait donc obligé de les emprunter et l'on ne serait pas toujours assuré de trouver des prêteurs; et si l'on en trouvait, quel serait le
taux de l'emprunt? La concurrence des emprunteurs
le ferait monter si haut que ses profits ne suffiraient
peut-être pas pour en payer l'intérêt.

La *Revue* est d'une opinion différente; elle pense
que, si le grand emprunteur, le gouvernement, se
retirait du marché, les emprunts privés se rempli-
raient à meilleur marché que les emprunts publics, et
ne coûteraient pas de frais d'administration.

Si elle a raison, tous les principes d'économie politique sont erronés, et il faut réformer ses doctrines.
Si la concurrence des emprunteurs n'élève pas le taux
de l'emprunt, si elle le fait baisser, il n'y a plus de
régulateur du prix des choses, et le commerce n'est
qu'une déplorable et funeste loterie. Il me paraît au
contraire certain que le taux de l'emprunt, quand le
gouvernement est seul emprunteur, est de beaucoup

18

inférieur à ce qu'il serait si tous les contribuables ou seulement le plus grand nombre se faisaient concurrence l'un à l'autre. C'est une vérité qui n'a pas besoin de preuve ; son évidence en a fait une loi fondamentale de l'économie politique.

D'un autre côté, quand le contribuable parviendrait par un plus grand travail ou par une industrie plus active à augmenter son revenu de toute la contribution de guerre, il ne pourrait le faire à volonté et à époque fixe, il ne pourrait donc acquitter son impôt exigible à échéance fixe, et l'on ne pourrait subvenir aux dépenses impérieuses de la guerre. C'est donc s'abuser que de croire que l'impôt serait préférable à l'emprunt dans l'intérêt du contribuable et des progrès de la richesse générale.

Le contribuable aurait-il plus de ressources dans ses économies ? Sans doute il est hypothétiquement en son pouvoir de réduire ses dépenses dans les proportions de l'impôt de guerre; mais, en réalité, de telles économies sont-elles toujours possibles? N'ont-elles pas des limites qu'on ne peut dépasser sans faire beaucoup de malheureux, et même lorsqu'on n'aurait aucun égard aux souffrances qui en résulteraient, les économies suffiraient-elles aux dépenses de la guerre? C'est un doute qu'il est permis d'élever; mais ce qui n'en est pas un, c'est que l'emprunt n'a ni les incertitudes, ni les inconvéniens, ni les tribulations inséparables de l'impôt. L'emprunt est volontaire, ne dépasse pas les facultés du prêteur et ne dispose que de ce qui est disponible. On ne peut donc pas le mettre en parallèle avec l'impôt.

Quelle serait d'ailleurs la nature de l'impôt? L'asseoirait-on sur les consommations ou sur le revenu?

Dans le premier cas, l'impôt greverait la classe le moins en état de la supporter, et dans le second, il ruinerait le rentier, ceux qui exercent des professions et ceux qui rendent des services publics et privés.

La *Revue* convient que l'impôt sur les consommations est trop onéreux pour les familles nombreuses et pour celles dont la position sociale exige des dépenses considérables, et elle pense qu'on doit lui préférer l'impôt sur le revenu, qui opère comme un impôt convenablement réparti sur les profits.

Je ne me livrerai pas à la discussion de la théorie de l'impôt; je ferai seulement remarquer que la nécessité de cette discussion est une nouvelle preuve des avantages de l'emprunt sur l'impôt. L'un soulève mille et mille difficultés, l'autre n'a que celui de sa nécessité.

Enfin, la *Revue* accuse le système de l'emprunt de déception et de prodigalité, et prétend : « que lorsqu'il a acquis tout son développement, il détruit une « portion considérable des moyens de production; « maintient les impôts au taux le plus élevé pendant « la paix, accable le peuple, excite les capitalistes à « transporter leurs capitaux à l'étranger, et devient « une source active et féconde de crimes, de désastres « et de révolutions. »

Il me semble qu'on dirait à plus forte raison de l'impôt ce que la *Revue* dit de l'emprunt. Que serait-il en effet arrivé en Angleterre si, pendant la révolu-

18.

tion française on avait augmenté les contributions de
3o millions sterling (1), montant des dépenses extraordinaires de chaque année de guerre. C'est bien
alors que l'impôt eût été une cause active et puissante
de résistance, de trouble et de révolution. La taxe du
revenu qui excita de si grandes clameurs, quoique
répartie avec les plus grands ménagemens, ne produisit d'abord que 7 millions sterl., ou moins du quart
des besoins de la guerre. Lorsqu'elle fut mieux répartie, elle ne donna que 10 millions sterl., ou moins
du tiers de la somme nécessaire; enfin, dans son maximum, elle s'arrêta à environ 14 millions sterl., et
par conséquent au-dessous de la moitié de ce qu'elle
aurait dû produire pour suffire à tout; et cependant,
l'impôt à son maximum n'était pas la 15ᵉ partie du
revenu du pays (2). Si l'impôt du revenu avait dû
fournir les 3o millions, montant des dépenses de la
guerre, les contribuables si écrasés, quand il ne rap-
portait pas la moitié, auraient été condamnés à la
plus déplorable détresse; la consommation eût souffert dans toutes ses branches; on aurait couru le risque d'un bouleversement général, et l'on serait infailliblement tombé dans un état d'appauvrissement et
de ruine; on n'aurait pas pu continuer la guerre; il
aurait fallu subir la loi de l'ennemi; combien elle eut
été terrible, si, comme il n'en faisait point mystère,

(1) 75o millions fr.
(2) Le ministère et l'opposition l'évaluaient à 2oo millions sterling ou
5 milliards francs.

il n'eût consenti à la paix qu'à condition que l'Angleterre renoncerait à sa suprématie maritime et à sa supériorité commerciale, les deux sources de ses immenses trésors! Sans doute, de si grands sacrifices
auraient opposé d'insurmontables obstacles à la paix;
la guerre eût été interminable, et l'Angleterre, privée
de son commerce, aurait subi toutes les calamités de
la défaite sans avoir été vaincue. Telle eût été le résultat infaillible de l'impôt appliqué au paiement des
dépenses de la guerre.

L'emprunt n'eut aucun des vices ni des calamités
de l'impôt. Il ne demanda au revenu du pays que l'intérêt annuel des 750 millions, montant des dépenses
annuelles de la guerre, intérêt qui, dans la première
année, ne s'éleva pas à 10 pour 0/0, au-delà de 75
millions de francs, somme qu'il fut facile de produire
par plus de travail ou d'économie sur le revenu sans
souffrance et sans privation. L'une et l'autre mesures
devaient éprouver d'autant moins de difficulté que les
750 millions employés aux dépenses de la guerre
donnaient de plus grands moyens de travail, de profits et d'économie, et devaient rétablir l'équilibre de
la dépense du revenu.

Sans doute, les 75 millions montant de l'intérêt
annuel s'ajoutaient chaque année à l'intérêt des années antérieures; son poids d'abord léger devenait
chaque année plus onéreux, et lorsqu'il fut parvenu à
34 millions sterl. (1), il dut mettre les forces du con-

(1) 850 millions fr.

tribuable à une cruelle épreuve; il ne devait pas cependant succomber sous le faix, et l'on en voit facilement la raison. Chaque année, le contribuable éco-
nomisait sur ses consommations les 75 millions de fr.,
montant de l'intérêt de l'emprunt annuel, et le repro-
duisait par plus de travail et d'industrie, afin, comme
le fait observer la *Revue*, de conserver sa fortune intacte, de sorte que l'accroissement de production de
chaque année faisait un fonds permanent pour le paiement de l'intérêt annuel dont l'économie sur le revenu
avait fait l'avance, et c'est ainsi que le revenu du contribuable toujours croissant était toujours au niveau
de la dépense toujours croissante.

Aussi, ce n'était pas dans le paiement de l'intérêt
qu'était la difficulté du système de l'emprunt; elle
était tout entière dans la production annuelle des 750
millions que consommait l'emprunt; consommation
qui, en se répétant d'année en année, finit par élever
la somme nominale des emprunts à 22 milliards, et la
dette effective de 13 à 14 milliards. Comment se
forma cette énorme dette? Ce ne fut pas aux dépens
des capitaux qui alimentaient le travail, l'industrie
et le commerce: on eût affaibli la production, diminué
les produits, réduit le revenu, appauvri et ruiné le
pays. On eut recours aux économies sur les consommations, et c'est de ce fonds dont l'étendue est encore
peu connue qu'on tira l'emprunt annuel de 750 millions. Mais comment s'imposa-t-on chaque année, pendant 20 ans, l'économie volontaire d'une somme aussi
considérable, qui formait près du 6ᵉ du revenu total du

pays (1)? Il fallait que les emprunts eussent un grand attrait pour déterminer de si grands sacrifices. L'évènement a révélé cette puissance du crédit quand il eut reçu toutes les garanties dont il avait besoin pour se développer dans toute son étendue.

En 1786, M. Pitt avait donné au système des emprunts son complément et son perfectionnement. Le paiement de leur intérêt était plus assuré que celui du revenu de toute autre propriété; leur capital pouvait être plus facilement aliéné que les meilleures propriétés du pays, et leur aliénation avait d'importans privilèges que les autres aliénations n'avaient pas. Les emprunts auxquels je donnerai désormais le nom de *dettes fondées* étaient exempts d'impôts, tandis que les autres propriétés y étaient assujéties; le transfert des dettes fondées ne donnait lieu à aucun des frais de mutation des autres propriétés; enfin, les dettes fondées avaient des chances de hausse que les autres propriétés n'avaient pas. Voilà par quels avantages les dettes fondées séduisirent les capitalistes qui avaient des fonds à placer, et donnèrent une si forte impulsion aux économies qui desiraient ce placement. Toutes les fois qu'on offre aux individus, aux populations parvenues à un certain degré de civilisation, de nouveaux objets de jouissance ou de cupidité, on peut être sûr qu'ils s'imposeront toutes les privations, tous les sacrifices qui peuvent leur en assurer la possession. C'est ainsi que le commerce a fécondé le sol,

_____

(1) Environ 200 millions st. ou 5 milliards fr.

fomenté l'industrie, creusé toutes les sources de prospérité et de richesse dans tous les pays où il a pénétré; c'est ainsi que les dettes fondées ont augmenté les richesses en créant un fonds dont l'intérêt est produit par les progrès du revenu général du pays. L'influence des dettes fondées sur les progrès de la richesse d'un pays est si rapide et si puissante qu'on a de la peine à lui donner son assentiment lors même qu'on a sous les yeux les 7 ou 800 millions d'intérêts que l'Angleterre paie sans effort, sans souffrance et sans dépérissement.

Quand on arrête sa pensée sur la formation des richesses et qu'on les voit toutes dériver des accumulations de l'économie, on ne comprend pas comment les maîtres de la science économique ne lui ont pas fait honneur de la nouvelle richesse créée par les dettes fondées, ni pourquoi ils ont méconnu leur filiation et leur descendance de la même tige. N'est-ce pas l'économie provoquée par un bon placement qui a créé ou développé toutes les richesses qu'elles ont nécessitées? Les mêmes causes ont dû produire et ont produit les mêmes effets. On peut d'autant moins élever des doutes sur cette origine des dettes fondées, qu'on remarque que, dans le même temps où les prêteurs faisaient l'économie des 750 millions nécessaires pour les dépenses annuelles de la guerre, économie qui faisait le fonds des dettes fondées, la richesse générale faisait des progrès correspondans et proportionnels à leur consolidation. Il n'y a pas de fait plus authentique en économie politique.

En 1730, lorsque l'intérêt de la dette publique s'élevait en Hollande à 14,910,874 fl. (1), elle était le pays le plus peuplé et le plus riche de l'Europe. Amsterdam était le centre des échanges de toutes les nations commerçantes de l'Europe, et même, depuis qu'elle a été surpassée par d'heureux rivaux, elle s'est maintenue au premier rang des peuples les plus célèbres dans le commerce. Ce qui me paraît surtout remarquable dans sa position économique de cette époque, c'est que ses classes salariées payaient à l'impôt le tiers de leurs salaires, et cependant jouissaient d'une aisance inconnue des classes laborieuses des autres pays. On ne peut concevoir de tels résultats que par l'esprit d'économie développé par de bons placemens dans les dettes fondées. Les économies faisaient face à tous les besoins quand les prêteurs en tiraient un bon intérêt, et la richesse du pays, secondée par les économies ne s'arrêtait point dans ses progrès.

L'Angleterre offre sous le rapport des dettes fondées la même situation de celle de la Hollande.

Au commencement du règne de la reine Anne, l'intérêt de sa dette publique n'était que de . . . . . 1,310,000 liv. sterl. (2)

En 1786, au moment où M. Pitt donna aux dettes fondées tout leur perfectionnement, elles s'élevaient

(1) Environ 30 millions fr.
(2) 32,700,000 fr.

en capital à. . . . . 239,693,900 liv. sterl. (1)

Et depuis 1786 jusqu'au
5 février 1817, elles aug-
mentèrent de. . . . . . 610,306,100 liv. sterl. (2)

Elles étaient donc en to-
talité de. . . . . . . 840,000,000 liv. sterl. (3)

En Angleterre comme en Hollande, l'immensité de
la dette ne trahit aucune souffrance ni dans la production ni dans la consommation. Il est certain, au
contraire, qu'à mesure que la dette fondée développa
l'esprit d'économie, l'une et l'autre parvinrent au plus
haut degré d'intensité; la population fit des progrès
immenses; les exportations dépassèrent toutes les limites connues, et la richesse augmentée des 800
millions de la dette fondée, sembla parvenue à son
apogée.

On peut d'autant moins se méprendre sur l'influence des dettes fondées sur l'économie, de l'économie sur le travail, l'industrie, le commerce et la population que lorsque la paix eut mis un terme à la
consommation des économies affectées aux dépenses de
la guerre, on leur chercha de l'emploi dans les finances de tous les pays, dans toutes les spéculations du
commerce et jusque dans les révolutions politiques
du Nouveau-Monde. Malgré ce vaste écoulement, souvent funeste, l'Angleterre fut tellement inondée de

(1) Environ 6 milliards fr.
(2) Environ 15 milliards fr.
(3) 21 milliards francs.

ses économies que le plus éclairé de ses écrivains d'économie politique, M. Malthus, leur attribua la baisse de toutes les valeurs, la ruine des producteurs, l'embarras des propriétaires, la réduction du profit du capital et la baisse de l'intérêt de la dette fondée de 5 à 4, et de 4 à 3 et demi. Il ne voyait de remède à ce dépérissement dont il ne comprenait pas la cause, que :

Dans la division de la propriété territoriale;

Dans l'extension du commerce intérieur et extérieur;

Et dans l'entretien de consommateurs improductifs.

Qu'attendait-il de l'emploi de ces moyens? Pas autre chose que la consommation des économies qui n'avaient plus d'écoulement dans les dettes fondées; il voulait faire cesser la pléthore des richesses non moins fâcheuse que leur décadence et leur ruine.

La France n'offre pas dans ses emprunts et dans sa dette fondée les mêmes observations que nous devons à la Hollande et à l'Angleterre; elle ne se fit jamais remarquer par son esprit d'économie; mais on doit aussi convenir qu'il ne fut jamais excité par de bons placemens dans les emprunts publics, par la sagesse et l'habileté de leur formation et de leur direction, et par la loyauté et la fidélité de l'état envers les prêteurs.

Sa dette publique, toujours sous le coup de la banqueroute, fut continuellement l'épouvantail de l'économie, et l'on ne peut par conséquent en tirer aucun argument ni pour ni contre les dettes fondées ; je ferai seulement remarquer que depuis que la France est entrée dans leur système, elle acquitte, avec une fidélité jusque-là sans exemple, leur intérêt montant à 147 millions, quoiqu'elle n'ait reçu que la plus petite partie de leur capital, et ne puisse en imputer le fardeau qu'aux exigences de la guerre étrangère et au malheur des guerres civiles. Quelque onéreux que soit ce fardeau imposé par la nécessité, il n'a ni arrêté ni retardé les progrès du travail, de l'industrie et du commerce, et l'on ne peut encore en attribuer la cause qu'à la tendance récente du peuple français à l'économie, tendance provoquée par les avantages particuliers aux dettes fondées, qui provoquent les économies nécessaires pour en payer le prix. Il en est toujours ainsi dès qu'on offre un bon placement à l'économie, vérité encore inaperçue, mais les évènemens feront tomber le voile qui la dérobe aux regards même de l'observateur.

Il en est un surtout que je crois devoir signaler parce qu'il confirme la doctrine des dettes fondées. C'est la vente des domaines nationaux en France. Lors de leur vente primitive, ils avaient une valeur vénale de plusieurs milliards qu'il était impossible de réaliser. Ils passèrent cependant dans la propriété privée, peu importe de quelle manière ! Ce que je veux faire remarquer, c'est que les classes peu fortunées de la population agricole qui n'avaient alors que peu ou point de moyens d'y prendre part, possèdent aujourd'hui,

d'après les rôles de la contribution foncière (1) plus
de moitié du sol cultivé de la France, et sont par
conséquent devenues propriétaires d'une partie considérable de ces biens. Sans doute, elles étaient propriétaires avant la vente des domaines nationaux ;
mais elles étaient bien loin de posséder la moitié du
territoire cultivé ; il est encore vrai qu'elles ont eu à
bon marché ceux qu'elles ont acheté, et que la prodigieuse dépréciation des assignats leur en a encore
facilité le paiement ; mais, malgré ces défalcations,
il faut reconnaître qu'elles ont payé leurs nouvelles
propriétés avec les économies qu'elles ont faites depuis 40 ans. Et à quelles sommes ne doivent-elles pas
s'élever pour couvrir le prix des immenses propriétés
qu'elles ont payées !

Il me semble que ce nouveau fait, rapproché de
celui de 13 à 14 milliards, montant de la dette fondée en Angleterre pendant 20 ans, donne de l'économie des notions bien autrement importantes que celles qu'on s'en était était formées jusqu'à présent. Ad.
Smith est le premier qui ait aperçu leur influence sur
les progrès de la richesse, et il en était si frappé et
mettait tant de prix à faire partager sa persuasion,
qu'il n'a pas craint de dire que tout prodigue est un
ennemi public, et tout économe un bienfaiteur pu-

(1) La contribution foncière se monte à . . . .   248,969,601 fr.
8 millions de cote de 20 fr. et au-dessous entrent pour.   160,000,000

Les deux autres millions de cotes absorbent les.   88,969,601

D'où il résulte que les classes les moins aisées de la population agricole
possèdent plus de la moitié du sol cultivé de la France.

blic. Il a raison, quand les économies sont assurées
d'un bon placement ; mais ce n'est qu'à cette condition que son principe mérite d'être mis au rang des
axiomes de l'économie politique.

J'insiste d'autant plus sur cette condition insépa-
rable des économies, qu'il se présente un cas nouveau où l'on en sentira la nécessité, et il est bon par
conséquent de la signaler, afin que l'on prenne les
moyens de l'accomplir. Les caisses d'épargne provoquent fortement à l'économie les classes les moins
fortunées de la population, et l'on ne peut pas douter
que cette provocation ne soit accueillie avec le plus
vif empressement. A peine existe-t-il un petit nombre
de caisses d'épargne sur quelques points du pays, et
déjà on évalue les versemens qu'on y a faits à 40
millions. A quelles sommes ne s'éleveront-ils pas
dans un pays aussi étendu, aussi populeux que la
France, où les salaires ont pris un si grand accroissement, et où les subsistances sont à si bon marché !
Comme la population agricole met toute son ambition
à posséder une portion de sol cultivé, ou à agrandir
celle qu'elle possède, ainsi la population industrielle et
commerciale se fera un honneur d'avoir une réserve
dans les caisses d'épargne ; ce pécule, quelque modique qu'il soit, inspirera les goûts, les sentimens et la
moralité de la propriété, et qui peut dire quels progrès il fera faire à la civilisation et à l'amélioration de
l'espèce humaine !

Mais parviendra-t-on à consolider les fonds des
caisses d'épargne sans leur faire rien perdre de leur

mobilité, qui en est le véritable caractère et la condition absolue? La consolidation et mobilisation paraissent incompatibles; elles ne le sont pas cependant,
comme on peut s'en convaincre par les banques de
dépôt. Tout ce qu'il faut, c'est qu'on puisse leur
assurer un bon placement, et cela ne doit pas être
bien difficile dans un pays qui n'a point de banques,
qui n'a pas fait dans les travaux de l'agriculture, de
l'industrie et du commerce les progrès qu'il a droit
d'attendre d'un sol fécond et varié, d'une population
laborieuse, active et intelligente, et de la nature de son
gouvernement, si favorable au développement de toutes les facultés individuelles et sociales. Dans un tel
état de chose, on peut tout espérer des économies
provoquées et facilitées par les caisses d'épargne.
Qu'on ne m'accuse pas de me laisser séduire par les
illusions de la spéculation; je ne cède qu'aux directions de l'expérience, qui nous a révélé l'accumulation de 13 à 14 milliards d'économies réalisées dans
la dette fondée de l'Angleterre, et qui forme pour
elle une nouvelle richesse assise sur l'accroissement
des produits du sol, de l'industrie et du commerce,
qu'elle a fomenté et rendu nécessaire.

En résumé, la controverse sur les dettes fondées, qui
a si long-temps divisé les écrivains les plus célèbres
en économie politique, me paraît être arrivée à son
terme. L'expérience plus que séculaire de la Hollande
et de l'Angleterre ne laisse plus de doute sur l'erreur
des doctrines économiques et la vérité des pratiques
des gouvernemens en matière d'emprunts publics, et

surtout depuis leur organisation en dettes fondées.

On s'est trompé lorsqu'on a cru que les peuples modernes devaient suivre l'exemple des peuples de l'antiquité et former pendant la paix un trésor pour subvenir aux dépenses de la guerre. Ce mode pouvait convenir à des peuples conquérans qui n'avaient dans la guerre que la perspective d'asservir ou d'être asservis, de subjuguer ou d'être subjugués, d'être ou de n'être pas. Dans ce cas un trésor pouvait désarmer le vainqueur ou corrompre la victoire, et l'on ne devait négliger aucun moyen quand il s'agissait de tout conserver ou de tout perdre.

Dans les temps modernes la guerre n'a plus la même importance; des peuples commerçans ne se font la guerre que pour des motifs de sécurité, d'honneur ou d'intérêt, et il ne peut pas leur convenir de consacrer à ces dépenses les accumulations qui font prospérer et fleurir leur commerce; le priver de l'accroissement des capitaux et de leurs profits ce serait l'entraver, l'appauvrir, le stériliser, ce serait prolonger les désastres de la guerre pendant la paix et se condamner à une éternelle indigence.

On s'est encore trompé quand on s'est persuadé que l'impôt est le moyen le plus économique, le plus efficace et le plus moral de pourvoir aux dépenses de la guerre. On ne s'est pas aperçu que l'impôt prend sur les capitaux nécessaires à la production les dépenses qui doivent être acquittées par les produits qui composent le revenu du pays. Autre chose est de consommer des produits ou des moyens de produire. Dans le premier cas on n'éprouve que des privations, et l'on conserve ce qu'on a ; dans le second on s'appauvrit et l'on se ruine. On ne pouvait pas tomber dans une plus grave méprise.

Enfin, on s'est trompé quand on a pensé que les emprunts ou les dettes fondées puisent aux mêmes sources que les impôts. Ceux-ci sont prélevés sur des capitaux productifs, d'où résulte nécessairement la diminution des produits et l'appauvrissement des revenus du pays ; ceux-là au contraire se composent de l'économie dans la consommation des produits ; et ce qu'on n'a pas encore remarqué, les emprunts provoquent des économies en leur assurant un bon placement dans l'intérêt qu'ils produisent ; intérêt qui est produit par la conservation des capitaux productifs et par les efforts du contribuable qui doit l'acquitter. De sorte que les dettes fondées ne consomment que des économies, ne grèvent le contribuable que de l'intérêt qui est attaché à leur consommation, intérêt qu'il lui est facile de produire parce qu'il conserve tous ses capitaux productifs. Ce résultat évident des dettes fondées développe dans l'économie des consommations de plus grandes facultés que celles qu'on lui connaissait, l'appelle à rendre à la richesse de plus grands services que ceux qu'elle en a reçus, et lui assigne une place beaucoup plus importante que celle qu'elle occupe dans l'économie politique.

———

PROGRÈS DE LA RICHESSE MODERNE.

OBSERVATION PRÉLIMINAIRE.

Les peuples modernes possèdent deux sortes de richesses qui, quoique dérivées des mêmes sources, ont un caractère différent et une destination distincte.

L'une consiste dans les produits du travail accumulés en subsistances, vêtemens, logemens, meubles, instrumens de travail et dans une foule d'objets durables d'utilité, de commodité et d'agrément. Plus cette espèce de richesse abonde dans un pays, plus il a de stabilité, de force, de grandeur et de puissance. Que de documens précieux offre à l'histoire moderne l'état de la richesse accumulée! Mais on ne s'est pas

encore avisé de les y chercher et il ne faut pas s'en
étonner; la science économique et financière ne l'a
pas encore fait entrer dans ses aperçus, ses calculs et
ses combinaisons. Je n'essaierai pas de remplir cette
lacune; il me suffit de l'avoir signalée.

L'autre sorte de richesse moderne se compose des
produits annuels du travail et de ses auxiliaires, le
capital, la fécondité du sol et les services du pouvoir
social. Ces produits servent à l'entretien de toute la
population, aux avances des matières premières du
travail, aux tributs dus à l'état et aux économies qui
entretiennent et augmentent la richesse accumulée.
Ils sont désignés dans la science sous le nom de *produit brut.*

Une partie est consommée par les producteurs qui,
pendant la consommation, continuent les travaux de
la production. Si les producteurs consommaient tout
ce qu'ils produisent, il n'y aurait ni société civile, ni
état politique, ni peuple, ni gouvernement; il n'exis-
terait que des individus agglomérés et réduits à la
même condition que les hordes et les peuplades éparses
sur les divers points du globe. Il est donc d'une indispensable nécessité que les produits annuels du travail matériel excèdent les frais de production ou, ce
qui est la même chose, que les producteurs ne consomment pas tout ce qu'ils produisent. L'excédant de
la production sur la consommation des producteurs
forme le fonds sur lequel s'élèvent, subsistent et prospèrent les peuples modernes. Ce fonds est essentiellement différent de ceux affectés à la production; l'un

19.

et l'autre suivent une direction particulière et tendent à un but différent.

Le fonds propre à la production est consommé directement et immédiatement par les producteurs et ne laisse après lui de trace que dans la reproduction.

Le fonds destiné aux besoins du corps social n'est consommé qu'après une foule d'opérations, dont l'échange est le principe et la consommation le terme. L'échange s'effectue par l'intermédiaire de la monnaie, qui exprime la valeur de tous les objets soumis à l'échange. La valeur monétaire de cette partie de la production forme le produit net ou la richesse annuelle de chaque pays.

Cette classification de la richesse annuelle est indispensable quand on veut se former des notions exactes des causes de la progression ou de la décadence de la fortune des individus et des peuples.

§ 1er.

De l'échange.

Considérée dans la partie qui excède les consommations du producteur, la richesse annuelle dépend de l'échange. C'est lui qui en étend ou en resserre les limites et lui donne plus ou moins d'influence sur l'aisance, la prospérité et la puissance relative des peuples. Ce que la monnaie est au métal, dont elle opère la circulation, l'échange l'est aux produits, dont elle assure la consommation. Comme la monnaie dit ce que vaut l'échange, l'échange dit ce que valent les produits qui lui sont soumis. La seule différence qui distingue les deux opérations, consiste en ce que le métal et la monnaie se confondent dans un seul et même objet, tandis que l'échange reste étranger aux deux objets qui reçoivent de lui leur puissance relative. Quels sont donc les objets que l'échange met en balance avec les produits annuels du travail, dont il détermine la valeur? Ce sont:

La richesse accumulée;

Les services privés et publics;

Les produits importés de l'étranger;

Les valeurs du crédit.

Plus l'échange des produits du travail a d'activité, plus les produits ont de valeur, et plus on s'applique à augmenter la production. Quand l'échange facilite la consommation, il encourage la production, donne une forte impulsion à la prospérité particulière et accélère les progrès de la richesse générale; c'est donc un point fondamental de l'économie politique que les progrès de la richesse dépendent de l'échange de la partie des produits annuels du travail qui ne sont pas consommés par les producteurs.

Malgré son importance dans la production de la richesse, l'échange n'a pas obtenu toute la considération qu'il mérite; on a même cherché à lui ravir la faible part qu'on ne pouvait lui refuser.

Des écrivains recommandables professent et enseignent qu'il suffit de produire pour consommer, et que si les produits ne sont pas consommés, c'est qu'on ne produit pas assez. Ils font de la production le mobile de la consommation et se persuadent que s'il y avait toujours des produits, il y aurait toujours des consommateurs pour les consommer. Ils confondent deux choses essentiellement distinctes : le pouvoir et la volonté de consommer. Sans doute la production donne le pouvoir, mais elle est impuissante sur la volonté, qui ne reçoit d'impulsion que du besoin ou de la jouissance; impulsion que seconde l'échange et qui lui donne toute son intensité. Quand, indépendamment de l'échange, le pouvoir et la volonté de consommer existeraient au même degré, il y aurait toujours des produits plus recherchés que d'autres; on aurait trop de ceux qu'on ne veut pas, et pas assez de ceux qu'on veut, et par conséquent il y aurait toujours des produits qui ne trouveraient pas de consommateurs, quoiqu'il y eut des produits pour les payer. Il y a entre la production et la consommation des rapports qui ne se manifestent que par l'échange: lui seul règle l'état de la production et de la consommation, fait connaître si l'on a trop ou pas assez produit, subordonne la production à la consommation et la consommation au pouvoir et à la volonté de consommer.

Et dans quel temps a-t-on essayé d'accréditer la doctrine novatrice que je combats? c'est lorsque le pouvoir de la production a reçu, de la puissance magique des machines, un si prodigieux développement, que les plus grands encouragemens donnés à la consommation par le bas prix des produits, n'ont pu

l'élever au niveau de la production, ni préserver les
marchés d'un engorgement universel, ni arrêter la
dépréciation des produits, le découragement des producteurs et l'atonie du commerce général ; on conviendra que jamais l'expérience ne fut dans une opposition
plus hostile avec la théorie.

Si l'on s'est mépris sur le mobile de la consommation, on n'a pas été plus clairvoyant sur la nature et
le caractère de l'échange. C'est en effet un point de
doctrine économique, que l'échange le plus facile, le
plus assuré et le plus avantageux est celui qui a lieu
dans le marché le plus voisin du lieu de la production,
et cependant il n'y a point d'erreur plus manifeste, ni
plus facile à démontrer.

Dans le marché local, l'échange est limité aux produits et aux besoins du canton ; il n'offre aux acheteurs que des objets propres à leurs indispensables
nécessités, et, par conséquent, il n'a d'autre mobile
que le besoin, de toutes les impulsions la plus forte,
mais la plus limitée. Les besoins satisfaits, la production s'arrête et aucun intérêt ne peut déterminer sa
progression. Dans ce cas la richesse annuelle est circonscrite dans le cercle le plus étroit et l'on ne voit
pas comment on pourrait l'en faire sortir. L'écrivain
d'économie politique, le plus judicieux de notre époque, M. Malthus me semble avoir parfaitement carac-
térisé le marché local, quand il a dit :

« Si les échanges n'avaient jamais eu lieu en Angle-
« terre à plus de six milles (deux lieues de France),
« il est probable qu'un sixième de son capital eût suffi

« à tous les emplois, que toute accumulation eût
« été impossible, parce qu'elle n'eût pas trouvé d'em-
« ploi et que tout progrès de la richesse eût été
« paralysé. »

Si tel est le résultat nécessaire du marché local, et
il serait difficile d'élever des doutes raisonnables à cet
égard, il est évident que ce n'est pas dans ces sortes
de marchés que se font les échanges les plus favorables aux progrès de la richesse du pays.

Doit-on placer dans la même catégorie les marchés
de la province et ceux de la capitale? Non, sans aucun doute. Ils offrent, au contraire, des avantages
supérieurs à ceux des marchés locaux; avantages dont
ceux-ci sont privés.

Dans les grands marchés d'un pays les produits de
tous les cantons se mesurent les uns contre les autres,
et la concurrence de nombreux consommateurs détermine leur valeur relative. Chaque canton, averti par
l'échange, ne cultive que les produits que le marché
préfère, les capitaux sont partout portés dans les emplois les plus prospères et le pays jouit de toute la
prospérité qu'on peut attendre de l'échange qui s'opère
dans les grands marchés.

On a dit que les avantages des grands marchés sur
les marchés locaux sont illusoires et sans aucune réalité, et l'on s'est fondé sur ce que dans ces deux sortes
de marchés, les produits soumis à l'échange sont de
la même nature et en même quantité, les producteurs et les consommateurs en même nombre,
les moyens d'échange égaux; d'où l'on a conclu que

quand les causes sont pareilles, les effets sont identiques.

C'est ici qu'il est facile de se convaincre que l'apparence peut être tout-à-fait différente de la réalité.

Qui ne sait, en effet, que les mêmes produits disséminés dans dix ou dans un seul marché, y donnent lieu à des échanges bien différens ; moins un marché est approvisionné, moins il s'y fait d'échanges, les besoins seuls en règlent l'étendue et le nombre ; tel est l'état des marchés locaux ; mais si l'on réunit dans un grand marché les produits dispersés dans dix petits, tout change de face, les échanges ne sont plus déterminés par les seuls besoins, ils sont aussi influencés par l'attrait des jouissances, et alors ils n'ont de bornes que dans les facultés des échangistes. La puissance des masses n'est pas moins efficace sur les actions morales que sur les procédés physiques.

Enfin il est de fait que des produits qui, dans le marché local n'ont que peu de valeur, parce qu'ils y abondent, ne satisfont que des besoins, n'excitent aucun desir et ne sont recherchés que par des acheteurs peu en état de les payer, en obtiennent une très grande dans les grands marchés où ils sont desirés et recherchés par des consommateurs plus nombreux et plus en état de les payer. Que l'on compare la valeur des produits les plus précieux, des vins, des huiles, des soies, des cafés, des tabacs, dans les marchés de leur production et dans les marchés généraux du pays et l'on se formera des notions exactes de la nature et du caractère du marché général et de son influence sur la valeur vénale des produits soumis à l'échange. En un mot, le marché où l'on trouve le plus de produits les fait valoir l'un par l'autre, et donne à tous une plus grande valeur que celle qu'ils auraient eue dans le marché local.

Et qu'on ne croie pas que la plus grande valeur que les grands marchés donnent aux produits, ne profite qu'aux localités les plus favorisées par leur sol ou leur industrie, et dont les produits sont plus variés, plus rares et plus recherchés. Dès qu'il y a échange, il y a profit pour tous les échangistes, autrement l'échange n'aurait pas lieu. Sans doute, le profit n'est pas le même pour tous, mais il les satisfait tous puisqu'il détermine le consentement du moins favorisé. Il y a même ceci de particulier, que, plus le profit est considérable pour l'un des deux échangistes, plus l'autre y participe. Si le producteur du blé, dans l'échange qu'il en fait avec le producteur du vin, gagne plus que celui-ci, il est plus facile dans l'échange, et par sa facilité améliore la condition de son échangiste. C'est ainsi que le marché national par l'échange des produits des divers cantons du pays, favorise les progrès de la richesse générale. Les cantons les moins favorisés participent aux avantages des plus fortunés, et la lutte, qui semble devoir être funeste aux plus faibles, devient le principe de leur force, de leur aisance et de leur bien-être. C'est par les mêmes moyens, par l'échange de leurs produits avec les pays riches, que les plus pauvres sortent de leur détresse et parviennent à la richesse.

Dans le lieu de la production, les produits les plus précieux ont peu d'utilité, de valeur et d'influence sur la richesse particulière de chaque pays. Les bois, les fers, les goudrons, les chanvres, les suifs et les fourrures du nord; les vins, les soies, les huiles et les fruits du midi; les denrées du tropique et les gommes de l'Afrique sont dans le marché local si abondans, qu'ils seraient presque inutiles au pays qui les produit, s'il en était le seul consommateur; il resterait dans une éternelle détresse au milieu des plus riches trésors, et les siècles s'écouleraient sans aucune amélioration à sa condition; mais son état change à mesure que le commerce porte ses produits dans les marchés du monde, leur donne une valeur qui encourage leur production, et l'associe en quelque sorte au partage des bienfaits qui résultent de la communication générale des hommes et des choses. Qu'on suive la marche de la richesse et de la civilisation dans tous les temps et dans tous les pays, et on les verra découler des marchés généraux que le commerce approvisionne; les peuples les plus célèbres par leurs richesses ont tous été des peuples navigateurs qui portaient dans tous les marchés les produits de tous les pays, et qui tiraient de leurs échanges des profits d'autant plus considérables qu'ils les portaient du lieu de leur production, où ils avaient peu de valeur, dans ceux où, étant inconnus ou rares, ils en avaient une très grande. L'histoire est uniforme sur ce point.

Dans l'antiquité, Tyr, Carthage, Athènes et Corinthe; dans le moyen âge, Venise, Gênes, Pise, Florence et les villes anséatiques; et dans les temps modernes, le Portugal, l'Espagne, la Hollande et l'Angleterre déposent unanimement de la puissance de l'échange dans les marchés du monde pour asseoir et fonder la richesse des peuples. La théorie la plus savante a fait d'inutiles efforts pour renverser cette doctrine appuyée sur l'expérience des siècles. Elle a exercé et exerce encore le même empire sur tous les peuples, et les entraîne tous à la poursuite des richesses sur les marchés du monde. Plus on a fait de progrès dans cette direction, plus on a obtenu de succès; plus on a recueilli de profits, plus on a mis d'importance à en écarter ses concurrens et à récolter seul dans le champ de la richesse commune. On a visé à ce but par la domination des mers, le monopole colonial, le système prohibitif et restrictif. Ces mesures n'étaient sans doute ni les meilleures ni les plus éclairées; elles n'ont pas cependant été tout-à-fait infructueuses. On comprend en effet que, lorsqu'un souverain réussit à s'emparer des produits les plus précieux de tous les pays, il ne lui est pas difficile de les faire circuler dans tous les marchés, lors même qu'il ferme les siens à l'étranger dont il redoute la concurrence. Dans cette heureuse position, tout le monde a besoin de lui et il n'a besoin de personne, il fait des profits sur tous et personne n'en fait sur lui; il rançonne et n'est pas rançonné. Cet état des choses, quelque déraisonnable qu'il soit, s'est long-temps prolongé, et l'on a vu, dans l'espace de trois siècles, le

sceptre du commerce passer successivement au Portugal, à l'Espagne, à la Hollande et à l'Angleterre. Cette
dernière, avec ou sans dessein, le fixa dans ses mains
par son fameux acte de navigation; et, le croirait-on,
dans le même moment où l'Angleterre fréquentait les
ports de tous les pays, sans restriction et sans condition, elle prescrivait aux autres peuples des règles
pour être admis dans ses marchés ! Ce qui ne doit
pas causer moins de surprise, c'est que la Suède fut
le seul peuple qui ressentit l'injure que l'acte de navigation faisait à tous les peuples navigateurs, et
s'en mit à couvert par un autre acte de navigation.
Si tous les peuples navigateurs en avaient fait autant, c'en était fait de la domination commerciale, et
il aurait fallu renoncer aux trésors du commerce ou
se soumettre au niveau de la réciprocité qui en fait
la force et la justice; mais l'exemple de la Suède ne
fut point imité; on continua des relations qui, quoique inégales, offraient des avantages auxquels on n'é-
tait pas disposé à renoncer.

Loin de faire obstacle à la domination commerciale
de l'Angleterre, les guerres de la révolution française lui offrirent l'occasion et les moyens de l'affermir, et elle n'eut garde de les négliger. Dans
l'Inde elle cimenta les bases de son vaste empire,
conquit de nombreuses et riches colonies dans les
autres parties du monde, prit de fortes positions mi-
litaires sur toutes les mers, et assura à sa navigation
de salutaires asiles, d'utiles entrepôts, des points de
défense et d'attaque contre ses ennemis, ses rivaux

et ses concurrens. Jamais l'ambition n'eut plus à s'applaudir de son génie et de sa fortune, et jamais elle ne fut plus près d'une funeste catastrophe.

Au moment où l'Angleterre se croyait à l'apogée de la fortune commerciale et se flattait d'imposer d'éternels tributs au commerce du monde, la mécanique, la chimie et la métallurgie élevaient des murs d'airain contre son redoutable monopole, et à sa grande surprise, la paix qui devait lui offrir les inépuisables tributs du continent, lui apprit qu'il s'était émancipé et ne redoutait plus ses fers. Les choses en sont venues au point qu'on peut entrevoir le moment où chaque état trouvera dans son industrie tous les objets que lui imposait le monopole de l'Angleterre.

Avec un gouvernement moins éclairé que le gouvernement anglais, ce grand évènement se fût accompli sans être aperçu; le commerce eût subi une épouvantable révolution, et la richesse une terrible catastrophe. Ce gouvernement alla au devant de la crise, et s'il ne put ni la détourner ni s'en préserver, il prit les mesures les plus efficaces pour en atténuer les calamités.

En 1822, il annonça à tous les peuples son intention de baser désormais ses relations commerciales sur une entière réciprocité, et il fit en effet successivement des traités de commerce avec le Danemark, les Pays-Bas, les États-Unis d'Amérique, la Prusse, les nouveaux états de l'Amérique méridionale et la France.

Par ses discours (1), par ses actes (2), il s'efforça
d'accréditer, de propager, de persuader ses nouvelles doctrines commerciales et le monde commerçant ne vit pas sans étonnement ni peut être sans défiance la toute-puissance de l'Angleterre briser son
sceptre de plomb et appeler tous les peuples au partage des trésors du commerce général sous l'équitable
loi de la réciprocité.

Ces innovations dans la législation commerciale de
l'Angleterre ne la privaient, dit un écrivain fort in-

(1) Dans la session de 1822, lord Liverpool disait à la séance de la
Chambre des pairs, du   1824:

« On ne peut plus soutenir qu'il soit avantageux à ce pays de limiter le
commerce des autres : toute mesure qui tend à accroître le commerce d'un
pays étranger est d'un bénéfice certain pour celui-ci, et l'accroissement de
leurs richesses doit accroître les nôtres. »

En 1824, le chancelier de l'échiquier, M. Robinson, déclara dans la
chambre des communes, que si cela était en son pouvoir l'Angleterre saisirait ce moment pour engager toutes les nations à briser les odieuses
chaînes qui enchaînaient l'essor du commerce.

Le 21 mars 1825, M. Huskisson disait à la Chambre des communes :

« Toutes les fois qu'on ouvre une libre carrière au capital, à l'industrie,
à l'intelligence active, à l'esprit d'entreprise qui caractérise d'une manière
si forte les temps actuels, c'est, dans le fait, ouvrir de nouvelles routes aux
spéculations et faciliter l'échange des productions des diverses parties de
la terre. »

(2) On modifia l'acte de navigation;

On autorisa l'introduction des soieries, moyennant un droit de 30 pour
cent ;

On diminua les primes sur les soieries et les toileries de manufactures
anglaises;

On permit la libre sortie des laines et autres matières premières;

On réduisit les droits de douanes sur les produits étrangers, dont l'importation était permise;

Et l'on organisa un système d'entrepôt.

struit, bon juge en cette matière (1), d'aucun des avantages de son système prohibitif, et dans ce cas, elles n'auraient eu d'autre objet que d'égarer les peuples sur la direction de leurs rapports commerciaux; mais ce point me touche peu. Qui ne sait que les peuples sont peu disposés à se départir spontanément de leurs supériorités acquises, de quelque nature qu'elles soient, et si l'Angleterre avait renoncé gratuitement à l'influence que son système prohibitif lui avait donnée sur le monde commerçant, ce serait un phé- nomène sans exemple dans l'histoire de la société ci- vile; mais qu'importe ce qu'elle a voulu en substi- tuant le système de réciprocité au système prohibitif; ce n'est pas son intention qu'il faut connaître; c'est ce qui doit résulter de ce qu'elle a fait qu'il faut pressentir et déterminer. Est-il dans l'intérêt de la ri- chesse particulière et générale que tous les peuples adoptent le système de réciprocité et renoncent au système prohibitif ou restrictif? Voilà ce qu'il importe de rechercher et de savoir.

Ce qu'il y a de certain, c'est que le gouvernement français, loin d'accéder aux vues libérales du gouver- nement anglais, s'attacha encore plus fortement au système restrictif, donna plus d'étendue à ses restric- tions, et mit de nouvelles entraves à ses relations commerciales avec les autres peuples. Les motifs qu'il en donna reproduisent tous les lieux communs de la

(1) M. Rodet a publié sur ce sujet deux écrits d'un grand intérêt :
L'un en 1825, sous le titre *Du commerce extérieur,* et l'autre en 1828, sous celui de *Questions commerciales.*

doctrine prohibitive, et ne lui donnent ni plus de poids ni plus de considération.

« Il faut, disait-il (1), protéger par de forts droits, « même par des prohibitions, toutes les exploitations « du sol, tous les efforts de l'industrie, le travail, enfin, « c'est-à-dire les plus féconds élémens du commerce. »

Mais de quel commerce parlait-on? C'était du commerce intérieur qu'on appelait le principal moyen de vie, le propre, l'inépuisable agent de la prospérité d'un peuple composé de 30 millions de consommateurs.

On ne prévoyait pas alors que, dans peu de temps, cet agent de la prospérité des peuples laisserait le peuple français dans un état de pléthore qui paralyserait l'exploitation du sol, les efforts de l'industrie, le travail enfin. Nous savons en effet qu'il n'a pu ouvrir aucun écoulement aux céréales, aux vins, aux bestiaux, aux laines et aux divers produits de l'industrie manufacturière, et qu'il en est résulté une atonie générale dans la consommation, dans la production et dans tous les agens de la richesse. Aurait-on éprouvé cette désastreuse calamité si le commerce avec l'étranger avait porté dans les marchés du monde les produits inutiles à la consommation du pays, et les avait remplacés par des produits exotiques qui auraient facilement trouvé des consommateurs? Non sans doute! Le bon sens et l'expérience sont d'accord sur ce point; il est certain que l'échange des produits

_____

(1) Exposé des motifs du projet de loi des douanes en 1822.

indigènes contre des produits exotiques eût donné une
nouvelle énergie au travail, à la production et aux
facultés productives de la richesse. Quand un pays
manque de débouchés pour ses produits, imposer de
plus forts droits sur les produits de l'étranger qui
seuls peuvent en assurer l'écoulement, c'est le priver
des moyens d'opérer leur consommation; c'est leur
aire perdre toute utilité, toute valeur, c'est les dé-
truire. Dans de telles circonstances, loin de réprimer le commerce extérieur par une augmentation de
droits, il faudrait les diminuer; le véritable moyen de
stimuler le débit, c'est de réduire les prix par la réduction des taxes; le bon marché est le grand mobile
de toute consommation.

Dans la Chambre des députés de 1822 je ne fus
pas assez heureux pour faire prévaloir ces principes
tutélaires de la richesse générale; mon opposition au
projet de loi des douanes fut sans succès; le système
prohibitif prévalut, mais on ne tarda pas à en ressentir les funestes effets.

Les Pays-Bas, la Suisse, Bade, la Bavière, les états
d'Allemagne et les États-Unis d'Amérique, usèrent de
représailles, frappèrent nos produits de prohibitions
comme nous avions frappé les leurs, et nous privèrent de leurs débouchés comme nous les avions privés
des nôtres. Quel en fut le résultat? La fermeture des
débouchés fut comme elle devait l'être, la cause de
l'encombrement des produits de tous les pays qui se
refusèrent à l'échange accoutumé, et l'abondance, qui
eût été une source de prospérité pour tous, fut un

fléau et une cause de misère et de ruine pour chacun ; ce qui ne doit pas causer moins de surprise, c'est qu'on ignorait la cause du mal, et que la surabondance qui l'occasionait ne venait que de la fermeture des canaux qui devaient en assurer l'écoulement.

Plus le mal s'aggravait en France par la progression des taxes qui éloignaient les produits de l'étranger, plus on s'opiniâtrait à le guérir par de plus fortes taxes. On ne voyait de remède que dans la prohibition des produits exotiques et le monopole des produits indigènes. Ce qui donne encore plus de piquant à cette disposition d'esprit, c'est que dans le même moment où le chancelier de l'échiquier d'Angleterre déclarait à la Chambre des communes que si cela était en son pouvoir l'Angleterre saisirait ce moment pour engager toutes les nations à briser les odieuses chaînes qui empêchaient l'essor du commerce, le directeur des douanes de France professait à la chambre des députés une doctrine diamétralement opposée ; il prétendait que la richesse de chaque pays devait être le produit du travail national, et qu'il fallait à tout prix exclure les produits du travail de l'étranger, parce qu'ils s'excluent l'un l'autre. (1)

_____

(1) Voici la partie la plus saillante de ce discours :

« La travail constitue la richesse d'un peuple, parce que seul il crée les « choses matiérielles que réclament les besoins ou les goûts de l'homme en « société, et que l'aisance universelle consiste dans l'abondance de ces « choses ; mais il faut que cette abondance soit le produit du travail natio- « nal ; si elle était le produit du travail étranger, le travail national ces- « serait promptement, et cette abondance avec lui, parce que le travail « s'arrête là où la consommation manque, et que la consommation qui est

Je ne fais remarquer en ce moment l'opinion du
gouvernement français sur la nature et le caractère
du commerce avec l'étranger que dans son opposition
avec celle du gouvernement anglais, et l'on conviendra que sous ce seul rapport elle est d'un grand intérêt et doit faire desirer vivement la solution du problème qu'elle présente. On ne l'a jusqu'ici envisagé
que dans l'intérêt de la science, et sous ce point de
vue on ne lui donnait qu'une importance scientifique;
mais à présent qu'on voit qu'il se lie à la fortune des
individus et des peuples, et influe sur la puissance politique et sociale, il mérite de fixer l'attention de tous
ceux qui peuvent concourir à sa décision.

Avant d'aborder le problème de la réciprocité of-
ferte par le gouvernement anglais à tous les peuples
commerçans, il faut se faire des notions exactes et pré-
cises de sa nature de son caractère, de son étendue et
de ses opérations dans le cercle qu'elle parcourt. On
tomberait dans une grave erreur si l'on se persuadait
qu'un peuple qui ouvre ses ports au commerce de l'é-
tranger livre son travail et ses produits à une concurrence dangereuse, devient tributaire de l'industrie
étrangère, et se condamne à glaner sur son propre
sol, tandis que l'étranger y moissonne d'abondantes

« le prix du travail ne saurait se maintenir sans lui. Supposez en effet que
« les grains de la Crimée envahissent vos marchés à 11 et 12 fr. l'hectolitre
« et dites-nous ce que sera bientôt le travail des champs? Supposez les 2 ou
« 300 millions de fers que nous consommons annuellement, portés dans
« nos ports par l'Angleterre à 8 fr. les 100 livres, et dites-nous ce que
« deviendront nos fourneaux et les bois qu'ils mettent en valeur? »
Exposé des motifs du projet de loi des douanes du 5 juin 1824.

récoltes. De telles hypothèses sont illusoires, de semblables craintes puériles, et l'on s'effraie de ridicules chimères.

Déjà l'on a vu que les producteurs agricoles consomment directement les produits de leur travail nécessaires à leur subsistance et à leur entretien ; ils consomment leur blé, leur vin, leur huile, leurs chanvres, leur lin, les laines de leurs troupeaux, et même une grande partie des animaux qu'ils ont élevés et fait servir à leurs travaux. Par cette consommation directe et immédiate, une partie de la production agricole est non-seulement soustraite au commerce extérieur, mais même au commerce intérieur. A quelque prix que l'un et l'autre commerce offrissent à la classe agricole sa subsistance et son entretien, ils ne pourraient la déterminer à renoncer à la consommation de ses produits, et la raison en est palpable, c'est que cette classe n'aurait aucun moyen de payer les produits de l'industrie étrangère. Il faut donc tenir pour certain que dans chaque pays la subsistance et la plus grande partie de l'entretien de la population agricole sont hors de tout commerce et ne peuvent ni souffrir, ni profiter de ses opérations. Ce fait est digne de remarque, surtout lorsqu'on fait attention que la population agricole forme à-peu-près dans tous les pays et surtout en France, plus des deux tiers de toute la population. Lors donc que le commerce extérieur serait aussi désastreux que le pensait le gouvernement français, il n'affecterait ni la population agricole, ni les produits qu'elle consomme.

Frapperait-il du moins l'autre partie des produits agricoles qui excèdent la consommation du cultivateur? Sans doute la concurrence des céréales étrangères en ferait baisser le prix, et, comme le disait fort bien le directeur des douanes de 1822, le cultivateur français ne pourrait vendre ses grains qu'au prix du blé d'Odessa sur les marchés français? mais qu'en résulterait-il? serait-ce, comme le disait cet administrateur, que le travail des champs serait abandonné par le cultivateur français? Ce travail ne perdrait rien de son activité, car il faut toujours cultiver les champs qui nous font vivre; mais la partie de leurs produits, dont le marché détermine la valeur, descendrait au prix vénal du blé d'Odessa, et il est très vraisemblable qu'elle serait réduite à la moitié de ce qu'elle était auparavant; mais sur qui donc tomberait cette baisse?

Ce ne serait pas sur le cultivateur, qui règle toujours le prix de son travail sur le besoin qu'on en a et non sur la valeur vénale de ses produits.

Ce ne serait pas non plus sur le capitaliste ou le fermier, qui, quel que soit le prix du marché, prélève les profits du capital dans cet emploi.

La baisse de la valeur vénale serait donc supportée par le propriétaire du sol, dont la rente se compose de ce qui reste sur le prix vénal des produits après le paiement des salaires de l'ouvrier et des profits du capitaliste, et, il faut en convenir, cette perte serait fâcheuse pour cette classe de la population, mais elle ne serait ni sans dédommagement, ni sans indemnité.

Le bas prix des subsistances serait une prime d'encouragement pour les classes industrieuses; elles produiraient à meilleur marché et donneraient leurs produits à plus bas prix, baisse qui serait grandement profitable aux propriétaires du sol, les plus grands consommateurs des produits de l'industrie.

D'un autre côté, le bas prix des subsistances et des produits de l'industrie opéreraient nécessairement une réduction proportionnelle dans le traitement des services publics et, par conséquent, les impôts qui sont destinés à les payer, qui sont si onéreux pour les propriétaires, éprouveraient une diminution considérable qui améliorerait leur condition.

Enfin, les services privés, qui haussent ou baissent dans la proportion de la hausse ou de la baisse des subsistances et des produits de l'industrie, seraient à bon marché, et les propriétaires du sol éprouveraient une grande réduction dans cette partie importante de leurs dépenses.

Ainsi, la baisse de la valeur vénale des produits agricoles résultant de la liberté du commerce ne serait ni fatale à la production agricole, ni destructive du travail des champs; elle serait au contraire également profitable à la richesse particulière et générale.

En serait-il de même de la liberté du commerce par rapport à l'industrie manufacturière et à la population industrielle. Ici la question se complique, et sa solution devient plus difficile et plus épineuse.

Adam Smith fait remarquer que chaque pays manufacture les objets de première nécessité qu'il consomme, et qu'il n'a aucune concurrence à craindre à cet égard; ce qui semble restreindre l'invasion des manufactures étrangères aux objets d'agrémens, de fantaisie ou de luxe, et réduire considérablement le mal de cette invasion s'il peut y en avoir.

Chaque pays a d'ailleurs des manufactures qui lui sont tellement propres, que non-seulement l'étranger ne peut pas l'en dépouiller, mais même ne peut pas entrer en concurrence avec lui. Les avantages qu'on tirerait des manufactures intactes, compenseraient les avantages de celles envahies, et les pertes effectives ne seraient ni considérables, ni irréparables.

Enfin, l'étranger qui approvisionnerait un pays des produits de ses manufactures, acheterait infailliblement de lui d'autres produits, jusqu'à concurrence de la valeur de ceux qu'il aurait fournis, et il ne serait pas impossible que ces services réciproques rétablissent l'équilibre entre les deux pays, et que leurs relations, fondées sur une entière réciprocité fussent également profitables à l'un et à l'autre.

Malgré ces considérations, qui me paraissent d'un grand poids, il ne faut pas se dissimuler qu'elles ne sont pas décisives, qu'elles n'excluent pas le doute, et que dans l'état actuel de l'industrie générale, il ne serait, ni prudent, ni sage de les prendre pour base des relations commerciales des peuples.

La mécanique a fait depuis un demi-siècle de si grands prodiges, qu'une population peu nombreuse peut approvisionner le monde entier d'objets manufacturés, en quantité suffisante pour ses besoins. La seule manufacture de coton de l'Angleterre entre dans ses exportations pour 33,337,000 livres sterling (733,405,000 fr.), et approvisionne encore sa population pour une somme égale de 33,337,000 livres sterling; cette immense production n'emploie cependant qu'environ 1,200,000 individus. Si l'Angleterre n'était pas restreinte et limitée par le système prohibitif et restrictif des autres pays, elle pourrait décupler ses produits, et telle est sa supériorité à cet égard, qu'elle serait bientôt en possession du monopole des produits de cette branche d'industrie.

Et qu'on ne croie pas que sa supériorité sur ce point pourrait être balancée par son infériorité dans d'autres manufactures, et qu'il s'établirait naturellement une balance également favorable à tous les peuples. Qui ne sait que le coton remplace en très grande partie les étoffes de laine, de coton, de fil et de soie, et que la possession exclusive des manufactures de coton donnerait à l'Angleterre la suprématie absolue de tous les marchés, suprématie qu'elle fortifierait encore par sa supériorité dans les manufactures de fer, de poterie et d'autres matières d'un usage général. Il n'y a donc pas de doute que l'Angleterre, par le débit de ses manufactures les plus usuelles, imposerait sur les autres peuples un tribut fatal à leur industrie, même à celle qu'Adam Smith croyait à l'abri de toute atteinte.

Demandera-t-on comment les peuples approvisionnés des produits manufacturés de l'Angleterre lui en paieraient le prix? Ils n'auraient de ressources que dans les matières premières et les produits recherchés de leur sol; mais il ne faut pas s'y méprendre! Quoique les valeurs données et reçues en échange fussent égales, il ne faut pas croire que la condition des peuples qui donneraient des matières premières en échange des produits manufacturés fût la même pour tous.

Avec le secours des machines, l'Angleterre fabrique à peu de frais ses produits; ses fonds lui rentrent au moins deux fois par an, le crédit économise l'emploi matériel d'une partie de ses fonds, et son immense débit lui permet de se contenter de petits profits, qui par leur multiplicité réalisent des gains énormes.

Il n'en est pas de même des peuples qui lui livreraient leurs matières premières et les produits favorisés de leur sol et de leur industrie. Comme ils ne peuvent les obtenir qu'avec des capitaux considérables, une population nombreuse, et après le long intervalle de près d'une année, leurs profits seraient hors de toute proportion avec ceux de l'Angleterre, elle marcherait à une prospérité toujours progressive, tandis qu'ils végéteraient dans une médiocrité stationnaire et presque sans espérance d'amélioration.

Ce rapprochement du résultat des relations commerciales des peuples manufacturiers et des peuples agricoles, suffit pour démontrer que le système de réciprocité mis en avant par l'Angleterre, loin de leur être également favorable, les tiendrait à d'énormes distances les uns des autres, et que, si malgré leurs désavantages, les peuples agricoles parvenaient à amé-

liorer leur sort, cette amélioration même tournerait
au profit des peuples manufacturiers; c'est ce qui
n'avait pas échappé à lord Liverpool, et ce qu'il expri-
mait nettement lorsqu'il disait à la Chambre des pairs :

« Tout ce qui tend à accroître le commerce des
« pays étrangers est d'un bénéfice certain pour celui-
« ci, et l'accroissement de leurs richesses doit augmen-
« ter les nôtres. »

Tel serait, il n'en faut pas douter, le résultat de la
réciprocité du commerce entre l'Angleterre manufacturière et les peuples agricoles, et ce n'est pas là cependant qu'il s'arrêterait.

Privés de manufactures, les autres peuples ne feraient qu'un commerce de peu de valeur; leurs produits serviraient à payer les produits manufacturés, et
n'ayant à porter dans les marchés étrangers que ceux
de leurs produits, que l'Angleterre ne voudrait ou ne
pourrait pas consommer, ils n'en tireraient qu'un
produit insuffisant pour étendre et accroître leur
richesse.

Ces peuples essaieraient-ils le commerce de transport ou de circuit; mais où prendraient-ils les capitaux qui lui sont indispensables? les peuples ne livrent
les produits de leur sol et de leur industrie aux peuples navigateurs, qu'autant qu'on leur fait l'avance de
la plus grande partie de leur valeur; et ce n'est pas
avec des produits agricoles qu'on parvient à accumuler de grands capitaux. Le commerce appuyé sur une
puissante industrie manufacturière en a seul les
moyens et la puissance.

Faut-il donc s'étonner de ce que l'Angleterre, puissante par ses manufactures, ses capitaux, son crédit et son commerce, offre à tous les peuples un commerce de réciprocité; c'est un géant qui jette le gant à un pygmée, elle veut obtenir par la ruse ce qu'elle ne peut plus attendre de la force; le piège est adroit, mais qui pourrait s'y laisser prendre? La réciprocité absolue et indéfinie du commerce avec l'Angleterre lui assurerait la plus grande partie des bénéfices; je crois l'avoir démontré par les seules lois de la théorie, mais d'autres considérations viennent encore à l'appui de ses doctrines.

Pendant que l'Angleterre concentrait son commerce dans le système prohibitif, d'autres peuples ont essayé de s'en mettre à couvert par l'établissement de manufactures nationales, et y ont versé des capitaux plus ou moins considérables. Si, comme cela me paraît certain, ils ne peuvent soutenir la lutte avec l'Angleterre, même sur leurs marchés, il est de toute évidence que la réciprocité qu'on leur offre ruinerait leurs manufactures et entraînerait la perte des capitaux fixes qu'on y a employés; perte incalculable et peut-être irréparable.

D'un autre côté il ne faut pas que le mauvais emploi des capitaux dans des branches d'industrie qui ne peuvent prospérer qu'avec le secours du monopole, exposent un pays à de continuels sacrifices qui, s'ils n'épuisent pas ses forces, arrêtent leur développement et les condamnent à un état de faiblesse et de dépérissement. Il est donc du véritable intérêt de chaque peuple de s'interroger sur l'état de son industrie et de son commerce, de se rendre compte des branches qui peuvent braver la réciprocité de celles qui, avec des secours plus ou moins prolongés, peuvent parvenir à soutenir la concurrence, et de celles qui ne peuvent se passer du monopole ni subsister sans lui.

A l'égard de ces dernières, dans lesquelles on s'est imprudemment engagé, il faut les abandonner le plus tôt possible, surtout si par la réciprocité l'on peut obtenir l'exploitation d'autres branches; c'est alors seulement qu'il vaudra mieux, comme l'enseigne Adam Smith, acheter de l'étranger que de faire soi-même ce qu'on ne fait pas aussi bien que lui.

Quant aux branches d'industrie qui n'ont besoin que du secours temporaire du monopole, il faut les tenir hors de l'atteinte de la réciprocité, les protéger par des droits suffisans pour qu'elles puissent soutenir la concurrence de l'étranger, seul mobile de leurs progrès et de leurs succès.

Enfin, s'agit-il des branches d'industrie qui sont en état de soutenir la concurrence dans tous les marchés, c'est pour elles seulement que la réciprocité est faite, et qu'il convient de l'adopter sans réserve et sans restriction. On y trouvera l'avantage de leur perfectionnement, qui résulte de la concurrence et qu'on ne peut obtenir que par elle.

Dans ce système la réciprocité est non-seulement sans inconvénient, mais elle favorise l'industrie de tous les peuples, n'en repousse aucun, et les conduit tous à la liberté générale et indéfinie du commerce, qui doit être le terme des efforts humains pour la production de la richesse particulière et générale.

Déjà même le gouvernement français est entré dans cette voie, puisque, tout en repoussant le système de réciprocité que lui offrait l'Angleterre, il a consenti à la réciprocité de la navigation des deux peuples dans les ports des deux pays, et dans les cas qui y sont déterminés. Si donc la réciprocité peut être partiellement adoptée sur quelques points et rejetée dans d'autres, toute réciprocité peut et doit devenir l'objet d'un traité spécial. En suivant cette méthode chaque peuple peut, à des intervalles marqués, étendre ou resserrer le cercle de la réciprocité, et suivre pour ainsi dire pas à pas la marche progressive ou rétrograde de l'industrie de chaque pays ; dans ce cas les droits de douanes seraient toujours coordonnés à l'état de l'industrie de chaque peuple, et on ne serait plus exposé aux bévues et aux fausses mesures qui lui ont été si souvent funestes.

Ce serait ici le cas d'examiner si la réciprocité de navigation établie entre l'Angleterre et la France remplit les conditions qui peuvent justifier son adoption. La France, dont la navigation ne dépasse pas 350,000 tonneaux, peut-elle soutenir la concurrence de l'Angleterre, dont la marine marchande emploie 2,400,000 tonneaux. C'est un problème qu'il est difficile de résoudre dans l'état actuel des documens publiés par le gouvernement français, documens si défectueux, si incomplets qu'on n'en peut tirer d'autres lumières que celles qu'il plaît au gouvernement de donner ; ce qu'il y a de certain, d'après les documens publiés par l'Angleterre, documens qui ne laissent rien à desirer, c'est que le nombre des matelots anglais employés de 1822 à 1824 augmenta d'un dixième, tandis que celui des matelots français diminua d'un trentième, et que de 1826 à 1828 la navigation de la France diminua de 60,000 tonneaux, c'est-à-dire d'environ un sixième. Il faut convenir que ce résultat n'est pas propre à accréditer l'essai de la réciprocité et surtout le choix du sujet sur lequel on l'a fait porter. On a en effet de la peine à s'expliquer pourquoi on a donné la préférence à la navigation. Il semble que s'il y a une branche de l'industrie française qui ait besoin et qui soit digne de protection , c'est sans contredit sa navigation. Dans ses plus beaux jours elle était loin de suffire à nos besoins. Avant la révolution elle ne pouvait fournir qu'environ 450,000 tonneaux, tandis qu'il en fallait près de 900,000 ; pendant la révolution elle a été réduite aux plus fâcheuses extrémités , et après quinze ans de paix elle n'est pas encore en état de suffire à la moitié de ce qu'exige l'état actuel de notre commerce, quelque inférieur qu'il soit, à ce qu'il devrait être. Une position aussi affligeante que celle de notre navigation devrait, ce semble, la recommander aux sollicitudes d'un gouvernement obligé de protéger le travail du pays contre les atteintes du travail étranger; il eut été sage et utile de ne pas l'abandonner dans son état de faiblesse à la concurrence du potentat des mers, et si l'on a eu de bonnes raisons pour cela , il eût été bon et peut-être nécessaire de les faire connaître, surtout dans la pénurie des documens qu'on tient ensevelis dans la poussière des bureaux, qu'on réserve exclusivement à des hommes indifférens et trop souvent incapables de comprendre toute leur importance.

Convaincue que la réciprocité qu'elle offrait au monde commerçant ne lui ouvrirait pas les ports qui lui étaient fermés, et qu'elle serait privée de ceux qui pouvaient lui offrir d'utiles spéculations, l'Angleterre prit une autre mesure pour arriver à son but; elle ouvrit un entrepôt aux produits de tous les pays, de quelque genre qu'ils fussent; frappés ou non de prohibition, et importés par des navires anglais ou étrangers (1), cette mesure mettait à sa disposition tous les produits qu'elle ne pouvait ni aller chercher, ni recevoir sans réciprocité, et qui lui étaient cependant nécessaires, soit pour compléter ses cargaisons, soit pour sa consommation, si les besoins l'exigeaient; et, dans le cas où elle ne pouvait pas en tirer parti, sous l'un ou l'autre rapport, leur réexportation après l'expiration de trois années lui laissait les profits considérables du fret, des frais de chargement et de déchargement, de magasinage et de commission. On ne

---

(1) L'acte d'entrepôt du 12 mai 1823 permet à charge de réexportation avec faculté d'entrepôt et sans aucun droit pendant trois ans, l'importation de tous les articles même prohibés jusqu'alors, de quelques lieux qu'ils viennent, soit sur navires anglais, soit sur navires étrangers appartenant au lieu de la production. Quelques articles, les marchandises de la Chine, les armes et les salaisons sont exceptés de cette faculté; elle ne commencera pour les soieries qu'au 5 juillet 1825, et les soieries ne seront admises qu'avec un droit de 15 pour cent, à charge de réexportation.

pouvait prendre une mesure mieux appropriée aux besoins d'un peuple commerçant et plus favorable aux progrès du commerce général. C'est sans contredit le plus ingénieux suppléant de la liberté du commerce.

La France a aussi des entrepôts, mais il semble qu'elle n'en ait pas compris le système. Le gouvernement les regarde comme une faveur, et ses favoris les transforment en droits qu'on ne peut pas enfreindre sans un attentat à la propriété; mais s'est-on bien rendu compte de ce qu'est un entrepôt, de sa nature, de son caractère et de ses résultats?

Un entrepôt permet d'introduire dans le pays qui l'accorde des produits exotiques sous la condition, s'ils sont prohibés, qu'ils seront réexportés sans payer aucun droit, et que si la consommation en est permise dans le pays, ils paieront à la sortie de l'entrepôt les taxes dont ils sont grevés. Dans cette combinaison on ne voit pas quel intérêt pourrait faire obstacle à l'établissement indéfini des entrepôts.

Serait-ce l'intérêt du gouvernement? Mais l'intérêt du gouvernement ne peut différer de l'intérêt du commerce, et comme l'entrepôt est toujours demandé par le commerce, il doit toujours avoir l'appui du gouvernement, qui, loin de se constituer le juge de ses besoins, doit se faire un mérite de suivre ses inspirations; elles ne sont contraires aux intérêts du pays que quand elles reposent sur des privilèges et des exclusions, et il est alors facile de s'en préserver. Hors ce cas on a peu à redouter les erreurs du commerce, et il est plus sûr de le seconder que de lui résister. En matière d'entrepôts le gouvernement a toutes les garanties de leur bonté et de leur utilité, puisque les produits entreposés ne peuvent sortir de l'entrepôt que pour être réexportés s'ils sont prohibés, ou en payant les droits auxquels ils sont assujétis, s'ils sont admissibles à la consommation. Dans le cercle étroit où est renfermé l'entrepôt, il est impossible d'apercevoir le moindre dommage pour le gouvernement.

Serait-ce le pays qui souffrirait de l'établissement des entrepôts? Et d'où cela pourrait-il provenir? Les entrepôts lui offrent le moyen d'étendre ses spéculations commerciales ou d'agrandir ses marchés, et dans l'un et l'autre cas il y a toujours avantage et profit pour lui. Avec les produits de l'étranger il complète ses cargaisons, les assortit aux besoins, aux goûts, aux fantaisies des pays auxquels il les destine, et assure le succès de ses spéculations. Sous un autre rapport l'entrepôt agrandit le marché du canton dans lequel il se trouve placé; il favorise le débit, stimule la consommation, et réagit sur la production qui se proportionne aux besoins du marché. L'intérêt du pays ne peut donc jamais être affecté par l'établissement des entrepôts ; aussi le gouvernement anglais en établit-il partout où ils sont demandés; de simples bourgs ont part à ses concessions aussi bien que les villes, et l'on ne voit pas qu'il en soit résulté aucun inconvénient. L'expérience est donc ici d'accord avec la théorie pour justifier les avantages et l'utilité de l'établissement indéfini des entrepôts.

Enfin, les entrepôts établis dans un pays seraient-ils un obstacle à l'établissement de nouveaux entrepôts? Ce serait une étrange confusion d'idées, de principes et de droits. Les entrepôts existans n'ont été établis que dans l'intérêt général du pays, et non daus l'intérêt particulier des localités dans lesquelles ils existent, et si le même motif d'utilité sollicite de nouveaux entrepôts, on ne voit pas comment ils pourraient être écartés sous prétexte de l'intérêt des anciens entrepôts. Le nouvel entrepôt ne nuit pas plus à l'ancien que le commerce qui pénètre dans une nouvelle localité ne nuit aux localités dans lesquelles il est établi, que le commerce général ne nuit au commerce particulier, ou le commerce particulier au commerce général. Le propre de tout commerce est d'accroître sa puissance par son extension, et de proportionner ses bénéfices à son développement. Il faut bien prendre garde de ne pas confondre l'intérêt du commerçant avec celui du commerce. Ils sont presque toujours opposés et contraires l'un à l'autre; le commerçant s'enrichit par le monopole, le commerce fleurit et prospère par la concurrence.

C'est en ce sens que l'échange des produits de chaque pays, contre les produits de tous les pays, est le plus puissant mobile de la richesse moderne; il ne faut, pour la rendre indéfinie et illimitée, que faciliter, protéger, encourager l'échange universel; et il semble que la liberté absolue du commerce remplit toutes les conditions du problème, et en donne la solution la plus satisfaisante, ou plutôt on dirait que l'échange uni-

21.

versel et la liberté absolue du commerce sont une
seule et mm e chose; toute la question se réduit donc
à déterminer les effets de la liberté absolue du commerce, sur les relations commerciales de chaque peuple,
et à cet égard, comme en tout il serait imprudent et
dangereux de faire, sans réserve et sans précaution,
l'application d'un principe absolu.

Dans la poursuite de la richesse, les peuples modernes n'ont pas suivi la direction de la liberté du
commerce; ils l'ont, au contraire, enchaînée par des
prohibitions et des restrictions, et l'ont plutôt traitée
en ennemie qu'en auxiliaire; chaque peuple a voulu
pourvoir à ses besoins, par sa seule industrie, vendre
à l'étranger ce qu'elle produisait de trop, et n'acheter
de lui que ce dont on ne pouvait se passer. C'était
une absurdité palpable, et cependant on ne s'en aper-
cevait pas; ce n'est que depuis peu de temps que l'illusion commence à se dissiper, et qu'on est disposé à
former des relations plus conformes aux intérêts de
la richesse particulière et générale; mais quelque sage
que soit cette disposition, elle ne suffit pas; un obstacle, difficile à surmonter, l'entrave et l'arrête, c'est
le passé; on ne défait pas en un jour l'ouvrage d'un
siècle; la transition de l'erreur, à la vérité, ne s'opère
pas sans froissement, sans déplacement et sans dommage.

Pendant que les peuples ont été dans l'opinion qu'ils
devaient se suffire à eux-mêmes, ils ont porté dans un
grand nombre de branches d'industrie, des capitaux
qui ne les fécondaient qu'avec le secours du monopole,

et l'on doit comprendre que cette fécondité artificielle ne peut se prolonger que pendant la durée du monopole. Si l'on brisait tout-à-coup cette barrière protectrice, si l'on ouvrait un libre accès à la concurrence, elle les frapperait d'une stérilité absolue, les priverait de toute utilité, et consommerait leur ruine. Dès-lors les nombreuses classes de la population, que ces branches d'industrie occupaient, seraient sans travail, les capitaux qui les alimentaient, sans emploi, et l'économie sociale exposée aux plus dangereuses commotions. On ne peut, comme je l'ai déjà fait observer, échapper à ce déluge de calamités, que par la réciprocité qui permet à chaque peuple, avant d'entrer en lice d'essayer ses forces, de les concentrer sur les branches d'industrie, où il a l'avantage sur ses concurrens, et par l'échange de ce qu'il fait de mieux avec ce qu'on fait mieux que lui, maintenir la balance des échanges en sa faveur, ou empêcher qu'elle ne lui soit défavorable. Dans ce concours de toutes les forces industrielles, pour ne produire que ce qu'on fait le mieux, et pour n'échanger que des produits supérieurs dans leur genre, les peuples et les individus arriveront, par la participation de leurs avantages réciproques au développement de toutes les richesses particulières et générales, au terme de la progression des efforts humains. C'est là le beau idéal de la science économique. C'est là le but qu'elle cherche et auquel elle doit atteindre.

§ II.

De l'influence des frais de production sur les progrès de la richesse moderne.

Après l'échange universel, qui opère le débit le plus avantageux des produits du travail, et forme la source la plus féconde de la richesse moderne, se place la réduction des frais de production, qui opèrent le bon marché des produits et en assurent la consommation. Cette cause a été, jusqu'ici, peu observée, si même elle l'a été, et cependant elle joue le plus grand rôle dans la production de la richesse moderne. Il ne me sera pas difficile de la tirer de l'oubli, dans lequel on l'a laissée, et de la reporter au rang qu'elle doit occuper dans la science.

Il est certain que plus on réduit les frais de production, plus les produits sont à bon marché, que plus leur prix est bas, plus le nombre des consommateurs augmente, et plus la consommation aiguillonne la production. Une diminution de cinq pour cent sur les frais de production d'un pays, augmenterait la consommation ordinaire, et créerait de nouveaux consommateurs. L'extension de la consommation serait suivie d'une plus grande production; la population serait dans l'aisance, le pays prospérerait, et l'état serait riche et puissant.

Et qu'on ne croie pas que la consommation des produits, dont le prix a baissé, se fasse aux dépens des autres consommations, et qu'il n'y ait de différence effective que dans les produits consommés.

Quoique la consommation des produits fabriqués en coton, ait plus que centuplé depuis soixante-dix ans en Angleterre, la consommation des étoffes de laine, de soie et de lin, non-seulement n'a pas diminué, mais même a considérablement augmenté. Ce fait est constaté par toutes les statistiques, et consigné dans plusieurs ouvrages périodiques (1). Comment expliquer ce phénomène? D'une manière fort simple. La plus grande consommation, provoquée par le bon marché excite à de plus grands efforts de travail, et l'on produit d'autant plus qu'on consomme davantage. Si un pays était isolé et sans relations commerciales avec les autres peuples, la baisse des prix par la réduction des frais de production serait la plus grande, sinon la seule cause des progrès de la richesse nationale.

Mais c'est surtout dans les relations commerciales des peuples, que l'on aperçoit tout l'avantage de la baisse des prix par la réduction des frais de production. Un peuple qui pourrait baisser ses prix de cinq pour cent, aurait sur ses concurrens une irrésistible supériorité, il serait le maître du marché, s'en assurerait le monopole et les profits se mesureraient, non par la prime de cinq pour cent, mais par le monopole qui n'y mettrait d'autres bornes que les facultés du consommateur, qui lui serait asservi.

Si donc, comme cela me paraît évident, la réduction des frais de production est un puissant moyen de richesse, comment peut-on l'obtenir? Dérive-t-elle des

(1) Voyez le *Quarterly review* de 1825.

causes naturelles, ou est-elle l'ouvrage des hommes
et des choses? Cette investigation me paraît devoir
répandre de vives lumières sur la science économique
et sur la marche de la richesse.

Les frais de production consistent dans :

Les salaires du travail;

Les profits du capital;

La rente de la terre;

Et les dépenses publiques.

Ces diverses charges, qui pèsent sur la production,
sont, par leur nature, sujettes à des variations, à des
modifications temporaires et accidentelles, mais toujours proportionnées à l'état de la richesse et de la
civilisation de chaque pays. C'est dans cette relation
qu'on aperçoit le problème tout entier. Réduit à ses
moindres termes, il consiste à savoir si la richesse et
la civilisation sont favorables ou contraires à la réduction des frais de production. Essayons d'arriver à sa
solution.

ART. 1er.

Salaires du travail.

Dans tous les genres de travaux, les salaires sont
moins dispendieux, à mesure que l'ouvrier devient
plus habile, que les outils et les instrumens dont il se
sert, sont plus perfectionnés, qu'il suit de meilleures
méthodes, qu'il est plus intelligent, et surtout lorsque
la puissance des machines exécute la plus grande partie de l'ouvrage et lui donne tout-à-coup et pour ainsi

dire, sans intervalle, une perfection que la main de l'ouvrier ne lui aurait pas donnée; mais il y a, à cet égard, une très grande différence entre les divers genres de travail et d'industrie.

Si l'on arrête son attention sur le travail agricole, on n'est pas peu surpris de l'immense réduction qui s'est opérée dans les frais de cette partie importante de la production.

Dans les pays, où l'agriculture a fait le moins de progrès, elle occupe les deux tiers de la population, et entretient péniblement l'autre tiers. Dans un tel état de choses, le pays est pauvre, indigent, misérable; sa civilisation se ressent de sa détresse; il est ignorant grossier, superstitieux, adonné à tous les vices, et doué de peu de vertus. Dans un tel état de choses, les frais de production sont énormes, absorbent les deux tiers des produits, et cependant ne peuvent suffire aux besoins d'une population peu nombreuse.

Quand l'agriculture commence à faire usage des secours des arts, des bonnes méthodes, de l'observation et de l'expérience des cultivateurs habiles, il faut moins de bras pour exécuter le même travail, et la population agricole n'est pas la moitié de la population totale, et, par conséquent, les salaires du travail éprouvent une réduction égale à celle de la population agricole: ils étaient des deux tiers des produits, ils ne sont pas de la moitié; ils ont, par conséquent, produit une réduction de plus de cinquante pour cent.

Enfin, dans les pays où l'agriculture a fait les plus grands progrès connus, elle n'emploie que le tiers de la population totale, et, par conséquent, la réduction des frais de production est de soixante-six pour cent.

Sans doute la diminution de la classe des cultivateurs n'a pas été la seule cause de la réduction des frais de l'agriculture ; d'autres causes y ont aussi concouru ; mais je m'arrête à la plus apparente, à celle dont l'évidence doit frapper tous les esprits. J'essaie de faire faire à la science économique un pas sur le terrain de la statistique, et je n'ai pas la prétention de croire que le premier élan peut atteindre au but.

Ce qui ne doit pas causer peu de surprise, c'est que la réduction des frais de l'agriculture n'a produit aucune baisse ni dans la valeur vénale des produits agricoles, ni dans les salaires du cultivateur. Il est au contraire certain qu'à mesure que les frais de production agricole ont diminué et qu'une plus grande quantité de produits a été disponible, il y a eu une augmentation graduelle dans le prix des salaires et dans la valeur vénale des céréales. Ainsi, le blé qui ne valait pas 8 francs l'hectolitre quand l'agriculture occupait les deux tiers de la population, en a valu 16 quand elle n'a employé que la moitié de la population ; et maintenant il vaut 36 francs, en Angleterre, où le tiers de la population suffit aux travaux agricoles. Si je ne me trompe, ce fait s'explique facilement par les principes élémentaires de la science économique.

La valeur vénale des produits agricoles comme de tout autre produit du travail, ne dépend pas de ce qu'ils ont coûté à produire, mais de la proportion de la

quantité qui est mise en vente, et de la quantité qu'on
veut acheter. Si, à l'époque où il fallait deux fois autant de cultivateurs qu'il en faut aujourd'hui pour produire la même quantité de blé, on ne trouvait à vendre au marché que la moitié du blé qu'on y portait,
et c'est ce qui arrive encore dans les pays agricoles
privés des secours de l'exportation, la valeur vénale
du blé ne devait être que le tiers ou le quart de celle
qu'il a quand la quantité qu'on veut vendre est égale
ou inférieure à celle qu'on veut acheter. Il n'y a donc
rien de surprenant que le blé fût à bon marché quand
il était produit à grands frais et que son prix se soit
successivement élevé malgré la réduction de ses frais
de production. Quoiqu'il ait moins coûté à produire,
il a eu une plus grande valeur vénale, parce qu'il y a
eu plus de consommateurs pour l'acheter et le payer.
La diminution de la classe productrice, résultat nécessaire de la réduction des frais de production, a facilité
et favorisé l'accroissement de la classe qui achète au
marché le blé qu'elle consomme, et plus d'acheteurs
ont augmenté les prix comme moins de producteurs
ont diminué les frais de production. Cet exemple confirme pleinement la doctrine encore controversée sur
les valeurs intrinsèques et vénales. Il est évident,
comme je l'ai toujours soutenu, que la valeur vénale
est entièrement étrangère aux frais de production, et
ne s'y rattache que par des considérations sans importance pour elle.

D'un autre côté, la réduction des frais de l'agriculture qui a opéré la diminution de la classe agricole,

loin de diminuer les salaires des cultivateurs, les a considérablement augmentés; phénomène non moins extraordinaire et tout aussi facile à expliquer que celui qui vient de m'occuper.

En Angleterre, où le nombre des cultivateurs a été le plus réduit, les salaires sont plus élevés que partout où le nombre des cultivateurs est plus considérable et a le moins souffert de la réduction des frais de culture. En Angleterre, le cultivateur est mieux nourri, mieux vêtu, mieux logé, et dans une plus grande aisance que dans tout autre pays, et quoiqu'il soit sujet à des vicissitudes fâcheuses, sa condition est meilleure que celle de tous les peuples agriculteurs. On est donc fondé à en conclure que les salaires du cultivateur n'ont pas été atteints par la réduction des frais de l'agriculture.

Ce résultat n'est pas particulier à l'Angleterre : il est commun à tous les peuples agricoles; il est certain que l'état du cultivateur était plus fâcheux et plus misérable quand il formait les deux tiers de la population que quand il n'en a été que la moitié et qu'il n'en est plus que le tiers. Il a été et a dû être mieux traité à mesure que son travail a été moins dispendieux, plus productif, et surtout lorsque ses produits ont eu une plus grande valeur vénale. Dans ce cas, il semble que la réduction des frais de production ne serait pas moins favorable au bien-être particulier qu'à la prospérité générale.

Je dois cependant convenir que cette opinion n'est pas sans contradicteurs. Elle a été fortement combattue

dans un des journaux les plus accrédités de l'Angleterre (dans le *Times* du 16 avril 1829.)

« Il y a 40 ans, dit l'écrivain anonyme, la rente
« d'une terre de 10,000 acres était, à raison de 10 sh.
« l'acre de 5,000 liv. sterl. (125,000 fr.)

« Alors le prix du boisseau de blé était de 4 sh.
« (5 fr.)

« Et les salaires du cultivateur de 8 sh. (10 fr.)
« par semaine, et par conséquent de deux boisseaux
« de blé.

« A présent (en 1829), la rente de la même terre,
« à 30 sh. l'acre, est de 15,000 liv. sterl.

« Le prix du boisseau de blé est de 8 sh.

« Et les salaires du cultivateur de 8 sh. par semaine,
« et par conséquent d'un boisseau au lieu de deux. La
« perte de ce boisseau, de la valeur de 8 sh. est an-
« nuellement, par chaque cultivateur, de 20 livres st.

« Et pour les 500 cultivateurs que la terre emploie,
« de 10,400 liv. sterl. par an.

« Perte qui retombe sur les marchands, les manu-
« facturiers et les autres fournisseurs qui les approvi-
« sionnent et produit la détresse actuelle.

« Et cela ne peut pas être autrement quand les pro-
« priétaires d'une rente de 10,000 acres de terres re-
« çoivent 10,000 liv. sterl. de plus par an qu'il y a
« 40 ans. Le fermier, pour payer ces 10,000 liv. sterl.
« à son propriétaire, est bien forcé de retirer à ses
« ouvriers le boisseau de blé qu'il leur donnait quand
« la rente du propriétaire n'était que de 5,000 liv.
« sterling. »

Il me semble que, dans cette critique de la réduction des frais de l'agriculture, il n'y a ni principe, ni logique, ni raison.

Quand on compare deux objets afin de connaître leurs différences et leurs parités, il faut soumettre l'un et l'autre à la même mesure, autrement on ne peut arriver à aucun résultat positif.

Or, que fait l'anonyme ? il évalue la réduction des salaires du cultivateur par la quantité du blé qu'il reçoit en paiement, et l'accroissement de la rente de la terre par la valeur nominale que lui donne la monnaie qui en est le prix. Faut-il donc s'étonner si deux mesures si différentes par leur nature donnent des résultats si opposés? Si l'on eût soumis à la même mesure les salaires et la rente, il en eût été autrement.

Si l'on évalue la rente de la terre par la monnaie qui en effectue le paiement, il est certain que, dans l'espace de 40 ans, elle a augmenté de 50 pour 0/0, tandis que le salaire du cultivateur est resté dans le même état. Quelle en a été la cause? L'augmentation de la valeur nominale du blé qui est la source de la rente y a eu le plus de part. Dans l'espace de temps en question, le prix du boisseau de blé qui était à 4 sh., s'est élevé à 8, et par conséquent, la rente de la terre a pu augmenter de moitié sans porter aucune atteinte au salaire du cultivateur ; mais l'augmentation de la valeur nominale ne suffit pas pour expliquer l'augmentation de la rente, puisque celle-ci est deux fois plus considérable que l'autre. Sur quoi donc a été pris ce qui manque pour égaler la différence de la rente à la

valeur nominale du blé? Ce n'est pas sur les salaires
du cultivateur qui ont conservé la même valeur monétaire. Ce n'est et ce ne peut être que sur la réduction
des autres frais de production et sur l'amélioration des
méthodes de culture qui, avec les mêmes frais de
travail, ont donné de plus grands produits. Sous
ce premier rapport, l'accroissement de la rente de
la terre, quelque prodigieux qu'il soit, n'a rien coûté
au cultivateur, et ne lui a rien retranché de ses salaires.

D'un autre côté, si l'on mesure l'accroissement de
la rente de la terre et la diminution des salaires par la
quantité de blé qui était aux deux époques attribuée à
la rente et aux salaires, on arrive à des résultats non
moins lumineux.

Quand le prix du blé était, il y a 40 ans, à 4 sh. le
boisseau, la rente de 5,000 liv. sterl. pouvait en acheter
25,000 boisseaux.

Et à présent que le même boisseau vaut 8 sh., la
rente de 15,000 liv. sterling ne peut en acheter que
37,500.

D'où il suit qu'en évaluant la rente par le boisseau
de blé, elle n'a, dans l'espace de 40 ans, augmenté
que d'un tiers, tandis qu'en l'évaluant par le prix monétaire du boisseau de blé, elle a augmenté des deux
tiers. Ce dernier mode de l'évaluation lui est donc
aussi peu avantageux qu'aux salaires de l'ouvrier.
Seulement, ceux-ci se trouvent diminués de moitié,
tandis qu'elle n'est réduite que d'un tiers; mais encore
dans ce cas, ce n'est pas l'augmentation de la rente

qui a opéré la réduction des salaires, puisque celle-ci est de moitié, tandis que celle-là n'est que d'un tiers. Il n'y a donc aucune relation entre l'accroissement de la rente et la réduction des salaires. L'un et l'autre dérivent de causes différentes, mais qui se rapprochent jusqu'à un certain point par la réduction des frais de production opérée par de meilleures méthodes de travail qui tournent toujours au profit de la rente sans rien retrancher aux salaires.

Sans doute, les salaires entrent dans les frais de production, mais toute réduction des frais de production ne frappe pas nécessairement sur les salaires; il n'est pas même impossible que la réduction des frais ne contribue à l'augmentation des salaires; cela arrive toutes les fois que la réduction des frais de production augmente la richesse générale au point d'étendre la demande du travail; non-seulement, ce cas n'est pas impossible, mais il est l'effet naturel des progrès de la richesse. Cela résulte évidemment de la réduction des frais du travail des manufactures et du commerce; non-seulement, elle n'a opéré ni la baisse des salaires ni la diminution de cette classe de la population, mais elle les a augmentées dans d'inconcevables proportions.

Dès que le génie d'Hargrave, d'Arkwright et de Watt, eut introduit les machines dans la filature et les tissus de coton, une nouvelle ère commença pour l'industrie manufacturière et commerciale, la société civile prit un nouvel essor, et l'espèce humaine dut espérer un meilleur avenir. Les machines opérèrent une si

grande réduction dans les frais de fabrication du coton, que leur prix fut à la portée de tout le monde;
leur consommation a dépassé tout ce que l'imagination la plus audacieuse aurait pu concevoir.

La fabrication du coton qui en
1760 ne s'élevait en Angleterre
qu'à. . . . .   864,000l. sterl.

Etait en 1814 montée à.   . 1,600,000,000

La moitié était consommée
dans le pays, l'autre moitié
était exportée.

La matière première de cette
fabrication coûtait environ le
quart du produit. 400,000,000

Le bénéfice était donc de.   . 1,200,000,000

L'énorme réduction des frais
de fabrication du coton réduisit-
elle le salaire et le nombre de
cette classe de la population?
Elle produisit un effet contraire,
elle les éleva au plus haut degré
auquel ils pussent parvenir.

En 1824, les salaires des ouvriers en coton étaient de 2 sh.
6 d. par jour (3 fr. 10). (1)

Et le nombre des ouvriers en
coton.   1,200,000   (2)

(1) Lord Liverpool, séance de la chambre des pairs du 1er janvier 1825
(2) M Huskisson.

22

Cet immense progrès des manufactures de coton effectué par les machines, non-seulement ne s'est point fait aux dépens des autres manufactures, mais même il est certain qu'elles y ont plus ou moins participé. Partout l'emploi des machines a réduit les frais de fabrication, baissé le prix des produits, augmenté la consommation et doublé la population (1). † a production des manufactures est maintenant si rapide, si abondante et à si bon marché, que des esprits éclairés en conçoivent de l'effroi, tandis que d'autres jettent les hauts cris de ce qu'on produit plus qu'on ne peut consommer, et imputent à cette surabondance de la production la détresse actuelle de toutes les classes de la population. Nous vivons dans un siècle de prodiges qui nous fatigue et nous inquiète, parce que nous ne l'avons pas encore compris, parce qu'il fait violence à nos idées, à nos usages, à nos habitudes, parce que nous ne savons pas où s'arrêtera le mouvement qui nous entraîne si loin de nous ; le mieux nous frappe dans toutes les parties de la vie matérielle, l'esprit le plus chagrin ne peut révoquer en doute sa réalité; mais sa nouveauté nous étonne, et nous en jouissons sans pour ainsi dire lui donner notre assentiment; et cependant, qui pourrait dire que ce qu'on a fait est la limite de ce qu'on fera? Qui ne serait confondu de ce que racontait à la chambre des communes d'Angleterre, dans la séance du 15 avril 1829,

---

(1) De 1754 à 1825 la population de l'Angleterre s'est élevée de 8 à 15 millions d'individus.

un de ses membres les plus instruits et les plus judicieux :

« Pendant la durée du système prohibitif, disait
« M. Grant, on se servait, dans les manufactures de
« soieries, de broches de bois qui tournaient 800 fois
« par minute; mais, depuis la conversion de la pro-
« hibition en un droit de protection, on a remplacé
« les broches de bois par des broches de fer qui tour-
« nent 8,000 fois par minute. »

Ce qui, par conséquent, doit réduire de neuf fois
cette partie de la fabrication, baisser considérablement le prix des produits et en augmenter la consommation dans la proportion de leur bon marché.

Ainsi, la réduction des frais de fabrication des produits manufacturés permet au producteur de les donner à bon marché, multiplie les moyens d'aisance
de bien-être de la population qui les consomme, et
non-seulement, ne retranche rien aux salaires, mais
les augmente considérablement, ce qui est pour la
population productive une cause de propagation dont
on retrouve la preuve et la démonstration dans l'accroissement prodigieux de la population des villes manufacturières.

Si de la réduction des frais de production dans l'industrie manufacturière, on porte son attention sur la
partie du commerce relative au transport des matières premières du lieu de la fabrication des produits,
au lieu de leur consommation, on découvre une réduction non moins considérable de ces frais dans l'a-
mélioration du roulage par les canaux et les routes à

22.

rainures de fer. La diminution des frais de cette partie du travail général est au moins de 30 p. o/o.

Mais ce qui semble en quelque sorte mettre le complément à la réduction des frais opérés par les machines appliquées à l'industrie humaine, c'est l'application de la machine à vapeur à la navigation. Grâce à ce puissant moteur les élémens et les distances sont soumis au génie de l'homme et n'opposent plus de résistance à ses projets et à ses vues.

Si l'influence des machines sur le travail de l'homme était mieux connue, on y trouverait la solution de tous les problèmes d'économie politique qui embarrassent encore la science et l'entravent dans sa marche par d'interminables controverses. Si je ne m'abuse pas, la réduction des frais de production dans l'agriculture, l'industrie manufacturière et commerciale répand un nouveau jour sur les causes de la richesse moderne, étend encore le vaste champ de la science économique et en montre clairement l'objet et le but.

Mais poursuivons ce sujet dans ses autres parties et voyons jusqu'à quel point la réduction des profits du capital concourt à la réduction des frais de production.

ART. II.

De la réduction des profits du capital.

Le capital est le moteur du travail dans toutes ses branches, il se meut par son impulsion, et s'arrête avec elle. Toute réduction des profits du capital est donc une véritable réduction des frais de production, et cette économie est d'autant plus considérale que le capital concourt à toutes les opérations, soit de la production, soit de l'échange, soit du transport des produits au consommateur. Diminuer les profits du capital, c'est donc accroître la richesse produite par sa coopération; mais comment parvenir à ce but desirable? ce n'est pas en réduisant sa masse; on affaiblirait sa force motrice, et avec elle la masse et la bonté des produits : on s'appauvrirait au lieu de s'enrichir. C'est au contraire par l'accroissement progressif du capital, et par son abondance, qu'on peut obtenir la réduction de ses profits, et arriver à la diminution des frais de production. Plus le capital abonde, plus il est à bon marché, plus on travaille, plus on produit à bas prix, plus la consommation est assurée, plus tous les ressorts de la richesse ont de force, d'énergie et de puissance.

Sans doute il n'est pas facile de concilier la progression du capital avec la réduction de ses profits?

Le capital est le produit de l'économie des consommations, et l'on ne se résigne à moins consommer et à subir des privations, qu'autant qu'on a la certitude ou plutôt l'espérance de tirer de ses privations un dédommagement proportionné aux sacrifices qu'elles nous coûtent. Si les économies ne donnent que de faibles profits, on est peu disposé à économiser, et le capital reste stationnaire, ou ne fait que des progrès lents et sans influence sur l'avancement et le perfectionnement du travail; on ne sort de cette situation fâcheuse qu'avec le secours du temps et l'inclination des peuples industrieux et commerçans à l'économie qui l'emporte sur la modicité des profits du capital.

Mais la réduction des profits du capital est-elle en effet favorable aux progrès de la richesse? c'est un point sur lequel on n'est pas d'accord, et dont la solution est d'un haut intérêt.

« Partout, dit un écrivain anglais (1), où comme « en Hollande et en Angleterre, les profits du capital « sont bas, c'est une preuve que ces pays ne peuvent « plus employer le travail et le capital avec beaucoup « d'avantage, et qu'ils sont à la fin de leur carrière. »

Cet écrivain ne se trompe qu'en un point, c'est qu'il prend pour la fin de la carrière des peuples l'apogée de leur richesse. Je conviens que quand un peuple est parvenu à un haut degré de richesse, il lui est plus difficile de l'accroître, mais on aurait tort d'en conclure que sa carrière est finie. Elle ne peut l'être que lorsqu'il n'y a plus dans le monde de terres à cultiver, d'industrie à établir ou à perfectionner, de commerce à ouvrir avec des peuples nouveaux et des relations à créer ou à étendre, et l'on conviendra que cette carrière n'est pas près de son terme. Mais s'ensuit-il de ce que l'emploi des capitaux n'est pas aussi productif aux capitalistes qu'il l'a été, qu'on est arrivé au terme de la richesse? ce serait une grave erreur.

Les profits du capital ne sont ni la cause, ni la mesure des profits de la production. Le capital peut être très productif pour le pays qui en fait l'emploi, et fort peu pour le capitaliste auquel il appartient. C'est

(1) *Revue d'Edimbourg*, n° 73.

de la production opérée par le capital que résulte la richesse, et non de la part qui revient au capital dans la richesse produite. Confondre l'action du capital, dans l'œuvre de la production, avec les profits que le capitaliste en tire, c'est prendre l'effet pour la cause. Le capital concourt à la production, et sur la production sont prélevés les profits du capital. Qu'importe par conséquent à la production que les profits soient plus ou moins élevés, ils n'en sont qu'une portion, ils ne peuvent ni l'accroître ni la diminuer.

L'écrivain dont je discute l'opinion s'étend beaucoup sur les causes des profits du capital; il avance que la concurrence des capitalistes n'y a aucune part, qu'elle peut bien empêcher un individu de tirer un plus grand profit de son capital que ses voisins, mais qu'elle ne diminue pas la production moyenne de l'industrie, ou le profit moyen du capital et du travail, qui détermine toujours le taux du profit.

Il me semble que cet argument repose encore sur de fausses notions des causes régulatrices des profits du capital.

Sans doute la concurrence des capitalistes serait de peu d'importance dans la fixation des profits du capital, si elle pouvait être séparée de la concurrence des capitaux; mais la concurrence des capitaux et des capitalistes est une seule et même chose, et comme elle est nécessairement suscitée par l'abondance des capitaux qui se disputent les mêmes emplois, il est évident que plus il y a de capitaux et de capitalistes pour le même emploi, plus ils doivent réduire leurs profits, quelle que soit la production moyenne de l'industrie qui en fait l'emploi.

Si la concurrence est étrangère à la production moyenne de l'industrie, elle ne l'est pas au partage de ses profits; elle restreint la part des concurrens et les force de se contenter de celle qui est assignée à leurs services; il n'est donc pas exact de dire que la production moyenne de l'industrie fixe toujours le taux moyen des profits du capital; ce taux varie suivant l'abondance des capitaux et la concurrence des capitalistes. L'abondance ou la rareté des capitaux a sans doute une grande part à la production, mais la concurrence est le véritable régulateur de ses profits.

De cette controverse il résulte évidemment que la réduction des profits du capital est aussi une réduction des frais de production, et, par conséquent, contribue comme la réduction des autres frais aux progrès de la richesse générale.

ART. III.

De la rente de la terre.

J'ai placé la rente de la terre parmi les frais de production, mais je dois convenir que c'est une des questions vivement controversée en économie politique : tantôt on regarde la rente comme le prix de l'appropriation de la terre; tantôt on prétend qu'elle n'est que le prix de la différence qu'il y a entre la culture des bonnes terres et de celles d'une qualité inférieure. Quelque opinion qu'on préfère à cet égard, il est évident que la rente est le prix de la permission que le propriétaire de la terre donne à celui qui veut la cultiver, de disposer des produits qu'il en tire par la culture. La rente de la terre est donc une charge de la production agricole, et doit être nécessairement comprise dans ses frais. Toutefois il n'est pas facile de comprendre comment on pourrait la réduire sans porter atteinte à la production. Quelque mesure qu'on prenne, le propriétaire sera toujours le maître d'élever la rente de sa terre à la portion de ses produits qui excède les salaires du travail, les profits du capital, ceux du fermier, et le montant des contributions sur le cultivateur et sur la culture. Tout ce qui reste après ces déductions entre nécessairement dans la rente et appartient au propriétaire. Il n'y a qu'un point sur lequel il est possible de faire éprouver une réduction à la rente : c'est sur la valeur que le monopole donne aux produits agricoles. Comme cette valeur est forcée, l'ouvrage des lois et une surcharge sur le consommateur, il est possible de la réduire par la suppression totale ou partielle du monopole ; et il n'y a pas de doute que la réduction de la valeur vénale des produits agricoles équivaudrait à la réduction des frais de production.

On a pris en effet, en France et en Angleterre, des mesures pour atténuer l'effet du monopole sur le prix des céréales, mais elles ont eu peu de succès, et il est au moins douteux qu'on ait voulu sérieusement limi-

ter les bénéfices de la culture du sol et faire baisser la
rente qui en est le résultat nécessaire.

En France, on a permis l'importation des céréales
exotiques quand leur prix est arrivé dans les marchés
déterminés au-dessus du taux prescrit pour chacun
d'eux; mais ce taux est si élevé que le monopole est
plutôt dissimulé que restreint. Heureusement, le sol
de la France est si productif, et ses produits sont si
abondans que le monopole n'en porte pas le prix au-
dela des facultés du consommateur et de la proportion
des autres produits du travail.

Que l'Angleterre est dans une situation bien différente! Son sol, quoique fertile, doit en grande partie
sa fécondité à l'habileté du cultivateur, aux bonnes
méthodes de sa culture et à l'emploi d'énormes capitaux; de telle sorte que, si son agriculture n'était pas
protégée par le monopole, elle ne pourrait pas soutenir la concurrence des produits exotiques et serait rui-
née de fond en comble.

D'un autre côté, le monopole a élevé le prix des
grains à un si haut prix que, s'il n'y a pas souffrance
dans la grande masse de la population, il y a cherté
pour sa subsistance, et cette cherté influe nécessairement sur le prix des produits de son travail et les
rend moins propres à soutenir la concurrence dans les
marchés étrangers.

Réduite à la nécessité de protéger le cultivateur,
l'Angleterre a essayé de limiter le monopole par une
taxe protectrice; mais avec quelque habileté qu'on
l'ait calculée, elle porte le prix du blé à une valeur

double de celle qu'il a en France, et presque quadruple de celle qu'il a dans d'autres pays; charge énorme qui doit être bien onéreuse à un peuple industrieux et commerçant engagé dans une lutte générale avec les autres peuples industrieux et commerçans. Si ce fardeau ne l'accable pas, c'est que les autres peuples sont moins avancés que lui dans la fabrication, le commerce et les capitaux; mais, quelque lente que soit leur éducation industrielle et commerciale, ils avancent, et le moment arrivera où le bon marché des subsistances fera pencher la balance en leur faveur. Qu'arrivera-t-il alors? Supprimera-t-on le monopole; ouvrira-t-on les marchés aux blés de l'étranger? Cette mesure sera fatale à l'agriculture; elle déclinera. Les terres d'une qualité inférieure ne seront plus cultivées; la rente baissera; une grande partie de la richesse territoriale sera perdue pour l'aristocratie, et il y aura un bouleversement général dans l'état politique et social.

On dit, et je le crois, que la perte qu'éprouvera la richesse agricole sera largement compensée par l'accroissement de la richesse manufacturière et commerciale. Il est vraisemblable que les peuples dont on consommera les produits agricoles, consommeront les produits des manufactures et du commerce, et qu'il se fera entre eux un partage des richesses produites par leurs nouvelles relations; mais le remplacement des pertes qu'éprouvera la rente de la terre ne s'effectuera que pour le pays et non pour l'aristocratie. Celle-ci s'appauvrira quand l'autre s'enrichira, et l'on

peut prévoir dans cette progression le sort de l'aristocratie anglaise. Sans doute, elle ne l'ignore pas, aussi
a-t-elle mis tout en usage pour préserver la rente territoriale de toute réduction; mais la population manufacturière et commerciale, sait aussi qu'elle souffre
de la rente territoriale, et l'on ne peut pressentir l'issue
d'une lutte aussi fâcheuse. On peut présumer qu'avant
qu'elle soit arrivée, le haut prix des céréales favori-
sera le développement des facultés industrielles et
commerciales des autres peuples, et que, si, comme
il est permis de le croire, l'Angleterre renonce à son
monopole, les autres peuples auront fait assez de progrès pour triompher dans la lutte qu'ils auront à soutenir contre elle et se soustraire à sa domination industrielle et commerciale.

Ainsi, la rente de la terre, quoique faisant partie
de la production agricole, ne peut subir de réduction
que jusqu'à concurrence de ce qu'elle doit au monopole des céréales; hors de là, elle est à l'abri de toute
atteinte autre que celle qui résulterait de l'affaiblisse-
ment de la production et de la valeur vénale des produits. Résultat qui explique sa nature, son principe,
ses lois et ses conditions.

ART. IV.

Des contributions à la charge de la production agricole.

Les contributions qui grèvent la production agricole sont celles qui portent sur les instrumens d'agri-

culture et sur les produits agricoles. On a de la peine à
se le persuader; cependant, il est de fait qu'en 1822,
on mit en question au parlement d'Angleterre, si les
contributions imposées sur l'agriculture avaient eu
part à sa détresse, et si la suppression des impôts qui
pesaient sur elle lui rendrait sa prospérité ou du moins
soulagerait les souffrances du cultivateur. On disait,
pour motiver ce doute, que la détresse de l'agriculture
dérivait de la baisse du prix vénal des produits agricoles occasionée par leur surabondance au-delà des
besoins de la consommation, surabondance sans relation et sans connexité avec les impôts sur l'agriculture et les agriculteurs. Ces considérations étaient spé-
cieuses et tinrent long-temps les esprits en suspens.
On se trompait cependant et l'erreur était palpable.

Quand le prix du marché des produits agricoles ne
couvre pas les frais de production, qui, comme on l'a
vu, se composent des salaires du travail, des profits
du capital de la rente de la terre et des contributions
dont ils sont grevés, il reste encore au cultivateur
des ressources pour la continuer; c'est de réduire les
frais de production, et si cette réduction rapproche
le prix du marché des frais de production, il peut continuer ses travaux malgré la détérioration du prix
vénal des produits agricoles. Or, c'est là précisément
ce qui devait résulter de la suppression des impôts
sur l'agriculture. Cette opinion prévalut, et l'expérience en a démontré la sagesse et la vérité.

C'est donc désormais une vérité fondamentale en
économie politique, que les contributions publiques

qui augmentent les frais de production, sans augmenter le prix vénal des produits, opèrent comme les frais ordinaires du travail, et doivent être classés dans la même catégorie. Cette vérité nouvelle jette un si grand jour sur la science, que je me flatte qu'on me pardonnera d'insister pour lui donner toute l'évidence dont elle me paraît susceptible.

Dans un bon système de finances, les contributions doivent être imposées sur la richesse produite par le travail. Assises sur la richesse produite, les contributions n'intéressent que sa distribution, et ne lui portent aucune atteinte au moins directe, et celle qu'elle peut en recevoir indirectement, ne lui devient nuisible et préjudiciable que lorsqu'elles détournent ou découragent les divers agens de la production, ce qui n'est ni sans exemple ni même rare, mais ce qui est beaucoup moins fâcheux que lorsque les contributions sont assises sur le travail.

Dans ce cas, elles nécessitent de plus grandes avances, un capital plus considérable, une augmentation des frais de production, surcharge qui peut l'altérer, l'énerver, le restreindre et le rendre moins productif. Alors le fisc opère comme le sauvage qui coupe l'arbre dont il veut recueillir le fruit, il est même plus imprévoyant que le sauvage qui ne détruit que le fruit produit, tandis que lui veut récolter avant la production.

On ne peut donc pas concevoir comment le parlement d'Angleterre, si versé dans les matières économiques, pouvait méconnaître l'effet désastreux des contributions sur l'agriculture et l'agriculteur ; comment ne voyait-il pas que leur suppression, en réduisant les frais de production, améliorait la condition du cultivateur ? C'est que les théories les plus lumineuses ne sont persuasives que lorsqu'elles sont devenues pratiques et en quelque sorte vulgaires. On ne connaissait pas encore l'influence de la réduction des frais de production sur la richesse, et peut-être n'en sent-on pas encore l'importance quoiqu'elle ait fait une révolution générale dans le système économique des peuples modernes. J'ai essayé de signaler sa marche et ses progrès dans les diverses branches de la richesse moderne, et quelque imparfaite que soit l'esquisse que j'en ai tracée, je ne crois pas qu'on m'accuse d'exagération ou de paradoxe pour l'avoir placée au second rang des causes de la richesse moderne. Sa puissance est même tellement évidente, surtout depuis l'emploi des machines dans l'industrie manufacturière et commerciale qu'il me paraît impossible qu'on ne s'aperçoive pas, enfin, que le monde est entraîné par un mouvement matériel qui doit modifier son état politique. L'embonpoint toujours croissant du corps social doit nécessiter d'autres proportions dans le corps politique, de nouvelles combinaisons doivent former leurs relations et leur alliance.

Un des effets de la réduction des frais de production me paraît surtout mériter une attention particulière : quoique la production effectuée par les machines ne soit pas consommé par la même population qui consomme les produits de la main d'œuvre, cette classe n'en a pas cependant souffert; ses salaires ont au contraire considérablement augmenté, et elle s'est propagée dans la proportion de ses salaires; mais cette classe n'a pas absorbé toute l'économie des frais de production opérée par les machines; et si les calculs qu'on a faits à cet égard sont exacts, 400 millions d'ouvriers ne suffiraient pas pour exécuter sans machines les produits de tout genre fabriqués avec le secours des machines. On voit qu'après avoir fait une part large à la population laborieuse, il en est resté une plus considérable encore pour les classes qui vivent de profits. Ces classes ont dû se multiplier, prospérer et s'enrichir, et avec elles se sont développées les lumières et la civilisation qui sont toujours et partout leur ouvrage et leur orgueil. Je ne m'étendrai pas davantage sur ce sujet qui serait la matière d'un gros livre; c'est au temps et à la raison des peuples d'en révéler toute l'étendue; ma tâche est remplie si j'ai soulevé le voile sous lequel se dérobent encore les mystères de l'état actuel de la vie civile.

6e LIVRAISON.

PRINCIPES

D'ÉCONOMIE POLITIQUE

ET DE FINANCE.

DES CÉRÉALES.

Les céréales, la principale et l'indispensable subsistance des peuples de l'Europe, ont été, de tout temps, une cause permanente d'agitation, de troubles et de soulèvement des classes les moins aisées et les plus nombreuses de la population de chaque pays. D'où vient le péril imminent de cette perturbation? Doit-on, suivant l'opinion si habilement développée par un des plus célèbres écrivains d'économie politique, l'attribuer à la tendance de la population à dépasser la limite des subsistances? Le mal serait sans remède, il serait inhérent à la nature humaine, et il faudrait le subir avec une entière résignation; mais je dois l'avouer: avec quelque talent que cette opinion ait été imposée à la science économique, mon esprit n'est pas convaincu et je vois encore de puissantes raisons de douter.

23

La population ne peut croître et multiplier que quand il y a abondance de subsistance. Dans ce cas l'abondance est la cause, et la propagation l'effet. Si la propagation devançait les subsistances, il y aurait effet sans cause, et par conséquent, c'est une erreur de croire que la population tend à dépasser la limite des subsistances.

On ne peut pas non plus supposer que lorsque l'abondance des denrées a multiplié la population, l'abondance cesse ou diminue, et qu'alors la population dépasse la limite des subsistances. L'abondance éphémère n'engendre qu'une population éphémère, et dans ce cas la limite n'est pas dépassée; la population progressive ne peut résulter que d'une abondance durable, qui, loin de s'épuiser par les progrès de la population, y trouve plus de moyens de production, et en reçoit plus de développement et de stabilité.

Ce n'est donc pas de la tendance de la population à franchir les limites des subsistances, que résultent les dissensions intestines des populations, les commotions populaires et les attentats à l'ordre public. Le mal vient d'ailleurs, et si je ne m'abuse point, il résulte de la législation des céréales, qui fait toujours pencher la balance en faveur des producteurs contre les consommateurs, fait les uns riches et les autres pauvres, et les classe en oppresseurs et opprimés. De là l'envie, la jalousie, la malveillance, les attentats à la sûreté, à la propriété, à l'ordre public; les mesures préventives ou répressives contre les perturbateurs

et les délinquans; les hostilités sourdes et continues
des masses plus ou moins souffrantes contre le pouvoir, ses favoris et ses prédilections. Dans cette lutte
déplorable, le pouvoir, tout puissant contre l'individu, recule devant les masses; sa force, sa faiblesse
irritent les esprits, font fermenter les passions et préparent les révolutions qui changent la face des empires, sans changer leur nature, sans remédier aux
vices de la législation des céréales, ce dissolvant de
tout pouvoir social.

Le principe de dissolution toujours en action dans
la société civile, n'a point échappé aux législateurs
des nations, ni aux philosophes politiques, ni aux
hommes d'état de tous les temps et de tous les pays;
mais qu'a-t-on fait pour préserver de sa funeste influence le pouvoir et l'ordre social?

L'antiquité, qui fut le plus vivement affectée des
périls qui résultent de la disproportion des subsistances et de la population, ne vit d'autre moyen d'y
échapper que celui de restreindre la population dans
les limites des subsistances; et, il faut en convenir, elle
ne recula devant aucune difficulté, et les brava toutes
pour arriver à son but. Elle consacra dans ses lois
la polygamie, l'infanticide et l'esclavage; mesures
odieuses qui déshonoraient le pouvoir et la société
civile, sans leur donner plus de force et de stabilité,
sans apaiser les irritations des pauvres contre les
riches, sans concilier leurs besoins et leurs intérêts,
sans leur rendre faciles et tolérables les devoirs sociaux.
On sait ce qui en résulta.

23.

Pendant quarante siècles le monde politique subit toutes les vicissitudes de la guerre civile et étrangère, toutes les formes de gouvernement, tous les accidens de la fortune, toutes les alternatives de gloire et d'avilissement, de vertu et de dépravation. Toujours dans les extrêmes, on ne sut pas arriver à l'ordre et à la stabilité, parce qu'on ne comprit pas que la société civile doit concilier le bien-être des masses avec la richesse et l'opulence des sommités sociales; conciliation difficile, sans doute, mais indispensable.

Le christianisme sapa par ses fondemens le système d'iniquité, d'immoralité et d'oppression qui formait la base de l'état social et politique de l'antiquité, chercha une autre solution du problème qu'elle n'avait pas résolu, appliqua d'autres remèdes aux maux qu'elle n'avait pas su guérir, et opposa aux vices des institutions sociales les digues de la religion chrétienne.

Le christianisme comprima la propagation de la population par la sainteté du mariage et par les mysticités du célibat, proportionna les subsistances à la population par la charité du riche et la résignation du pauvre aux privations, aux détresses, aux souffrances, et offrit à l'un et à l'autre, en récompense de leurs sacrifices dans cette vie transitoire, les béatitudes indéfinies de la vie éternelle.

Les grandes mesures que je ne considère ici que sous le point de vue politique, et abstraction faite de leur caractère religieux, ne reposaient que sur des hypothèses, la plus défectueuse de toutes les directions de l'esprit humain.

Le christianisme supposa que l'homme, matériel par ses besoins, ses penchans et ses passions, résisterait à leur impulsion avec le secours de l'enseignement des vérités intellectuelles, des espérances de la religion et des paisibles jouissances de la vie contemplative; que les passions et les vices feraient place aux vertus chrétiennes, qu'elles feraient supporter la disproportion des subsistances et de la population, préviendraient toutes les perturbations, et maintiendraient le calme et l'union parmi toutes les classes de la population.

Sans doute ce vaste plan a obtenu de grands, d'immenses succès; mais le but n'a pas été atteint. Le christianisme a amélioré l'individu, la population, l'état et le pouvoir. Il a fait faire de grands pas à la civilisation; mais il n'a pas résolu le problème de la disproportion des subsistances et de la population, ni fait cesser la lutte du pauvre contre le riche, ni concilié leurs intérêts, ni rendu leur condition meilleure ou plus tolérable. Vainement il a modéré les exigences du riche, et allégé les souffrances du pauvre, l'ordre social n'a été, ni plus en sûreté, ni moins menacé, ni moins compromis par les privilèges de l'un et par l'espoir de l'autre.

Après comme avant l'établissement du christianisme, la législation des céréales les mit à la disposition des propriétaires du sol, qui, par là, se trouvèrent investis de la toute-puissance sociale et politique sur les consommateurs (1). A peine y avait-il quel-

(1) On trouve cependant en Angleterre dès le xiii° siècle des statuts qui

ques services indépendans, qui pouvaient prétendre
à un salaire réglé par la concurrence de l'offre et de
la demande. Le commerce intérieur était réduit à un
simple roulage, et le commerce étranger ne consistait
qu'en objets de luxe et de fantaisie, sans influence sur
la répartition des céréales.

C'était cependant une opinion généralement accréditée en France, que les céréales étaient spécialement
affectées à la subsistance de la population du lieu de
la production, et qu'on ne pouvait pas les détourner
de leur destination. (2)

Dans un tel état de choses la production des céréales devait nécessairement se proportionner aux besoins
de la population locale et aux moyens qu'elle avait
de les payer. Leur répartition aux classes inférieures

réglaient le salaire de l'ouvrier, et cette législation subsista dans les siècles
suivans.

Était-elle dans l'intérêt des propriétaires ou des classes salariées ? Il n'est
pas facile de se former à cet égard des notions positives; on peut cependant présumer par la comparaison du salaire réglé par les statuts avec la
valeur vénale du blé, que le salaire assurait une subsistance abondante à
l'ouvrier et à sa famille; il équivalait à la quantité de 12 à 16 livres pesant de blé par jour; mais quel moyen avait l'ouvrier pour se faire payer
son salaire? Était-il toujours assuré de trouver du travail, et quand il n'en
trouvait pas, quels étaient ses moyens de subsistance ? Ce sont là des questions dont les statuts ne donnent pas la solution.

(2) En Angleterre il y avait dès les temps les plus reculés, des pénalités
contre le transport des grains hors du lieu de la production. Charles II
fut le premier qui, en 1662, en autorisa la circulation dans l'intérieur du
royaume.

En France, les baillifs et sénéchaux permettaient arbitrairement l'exportation des céréales ; saint Louis établit des règles pour leur exportation.

Charles V réprima les abus dont les baillifs se rendaient coupables.

pouvait n'être pas généreuse, mais dans les années
d'abondance, elle ne devait laisser personne en souffrance; la réserve de l'excédant eût été sans profit
pour personne, et par conséquent on ne devait pas
en être avare.

Dans les années de disette la charité chrétienne
suppléait à l'insuffisance de la répartition ordinaire;
les souffrances étaient soulagées autant qu'elles pouvaient l'être, et l'on se consolait par l'espoir d'un
meilleur avenir.

Enfin, dans les années de famine, les classes pauvres étaient menacées dans leur existence; la morta-
lité exerçait sur elles d'affreux ravages, et le pays se
dépeuplait. Tel fut dans tous les temps le sort des
hordes et des tribus, sur les divers points du globe.
Quand l'intempérie des saisons les prive des moyens
de subsistance, le plus grand nombre périt, et ceux
qui survivent reproduisent la population détruite. On
ne connaît ni émeute, ni sédition, ni perturbation,
on succombe sans se plaindre, parce qu'on ne peut
imputer à personne sa malheureuse destinée.

Il n'en était pas ainsi sous le régime de la féodalité,
quoique tempéré par le christianisme. Deux classes
de la population, placées à une grande distance l'une
de l'autre, étaient toujours en présence sous le rapport
des céréales. Les riches étaient à l'abri des calamités
inséparables de leur privation, et les pauvres subis-
saient les cruels ravages de leur disette. Cette différence de position ne venait pas de la tendance de la
population à dépasser la limite des subsistances, mais

de l'inégalité de repartition des subsistances, inégalité
qui plaçait les pauvres et les riches dans deux camps
ennemis, toujours en présence et toujours prêts à en
venir aux mains, au moindre signal des mécontens,
des séditieux et de tout ennemi de l'ordre public: telle
fut la condition sociale de l'Europe, depuis la chute de
l'Empire romain, jusqu'à l'introduction du système
commercial.

Ce que n'avaient pu, pour la stabilité de l'ordre
social, l'antiquité avec l'esclavage, ni la féodalité avec
le christianisme, a été, pour ainsi dire, effectué par
le système commercial, qui s'introduisit en Europe,
à la fin du xv° siècle; si le but n'a pas été complètement atteint, on ne peut en accuser le système, on
n'a aucun reproche à lui faire, on peut seulement
regretter qu'il n'ait pu surmonter les obstacles que lui
ont opposé les abus, les privilèges et la fiscalité.

Considéré sous le point de vue des céréales le système commercial mit fin aux rapports d'infériorité et
de supériorité sociale, aux classifications de riches et
de pauvres, réduisit les positions économiques à celles
de producteur et de consommateur et régla la distribution des céréales suivant les lois de la concurrence
ou de l'offre et de la demande.

Ce système était si contraire au régime, aux lois,
aux mœurs, et aux usages qui avaient jusque alors régi
la vie sociale, si opposé aux idées ordinaires, si éloigné
de toutes les habitudes, qu'on a de la peine à comprendre comment il parvint à se faire jour et à
triompher des résistances qui l'arrêtaient à chaque

pas, et rendaient sa marche presque impossible.

Ce n'étaient pas seulement les peuples de divers pays qui se refusaient à toute relation commerciale des céréales; on éprouvait la même résistance de chaque province du même état, de chaque ville, de chaque pouvoir local, et pour ainsi dire de chaque consommateur. Le commerce intérieur, à présent si florissant, était à-peu-près nul, et ne dépassait pas le marché de la ville voisine. Les grandes foires n'étaient instituées que pour l'approvisionnement des objets de luxe et de fantaisie, destinés aux grands propriétaires, n'étaient d'aucune utilité dans l'intérêt du pays et de sa population, et n'avaient aucun rapport avec la circulation des céréales.

Comment le commerce parvint-il à franchir cette multitude de barrières qui isolaient toutes les localités, toutes les masses, tous les individus? on doit en faire honneur à la séduction qu'il exerça par l'apparition des produits des mines du Nouveau-Monde et de ceux non moins desirés, et non moins précieux des tropiques, de l'Asie et de l'Afrique. Leur diffusion par le commerce d'importation offrit un nouvel aliment à l'avarice, à la vanité et aux jouissances de quiconque pouvait en payer le prix; et comme les moyens de payer augmentaient par plus de travail et de production, les riches demandèrent plus de travail aux pauvres qui devinrent des ouvriers, et les ouvriers élevèrent leur salaire dans la proportion de la demande de leur travail; ce qui les mit en état de pourvoir à leurs besoins sans aucun secours étranger. Ainsi l'importation des produits exotiques fut le mobile dont le commerce se servit pour donner le mouvement aux progrès de la production des céréales, de leur circulation, et de leur distribution dans toutes les classes de la population, et ce premier pas lui ouvrit des routes indéfinies et illimitées , mais semées de difficultés, de peines et de dangers. Que de temps, d'efforts et d'obstacles ne lui fallut-il pas pour rendre le circulation des céréales libres d'un lieu à l'autre, de ville à ville, de province à province, d'état à état. On a presque signalé comme des bienfaiteurs de l'humanité le petit nombre d'hommes d'état qui facilitèrent cette innovation dans l'économie des peuples; il faut cependant convenir que de puissantes raisons militaient contre elle.

La circulation des céréales, hors du lieu de la pro-duction, dérangeait toute l'économie locale, bouleversait toutes les relations, tous les intérêts, donnait une direction nouvelle aux affaires, et préparait d'autres résultats.

Avant la circulation des céréales leur valeur vénale était réglée dans le marché local par le salaire local qui payait la plus grande partie de son prix. La classe salariée formait alors les trois quarts des consommateurs (1). Dans un tel ordre de choses les producteurs et les consommateurs des céréales étaient assujétis à des conditions égales et invariables. Le producteur ne pouvait pas vendre au-delà de ce que le consommateur pouvait payer, et les classes salariées ne pou-

---

(1) Ce nombre n'a encore diminué que dans la proportion de 2 à 3.

vaient pas hausser leurs salaires au dessus du prix des céréales parce que les producteurs n'auraient pas fait travailler; il y avait donc à cette époque, malgré la distance de position des producteurs et des salariés, une loi qui les rapprochait, et maintenait entre eux une sorte d'équilibre.

Cet état changea entièrement par la circulation des céréales hors du lieu de la production : dès-lors leur valeur vénale ne fut plus fixée par le marché local, mais par celui qui en donnait le prix le plus élevé, d'où il résulta nécessairement que les classes salariées de chaque localité durent payer les céréales, non dans la proportion du salaire local, mais suivant leur valeur au marché le plus avantageux. Innovation qui améliora le sort des producteurs, détériora la condition des classes salariées, et agrandit encore la distance qui les séparait.

Sans doute l'élévation du prix des céréales, si utile aux producteurs, ne fut pas sans profit pour les classes salariées. La richesse, comme l'air, comme l'eau, est naturellement expansive, se répand de proche en proche, et améliore tout ce qui entre en contact avec elle. Le haut prix des céréales fit naître le desir d'en accroître la production, et comme on ne pouvait y parvenir que par plus de travail des classes salariées, il fallut augmenter leur salaire; la hausse des salaires suivit donc de près la hausse des céréales; mais il n'y eut pas entre eux égalité de proportion. Le salaire fut toujours réglé par la demande locale, tandis que le prix des céréales l'était par le marché le plus avantageux.

Cette différence dans le prix des deux valeurs n'a jamais éprouvé de variation: jamais le taux des salaires n'a suivi la progression du prix des céréales, et surtout il n'a jamais été progressif quand le prix des céréales a été stationnaire ou décroissant (1), d'où il suit évidemment, que si les choses étaient restées dans cet état, le système commercial n'aurait pas été plus favorable aux grandes masses de la population que les systèmes qui l'avaient précédé. Il les aurait également ment condamnées à travailler, pour enrichir les producteurs, et leur condition réciproque fut restée à-peu-près la même, sous les rapports purement économiques.

Mais l'industrie des villes, développée par les importations et les exportations, créa une richesse mobi-

(1) En Angleterre, où la statistique a recueilli depuis les temps les plus reculés, le prix de céréales et le taux des salaires, les faits sont parfaitement d'accord avec la doctrine que je viens d'établir.

Prix du quarter de blé.	b.	sh	denier	f.	c.	Salaire par jour	Poid du blé
En 1350.		6		7	50	1 d. 1/2 environ	16 l.
En 1444.		8	8	10	80	1 pek ou 10 l.	
En 1495.		5	4	6	40	1 1/3 pek ou 17 l.	
En 1575.	1	2	2	57	70	16/17 pek ou 9 l. 1/2	
En 160:.	2	2	2	52	70	2/3 pek ou 7 l.	
En 1651,	2			50		2 9/10 d'un pek ou un peu plus de 9 l.	
Pendant le xviie siècle	2	2	6	52	80	3/4 pek ou 7 l. 1/2	
Dans les vingt premières res années du xive siècle.	2			50		4/5 pek ou 8 l.	
De 1720 à 1755.		33		41	25	10 pek ou 10 l.	
De 1766 à 1770.	2	7	6	59	35	5/6 pek ou 8 l.	
En 1810.		62	115			5/6 pek ou 8 l.	

lière qui, non-seulement a rivalisé avec la richesse territoriale, mais l'a dépouillée de sa suprématie, et l'a réduite à la condition commune de tout capital productif du revenu annuel de chaque pays. Avec la nouvelle richesse mobilière a surgi une population nouvelle qui n'a subi d'autre dépendance que celle de l'intelligence, du talent, de l'activité et de l'économie.

Cette population industrielle et commerciale en quelque sorte implantée au milieu des pays agricoles n'a été, pendant long-temps, que faiblement arrêtée dans ses progrès par la circulation des céréales au dedans et au dehors du pays de production; mais elle n'a pu se soustraire à son influence, et maintenant elle en est tellement dominée que, non-seulement elle en souffre dans son développement ultérieur, mais même est menacée et compromise dans sa prospérité. Les lois des céréales sont à présent, dans le système commercial des peuples, un obstacle aux progrès de la richesse générale, elles arrêtent la culture des pays incultes ou mal cultivés, dont les produits ne peuvent être importés dans les pays industrieux et commerçans, de peur de nuire à l'agriculture nationale, et elles entravent le développement de l'industrie dans les pays commerçans qui ne peuvent approvisionner les peuples qui n'ont d'autres valeurs à leur offrir que des produits agricoles; mais on ne peut se former des notions exactes de ce double effet de la législation des céréales sans s'être rendu compte des intérêts de la production agricole et de la production industrielle, et de leur influence mutuelle sur leurs résultats communs.

Qu'est-ce qui a donné l'impulsion à l'industrie et au commerce des villes? est-ce, comme l'enseigne l'école célèbre des économistes français, l'agriculture nationale, secondée par l'exportation des céréales et de ses autres produits? Dégagée des illusions que cette doctrine a long-temps exercées sur les esprits, on ne conçoit pas comment la circulation des produits agricoles aurait pu créer une richesse industrielle et commerciale, si l'industrie nationale ne s'était exercée que sur leur fabrication pour la consommation, et si le commerce n'avait eu d'autre moyen de richesse que leur transport du lieu de la production et de la fabrication à celui de la consommation. Ces diverses opérations n'auraient créé qu'une seule et même valeur variable dans ses élémens, mais invariable dans sa totalité. Si la valeur des produits agricoles, après leur transformation industrielle et leur circulation commerciale, eût été d'un million, elle n'aurait pas pu dépasser cette limite d'un centime. Toute addition eût été nominale, et sans aucune réalité. La progression de la richesse industrielle et commerciale, par les progrès de la richesse agricole, est donc une chimère, une idéalité, un rêve de l'imagination ; il faut chercher ailleurs l'origine de l'industrie et du commerce des villes au milieu des pays agricoles, et, si je ne me trompe, elle est due à l'importation des produits exotiques qui ont offert de nouvelles valeurs, de nouveaux moyens d'échange aux produits indigènes, accru leur valeur d'échange et augmenté la richesse nationale de toute l'extension de la valeur des produits indigènes. Cet excédant de valeur, donné aux produits indigènes par leur échange avec les produits exotiques, est le principe de la richesse industrielle et commerciale des villes. Richesse qui non-seulement n'est pas une émanation de la production agricole, mais appartient en totalité aux travaux productifs de l'industrie et du commerce.

Si la corrélation des produits industriels des villes et des produits agricoles, importés par le commerce, n'avait pas été entravée par une foule d'intérêts divers, toujours mal entendus, la richesse aurait circulé naturellement des villes dans les campagnes, et des campagnes dans les villes. Les produits agricoles auraient reçu leur valeur vénale de la concurrence de la population des villes, et la production agricole aurait suivi la progression de la consommation des villes. Ce mouvement ne se fût arrêté que quand le sol cultivable du monde entier eût été épuisé; limite idéale des sciences spéculatives.

Ainsi, le système commercial eût résolu le problème économique et politique de la proportion des subsistances et de la population, et celui de la répartition des céréales entre tous les consommateurs; solution d'autant plus satisfaisante que la consommation aurait été la règle et la mesure de la production, et que la production n'aurait jamais manqué à la consommation.

Cette direction du système commercial a éprouvé un premier obstacle par la législation des céréales qui les a soustraites à la loi générale de la concurrence, ou de l'offre et de la demande, et a permis ou prohibé leur exportation et leur importation dans l'intérêt du pouvoir ou des producteurs. Qu'en est-il résulté?Encouragés par l'exportation et rassurés contre l'importation, les producteurs des céréales ont été les maîtres d'en fixer le prix, et l'ont élevé jusqu'au terme des besoins et des facultés du consommateur. Dès ce moment il s'est formé deux intérêts opposés : celui des producteurs a été de vendre leurs produits au plus haut prix, et celui des consommateurs a été de les acheter au meilleur marché; et, il faut en convenir, la loi arbitre entre ces deux intérêts a toujours fait pencher la balance en faveur des producteurs.

Au premier aspect il semble qu'on ne peut lui faire aucun reproche d'avoir facilité l'exportation et prohibé l'importation des céréales, puisquelle en faisait autant pour les produits de l'industrie et du commerce.

Il y a cependant entre les deux sortes de produits une différence si grande, qu'on ne conçoit pas qu'on ait pu les assimiler.

L'exportation des céréales et la prohibition de leur importation, n'ont qu'un objet en vue, c'est d'en faire payer aux nationaux le même prix qu'en donne l'étranger, prix toujours plus élevé que celui du pays; autrement l'exportation n'aurait pas lieu.

Les mêmes mesures appliquées aux produits de l'industrie et du commerce ont un but tout différent, c'est d'en assurer le débit : ce qu'elle ne peut faire que par la baisse de leur prix au dessous de celui de leurs concurrens.

L'effet des mêmes mesures est donc de faire baisser le prix des produits de l'industrie et du commerce, et d'élever celui des céréales.

Le haut prix des céréales a de graves inconvéniens : il expose les populations qui n'ont que leurs salaires pour subsister à souffrir de leur cherté, à subir de cruelles privations, et souvent à dépérir.

On dit avec quelque apparence de raison que le salaire se proportionne toujours à la valeur des céréales, et que, s'il en était autrement, les classes salariées décroîtraient jusqu'à ce que leur nombre fût réduit au dessous de celui qui serait nécessaire pour le travail, et qu'alors leur salaire hausserait jusqu'à ce qu'il fût suffisant pour leurs besoins. Cela est vrai en théorie ; mais qu'il y a loin de la pratique à la théorie.

Sans doute le salaire, considéré dans un temps plus ou moins long, est dans une proportion, sinon rigoureuse, du moins approximative avec le prix des céréales ; mais cette proportion existe-t-elle chaque année ? non, sans doute, et de là résultent de graves inconvéniens pour les classes salariées.

Si, dans un espace de dix années, le salaire et le prix des céréales ont été dans des proportions à-peu-près égales, il semble que la classe salariée n'a pas dû souffrir et même qu'elle a pu jouir d'une sorte de bien-être ; mais si sur dix années il y en a eu une, deux ou trois, où le salaire n'ait pas suffi au paiement des céréales dont les classes salariées ont besoin pour leur

24

subsistance, comment auront-elles pourvu au déficit ?
ce n'est pas par la hausse du salaire qui est toujours
fixé par l'offre et la demande, tout-à-fait étrangères au
prix annuel des céréales; elles auront par conséquent
éprouvé des privations, épuisé leurs ressources, et subi
toutes les angoisses de la détresse. En seront-elles du
moins indemnisées dans les années où les céréales
descendront au-dessous du niveau du salaire? non, la
prévoyance agit rarement dans l'intervalle de la disette
et de l'abondance; on se met au contraire à son aise
dans l'abondance, et l'on est pris au dépourvu dans la
disette; on oublie le bien-être, et l'on ne se fait pas au
malaise; ce qui tient les classes salariées dans une disposition toujours hostile contre l'état social.

Il y a même ceci de remarquable dans cet esprit
permanent d'hostilité, c'est qu'il ne cesse pas quand
même le prix des céréales est en proportion avec le
prix des salaires. Dans ce cas, la classe salariée sent
que sa condition est précaire et dépendante, et qu'elle
ne peut pas faire usage de la faculté la plus précieuse
de la nature humaine, de la perfectibilité, le ressort
le plus puissant de l'état social; il ne leur échappe pas
que, tandis que son état est pour ainsi dire stationnaire et limité à sa subsistance, celui des autres classes
est progressif et pour ainsi dire illimité.

En eût-il été de même, si le commerce des céréales
eût été libre et à l'abri de tout monopole? Il est permis
d'en douter. Dans ce cas, la classe salariée aurait
participé aux chances des mauvaises années et comme
celles-ci ne sont heureusement que dans la proportion

d'une à cinq, elle aurait pu par ses économies dans les années d'abondance non-seulement se préparer des ressources pour les années de disette, mais même se placer dans une position moins précaire, moins éventuelle et moins misérable que celle qui est inhérente au salaire subordonné à la cherté habituelle des céréales.

Il faut cependant en convenir : le monopole introduit par la loi des céréales ne fut pas d'abord établi dans le seul intérêt du producteur; l'intérêt du fisc fut aussi compté pour beaucoup. Il paraissait utile à l'Etat et sans dommage pour le consommateur de favoriser l'exportation des céréales dans les années d'abondance et l'on y voyait d'autant moins d'inconvénient que dans les années médiocres ou mauvaises on arrêtait l'exportation et l'on encourageait l'importation par des primes. On croyait sans doute, par cette alternative de faveur pour le producteur et le consommateur, rétablir entre eux l'équilibre et n'opérer que dans l'intérêt de l'Etat, c'était là du moins le prétexte dont on se servait; mais il est aisé de voir que l'on sacrifiait le consommateur au fisc, au crédit, et à l'intrigue des familiers du pouvoir : tel fut en effet le résultat de la législation de la France sur les céréales de 1559 à 1764.(1)

(1) François Ier se réserva le droit d'acorder des traites foraines.

Par édit du 26 octobre 1559 François II régularisa les délivrances des permissions de sortie des grains.

Sous Charles IX le réglement du 4 janvier 1567 fut entièrement fiscal.

En 1601 Henri IV permit l'exportation et supprima les droits dont elle était grevée.

En Angleterre, la législation sur les céréales fut moins arbitraire qu'en France, et l'on en découvre facilement la raison dans la nature des deux gouvernemens dont l'un était absolu et l'autre plus ou moins limité.

Dès 1662, on régularisa en Angleterre la législation sur l'exportation et l'importation des céréales, et l'on prit pour base de l'une et de l'autre, le prix moyen des céréales. Était-il inférieur? l'importation était permise; était-il dépassé? l'exportation était prohibée et quelquefois l'importation permise jusqu'à ce qu'on fût revenu au prix moyen.

On alla même plus loin, on accorda une prime de 5 shillings pour l'exportation de chaque quarter de blé sans aucun égard au prix moyen; ce système fut en vigueur depuis 1688 jusqu'en 1765, et par conséquent, pendant 77 ans. (1)

Quel en fut le résultat?

Ce système fut favorable aux producteurs des céréales et nuisible aux classes salariées. Il assura aux producteurs un bon prix de leurs produits et réduisit

---

Le 3 septembre 1631 Louis XIII défendit l'exportation sous des peines corporelles.

De 1665 à 1667 l'exportation fut permise moyennant certains droits.

En 1667 l'exportation fut permise ou défendue suivant les besoins particuliers de chaque province.

Le 13 septembre 1692 une ordonnance défendit l'exportation. Divers arrêts du conseil établirent postérieurement, tantôt des mesures répressives de l'exportation, et tantôt accordèrent des primes pour l'importation.

(1) Le quarter de blé équivaut à environ 22 boisseaux, mesure de France.

les classes salariées à un état habituel de gêne, de malaise et de détresse qui ne fut que faiblement soulagé
par la taxe des pauvres destinée à ne laisser aucun
besoin sans secours, mais qui était loin de réparer
le dommage que la prime faisait au consommateur
peu fortuné.

Cette législation fut-elle, du moins, avantageuse à
l'Etat? Non; pendant les 77 années qu'elle régit les
céréales de l'Angleterre, elle ne se fit point remarquer par les progrès de sa population, de sa richesse,
de son crédit et de sa puissance; elle ne sortit pas
de l'état auquel semblaient la condamner le peu
d'étendue de son sol et le petit nombre de ses habitans.

La population qui, en 1688, ne dépassait pas 5 à 6
millions d'individus, ne s'élevait pas en 1765 au-delà
de 7 millions; et il ne faut pas s'en étonner, le salaire
en céréales avait constamment diminué. (1)

La prospérité, la richesse et la grandeur de l'Angleterre, ne datent que des progrès de son industrie
qui donnèrent une si prodigieuse impulsion à son
commerce. (2)

(1) Dans le xvii° siècle le salaire donnait à l'ouvrier 10 l. pesant de blé,
    et dans le xviii,   8 l.
(2) En 1770 la manufacture de coton n'employait que 25 à 30,000
ouvriers.

Les importations ne dépassaient pas 10 millions st.

Le revenu public qui, sous Jacques II, ne se montait qu'à 2,001,855 l. ster.
n'était pas en 1770 de plus de   10,000,000.
et la dette évaluée à environ   139,000,000 ster.
payait en intérêts   4,854,051 ster.

D'où l'on peut conclure avec autant de raison que de vérité que, si l'Angleterre avait confié sa fortune au système agricole, elle n'aurait pas atteint au faîte de sa prospérité, de sa richesse et de son opulence, et ne serait pas parvenue au premier rang des Etats civilisés.

Mais les découvertes des machines, qui datent de 1767, donnèrent une si prodigieuse impulsion à son industrie manufacturière, à son commerce et à sa navigation, qu'ils sont devenus pour elle une source inépuisable de richesse; et, ce qui est digne de remarque, le salaire s'éleva proportionnellement à la diffusion de sa richesse. (1)

De hauts salaires firent faire des progrès si rapides à la population, que, dans l'espace d'un demi-siècle, elle augmenta de moitié en sus de ce qu'elle était en 1765. (2)

Pendant cette époque, la législation des céréales, fidèle au principe du prix moyen, en permit ou en défendit l'exportation et l'importation, et le résultat fut le même malgré l'énormité du salaire; la condition de la classe salariée se détériora graduellement et devint si misérable que la taxe des pauvres qui n'était en 1748 que de . . . . . . 730,135 l. st.

---

(1) En 1824 M. Huskisson dans un discours à la Chambre des communes évaluait le salaire des ouvriers de tout âge dans la manufacture de coton à 15 millions ster., ce qui donnait à chacun d'eux environ 500 f. par an, somme égale et peut-être supérieure au salaire d'une famille de cinq individus occupés en France aux travaux de l'agriculture.

(2) En 1821 on l'évaluait de 15 à 16 millions.

était en 1827 de . . . . . . 7,803,465 l. st.
et a toujours été progressive depuis.

D'où vient que, dans le même temps où l'Angleterre faisait faire d'immenses progrès à son industrie,
à son commerce, à sa richesse et à sa population, sa
classe salariée tomba dans une si grande détresse,
qu'on fut forcé de s'imposer un tribut de 200 millions
fr. pour la secourir et combler l'insuffisance de ses salaires? Cela tient à plusieurs causes qu'il importe de
signaler.

Nul doute que le prix moyen des céréales n'y ait
puissamment contribué; il en est résulté que, dans les
années d'abondance, l'exportation en a élevé la valeur
vénale au-dessus de son véritable prix, tandis que
l'importation ne l'a fait que faiblement baisser dans
les années de disette : de telle sorte que l'importation
dans les années d'abondance maintenait le prix de
l'hectolitre à . . . . 37 fr.
tandis que l'importation dans les
années de disette ne l'empêchait pas
de s'élever de . . . . 50 à 60 fr. (1)

Le résultat du prix moyen me paraît répandre un
grand jour sur la décadence de la classe salariée.

Si l'on ajoute au désavantage du prix moyen, les
contributions sur les consommations, les portes et
fenêtres et les patentes, on comprend facilement
comment les salaires les plus élevés n'ont pas suffi

(1) D'où il résulte que le prix moyen n'empêchait pas la livre de pain
d'augmenter de 20 à 40 et 50 pour 0/0.

aux besoins des classes salariées, les ont réduites à la nécessité des secours de la taxe des pauvres, et, malgré son énormité, ne leur ont donné que des secours insuffisans.

Mais ce qui a surtout aggravé la condition des classes salariées et doit inspirer de vives inquiétudes pour leur avenir, c'est que les travaux ont diminué et que leur diminution n'est ni temporaire ni transitoire; elle résulte d'une cause durable et permanente, des progrès de l'industrie et du commerce des autres peuples qui s'approvisionnaient dans les marchés de l'Angleterre, et qui, non-seulement se suffisent à eux-mêmes, mais entrent avec elle en concurrence dans les marchés étrangers. Les avantages qu'elle a si long-temps tirés de l'invention des machines sont perdus pour elle, depuis que leur production a dépassé les besoins de ses consommateurs et qu'elles sont devenues communes à tous les peuples industrieux.

Dans cette situation difficile, quel moyen a-t-on de remédier aux maux actuels de la classe salariée ou de lui ouvrir les voies d'un meilleur avenir?

.Les hommes d'état proposent la libre importation des céréales, l'abolition des impôts sur les consommations et sur les instrumens du travail. Sans contredit, ces mesures réduiraient les dépenses des classes salariées, et par conséquent, augmenteraient leurs ressources ou, ce qui est la même chose, proportionneraient le salaire aux besoins; mais ce ne sont là que de faibles palliatifs : si comme cela n'est que trop certain, le salaire après la réduction des charges dont

il est grevé, ne suffit pas aux besoins des classes salariées, on ne remédierait à rien et l'on aggraverait encore la position générale du pays.

Les économistes politiques proposent d'autres mesures dignes des méditations du gouvernement. Il s'a-
git de transporter chaque année dans les colonies un
nombre d'indigens proportionné à la portion de la
taxe des pauvres qu'on pourrait consacrer à cet emploi. On dit avec raison que la colonisation repro-
duirait successivement les avances faites aux colons,
accroîtrait les produits du travail, ouvrirait de nouveaux débouchés aux produits de l'industrie et du
commerce, et favoriserait le développement de la
richesse et de la civilisation. En théorie cette mesure
paraît la moins susceptible de critique; mais qu'il y
a loin de la théorie à la pratique !

A-t-on calculé le nombre des indigens que la taxe
des pauvres permettrait de coloniser chaque année?
Dans quelle proportion la partie colonisée serait-elle
avec celle qui attendrait son tour? quels moyens on aurait d'accélérer ou de ralentir la colonisation selon les
circonstances, et dans combien de temps on pourrait
arriver à mettre en équilibre les besoins et les ressources? Sur tous ces points et sur beaucoup d'autres,
inutiles à rappeler ici, on n'a que des données vagues,
incomplètes et insuffisantes, et il serait difficile de se
former une opinion exacte et positive.

Voilà donc un peuple nombreux, éclairé, riche, industrieux, laborieux, et actif qui ne peut plus fournir
à la subsistance de ses classes salariées, sans épuiser

les trésors de ses classes riches, et sans s'exposer à une ruine générale ou sans subir un bouleversement total. Comment cela est-il arrivé?

Doit-on en accuser la tendance de la population à dépasser la limite des subsistances? Non, ce ne sont point les subsistances qui manquent à la population, mais les moyens d'en payer le prix; moyens dont les classes salariées, les seules en souffrance, sont privées par les lois sur les céréales, et par les impôts sur les consommations qui ont successivement épuisé les ressources qu'elles auraient trouvées dans un autre système de législation et d'impôts.

On ne peut pas non plus faire au système commercial le reproche de n'avoir pas tenu tout ce qu'il semble promettre; il eût dépassé toutes les espérances si l'on n'avait pas brisé son ressort, la concurrence ou l'offre et la demande. Ce ne sont pas les classes salariées qui ont échoué sur les écueils qu'elles avaient imprudemment bravés, ce sont les lois qui les y ont poussées sans qu'il leur fût possible d'y échapper; les lois seules les ont appauvries; les lois seules sont coupables. Sont-elles à présent assez puissantes et assez généreuses pour réparer le mal qu'elles ont fait? C'est un problème dont je n'ai garde d'aborder la solution.

Qu'on ne croie pas cependant que l'Angleterre est sur le bord de l'abîme, parce que sa population salariée ne peut pas, avec son salaire, subvenir à sa subsistance; cette situation, qui paraît désespérée, ne l'est pas; elle peut occasioner de graves embarras, mais ne peut pas avoir de funestes résultats pour la fortune du pays. Elle consiste dans la rente de la terre et les profits du capital, et ne peut éprouver ni pertes ni diminution de l'insuffisance du salaire pour l'entretien des classes salariées. Tout ce qui en résultera, c'est que le pays sera riche, quoique les classes laborieuses soient dans la détresse. Que leur sort doive être pris en grande considération, la justice le veut et l'humanité en fait un devoir; il faut que la loi des céréales et les impôts sur les consommations n'épuisent plus le salaire au profit du revenu; il faut établir l'équilibre entre l'un et l'autre. Dans le système commercial, la concurrence doit être la règle et la mesure de tous les intérêts qui concourent à la production de la richesse. Qu'on rétablisse cette loi de justice et d'équité, et la condition des classes salariées sera aussi fortunée qu'elle peut et doit l'être.

Sans doute il y aura une grande difficulté à proportionner le nombre des ouvriers à la quotité de l'ouvrage, mais cette difficulté n'est pas insoluble avec la taxe des pauvres. Puisse la prévoyance des classes riches devancer les terribles prescriptions de la nécessité.

Quoique la France soit entrée dans le système de l'Angleterre sur les céréales; il y a si peu de temps qu'elle imite son modèle, qu'on ne doit pas être surpris si elle n'en a pas ressenti la funeste influence; peut-être même sera-t-elle encore long-temps neutralisée par sa situation particulière, situation tout-à-fait étrangère à celle de l'Angleterre, et à laquelle

elle n'est arrivée que par une suite de circonstances qu'il importe de retracer.

On a déjà vu, qu'on a long-temps regardé, en France, le commerce des céréales hors du lieu de la production comme un attentat à la subsistance de la population locale; cette opinion s'était en quelque sorte corroborée par la réunion successive de plusieurs provinces au royaume; provinces qui, par leurs capitulations, s'étaient réservé leurs lois, leurs usages, et les barrières qui les protégeaient contre l'exportation de leurs produits, et l'importation des produits exotiques. Ces provinces formaient autant d'états, dans l'état. Le pouvoir seul osait franchir ces barrières protectrices, et il ne s'y refusait pas, toutes les fois qu'il y trouvait profit pour lui, pour ses familiers, ses favoris et ses courtisans, et, sous ce rapport, il était fidèle aux tendances des gouvernemens absolus.

. Mais le peuple ne supportait qu'avec impatience la violation de ses lois, de ses usages et de ses habitudes, et opposait une résistance souvent violente à la circulation des céréales; aussi leur commerce fut-il toujours impopulaire, mal famé, et par conséquent peu sûr.

Après la désastreuse paix de 1763, on crut voir des moyens de prospérité dans l'agriculture, dans le commerce des céréales, et l'on essaya de secouer le joug des préventions populaires, des privilèges de province et du monopole du pouvoir. On prit de sages mesures pour préparer les voies à un commerce

permanent et régulier. Mais on n'atteignit pas au
but: l'intempérie des saisons, la malveillance et les
intrigues de cour et de cabinet firent échouer les mesures combinées dans l'intérêt du pays, ce qui mérite
surtout d'être remarqué, les controverses des écrivains
les plus recommandables couvrirent le sujet d'une obscurité profonde, et l'on peut dire sans paradoxe,
que le problème de la liberté du commerce des céréales n'est pas encore résolu scientifiquement. Le gouvernement ne s'est montré ni plus éclairé ni plus
décidé sur ce sujet important, tantôt il a permis l'exportation et tantôt il l'a prohibée sous les peines les
plus sévères; mais sur quoi il n'a jamais varié, c'est
qu'il n'a jamais défendu l'importation, et l'a au contraire encouragée par des primes dans les temps de
disette.

Quelque bizarre que doive paraître cette versatilité
du pouvoir, sur un point aussi important pour un
pays agricole que le commerce des céréales, on ne
peut méconnaître qu'il pouvait y être déterminé par
de puissantes considérations. Dans les années d'abondance, l'exportation préservait le producteur de la
dépréciation de ses produits agricoles, et dans les années de disette l'importation atténuait les souffrances
de la cherté, et sauvait les classes pauvres de la faim
et du désespoir. A cette époque, et avant l'introduction des manufactures et du commerce dans le pays,
cette conduite était peut-être tout ce qu'elle pouvait
et tout ce qu'elle devait être.

L'agriculture, principale source de la richesse de

la France produisait la plus grande partie de son revenu et rétribuait tous les services publics et privés. Dans un tel état des choses, il était de l'intérêt général de favoriser l'élévation du prix des céréales par leur circulation à l'intérieur et leur exportation dans le monde commerçant.

Leur libre circulation à l'intérieur élevait nécessairement leur valeur vénale au taux des marchés où elles étaient le plus recherchées, et comme ces marchés étaient ceux où s'approvisionnaient les populations industrielles et commerciales, leur circulation intérieure avait l'inappréciable avantage de faire participer l'agriculture au profit de l'industrie et du commerce, avantage commun aux classes salariées dont ils haussaient le salaire. Si, en effet, elles payaient leurs subsistances à un prix plus élevé que si la circulation n'avait pas eu lieu, elles en trouvaient l'indemnité dans l'accroissement du travail, qui résultait nécessairement de la plus grande aisance des propriétaires des céréales.

Quant à leur exportation, elle était encore plus favorable à la richesse du pays, parce qu'elle portait le prix des céréales au taux le plus élevé, et que tout ce qu'elle ajoutait au prix national était en pur bénéfice pour le pays, et profitait également à tous les intérêts.

Il me paraît donc démontré que toutes les mesures sur les céréales, mises en usage dans des vues d'intérêts privés antérieurement à l'établissement de l'industrie et du commerce dans le pays, étaient con-

formes aux bons principes de l'économie politique.
Il en est tout autrement depuis que l'industrie et le
commerce ont acquis une haute prépondérance dans
la production de sa richesse.

Quand un pays agricole échange les produits de
son agriculture contre les produits de son industrie et
de son commerce intérieur, ces deux échanges peuvent être plus profitables à l'une des classes productrices qu'à l'autre, mais les profits de l'une sur l'autre
n'ajoutent pas un centime à la richesse nationale. Des
siècles pourraient s'écouler dans cette alternative de
profits, sans que la richesse eût fait aucun progrès,
sans que la population eût augmenté d'un seul individu. De là vient que dans les temps antérieurs
au xviiie siècle, les statistiques ne présentent le dou-
blement des peuples que dans l'espace de 500 ans,
tandis que de nos jours il s'opère dans le court espace de 25 à 50 ans. On en découvre facilement la
raison.

Dans l'absence du commerce avec l'étranger, tout
ce qu'un genre de travail produit au-delà de ce que
les consommateurs peuvent payer avec leurs produits
est invendu, sans valeur, en pure perte pour le
producteur et n'est pas reproduit. La reproduction locale est donc limitée par la consommation locale.

Il n'en est pas de même quand chaque peuple
échange ses produits dans les marchés du monde ;
alors il les vend au plus haut prix, et dans ce qu'il
reçoit au-delà de ce qu'il aurait reçu dans le marché

intérieur, il trouve non-seulement un profit pour lui, mais il augmente de tout son profit la richesse du pays.

Cet avantage du marché général sur le marché du pays n'est pas le seul pour chaque pays industrieux et commerçant, il en est un autre bien autrement important et d'une plus grande étendue; c'est celui qui résulte des produits importés en échange de ceux qui ont été exportés. Les produits exotiques importés, sont si desirés, si recherchés, si agréables à toutes les classes de consommateurs qu'on fait les plus grands efforts pour se procurer par plus de travail les produits qui doivent en payer le prix. De là plus d'activité dans les producteurs, plus de développemens dans les facultés du travail, plus de perfectionnemens dans ses produits, plus de progrès dans la production. Prohibez l'importatiou des produits des tropiques en Europe; et les produits indigènes qui en paient le prix ne trouveront plus d'objets d'échanges, ne seront pas consommés et par conséquent ne seront pas reproduits. Le véritable moyen d'étendre le travail de chaque pays consiste donc, dans l'échange de ses produits avec ceux de l'étranger; on en d'autres termes le mobile de la richesse sociale est dans le commerce avec l'étranger.

Mais ce commerce est incomplet et défectueux quand il n'embrasse pas les céréales. Si leur échange lui est interdit par le monopole local, s'il ne peut pas en hausser ou en baisser la valeur suivant la loi générale de l'offre et de la demande, s'il est assujéti au prix moyen il ne tient plus la balance des valeurs, elle passe sous l'empire de la loi et en subit les erreurs, les prédilections et les influences ; alors le prix moyen des céréales fait la loi à tous les prix des objets d'industrie et de commerce, et les réduit au rôle d'instrumens de la richesse agricole.

Que l'on y fasse bien attention et l'on verra que l'industrie et le commerce ne peuvent fleurir que par le bon marché de leurs produits, c'est par là seulement qu'ils peuvent braver la concurrence et compter sur un débit assuré ; dans aucun cas ils ne peuvent élever le prix de leurs produits dans la proportion de la progression du prix des céréales, et par conséquent ils sont toujours les victimes de leur monopole où ce qui est la même chose de leur prix moyen. Aussi qu'est-il arrivé depuis que l'industrie et le commerce concourent à la production de la richesse générale ? C'est qu'ils ont enrichi tous les pays agricoles, et que l'agriculture la plus florissante n'a jamais fait la fortune des pays industrieux et commerçans ; elle n'a été véritablement utile à la richesse générale, que quand ses produits et ses céréales ont reçu leur valeur vénale de la concurrence du marché général.

Il me paraît donc démontré que le monopole des céréales, leur prix moyen est une véritable anomalie dans le système commercial, et doit produire la plus grande inégalité dans le partage des profits et dans la fixation du salaire.

Si l'on ajoute au prix de monopole des céréales,

les impôts sur les consommations, on doit sentir que
quelque favorable que soit aux salaires le système commercial, les charges que leur impose la législation peuvent les réduire au dessous des besoins des classes
salariées, et opposer à ces classes une barrière insurmontable à leur incorporation dans les autres
classes sociales.

Ce résultat fâcheux ne s'est pas encore fait sentir
en France quoiqu'elle ait depuis long-temps pris une
part étendue à l'industrie et au commerce, mais on
en aperçoit facilement la raison.

Quoique la France soit essentiellement agricole,
elle ne peut que dans des circonstances rares soutenir
la concurrence dans les marchés étrangers; elle est
donc forcée de chercher dans les marchés intérieurs
le débit de ses céréales. Elle y a même trouvé des
concurrens redoutables dans les blés de la Crimée,
de la Baltique, de l'Italie, de l'Afrique et de l'Amérique. De là il est résulté que le prix des céréales a toujours été modéré en France, et que les classes salariées n'ont eu à souffrir que de leur exportation dans
les années d'abondance qui les laisse sans ressource
dans les années de cherté et de disette. Aussi ces
classes ont-elles été long-temps dans un état habituel
d'indigence, dont elles ne sont sorties que par la révolution de 1789.

Je dois cependant faire remarquer que cet état était
particulier à la population salariée de l'agriculture,
et ne s'étendait pas aux classes salariées de l'industrie
et du commerce; celles-ci ont toujours joui d'une ai-

sance proportionnée aux profits de ces deux genres
de travaux ; mais il ne faut pas se le dissimuler : si
l'on n'y prend garde, le prix moyen des céréales que
la restauration a introduit en France à l'imitation de
l'Angleterre, doit amener les mêmes résultats dans les
deux pays.

On doit vivement s'en inquiéter, surtout lorsqu'on
voit dans un rapport fort étendu d'une commission
de la Chambre des députés (1) sur un projet de loi
sur les céréales, comment on a considéré l'ancienne
législation sur ce sujet et sur quels principes, on a
fondé les modifications qu'on y a faites.

« Dans les deux gouvernemens de France et d'An-
« gleterre, dit le rapport (2), se révèle une même pen-
« sée que vous retrouverez sous toutes les formes dans
« les anciennes comme dans les nouvelles lois pour la
« France ou l'Angleterre , et dans le projet même qui
« vous est présenté : venir au secours du consomma-
« teur lorsque s'approche la disette, et venir au secours
« du producteur lorsqu'il y a surabondance. »

Si je ne m'abuse pas, on s'est tout-à-fait mépris en
assimilant l'ancienne législation des deux pays sur les
céréales et en leur supposant identité de vues, de motifs
et de but. Jusqu'à ces derniers temps la législation de
chaque pays reposait sur des principes tout-à-fait différens.

L'Angleterre, éminemment commerciale, ne voyait

(1) Séance du 5 mars 1832.
(2) Page 7.

dans les céréales, dès 1662, qu'un objet de commerce subordonné aux nécessités de la population ; elle n'a modifié ce système que depuis peu de temps. On sait quel en a été l'effet, et à quel degré d'indigence il a réduit les classes salariées et à quels dangers leur indigence expose le pays. Les faits ont suffisamment démontré les vices de ce système et toute réflexion ultérieure n'ajouterait rien à l'évidence des faits.

Quant au régime de la France sur les céréales, il a toujours été étranger aux vues et aux combinaisons du commerce. On ne vit jamais dans les années d'abondance que des occasions de profit pour le fisc ou pour les favoris du pouvoir, et l'on n'eut jamais d'autres motifs pour en permettre l'exportation. Elle était suspendue dans les années médiocres ou mauvaises par le danger de compromettre la subsistance de la population, et la crainte des désordres qui en seraient résultés ; souvent même on encourageait l'importation par des primes ; mais dans l'un et l'autre cas on ne consultait ni l'intérêt du producteur ni celui du consommateur ; on s'abandonnait aux évènemens, toujours dangereux même pour les gouvernemens les plus habiles à les mettre à profit.

Mais ce n'est pas seulement en cela que le rapport me paraît avoir commis l'erreur la plus fâcheuse, c'est quand il annonce qu'on est venu au secours du producteur quand il y avait abondance, et qu'on est venu au secours du consommateur dès qu'on approchait de la disette. Si l'on s'était rendu compte de cette double opération, on fût arrivé à des résultats tout-à-fait imprévus.

Que fait-on quand, dans les années d'abondance, on vient au secours du producteur? on oblige le consommateur à payer le prix des céréales au dessus de leur valeur locale ; on impose par conséquent au consommateur une taxe au profit du producteur. La loi usurpe sur le marché le droit de régler le prix des céréales.

Que fait-on quand, dans les années médiocres ou mauvaises, on vient au secours du consommateur? réduit-on le prix des céréales au dessous de leur valeur vénale dans le marché local? Non ; on empêche seulement qu'il ne s'élève au-delà de son taux naturel et n'atteigne à un prix que le consommateur ne pourrait pas payer. Dans ce cas, et c'est le plus favorable, le consommateur est déchargé de l'impôt qu'il payait au producteur, mais le producteur ne réduit pas son prix au dessous de la valeur venale dans le marché local.

La législation est donc dans les deux cas favorable au producteur, et seulement plus ou moins onéreuse au consommateur.

On s'est donc formé de fausses notions de la nature, de l'esprit et de l'effet de l'ancienne législation sur les céréales, tant en France, qu'en Angleterre. A-t-on été du moins plus exact dans l'appréciation des modifications qu'on y a faites dans les deux pays?

En Angleterre on a supprimé ou maintenu la prime sur l'exportation, quand elle ne suffisait plus pour assurer au producteur le débit des céréales dans les marchés de l'étranger; mais pour l'indemniser en

quelque sore de la perte qu'il éprouvait, on l'a pro
tégé contre l'importation du blé étranger par des droits
tellement élevés qu'ils équivalent à une prohibition.
Ce qu'il y a d'extrêmement remarquable dans ces
droits, c'est qu'ils n'ont jamais varié (1). On en est
arrivé au point, qu'au taux le plus bas, de 65 fr. le
quarter, le consommateur ne peut pas payer la livre
de pain moins de 20 cent., tandis que dans les années de disette, elle n'a point de limite. Est-ce ainsi
qu'on vient au secours du consommateur ?

Sans doute ce haut prix de la livre de pain pouvait ne pas être au dessus des facultés des classes salariées, quand l'industrie et le commerce, dans leur
haute prospérité, payaient de forts salaires, quand
l'ouvrage à la tâche abondait, quand les enfans étaient
occupés dans les manufactures, quand le travail était
largement récompensé; mais depuis que le travail
manque à l'ouvrier et que le salaire ne suffit plus à
ses besoins, le déficit a été couvert par la taxe des
pauvres : sorte de restitution que les classes riches et

---

(1) En 1662, sous Charles II, les droits sur l'importation du quarter de
blé étaient de . . . . 16 sh.

   quand le quarter était à . . .   60 f.

en 1745 le droit était le même . . . . 16 sh.

   quand le quarter était à 62

en 1804 le droit était le même . . . . 16 sh.

   quand le quarter était à 63

en 1828, on a établi une échelle ascendan-

  te et descendante des droits sur

  l'importation depuis 65

  jusqu'à 84

aisées font aux classes pauvres et indigentes pour les indemniser du tort qu'elles éprouvent de la législation des céréales et des contributions. Combien il eût été plus judicieux de laisser un libre cours à l'action du système commercial sur les céréales, comme sur tous les autres produits de l'industrie humaine ! On aurait eu moins de richesses accumulées dans certaines classes, et moins d'indigence et de misères dans les classes salariées.

La France qui, comme on l'a vu, n'avait jamais considéré les céréales sous un point de vue systématique, qui avait subi les fréquentes altérations d la hausse et de la baisse de leur prix, qui n'avait jamais cherché à les subordonner à un prix moyen fixe et stable, entra en, 1814, dans une route nouvelle et chercha dans une législation permanente des mesures protectrices du producteur et du consommateur.

Pendant la restauration, la législation fut plus favorable au producteur qu'au consommateur (1): elle

(1) En 1814, on permit l'exportation jusqu'à ce que le prix de l'hecto-litre du blé froment fut, 1re classe au dessus de 23 f. ; 2e classe, au dessus de 21 f.; 3e classe ; au dessus de 19 f.

En 1819, on alla plus loin, on assujétit l'importation à des droits progressifs proportionnés à la baisse des prix, au dessous de la limite de l'exportation.

En 1821, on osa encore davantage : on recula la limite de l'exportation et on la porta:

1re classe	2e classe	3e classe	4e classe
26 f.	24 f.	22 f.	20 f.

et l'on maintint les droits sur l'importation au dessous de la limite de l'exportation.

porta le prix moyen de l'hectolitre à un taux beaucoup plus élevé que celui qui était usité ; il présentait
une hausse de plus de 2 fr. par hectolitre, en_suppo-
sant que la classe salariée soit composée de 25 millions d'individus et que chacun d'eux consomme
trois hectolitres ; l'élévation du prix moyen de 2 fr.
par hectolitre grevait leur consommation de 75 millions d'hectolitres, d'un impôt de 150 millions au profit des producteurs. On conviendra que cet énorme
tribut de la classe pauvre à la classe riche ne devait ni
populariser le pouvoir, ni réconcilier les pauvres et les
riches, ni leur inspirer des sentimens de vénération
et de bienveillance, ni resserrer les liens sociaux, ni
affermir l'ordre public sur la seule base durable de
l'intérêt commun.

La révolution de juillet a modifié, et pour ainsi
dire réduit les tarifs de la restauration sur les céréales.
La loi de 1832 (1) a non-seulement avancé la limite de l'exportation et de l'importation ; mais les
a autorisées l'une et l'autre moyennant des droits fixes

---

(1) La loi de 1832 a permis l'exportation jusqu'à ce que le prix de l'hectolitre de blé soit dans la région du sud-est à . . . : . . . 24 f.
et dans la région du nord-ouest à . . . . 20 f.

Au dessus de ce prix l'exportation est encore permise moyennant un
droit de 25 c. par hectolitre lorsque le prix a atteint cette limite ; s'il la
dépasse, le droit augmente de 2, de 4 et même de 6 f., et ainsi de suite
en ajoutant 2 f. à chaque f. de baisse.

Quant à l'importation elle est assujétie à un droit de balance,
dans la région du nord-ouest, de . . . . 25 c.
et dans la région du sud-est, de . . . . 57 c.

Ce droit augmente de 2 f. par chaque diminution d'un franc sur le prix
de l'hectolitre.

et déterminés ; toutefois il est aisé de voir qu'en cherchant à concilier les intérêts du producteur avec les besoins du consommateur, elle n'a pas résolu le problème. On a cherché une sorte d'équilibre entre les deux rapports, mais on n'a pas fait attention que la nature des choses y résiste. Comment en effet trouver le point où l'abondance ne nuit point au producteur, et celui où la cherté n'est pas ruineuse pour les classes salariées ?

Sans contredit, l'exportation protège le producteur contre la dépréciation, dont l'abondance des céréales le menace dans le marché local ; elle lui assure le prix le plus élevé dans le marché soit national soit étranger, et par conséquent elle impose aux classes salariées un tribut plus ou moins pesant au profit du producteur.

Les classes salariées sont-elles du moins indemnisées de ce tribut par la baisse des prix dans les années de cherté ou de disette ? Non, tout ce qu'elles peuvent espérer, c'est que la concurrence produite par l'importation du blé étranger dans les années de cherté et de disette arrêtera la hausse du blé national ; mais la baisse opérée par l'importation balance-t-elle la hausse produite par l'exportation ? C'est ce qui échappe à tout calcul. Ce qu'il y a de certain, c'est que par l'exportation le consommateur paie le blé plus cher ; que l'importation ne le préserve pas de la cherté, et que l'exportation et l'importation ne se balancent point, et ne peuvent établir aucun équilibre.

Ce qui me semble vicier radicalement la législation

des céréales, c'est le principe qui lui sert de base, c'est la formation d'un prix moyen des céréales dont on exalte les avantages pour le producteur, le consommateur et le commerçant.

On dit, en effet, que le producteur trouve dans le prix moyen une garantie contre les fluctuations du prix des céréales, contre ses oscillations convulsives, et ses chances désastreuses ; qu'il sert de régulateur aux entreprises agricoles, permet de les soumettre à des calculs approximatifs, et en favorise les progrèset les développemens.

D'un autre côté, on dit que le prix moyen des céréales, reduit à un taux à-peu-près fixe la subsistance des classes salariées, les met dans le cas de calculer cette partie importante de leurs dépenses, et de se mettre à l'abri des privations et des souffrances auxquelles les exposent d'inévitables disettes.

On dit enfin que le prix moyen offre au commerce une base solide pour asseoir ses spéculations, les régulariser et les soustraire aux secousses imprévues qui en font une sorte d'agiotage, en les classant dans la même catégorie.

Sans doute, des avantages si spéciaux ont dû séduire les modernes législateurs; mais ne s'est-on pas abusé sur l'existence ou la possibilité d'un prix moyen des céréales? Comment assigner un prix moyen à un produit aussi varié dans sa production que les céréales ? Quelle fixité peut-on donner à un produit qui dans les années d'abondance peut fournir à la subsistance de la population pendant seize à dix huit mois qui, dans les années ordinaires, est à-peu-près égal aux besoins; qui dans les années médiocres, ne suffit qu'aux deux tiers de la consommation, et, dans les mauvaises années ne donne pas la moitié des années ordinaires; dont la valeur vénale varie non-seulement dans la proportion de son abondance ou de sa rareté, mais est soumise à l'influence de la crainte, de la souffrance, de la famine et de la mort?

Ce qui fait surtout ressortir l'inégalité du prix moyen pour les classes salariées, c'est qu'il les prive de leurs avantages dans les années d'abondance, sans accroître leurs ressources dans les années médiocres et mauvaises. Malgré le prix moyen, les classes salariées n'échappent à leur ruine, dans les années de disette, que par la réduction de leur consommation qui peut être portée à la moitié de ce qu'elle est dans les années d'abondance, et qui, à ce taux, balance le déficit des plus mauvaises années, qui ne descend jamais au-dessous de la moitié des récoltes ordinaires. En un mot c'est par les privations plutôt que par le prix moyen que les classes salariées échappent aux calamités des mauvaises récoltes. Il est de fait qu'en Angleterre la plus grande importation n'a jamais dépassé 600,000 quarters ou environ le 25ᵉ de la consommation totale.

En France l'importation a rarement dépassé deux millions d'hectolitres, le $\frac{1}{77}$ᵉ de la production ordinaire ou le 50ᵉ de la consommation totale.

Il est donc bien évident que l'importation, la seule mesure qui soit favorable aux classes salariées, parce qu'elle arrête l'excès de la hausse du prix des grains, est pour elles un faible secours dans leurs misérables détresses, tandis que l'exportation qui les prive de l'avantage du bas prix des grains, dans les années d'abondance, les grève d'un impôt énorme, qui par sa permanence les appauvrit et les condamne à une indigence perpétuelle.

En Angleterre on y remédie jusqu'à un certain point par la taxe des pauvres; on secourt les pauvres que le prix moyen a faits, et la nécessité répare les vices de la législation sur les céréales.

En France, les classes salariées échappent par d'autres voies à l'oppression que le prix moyen fait peser sur elles. Les salaires ne sont pas leurs seules ressources pour subvenir à leur subsistance. Celles qui se livrent aux travaux de l'agriculture ont pour la plupart des propriétés rurales dont la culture augmente leurs moyens de subsistance (1), et leur assure une sorte de bien-être.

Les autres classes salariées, qui vivent des travaux de l'industrie et du commerce, n'ont pas les mêmes ressources que les classes agricoles; mais comme l'industrie et le commerce n'ont pas encore élevé un nombre d'ouvriers hors de proportion avec les produits de l'agriculture du pays, le prix moyen n'a pas fait sentir sa funeste influence aux classes salariées, et leur

(1) On compte en France 25 millions de cultivateurs qui font partie des classes salariées, 18 millions sont propriétaires, prennent environ les 3/4 du produit net et par là augmentent leur part dans les salaires d'environ 1,200 millions de francs.

salaire a suffi pour les faire vivre dans une condition aisée. Sera-t-elle durable? il est permis d'en douter, si l'industrie et le commerce font en France les progrès qu'ils ont faits dans d'autres pays, si leur population suit la progression de leur développement, et si la législation continue à la priver du bon marché des années d'abondance, et la livre sans ressource, sans prévoyance aux effrayantes chertés des années de disette.

Quoi qu'il en soit, il me paraît certain que, si le système commercial n'a pas complètement résolu le système de la proportion des céréales avec la population, ou plutôt de leur juste prix pour toutes les classes de la population, il ne faut en accuser que les vices de la législation, qui, par sa direction des prix, a détruit son principe, substitué le monopole à la concurrence, et le privilège à l'égalité. La méprise est grave! Puisse-t-on la reconnaître, s'en préserver et retourner à la vérité.

Ainsi, tous les siècles ont reconnu l'importance des céréales, tous ont senti qu'elles sont périlleuses pour l'ordre social, la paix publique, la prospérité particulière et générale, l'état social et l'état politique.

L'antiquité ne vit pas de meilleur moyen d'échapper aux désordres inévitables de leur insuffisance qu'en réprimant la propagation de la population par la polygamie, l'infanticide et l'esclavage : le remède fut pire que le mal. L'humanité fut sacrifiée à la société civile, et la société civile aux usurpateurs des ses pouvoirs.

Le christianisme résolut le problème de l'insuffisance des subsistances résultant de l'excès de la propagation de la population, par le célibat, la charité et la résignation aux privations fortuites ou habituelles : mesures admirables sous le point de vue moral, mais impuissantes contre la grandeur du mal qu'il voulait soulager s'il ne pouvait le guérir. Heureusement il trouva un puissant auxiliaire dans l'opinion qui affectait les céréales à la consommation des habitans du lieu de la production. Ce fut une époque de misère générale et cette époque dura dix siècles.

Le système commercial a résolu la difficulté jusqu'alors insoluble par la propagation des céréales dans la proportion de la propagation de l'espèce humaine; mais ce système fut long-temps arrêté dans sa marche par les privilèges de localité, les avidités fiscales et féodales, et à mesure qu'il en triompha, il eut à lutter contre les calculs intéressés de l'exportation et de l'importation, la stabilité du prix fondée sur les décevantes combinaisons du prix moyen.

Dans cette esquisse rapide des diverses phases de la législation des céréales, on doit être frappé de son importance, de ses longues aberrations, du peu de progrès qu'elle a faits dans l'intérêt des producteurs et des consommateurs, et de l'état critique dans lequel elle a plac les classes salariées par rapport aux producteurs agricoles. Elle leur a mis les armes à la main, les tient dans un état continuel d'hostilité et les menace d'une ruine totale. Tandis que si elle avait laissé au système commercial une entière liberté, il aurait assuré leur bien-être mutuel, leur prospérité particulière et leur fortune commune. De toutes parts les privilèges s'écroulent, les lumières générales précipitent leur abolition; espérons que le privilège du prix moyen des céréales ne résistera pas à l'intérêt général de la justice sociale.

DU POUVOIR POLITIQUE

DANS LE

SYSTÈME COMMERCIAL DES PEUPLES MODERNES.

Les dissensions des peuples et des gouvernemens,
qui depuis deux siècles vont toujours croissant, les
précipitent de révolution en révolution, et couvrent
leur avenir d'un voile sinistre, résultent des tendances
contraires du pouvoir social et de la société civile; de
l'immutabilité du pouvoir et des progrès de la société.
De là, leur aliénation mutuelle, leur lutte sourde et
continue, le relâchement du lien social et sa violente
dissolution. Ce résultat ne peut échapper à quiconque
suit la marche de l'état social et du pouvoir politique,
depuis l'établissement du système commercial.

Grâce à ce système la société civile a fait faire
d'immenses progrès à la fortune, à l'esprit et aux

mœurs des peuples; aux rapports des diverses classes
de la population, à la balance et au nivellement des
intérêts individuels, à la civilisation locale et générale; mais de si grands progrès dans l'état social n'ont
produit aucune modification spontanée dans l'état
politique. Fidèle à la doctrine du droit divin, le pouvoir s'enveloppe dans son immutabilité, résiste à toute
restriction de ses prérogatives, et incrimine tout ce
qui peut leur porter la moindre atteinte.

Tant d'aveuglement ne peut se concevoir! Comment
ne comprend-on pas que le pouvoir ne peut pas aller
dans une direction, et l'état social dans l'autre; qu'on
ne peut associer l'esprit de conquête à l'esprit de commerce, ni imposer le cagotisme à un peuple éclairé
et instruit de ses devoirs religieux? Sans doute, cela
n'est pas impossible; on l'a tenté récemment, mais
on sait ce qui en est résulté pour le pouvoir et pour
le peuple. Cette épreuve ne devrait-elle pas suffire,
et peut-on ne pas craindre d'en provoquer de nouvelles? La doctrine du droit divin ne saurait faire prévaloir la volonté du pouvoir sur les passions, les
intérêts et les lumières du siècle. Cela ne s'est jamais
vu dans aucun temps, ni dans aucun pays.

Aux trois grandes époques de l'antiquité, de la féodalité et du système commercial, non-seulement on
ne trouve aucune trace de l'immutabilité du pouvoir
et de sa dissidence avec le peuple, mais on le voit, au
contraire, revêtir toutes les formes que lui imposèrent
les vicissitudes de l'état social. Jamais il ne fut indépendant de la volonté du pays; il fut, au contraire,

26

toujours homogène avec lui. Malheur au pouvoir qui
veut traîner le peuple à sa suite!

Dans toute l'antiquité le pouvoir fut ce que le firent
les grands, le peuple et l'armée. Le gouvernement fut
mixte (1), aristocratique, démocratique et militaire.
Il suivit constamment la fortune qu'on lui fit et ne
l'imposa à personne. On n'aperçoit aucune différence
à cet égard, entre les grands empires de l'Orient,
Sparte, Athènes, Carthage et Rome : partout le pouvoir suivit les phases de l'état social; jamais on ne vit
de lutte entre l'immutabilité du pouvoir et les progrès
de l'état social.

Après le renversement de l'empire romain par les
barbares et leur établissement dans les pays conquis,
on ne remarque, pendant plusieurs siècles, que
l'anarchie du pouvoir et non son immutabilité. Le
pouvoir ne conservait, au milieu de la confusion
générale, qu'une vaine et servile dénomination. Dispersés individuellement sur les points du territoire à
leur convenance, les conquérans vivaient dans l'indépendance, et ne se ralliaient sous sa bannière que
contre l'étranger. C'est dans cette étroite et dérisoire
limite, que fut resserré le pouvoir des conquérans de
l'empire romain; et l'on conviendra que sa dispersion
résiste à toute idée d'immutabilité.

Si les possesseurs de chaque domaine distrait de la
conquête, avaient été assez sages pour se protéger
l'un l'autre, ou assez puissans pour se protéger eux-

---

(1) On n'avait aucune idée de la monarchie.

mêmes, il n'y aurait eu dans le pays conquis, ni pouvoir, ni peuple, ni état social, ni état politique; chaque domaine eût formé une espèce de clan, soumis à
l'autorité patriarcale, tout-à-fait étrangère au pouvoir social, et sans aucun rapport avec lui; mais leur
isolement, leur individualité et leur concentration dans
des domaines indépendans et formant autant de souverainetés, ne leur fit pas perdre l'esprit de conquête,
ni l'espoir de se dépouiller et de s'asservir l'un l'autre.
Ils préféraient les chances de la guerre aux sécurités de la paix, et résistaient d'autant moins à leur
penchant, qu'aucun pouvoir n'était préposé à leur
répression, et n'eût été assez puissant pour les forcer
à respecter la paix publique. Dans un tel état de
choses les faibles et les timides eurent recours à des
protecteurs particuliers contre les ambitieux qu'ils
redoutaient. Ils achetèrent leur sécurité aux dépens
de leur indépendance, et subirent des conditions plus
ou moins onéreuses, suivant les exigences ou la générosité du protecteur. Cette transition de l'anarchie à
la protection privée se prolongea pendant près de
quatre siècles, depuis le cinquième jusqu'au neuvième
de l'ère actuelle.

De la protection que le puissant accordait ou promettait au faible et au timide, sortit la féodalité. Elle
fut moins un pouvoir qu'une lutte pour son usurpation.
Plus on avait de protégés qu'on appelait vassaux, plus
on était puissant; mais aussi plus le cercle de la puissance s'agrandissait, plus le nombre des puissans diminuait. Le mouvement féodal ne s'arrêta et la féoda

lité ne prit de consistance, que lorsque les forces des puissans se balancèrent, qu'ils s'inspirèrent des craintes mutuelles, et qu'il s'établit entre eux une sorte d'équilibre politique.

La royauté, elle-même, qu'on avait dégradée sous le vain titre de suzeraineté, ne se distinguait des autres élémens de l'aristocratie féodale, que par l'étendue de ses domaines et le nombre de ses vassaux; ses prérogatives étaient précaires et sujettes à tous les accidens, à toutes les vicissitudes, à tous les périls d'un ordre de choses fondé sur la force, l'audace et les chances de la guerre.

C'est dans ces temps de désordre, de confusion et d'anarchie, qu'on conçut la pensée de donner à la royauté un caractère religieux, et que le souverain pontife lui imprima le sceau de la religion. Que se proposait-on? Peu importe; ce qu'il y a de certain, c'est que le pouvoir royal fut moins en sûreté, plus dégradé, plus avili; il eut dans le sacerdoce un ennemi de plus, ennemi d'autant plus redoutable, qu'il se couvrait de l'égide de la religion, et semblait ne combattre que pour ses intérêts, quand il ne les faisait servir qu'à son ambition. La royauté triompha du sacerdoce après une lutte de plusieurs siècles; mais ce qui n'est pas peu étrange, la défaite du sacerdoce ne lui fit rien perdre de sa considération et de son influence sur la royauté et le peuple. De cette époque date la doctrine du droit divin, son application au pouvoir social, et sa séparation d'avec lui. A en juger par les lumières de la raison, cette doctrine offre peu de sécurité au pouvoir qui a besoin de s'en faire un appui contre le peuple; mieux vaudrait son homogénéité avec lui.

Dans cette organisation politique, la richesse était concentrée dans la royauté nominale ou la suzeraineté, le sacerdoce, et l'aristocratie féodale. Les grandes masses de la population, sous le joug de ces trois sortes de pouvoirs, végétaient dans la pauvreté, l'ignorance et la superstition, ou gémissaient dans le servage peu différent de l'esclavage.

Cet état politique et social n'était pas moins funeste aux oppresseurs qu'aux opprimés; il fomentait leurs craintes et leur ambition, les exposait à tous les périls d'une guerre permanente, et leur faisaient subir toutes les anxiétés inséparables des jeux et des caprices de la fortune.

La royauté, dégradée en suzeraineté, aspirait à l'asservissement des grands vassaux qui conspiraient contre lui, pour leur indépendance, ou pour l'usurpation de son pouvoir.

Le sacerdoce épuisait toutes les combinaisons pour faire prédominer sa puissance spirituelle, sur sa puissance temporelle, pour l'extension de ses immunités et de ses richesses; et dans les deux cas il décréditait la doctrine de droit divin qu'il avait établie.

Dans ce conflit d'ambitions, il n'y avait ni ordre social, ni paix publique, ni sûreté privée; tout était précaire, fragile, incertain. L'état habituel de trouble, de désordre et de déchirement, ne cessait que par intervalle, dans des circonstances rares, temporaires et

transitoires; la nature du pouvoir politique ramenait
promptement les orages, les tempêtes et les boule-
versemens. On eût dit que la féodalité instituée pour
la protection des faibles et des timides, les vengeait
de l'oppression de leurs protecteurs.

On ne sortit de cet abîme d'iniquités que lorsque
la royauté fonda l'affranchissement des communes,
et trouva dans les villes affranchies des auxiliaires
puissans contre des vassaux ambitieux; alors la
royauté rentra successivement dans ses droits usur-
pés, et remplaça la protection féodale par la protection royale.

Ce n'est pas sans doute dans cette époque de féodalité et de droit divin, qu'on peut aller chercher les
fondemens de l'immutabilité du pouvoir politique;
jamais il ne fut plus fragile, plus précaire et plus
incertain. Les temps postérieurs ne sont pas plus favorables à son immutabilité.

A mesure que le système commercial offrit à la
royauté des tributs toujours croissans, par l'accroissement des richesses commerciales, elle triompha
graduellement de la résistance des grands et des puissans de la féodalité, et des doctrines usurpatrices
du sacerdoce, la lutte fut longue et difficile, mais
tout rentra sous le joug du pouvoir royal et des lois.
Ce fut alors seulement, et après douze siècles d'opposition, de misères et de calamités qu'il exista un pouvoir politique tutélaire, et protecteur des personnes
et des propriétés ; et il n'en fallut pas davantage
pour fonder le système commercial , favoriser son

développement, et asseoir sa vaste influence sur la richesse sociale.

Sous ses auspices, on a vu se former la richesse mobilière qui long-temps inférieure à la richesse territoriale, a été d'abord son auxiliaire, et ensuite son égale, est entrée en partage de ses prérogatives, de ses privilèges, de son importance morale et politique, et à présent ne se distingue plus d'avec elle. L'égalité de la richesse territoriale et mobilière s'est affermie par la diffusion des sciences, des lettres, des arts, des talens, des lumières, dont elle a favorisé les progrès, si elle ne les a pas fait éclore, et les richesses, et les lumières ont mis sur la même ligne les classes riches et éclairées de la population, et fait faire des pas immenses à la civilisation générale. De là il est résulté que les inégalités sociales se sont nivelées, que la population est homogène, que les individus ne se distinguent les uns des autres que par leur fortune, leurs lumières, leurs talens et leurs services.

Il est digne de remarque que cette révolution dans l'état social, n'a éprouvé ni obstacle, ni résistance, ni défaveur. Elle a été inaperçue où l'on n'en a pas pressenti les résultats, et l'on en a recueilli les avantages sans s'inquiéter de ses résultats.

La royauté ne vit dans les progrès de la richesse commerciale, qu'une source féconde d'impôts et d'emprunts, et son espoir n'a pas été trompé.

Le sacerdoce considéra les richesses progressives du commerce, comme un fonds inépuisable de charité, dont la disposition affermirait sa puissance spirituelle.

Enfin, l'aristocratie féodale et nobiliaire, étonnée de leur accroissement malgré leur profusion, se résigna à un prodige dont il ne lui était pas donné de prévoir les dangereuses conséquences. Elle ne soupçonne même pas encore que les progrès de ses richesses territoriales étaient le résultat nécessaire de l'accroissement des richesses commerciales.

Eu un mot, les puissances politiques séduites par leurs richesses progressives, n'ont pas soupçonné qu'elles provenaient d'un changement dans l'état social, changement qui entraînerait une révolution dans l'état politique, qui en serait le complément, et en formerait la garantie. Quand elles ont été surprises par les évènemens et attaquées dans leurs pouvoirs politiques, leurs prérogatives, leurs immunités et leurs privilèges, elles ont jeté les hauts cris, intéressé à leur cause, soulevé tous les pouvoirs, toutes les puissances, toutes les influences politiques, religieuses et morales, que l'incendie devait envelopper et entraîner dans une commune ruine. L'effroi a été si grand et les préjugés si aveugles, qu'un grand monarque justement renommé par ses lumières, sa modération et la libéralité de ses sentimens, dans un moment d'exaltation produite par un triomphe inespéré, disait ingénument : que Dieu n'avait pas mis à sa disposition une armée de 800,000 hommes pour laisser un libre cours au renversement des pouvoirs établis dans les divers états de l'Europe. Ce qui voulait

dire, à son insu, qu'il anéantirait la puissance commerciale, qui avait fait les peuples riches, éclairés et
civilisés, qu'il arrêterait les développemens de la perfectibilité humaine, et changerait les hommes et les
choses; genre de croisade tout aussi sensé que toutes
celles qu'a inspirées le fanatisme religieux , mais ce
qu'on ne doit pas perdre de vue, c'est que c'est la
première fois que le pouvoir politique a solennelle-
ment levé un drapeau hostile contre l'état social.

A quoi donc se réduit en définitive, la collision
du pouvoir politique et de l'état social? De quel côté
est la raison, la justice, l'humanité?

La royauté fonde l'immutabilité du pouvoir absolu
sur le droit divin, proclamé par les papes pendant
l'anarchie féodale, sur sa légitimité qui se perd dans
la nuit des temps, sur sa nécessité pour le gouvernement de la société civile? Mais comment ne sait-
on pas que dans un siècle éclairé, dans un pays civilisé il n'y a de divin, de légitime, de nécessaire que
l'utilité générale, l'intérêt de tous, l'opinion publique. Quand les peuples en sont parvenus là, il est
insensé de tourner ses regards et ses vœux vers les
siècles barbares, la domination du petit nombre, la
misère et l'avilissement de la grande masse de la
population. C'est donc ici la lutte de la barbarie
contre la civilisation.

Le sacerdoce est-il mieux fondé que la royauté, a
résister à la révolution politique, suscitée par la révolution sociale? Peut-il repousser l'invasion de ses
immunités temporelles, avec les armes de son invio-

labilité sacrée? A-t-il donc oublié le temps où il opposait aux aggressions du pouvoir politique la doctrine de. la séparation du spirituel et du temporel? Et pourquoi ce qui était vrai alors, ne l'est-il plus aujourd'hui? N'y a-t-il dans le code sacré que des règles selon les temps et les circonstances? Les intérêts de la religion ne peuvent jamais être en opposition avec les intérêts de l'humanité. Leur alliance peut seule assurer leur triomphe.

Enfin, l'aristocratie féodale et nobiliaire peut-elle sérieusement se faire un titre contre ses victimes, de a durée de leurs oppressions? Est-ce que le temps. n'est pas le réformateur naturel des erreurs et des abus qui émanent de lui? Si l'on doit l'absoudre de ses torts, peut-on lui faire un crime de ses réformes?

Concluons donc que l'immutabilité du pouvoir politique n'a aucun fondement, ni dans l'antiquité, ni dans le droit divin de la féodalité, ni dans les. progrès du système commercial. Elle n'a pas même le mérite d'avoir été, et sa doctrine est une véritable révolution dans l'ordre social. Que de maux sont déjà résultés de la lutte du droit et du fait, de l'abus et de la justice, de l'erreur et de la vérité? Malheureusement ils ne sont pas finis; mais ce qui paraît certain, c'est que quelque grands qu'ils aient été, et quelque redoutables qu'ils soient, ils ne peuvent pas. empêcher l'issue d'une révolution politique qui n'est que le résultat de la révolution sociale. Puissent les souverains qui résistent au torrent, prévenir ses désastres avant son impétuosité, puissent-ils se per-

suader que la nature des choses est irrésistible comme
la nécessité.

Ce qui importe surtout dans les circonstances actuelles, c'est qu'on ne puisse pas se méprendre sur
le caractère, les attributs et les prérogatives du pouvoir
dans un état social qui fonde sa prospérité, sa richesse,
sa puissance sur l'esprit du commerce; si je ne m'abuse
point, ils doivent se confondre et s'identifier. L'esprit
de commerce doit être le pivot du pouvoir, et le pouvoir, le mobile de l'esprit de commerce. Ce n'est point
là une vaine théorie, c'est l'application littérale des
principes d'économie politique.

Dans le système social fondé sur l'esprit de commerce, la richesse de chaque pays est le produit du
travail de la population, de la fécondité de son sol,
de l'étendue de ses capitaux et de l'efficacité des services du pouvoir. Sans leur concours la production
serait insuffisante pour subvenir aux besoins actuels
de la société civile. La démonstration de cette vérité
est simple et facile.

Considérée dans son état naturel, la terre la plus
féconde peut à peine entretenir un petit nombre
d'individus, disséminés sur une grande étendue de
pays. Les sols réputés les plus féconds, sur tous les
points du globe, seraient hors d'état de subvenir avec
leurs produits naturels aux dépenses ordinaires d'un
état social et politique, tels qu'ils sont à présent constitués parmi nous. La preuve en résulte de l'état des
insulaires de la mer du Sud, des hordes et des peuplades qui vivent des fruits spontanés de la terre. Par-

tout ils sont en proportion avec la subsistance des individus, et ne donnent pas de superflu pour couvrir
les frais de la vie sociale.

Le travail seul peut développer les facultés productives de la terre, et en tirer des produits assez abondans pour l'entretien des producteurs, et les dépenses de l'organisation sociale et politique.

Mais le travail lui-même, n'est utile à la production de la terre qu'autant que l'ouvrier a des moyens
de subsister, et de s'entretenir pendant qu'il travaille,
et ces moyens il les tire des économies sur la consommation des produits, leur abondance détermine
son étendue et sa puissance.

Enfin, les produits du sol, du capital et du travail
seraient précaires, incertains, irréguliers, si le pouvoir
ne protégeait les producteurs et les capitalistes, ne
leur assurait la disponibilité de leurs produits, et ne
leur en facilitait l'écoulement et le débit. Sous ces
divers rapports, et à ces divers titres, le pouvoir
fait nécessairement partie des agens de la production.

Ce qui est vrai du travail agricole, l'est également
de tous les autres travaux, dont les produits contribuent aux besoins et aux jouissances de la population
de tous les pays.

Sortis des ateliers du travail, les produits reçoivent
leur valeur de leur échange réciproque, et se répar-
tissent d'après leur valeur entre les quatre coopéra-
teurs de la production : le propriétaire du sol, le
capitaliste, l'ouvrier et le pouvoir dans des propor-

tions inégales et variables, mais réglées par des lois positives et absolues.

Dans le partage des produits du travail, le premier lot appartient au salaire qui en est le prix, et ce lot est réglé par la loi générale de la concurrence et de la richesse du pays.

Ce lot est plus ou moins considérable, selon qu'il y a plus ou moins d'ouvriers que d'ouvrage, et que la richesse du pays est progressive, stationnaire ou rétrograde.

Si la richesse est progressive, il y a plus de capitaux à employer que d'ouvriers pour en faire l'emploi; et comme les ouvriers ne se multiplient pas aussi vite que les capitaux s'accumulent, il résulte de la disproportion de leur accroissement réciproque, que le travail est plus demandé qu'offert, que l'ouvrier élève son salaire et est mieux payé.

La richesse est-elle stationnaire, l'offre et la demande du travail sont également stationnaires, le salaire ne varie pas; il est faible et à un taux moyen.

Enfin, si la richesse décline, le travail est plus offert que demandé, les salaires baissent, et l'ouvrier souffre.

De tout cela il résulte que quoique la part de l'ouvrier dans le partage des produits du travail varie, elle a cependant une fixité relative qu'on ne peut modifier ni en hausse ni en baisse, sans porter le désordre dans l'économie sociale.

Le second lot dans le partage des produits du travail est attribué aux capitaux, et leur tient lieu des profits qu'ils doivent tirer de leur concours dans la production. Ces profits sont encore réglés selon la loi de la concurrence, et l'état de la richesse du pays; mais ici les deux causes se confondent et ne produisent qu'un seul et même effet.

Quand la richesse est progressive, les capitaux abondent, et suivant la loi de la concurrence, leurs profits diminuent, et leur diminution accroît les salaires de l'ouvrier, qui a moins besoin de capitaux que le capitaliste n'a besoin d'ouvriers. Dans ce cas les profits du capitaliste baissent de toute l'élévation du taux des salaires.

Il en est autrement si la richesse est stationnaire, et si la somme du capital à employer est égale à son emploi. Alors la demande et l'offre du capital se balancent. Les profits ne sont pas réduits par les salaires; ni les uns ni les autres ne se font la loi; ils se concilient dans un taux moyen; condition nécessaire de la richesse stationnaire.

Enfin la décadence de la richesse donne l'avantage au capital sur les salaires. L'ouvrier a plus besoin de capitaux que le capitaliste d'ouvriers, et la loi de la concurrence augmente les profits du capital de tout ce qu'elle retranche au salaire de l'ouvrier. Ceci doit faire sentir toute la sagesse d'un système social, qui associe la fortune de l'ouvrier à la fortune du pays, et le fait participer à sa bonne et à sa mauvaise destinée. Que peuvent desirer de plus les amis de l'humanité?

Le troisième lot dans le partage des produits

échoit au propriétaire du sol; il forme ce qu'on appelle la rente de la terre. Il est plus ou moins considérable, selon que les profits de la culture surpassent les frais de la production. La rente de la terre peut absorber tout ce qui reste après leur défalcation, mais elle ne peut pas s'étendre au-delà sans la ruine du cultivateur.

Qu'est-ce qui détermine les rapports des frais de production et des bénéfices de la culture? C'est la valeur vénale des produits agricoles, valeur qui a encore son principe et sa cause dans l'état de la richesse sociale. Plus elle fait de progrès, plus la population augmente, plus on a besoin de produits agricoles pour la faire subsister, et ces produits ont d'autant plus de valeur vénale que la richesse du pays fait plus de progrès.

Quand au contraire la richesse sociale est stationnaire, la valeur des produits agricoles, sauf les accidens des saisons, n'augmente ni ne baisse; les profits sont précaires et la rente plus variable que stable. Le risque tombe à la charge du propriétaire de la rente, parce que le cultivateur n'est pas en état de le supporter. Il n'y a de véritable garantie de la rente que dans l'excédant des produits sur les frais des productions.

Enfin, quand la richesse sociale décline, la culture offre si peu de chances de profits que le propriétaire ne trouve plus de cultivateur qui ose l'entreprendre à un prix fixe et déterminé, et ceux qui osent en courir le risque sont presque toujours les victimes de leur imprudence.

Dans cette situation fâcheuse, le propriétaire et le cultivateur forment une sorte d'association qui divise les chances de la culture et les fait peser sur l'un et l'autre, de manière qu'aucun des deux n'en soit écrasé. La rente de la terre est alors réduite au taux le plus bas auquel elle puisse descendre.

De ces principes régulateurs de la rente de la terre il résulte qu'elle a ses lois comme les profits du capital et les salaires du travail, et que leur condition respective, quoique différente, est conforme à la nature des choses.

Enfin, le quatrième et dernier lot est consacré aux besoins du pouvoir social; il prend le nom de revenu public. Il est en effet la juste récompense des services publics. Il peut s'élever jusqu'à la totalité des produits, qui excèdent les salaires du travail, les profits du capital, et la rente de la terre; mais il ne peut ni les réduire ni les diminuer.

Quand ce lot suffit aux besoins de l'état, le pays est prospère et florissant, sans inquiétude sur le présent, rassuré sur l'avenir. Il a une source inépuisable de richesse, de puissance et de grandeur dans ses économies, qui sont toujours faciles et abondantes quand chaque co-partageant dans les produits conserve sa part tout entière et n'est exposé à aucune réduction arbitraire et imprévue.

Mais que sa condition est bien différente quand le lot qui compose le revenu public ne suffit pas aux besoins du pouvoir social! comment suppléer à son insuffisance? Comment couvrir le redoutable déficit?

L'imposera-t-on sur les salaires du travail? Le remède serait pire que le mal. Les salaires et le travail sont dans des proportions si exactes que tout retranchement des salaires opère une diminution relative dans ses produits. L'ouvrier moins payé travaille moins, et quand il n'est pas stimulé par des desirs et l'espoir de l'aisance, il se console de sa détresse dans l'indolence et la paresse. Sa misère réagit sur toutes les branches productives de la richesse, et les appauvrit bien au-delà des tributs dont on grève sa part contributive. Loin donc d'offrir au revenu public les ressources dont il a besoin, l'impôt sur les salaires accroît le déficit par la réduction des produits qui composent la richesse sociale.

Demandera-t-on aux profits du capital les secours qu'on ne peut obtenir des salaires du travail? La condition de la richesse du pays ne serait ni moins fâcheuse ni moins déplorable.

Dans la production de la richesse, il est si difficile de discerner la coopération du capital et du travail; les profits du capital sont tellement mêlés et confondus avec les salaires du travail, dans une telle dépendance de l'habileté et de l'activité de l'ouvrier qui en fait l'emploi, qu'on ne peut l'imposer au-delà de sa part contributive sans que le travail n'en ressente le contre-coup et ne soit exposé à payer les capitaux à un prix plus élevé, et sans que la production n'en soit altérée.

Le capital, privé de ses profits légitimes, ne se croirait plus en sûreté; il s'exagérerait ses risques et s'en

27

indemniserait par ses exigences vis à-vis de ceux qui
auraient besoin de ses services. Il serait même à craindre que s'il trouvait à l'étranger un emploi plus avantageux ou plus sûr que celui qu'il a dans lo pays, il ne
donnât à l'étranger une préférence nuisible au travail
national. Dans une pareille situation tout est péril et
calamité, et il est aussi fâcheux de mettre le déficit du
revenu public à la charge des profits du capital que
de le faire peser sur les salaires du travail.

Enfin, la rente de la terre n'est pas plus disponible
pour l'insuffisance du revenu public que les autres
branches de la richesse. Toutefois, s'il faut en croire
des écrivains de quelque célébrité, la rente de la terre
peut et doit combler le vide qu'il éprouve. La raison
qu'ils en donnent est que le propriétaire ne concourt
en aucune manière à la production de la richesse agricole, et que sa rente en est plutôt l'effet que la cause ;
d'où l'on conclut avec quelque apparence de raison
que la richesse sociale ne souffrirait aucun dommage
de l'excès de l'impôt supporté par la rente.

S'il suffisait pour légitimer l'impôt qu'il ne fût
point nuisible à la production de la richesse, on pourrait tout aussi bien l'asseoir sur les créanciers de l'é-
tat et sur les services publics et privés qui sont également étrangers à la production et n'y contribuent
comme les propriétaires de la rente que par leur consommation, et n'offrent d'autre équivalent que leurs
services ; mais l'impôt doit avoir égard non-seulement
aux intérêts de la production , mais à la justice dis-
tributive. C'est la richesse disponible qu'il doit attein-

dre, et non telle ou telle classe riche. Il doit être une obligation pour toutes et non une peine pour celle qu'il atteint.

N'y a-t-il pas d'ailleurs des considérations puissantes qui militent en faveur du propriétaire de la rente de la terre ? Peut-on oublier ou méconnaître qu'il a fait à la terre les avances nécessaires pour la défricher et la planter ; pour construire les bâtimens néces saires à son exploitation et ouvrir les chemins de communication avec toutes les parties de l'exploitation ? La rente qu'il reçoit du cultivateur est le prix de ses avances à la culture comme les profits du capitaliste sont le prix de ses avances au travail. Il n'y a entre la terre mise en état de culture et le capital de différence que leur nature.La terre, stable, fixe et immobile, suit la loi de la richesse du pays ; tandis que le capital est mobile et se porte partout où il trouve l'emploi le plus sûr et le plus avantageux. Si l'on privait le propriétaire du sol de tout ou de partie de sa rente, on lui ravirait son capital incorporé à la terre, et il n'aurait plus de moyens de le conserver et de l'accroître. Les bâtimens tomberaient en ruine, les plantations périraient, les fossés se combleraient; les routes vicinales et communales deviendraient impraticables; les frais de production augmenteraient la valeur vénale des produits agricoles, et diminueraient celle des autres produits qui doivent lui servir d'équivalent, et la richesse sociale serait réduite de la totalité de l'impôt perçu sur la rente au-delà de sa part contributive.

Dira-t-on que le cultivateur ferait les avances que

le propriétaire fait avec sa rente? C'est éluder la question. Est-ce que le cultivateur ne prélève pas sur ses produits les avances qu'il fait à la culture? Pourquoi en serait-il autrement des avances qu'il ferait à la terre? Si l'on ne peut dispenser la production agricole de payer la rente du propriétaire, mieux vaut la lui laisser que de la transférer au cultivateur. Celui-ci peut quand il le veut se soustraire à toutes les charges de la culture ; lui paraissent-elles trop pesantes, il cesse de cultiver la terre et porte ses capitaux dans d'autres branches d'industrie. Le propriétaire ne le peut pas ; sa subsistance dépend des produits de la terre, et il est obligé de la cultiver, quelle que soit sa fécondité; à quelques risques que ses produits soient exposés par l'intempérie des saisons, les vices de l'administration et les vicissitudes de la richesse sociale. Le considérer comme le parasite de la production, le privilégié de la société civile, le fléau du producteur et du consommateur, c'est flatter d'aveugles passions, insulter à la raison, fermer les yeux à la lumière. Le propriétaire ne prend comme les autres producteurs de la richesse que la part qui lui revient à cause des services qu'il rend à la production. (1)

Ainsi sous quelques rapports qu'on envisage le partage des produits du travail ou du revenu du pays, il est évident qu'il est réglé par la plus puis-

(1) Il en est autrement quand le monopole des céréales influe sur leur valeur vénale; mais alors c'est la législation et non la propriété qu'il faut en accuser.

sante des lois, par la nature des choses; on ne peut le changer, ni le modifier, ni imposer chaque lot que jusqu'à concurrence de l'excédant de la production au-delà des salaires du travail, des profits du capital et de la rente. Tout ce qui excède cette dotation du revenu public, porte atteinte à la production, prépare sa décadence, et la réduit, s'il ne l'appauvrit pas.

Si cette doctrine économique a toute la certitude des connaissances humaines, il faut convenir qu'il y a entre les peuples qui vivent sous le système commercial, et suivent dans la production et la répartition de la richesse sociale des règles fixes et positives, une incompatibilité absolue avec le pouvoir politique indépendant de toute loi, de toute raison, de tout lien; infaillible dans tout ce qu'il veut, ordonne et fait, et seulement comptable à l'Être-Suprême dont il se croit le représentant, le délégué, le mandataire. Qui que ce soit du pouvoir où du peuple qui ait tort ou raison, ce qu'il est inutile d'examiner, parce que toute solution est impossible, il est évident qu'on ne peut les concilier sans les sacrifier l'un à l'autre, et sans consommer leur ruine.

Quand le système commercial a changé toute l'économie sociale d'un pays, qu'il a fait d'un peuple pauvre, ignorant et superstitieux un peuple riche, éclairé et civilisé, qu'il a rapproché toutes les classes de la population, et réuni tous les individus sous le niveau de l'égalité légale, le pouvoir politique ne peut gouverner et administrer le peuple nouveau avec les mêmes formes et les mêmes lois, qu'il subissait avant sa nouvelle fortune; sa transformation sociale doit s'étendre du peuple au pouvoir, et ne peut s'opérer qu'avec leur concours. Toute opposition, toute résistance serait une cause perpétuelle de troubles, de désordres et de ruines.

Quelque opinion qu'on se forme du pouvoir politique, il doit être organisé pour l'état social, dont il a le soin et la conservation; et comme il est naturellement perfectible et par conséquent mobile et variable, le pouvoir politique doit suivre ses mouvemens, ses progrès et ses transformations. Les gouvernemens sont faits pour les peuples, et non les peuples pour les gouvernemens; leur utilité pour les peuples est le véritable principe de leur légitimité, de leur crédit, de leur puissance, de leur considération et de leur grandeur. Si, suivant la remarque de Montesquieu, c'est un grand hasard si les lois d'un pays peuvent convenir à l'autre (1), a plus forte raison, le pouvoir politique dans un état barbare où peu civilisé, guerrier et conquérant, vivant des dépouilles des vaincus et des tributs des peuples subjugués; ou dans un pays abruti par le fanatisme, les superstitions et la misère ne peut-il convenir aux peuples agricoles, industrieux et commerçans, doués des vertus civiles et passionnés pour les sciences, les arts et la gloire de la civilisation. Ce serait le comble de l'égarement d'importer les monarchies absolues de

_____

(1) *Esp. des lois*, l. 1ᵉʳ, ch. 37.

l'Orient dans les pays commerçans de l'Europe, et les monarchies représentatives de l'Europe dans les pays serviles et superstitieux de la Perse, de l'Indoustan et de la Turquie. L'esprit et les besoins de chaque pays, repoussent l'idée d'un pouvoir identique pour tous les pays.

Ce serait une erreur non moins grave de croire qu'avec des concessions, des réformes et des modifications on peut rendre tolérable à des peuples éclairés, riches et civilisés le pouvoir absolu que supportent les peuples pauvres, ignorans et superstitieux. Aucun gouvernement ne peut se maintenir avec une demi-liberté, et un demi-arbitraire. Le pouvoir doit être un et homogène avec le peuple qu'il gouverne. Il serait intolérable si, fortement imbu de l'arbitraire qu'il exerçait sur le peuple avant sa transformation, il croyait pouvoir le continuer depuis qu'elle est consommée; il en résulterait un désordre dans toute l'économie sociale, des divergences dans tous les rapports publics et privés; des agitations, des troubles, un malaise général précurseur de déplorables catastrophes.

Si malgré l'esprit de commerce qui anime les peuples modernes, le pouvoir politique conservait les prérogatives de la féodalité, les profusions de l'arbitraire, et les formes imprudentes du bon plaisir; s'il cherchait des points d'appui dans l'influence sacerdotale, s'entourait du cortège d'une aristocratie nobilière, jalouse de ses privilèges quoique injurieux à la population à qui le pays doit sa richesse, sa puissance sa gloire et sa civilisation; si dans les besoins toujours croissans il aggravait la difficulté de la production, épuisait ses produits, et entravait la marche des affaires par l'excès de ses besoins et ses fausses mesures pour les satisfaire, les esprits s'aigriraient, le mécontentement propagerait la désaffection; de terribles crises éclateraient, et le pouvoir serait réduit à la fâcheuse alternative de faire la loi au peuple, où de la recevoir de lui. N'est-ce pas là ce qu'on voit depuis deux siècles, dans tous les pays, où le système commercial a fait pénétrer les richesses et les lumières, et c'est se qui continuera tant que le pouvoir politique voudra survivre à un ordre de choses qui n'est plus. Ses efforts le précipiteront dans l'abîme dont il veut se garantir. On n'échappe pas aux effets dont on ne peut anéantir les causes.

Il ne faut pas se faire illusion! de nouveaux besoins, de nouveaux intérêts, de nouvelles opinions nécessitent un nouveau pouvoir politique, de nouvelles institutions sociales, de nouvelles mesures pour de nouvelles exigences. On ne peut désormais attacher les peuples aux gouvernemens que par le progrès et le développement des richesses, des lumières et de la civilisation. Les temps de la féodalité, de la chevalerie, de l'orgueil nobiliaire, des prestiges des cours, de l'idolâtrie de la royauté sacrée sont passées; l'esprit de commerce, de raison et de vérité sont arrivés. Il n'y a désormais de succès durables que dans la puissance des intérêts, la grandeurs des services, et la réalité des avantages qui en sont résultés.

Si dans la disposition actuelle des esprits, le pouvoir n'est plus le régulateur des destinées des peuples, s'il ne donne plus l'impulsion au mouvement social; si ce mouvement vient d'ailleurs; s'il a son principe, sa force, son intensité dans l'action simultanée de la population laborieuse, éclairée et civilisée, le rôle du pouvoir politique dans le nouvel état social, est assez beau pour contenter la plus vaste ambition. Il peut s'associer au mouvement général des intérêts du pays qu'il gouverne, le seconder par sa puissance, l'éclairer par ses directions, le préserver de ses écarts, rendre faciles et sûres les routes qu'il parcourt, et le conduire à son but. S'il ne lui est pas donné d'être l'arbitre de la fortune des peuples, il peut en être l'appui, le régulateur, la sauvegarde, et sa gloire surpassera celle que l'histoire a gravée en traits de sang dans les annales du genre humain.

Qu'on ne m'accuse point de faire un tableau fantastique du pouvoir politique dans le système commercial; je n'ai esquissé qu'une faible copie de celui que l'Angleterre offre au monde depuis sa restauration de 1688, depuis près d'un siècle et demi. Dans cette période de temps sa population s'est élevée de 7 à 8 millions d'individus, à 15 (1) son revenu brut d'environ 900 millions de fr. à 5 milliards; son revenu public de 50 millions de fr. à 1,200 millions, sa navigation commerciale dépasse 2,400 mille ton-

(1) Je ne parle que de la population de l'Angleterre et du pays de Galles, celle de l'Écosse et de l'Irlande est d'environ 10 millions.

neaux, et ses exportations et importations 2 milliards de fr., son empire colonial, sur tous les points du globe, s'étend sur une population de plus de 120 millions d'individus, ses possessions coloniales sont immenses et défient toute comparaison. Quel pouvoir politique même celui de Rome dans sa toute puissance, fit jamais d'aussi grandes choses avec moins de calamités pour l'espèce humaine, et plus d'utilité pour la civilisation particulière et générale! puisse cet exemple dissiper les illusions dont se berce encore le pouvoir politique de droit divin, immuable et nécessaire. Dans l'état social tel que l'a fait le système commercial, il n'y a de stabilité, de puissance et de gloire pour le pouvoir politique que dans son adhésion entière et sans réserve à l'esprit de commerce, aux opinions, aux intérêts et aux mœurs des pays qu'il gouverne. Désormais l'unité du pouvoir et du peuple est le terme et le but de la société civile.

7ᵉ ET DERNIÈRE LIVRAISON.

PRINCIPES

D'ÉCONOMIE POLITIQUE

ET DE FINANCE.

~~~~~~

DE LA CRISE COMMERCIALE DE 1825.

OBSERVATION PRÉLIMINAIRE.

Dans l'état social des peuples modernes, le commerce, arbitre des intérêts matériels de chaque pays, les dirige vers la progression des richesses, dérivées des sources pures du travail et de l'économie, leur donne par sa direction, le caractère le plus honorable et les absout de l'anathème de quelques sectes de philosophes, et de la sévérité de quelques dogmes religieux. Désormais la civilisation, à laquelle les richesses commerciales ont une si grande part, sera honorable et glorieuse pour l'espèce humaine et ne coûtera de larmes à personne. Ce qui me paraît surtout digne de remarque, dans cette nouvelle carrière, où l'esprit

28

de commerce pousse les individus, les populations et les gouvernemens; c'est que quoique tous cherchent à se devancer, à se surpasser, à mettre à profit leur supériorité relative malgré leurs rivalités, leurs querelles, leurs luttes et leurs hostilités, tous éprouvent des sentimens de paix et de bonne intelligence, sentent le besoin qu'ils ont les uns des autres et se résignent à une conciliation nécessaire et utile à tous. L'équitable loi de la concurrence termine, à la satisfaction commune, la lutte sans cesse renaissante, de l'ouvrier et de l'entrepreneur, de l'entrepreneur et du capitaliste, du cultivateur et du propriétaire du sol, du producteur et du commerçant, du commerçant et du consommateur. En travaillant pour soi, chacun, qu'il le sache ou qu'il l'ignore, qu'il le veuille ou non, travaille pour tous; et le monde commerçant, présente, sur tous les points du globe, d'un côté, le spectacle d'un immense atelier, où s'élaborent toutes les productions qui peuvent servir aux besoins, aux commodités et aux jouissances de la vie privée, domestique et sociale, et de l'autre, le mouvement d'un marché permanent où se rendent tous les produits pour recevoir leur valeur de l'échange, et d'où ils passent dans les canaux de la circulation qui les portent au consommateur. Cette vaste opération, qui met en mouvement les facultés de chaque pays, et règle sa puissance relative et absolue dans le monde politique, s'exécute avec la même facilité, la même exactitude, la même régularité et le même accord que si elle était l'œuvre de la même famille, d'un seul et même intérêt, d'une seule et même volonté. Le

commerce a renoué les liens de fraternité que la nature a gravés dans tous les cœurs et que la formation
des états politiques a violemment brisés. Rien ne
manquerait à l'accomplissement de ce prodige, si les
chefs des nations ne se laissaient dominer par la chimère de la balance du commerce, qu'ils veulent à tout
prix faire pencher en leur faveur. On ne veut pas
comprendre que, lors même que le commerce dispense
des profits inégaux, il est toujours profitable et que
ses moindres profits sont des sources de prospérité
pour les peuples les moins favorisés de la nature et
les plus dégradés par leur situation économique, politique et morale. La richesse se propage par sa diffusion, et le commerce lui sert de canal pour la faire
arriver partout où elle peut répandre ses bienfaits.
Plus elle étend ses largesses, plus elle fait de progrès,
plus elle s'accroît, plus elle enchaîne les peuples aux
peuples, les états aux états, les gouvernemens aux
gouvernemens ; elle les rend tellement nécessaires les uns aux autres, sous le rapport commercial, qu'ils sont en quelque sorte solidaires de leur
bonne ou mauvaise fortune, souffrent de leurs
revers et profitent de leurs succès.

Si un peuple disparaît du marché commun à tous
les peuples, ou n'y porte qu'une moindre quantité de
ses produits, les moyens d'échange sont moins abondans, la valeur des produits baisse, la partie destinée à être échangée contre celle qui manque ne trouve
pas d'échange, est perdue pour le producteur et n'est
pas reproduite ; la production décline et la richesse

28.

dépérit. Tous les peuples commerçans ont un intérêt
direct et immédiat, non-seulement à ne rien faire qui
puisse arrêter leur production mutuelle, mais à ne
rien négliger de ce qui peut favoriser le développement de leurs facultés productives. Combien s'abusait
la sainte-alliance quand elle conspirait pour fonder
le stabilisme politique des peuples! Si elle avait réussi,
ce n'est pas seulement le droit indélébile du perfectionnement de l'état politique et social qu'elle aurait
frappé dans sa racine, c'est encore et surtout les progrès de la richesse qu'elle aurait paralysés. Où a-t-on
vu des peuples privés de liberté, et cependant riches
et opulens ? Richesse et arbitraire sont politiquement
incompatibles, et si les souverains absolus ne peuvent
se passer de richesses, sans déchoir de leur rang dans
le monde politique, qu'ils sachent qu'elles ont leur
source dans la liberté des peuples. C'est désormais une
vérité triviale, mais qui n'en est pas plus accréditée
et qu'on ne peut trop publier pour l'intérêt des souverains et des peuples; sans liberté point de commerce
et sans commerce point de richesse sociale. Si même
quelque motif pouvait autoriser l'intervention des souverains absolus dans les querelles pour l'émancipa-
tion des peuples, ils devraient faire cause commune
avec les peuples contre les souverains, parce qu'elle
se lie essentiellement à l'intérêt de leur commerce,
source et fondement de toute puissance solide et durable.

Et qu'on ne regarde pas comme un paradoxe,
la doctrine de la solidarité des peuples, dans la pour-

suite de la richesse commune, source de la richesse sociale : non-seulement elle résulte des principes fondamentaux de l'économie politique, mais elle ressort avec une évidence irrésistible de la crise commerciale de 1825; crise d'autant plus funeste, qu'elle fut subite, imprévue et en quelque sorte électrique. Elle éclata d'abord en Angleterre, et y développa un caractère violent et sinistre. On se croyait à l'apogée de la richesse, et l'on se trouva près de sa décadence et de sa ruine. De ce vaste foyer, elle s'étendit dans tous les pays commerçans, et y fit des ravages proportionnés à leur commerce. C'est cet évènement qui a tant occupé les esprits, qu'il faut soumettre à l'épreuve des principes d'économie politique.

CHAPITRE Ier.

De la crise commerciale de 1825 en Angleterre.

Depuis 1822, le gouvernement anglais, d'accord avec le parlement, était entré dans le système de la liberté générale du commerce, système novateur et tout-à-fait contraire au système prohibitif qu'il avait suivi jusqu'alors avec tant de succès et de fortune. Le nouveau système, accrédité par les hommes les plus éclairés, les plus considérés et les plus influens du pays, produisit un enthousiasme sans exemple, donna la plus forte impulsion à l'esprit aventureux du peuple anglais et le lança dans des spéculations indéfinies : en 1824, le placement des capitaux effectué ou pro-

jetté dépassa la somme de 122,665,000 l. s. ou de
3,066,625,000 fr. (1)

Ce vertige ne fut ni senti ni aperçu, même par les
personnes qui devaient le moins s'aveugler sur l'entraî-
nement général; on le prit pour un symptôme de force,
de puissance et de grandeur.

« Je ne crois pas, disait le chancelier de l'échi-
« quier (M. Robinson), à la séance du 24 février 1824
« avoir eu des idées exagérées de l'accroissement de
« notre commerce extérieur, et de la puissance de
« notre consommation intérieure. Les douanes ont
« dépassé d'un million (st.) en 1823, les premiers
« calculs ; et quand je considère les causes qui ont
« amené cet état de choses, j'y vois de nouvelles
« raisons de croire que l'augmentation de nos recettes
« sur les douanes, ira encore en progression, si nous

(1) Savoir les emprunts au profit des nouveaux états de la Grèce, de
Naples et de l'Amérique.................16,500,000 liv. sterl.

La conversion des fonds consolidés de 4 en 3 1/2....700,000

Les nouvelles entreprises..................105,465,000

Savoir :

Routes en fer.......20.1. st. 13,950,000
Banques.........22....... 36,700,000
Compagnie de gaz. 11.........8,000,000
Mines anglaises et
   irlandaises......8......... 3,600,000
Mines étrangères. 17.......11,565,000
Navigation et ma-
   gasius......,..9.......10,580,000
De diverses natures.27......11,070,000
                          _____
                          122,665,000 liv. sterl.

Les banques de province avaient, de 1823 à 1825, porté l'émission de
leurs billets de.................4,479,648 liv. sterl.

à.................8,753,307

« persistons à suivre un système de politique com-
« merciale libre et libérale. »

Un autre chancelier de l'échiquier, le célèbre M.
Canning, dans son discours sur la présentation du
budget (en mars 1825), félicitait avec orgueil
son pays de sa haute prospérité et se flattait qu'elle
ne pourrait pas être ébranlée.

Malgré la réduction des taxes qui, disait le ministre,
« s'est élevée à . . . . 1,260,000 l. s.
« les recettes ont excédé les dépenses de 1,437,000 l. s.

Total . . . . . 2,697,000 l. s.
(ou 67,425,000 fr.)

« D'où provient, continuait M. Canning, cette
« augmentation du revenu public? De l'aisance gé-
« nérale du pays qui le met en état de consommer
« les articles de production étrangère, et des progrès
« de la consommation des produits anglais par l'é-
« tranger, qui trouve les moyens de les payer avec
« les produits qu'il livre à la consommation de l'An-
« gleterre. Notre prospérité résulte de la constitution
« de la société humaine, qui dispose toujours une
« nation à ouvrir les bras à l'autre; les nouvelles liai-
« sons créent de nouveaux besoins, de nouvelles con-
« venances, qui contribuent encore au bonheur du
« genre humain; ces principes peuvent éprouver des
« obstacles dans leur application, mais ne peuvent pas
« être détruits. La guerre ou les calamités publiques
« peuvent entraver leurs progrès, mais à la fin, ils re-
« prennent leurs cours. Cela est évident par l'exemple

« de l'Angleterre: quoique contrariée par une législa-
« tion peu judicieuse, ils ont par leur tendance natu-
« relle , continué à se répandre dans le monde
« et à dispenser de nouveaux bienfaits à chaque
« classe de la société. Si notre confiance avait besoin
« d'être affermie , la circonstance des nouvelles dé-
« couvertes, et surtout de la machine à vapeur qui
« donne une si étonnante rapidité à nos facultés pro-
« ductives, m'autorise à regarder le revenu net de
« l'année dernière (1824) comme une base sûre des
« revenus futurs. »

En conséquence le ministre évaluait le surplus du
revenu sur la dépense en 1825, 1826, et 1827 à 4
millons sterl., qu'il se proposait d'employer à la suppression ou à la réduction des impôts les plus onéreux
aux classes laborieuses, les plus nuisibles au commerce
et les plus favorables à la contrebande.

Ce discours, dans lequel le ministre se montre plein
de confiance dans les prospérités futures du peuple
anglais, n'éprouva aucune contradiction; l'opposition
fit taire ses inquiétudes et ses jalousies, et la liberté
générale du commerce fut consacrée par l'accord de
tous les pouvoirs sociaux comme le dogme fondamental de l'économie sociale du peuple anglais.

L'adoption de ce grand principe , qui ne fut pas
sans gloire pour le gouvernement anglais et ne causa
pas peu d'étonnement aux autres gouvernemens , fut
soumise à une rude épreuve par les évènemens qui la
suivirent de près. S'ils ne la firent point abandonner
ils durent au moins faire sentir que son application

n'est pas exempt de périls et peut être aussi funeste
que profitable à la richesse particulière et générale.

L'enthousiasme que la proclamation de la liberté
générale du commerce avait produit dans tous les esprits, était encore dans toute sa force, lorsqu'on apprit qu'une grande partie des produits exportés n'avait
pas trouvé d'acheteurs, que l'autre n'était pas payée,
que les spéculations étaient compromises et que le
paiement des intérêts des emprunts était fort incertain. Ce vide immense dans les capitaux et les ressources du pays, se fit sentir rapidement et l'on passa
sans intervalle de l'ivresse à la consternation.

Les banques de commerce donnèrent le premier
signal de détresse. De nombreuses faillites portèrent
le trouble et le désordre dans la circulation des valeurs d'échange. Le travail diminua et le salaire ne
suffit plus aux premiers besoins des classes laborieuses.
Les secours les plus abondans furent hors de proportion avec les nécessités qu'ils devaient soulager. On
se livra à tous les excès du désespoir, et l'on vit,
comme à la Chine, dans des circonstances semblables,
des attroupemens de 4, 6, et 10,000 hommes trou-
bler la tranquillité publique, briser les machines, qu'ils
accusaient de leur misère et de leur souffrance. Il fallut
recourir à la force pour arrêter leurs fureurs, et le
sang humain fut versé pour expier l'imprudence des
spéculateurs, et l'imprévoyance du gouvernement.

Dans un pays moins éclairé, sous un gouvernement
moins habile, avec un peuple moins dévoué à ses lois
et à ses institutions, de sanglantes catastrophes au-

raient succédé aux plus brillantes prospérités, et la fragilité des richesses commerciales eût couvert d'un sombre nuage, le principe fécond de la liberté générale du commerce ; mais partout où le peuple a une confiance entière dans son gouvernement, la conscience des avantages sociaux dont il jouit et la conviction qu'il ne peut accuser de ses maux que les choses et non les hommes, il se soumet à la main de fer de la nécessité et comme l'Indou, il meurt à côté du sac de riz dont il ne peut payer le prix. Si le peuple anglais ne fut pas tout-à-fait aussi résigné à ses souffrances, ses violences furent locales et n'eurent aucune influence sur l'état général du pays.

La catastrophe arrivée, on hésita peu sur les causes qui l'avaient produite : on reconnut généralement qu'elle était le résultat des spéculations exagérées du commerce, exagération provoquée par le fastueux tableau des prospérités du pays, trop imprudemment offert par les ministres à l'ardente imagination d'un peuple commerçant. Mais la connaissance des causes du mal ne rendit pas plus facile l'application du remède. La perte du capital, ne peut se réparer que par l'économie d'un revenu prospère ; elle serait plus nuisible que profitable quand le revenu décline et ne suffit pas aux besoins de la population.

D'ailleurs, il n'est pas facile d'accélérer la marche de cet agent de la richesse moderne ; on ne peut stimuler l'économie que par le concours de deux moyens qui se prêtent un mutuel appui ; par le placement avantageux de ses produits et par la réduction des

dépenses publiques qui la rendent plus ou moins facile.

Le bon placement des économies, dispose les classes
peu fortunées à s'imposer des privations actuelles pour
s'assurer un mieux être à venir. De la disposition de
ces classes, qui forment près des 4/5mes de la population, découlent toutes les économies. Les classes opulentes et riches n'y ont que peu ou point de part. Le
plus souvent elles en consomment une portion considérable, sans aucun profit pour la richesse générale.
Il faut même en convenir, autant l'avarice du pauvre
est favorable aux progrès de la prospérité publique,
autant celle du riche lui serait funeste et désastreuse,
et ce n'est pas sans raison que l'opinion flétrit l'une
et honore l'autre.

Sous le rapport de l'encouragement des économies,
le gouvernement anglais ne fit rien et n'avait rien à
faire; il avait tout fait en ouvrant, aux placemens
des économies, les marchés du monde entier, et surtout en proclamant la liberté générale du commerce
qui assure la plus grande part dans les richesses du
monde, au plus laborieux, au plus habile, au plus
éclairé, au plus civilisé.

Mais il ne suffit pas aux gouvernemens d'exciter
la soif du bien-être, de l'aisance et de la richesse dans
les classes aisées, il ne faut pas que l'excès des dépenses publiques leur ôte les moyens de la satisfaire.
Sans doute le gouvernement anglais les avait considérablement réduites depuis la paix, mais malgré leur
réduction, elles étaient encore si énormes, qu'elles ré-

duisaient les contribuables au plus strict nécessaire, et leur ôtaient jusqu'à l'espoir d'améliorer leur avenir par de pénibles économies.

En Angleterre, les dépenses publiques sont si énormes, et leur prélèvement sur les fortunes privées est si défectueux (1), que les classes qui nagent dans l'opulence, sont à peine froissées, tandis que les classes aisées en sont surchargées et que les classes pauvres succombent sous le faix. Dans un tel ordre de choses, on doit peu compter sur les économies, et la réparation de la perte du capital est lente et précaire.

On s'abuserait si l'on pensait que le crédit peut suppléer aux économies et les remplacer. Sa puissance ne va pas jusque-là; son mérite se borne à trouver de l'emploi aux capitaux qui n'en n'ont pas et à mettre en activité des valeurs oisives ou hors de circulation. Il n'a aucun moyen de faire revivre les capitaux détruits, ni de donner, à ceux qui ont échappé au naufrage, une plus grande valeur que celle qui leur est propre. Quand les greniers, les celliers et les magasins, qui renferment la plus grande partie des ca-

_____

(1) Les contributions s'élevaient, en 1825, à, liv. sterl., 57 millions ou........................en francs.....1,425

Répartie par tête sur une population de quinze millions d'individus, cette somme énorme imposait à chacun un tribut de 80 à 100 fr.

D'un autre côté, ces contributions, presque exclusivement assises sur les consommations, pèsent plus sur les classes pauvres que sur les classes aisées, plus sur les classes aisées que sur les classes riches, et plus sur les classes riches que sur les classes opulentes. C'est une vérité encore inaperçue, mais qui sera dans la suite portée au plus haut degré d'évidence, et répandra un jour lumineux sur la science des finances.

pitaux circulans d'un pays, sont vides, le crédit n'a aucun moyen de les remplir, ni de faire en sorte qu'on puisse s'en passer. D'où tirerait-il en effet les produits matériels qui ont disparu, et sans lesquels tout travail est impossible? Où prendrait-il les vivres, les vêtemens, les outils, les instrumens et les matières premières, indispensables au travail et à la production? Les demanderait-il à l'étranger? Mais nulle part les réserves ne sont assez abondantes, pour couvrir des pertes extraordinaires et tout ce qu'on peut obtenir par le commerce, n'offre que de faibles et d'insignifiantes ressources. Ces vérités élémentaires n'étaient pas ignorées du gouvernement anglais, aussi ne prit-il aucune mesure pour réparer par le crédit, des pertes irréparables. Il subit la loi de la nécessité, qui se joue de toutes les combinaisons humaines.

Deux mesures furent adoptées:

Par l'une, on préserva la circulation des vices de la constitution des banques de province.

Par l'autre on pourvut aux besoins des commerçans dont les affaires n'étaient qu'embarrassées et offraient des gages pour le remboursement des avances qui leur étaient nécessaires.

Mais qui pouvait faire ces avances avec le plus d'avantage ou le moins d'inconvénient? Malgré ses désastres, l'Angleterre offrait encore deux points d'appui à son crédit ébranlé, c'était l'échiquier (le trésor public) et sa banque. Les billets de ces deux établissemens avaient conservé leur crédit et pouvaient encore rendre la vie et la sécurité au commerce chancelant ; mais auquel de ces deux établissemens devait-on confier les avances indispensables au commerce? on ne fut point d'accord sur ce point délicat.

L'exemple d'une émission des billets de l'échiquier, qui, en 1792, dans des circonstances semblables à celle où l'on se trouvait, avaient eu le plus grand succès et formaient encore un des titres de gloire de l'administration de M. Pitt, réunit les suffrages des meilleurs esprits, et cependant il ne fut pas suivi. On objecta, avec raison, ce me semble, que la législation ne devait pas intervenir dans une crise purement commerciale, de peur que son intervention n'encourageât des spéculations inconsidérées et de la nature de celles qu'on avait à déplorer. Cette opinion prévalut, et la banque ajouta trois millions st. aux deux qu'elle avait déjà avancés de son propre mouvement; mais elle mit pour condition à cette nouvelle avance, que le gouvernement prendrait des mesures pour la garantie de toute perte.

C'est ainsi qu'en remédiant aux vices particuliers des banques de province, et par des avances opportunes au commerce, on rendit toute sa puissance à l'échange, ce mobile de toutes les transactions commerciales.

Le mal ne fut cependant ni guéri ni même apaisé; la facilité et la sécurité des échanges ne donnèrent point de l'activité aux ateliers du travail, des salaires aux ouvriers et des consommateurs à la production. Aussi le revenu public de 1825 à 1826 se ressentit-il de la crise. Les comptes ministériels de cette époque

constatent dans la recette une diminution de . . . . l. st. 2,500,000

Le déficit fut encore plus considérable de 1826 à 1827; il s'é-
leva, d'après les comptes, à . . l. st. 6,000,000
ou 150 millions de francs. (1)

Quelles inductions peut-on tirer de la crise commerciale que nous venons de retracer?

Nul doute que, sous les rapports économiques,
l'Angleterre n'eut beaucoup à souffrir. Il est certain
qu'elle travailla, produisit, et consomma moins et par
conséquent que sa richesse déclina.

D'un autre côté, sa décadence fut plus ou moins
ressentie par les peuples avec lesquels elle était en
relation de commerce. Ses consommations ne se com-
posaient pas uniquement de produits indigènes; une
partie plus ou moins considérable venait des produits
exotiques, qu'elle payait avec ses produits. Forcée de
réduire ses consommations, elle dut faire porter leur
réduction sur les produits qu'elle tirait de l'étranger,
plutôt que sur ses produits indigènes, parce que
ceux-ci sont plus propres aux besoins et les autres
aux jouissances, et que, dans les temps de détresse,
on sacrifie le superflu au nécessaire.

(1) Dans la discussion du budget de 1829, le chancelier de l'échiquier
disait que : dans les 28,468,000 liv. sterl. demandés pour le remboursement
des billets de l'échiquier, il y en avait 3,000,000 émis par M. Canning,
en 1826.

Et il demandait une autre somme de 4,000,000 liv. sterl. pour rembourser des billets d'échiquier émis pour les dépenses de 1823 à 1828.

Times, 14 février 1829.

Ce n'est pas tout :

Les divers pays qui entretiennent des relations de commerce les uns avec les autres sont mutuellement créanciers et débiteurs, et ceux qui, comme l'Angleterre, font le commerce le plus étendu, ont plus de capitaux engagés avec les autres pays qu'ils n'en ont avec lui; il est donc raisonnable de croire que l'Angleterre, arrêtée dans ses travaux accoutumés par la perte d'une partie de ses capitaux, retira ceux qu'elle avait à l'étranger, et, par ce retrait inattendu, entrava le travail des autres peuples, et porta une atteinte plus ou moins grave à la richesse générale.

D'où l'on est fondé à conclure que les revers éprouvés par un peuple commerçant retombent sur tous les peuples commerçans dans la portion de leur commerce respectif.

Cette situation relative des peuples commerçans n'est pas d'abord aperçue, et peut même se dissimuler selon qu'on a plus ou moins d'habileté. L'Angleterre le fit avec un rare succès, et c'est là qu'on découvre surtout l'importance d'un gouvernement versé dans les sciences économiques et dans la connaissance générale des intérêts des peuples; mais les plus heureux palliatifs ne remédient à rien; le malaise éclate plus ou moins dans tous les pays commerçans, et on l'attribue souvent à des causes occultes dont les esprits les plus exercés ne pénètrent pas toujours l'illusion et la futilité.

Enfin, la dernière conséquence des désastres du

commerce de l'Angleterre en 1825 s'est révélée dans ses relations diplomatiques. Sa modération a été remarquable; elle a manifesté pour la paix générale du monde une prédilection qui ne lui était pas ordinaire. Elle a bien senti que, si la guerre se déclarait, dans quelque intérêt que ce fût, elle serait forcée d'y prendre une part active, que l'état de ses capitaux et de ses affaires ne lui permettrait pas d'y jouer un rôle prépondérant sans exposer sa fortune à d'imminens dangers. De là vient sa tendre sollicitude pour le maintien de la paix générale au milieu de tous les fermens de discorde politique. Je suis loin de blâmer sa prudence; mais il est bon d'en faire connaître les motifs, afin qu'on ne se laisse plus abuser par le prestige de ses richesses, de ses capitaux et de son crédit. Qu'elle conserve la juste influence de sa puissance réelle au milieu de tant d'états si mal gouvernés : c'est mon vœu le plus sincère. Je n'ai pas oublié que le monde civilisé lui doit la déconsidération de la sainte-alliance, qui menaçait jusqu'à l'espoir de toute amélioration sociale; qu'elle continue à jeter dans la balance des nations le poids d'un peuple libre, riche et civilisé, d'un gouvernement habile et puissant et l'éclat d'une gloire immense. Jamais son influence ne fut plus nécessaire qu'à une époque où le principe monarchique, aristocratique et religieux voulait et veut faire rétrograder la civilisation jusqu'à ces temps de misère, de dégradation, de servilité où l'organisation féodale et sacerdotale opprimait toutes les facultés morales, économiques, intellectuelles et politiques; mais que ses services n'im-

29

posent plus au monde commerçant le joug de ses mille
et mille vaisseaux.

CHAPITRE II.

De la crise commerciale de la France en 1825.

Si, après avoir décrit les résultats de la crise commerciale de l'Angleterre, on cherche ceux qu'elle a eu
en France, il n'est pas aussi facile de les apercevoir,
de les préciser et de les fixer. On est ici plongé dans
une obscurité profonde, et il est difficile d'y faire pénétrer la lumière.

En 1824, le ministre des finances, ébloui par le
spectacle des spéculations indéfinies de l'Angleterre,
du mouvement qu'elles avaient imprimé aux capitaux
et des prodiges qu'on attendait de leur diffusion dans
le monde commerçant, ne resta point indifférent à ce
décevant évènement; il suivit le torrent, et lui donna
encore plus de force et d'intensité par l'influence de
son exemple et de sa crédulité. Il porta sa spéculation sur la rente à 5 p. %, et se flatta de la réduire
effectivement à 4 p. %, et nominalement à 3 p. %.
Cette opération sur 140 millions de rente devait, si
elle eût réussi, donner à l'état un bénéfice de 28 à
30 millions de rente, qui, au taux de 3 p. %, aurait
représenté un capital d'environ un milliard. Le ministre se faisait de si singulières notions de ce bénéfice, qu'il disait ingénument que personne n'en souf-

frirait de préjudice, et, pour me servir de ses expressions, qu'il n'en coûterait rien à personne. Ce qui devait mettre le comble à sa satisfaction, c'est l'emploi qu'il lui réservait. Il le destinait aux émigrés, pour les indemniser de la confiscation de leurs biens. Il faut convenir que, si le ministre était en effet parvenu à donner aux émigrés un milliard qui n'eût rien coûté à personne, il aurait pu se glorifier d'avoir trouvé la pierre philosophale de la finance; il eût été le plus grand théurgiste, si, avec rien, il avait fait un milliard.

Ce qui ne doit pas causer moins de surprise, ce sont les sources d'où il croyait tirer son fortuné milliard : il disait littéralement :

« Il faut profiter de circonstances transitoires, qui,
« lors même qu'elles auront cessé, laisseront des tra-
« ces utiles dont il importe de profiter, quand elles
« sont dans toute leur force, ainsi que la prudence
« veut qu'on use de tout ce qui est accidentel et pas-
« sager. Au nombre de ces circonstances je citerai les
« opérations qui se font dans un état voisin pour ré-
« duire l'intérêt d'une partie de sa dette, l'espèce de
« fièvre de hausse qui s'est emparée de toutes les places
« où se négocient les fonds publics de toute l'Europe,
« et enfin la manie des prêts qui a fourni depuis quel-
« que temps à qui l'a voulu la facilité de remplir des
« emprunts. »

Quelle doctrine financière! qu'elle ressemble peu à celle que recommandent la fortune des peuples et la puissance des empires!

29.

Comment pouvait-on, avec quelque pudeur, avancer publiquement que les gouvernemens doivent profiter des circonstances transitoires qui ruinent une partie des sujets, parce que, lorsqu'elles auront cessé, elles laisseront des traces utiles! Il n'est pas toujours vrai, même dans la vie privée, que ce que l'un perd l'autre le gagne; il y a souvent perte pour chaque participant à la même opération, et par conséquent diminution de richesse pour tous; mais, fût-il vrai que dans cette hypothèse le gain est toujours égal à la perte, il n'en est pas de même lorsque les gains des gouvernemens se composent des pertes des sujets, et surtout lorsque de telles pertes résultent de la baisse des effets publics, opérée par des circonstances transitoires, par la fièvre de la hausse, par la manie du prêt à intérêt. Alors le rentier qui perd un quart de son revenu est forcé de retrancher un quart de sa dépense, de s'imposer des privations et de diminuer ses consommations. Que deviennent les produits qu'il ne peut plus consommer? Ils restent invendus, ils obstruent le marché, ils déprécient les autres produits, ils portent le désordre dans les transactions, dans la production et dans le travail. Qui peut calculer les effets que produit sur la situation économique d'un peuple le déplacement d'un revenu de 28 à 3o millions et d'un capital d'un milliard, déplacement supporté par quelques classes de la population? Je me borne en ce moment à signaler le fait; j'essaierai dans la suite d'en faire pressentir les résultats.

Encore, si le revenu, si le capital ravis à la classe

des rentiers par le gouvernement avaient tourné au profit des contribuables par la diminution de leurs contributions, le mal eût été réparé à quelques égards ; on aurait donné aux classes productives plus de moyens de travail, de production et de prospérité ; l'abondance des produits en aurait fait baisser le prix, et les malheureux rentiers auraient trouvé dans le bas prix des produits une sorte d'indemnité de la diminution de leur revenu ; mais ce n'est pas là ce que font ordinairement les gouvernemens spoliateurs ; ils ôtent aux classes aisées pour donner aux classes riches, et par conséquent ils diminuent les moyens de production et de prospérité pour favoriser les progrès des jouissances et des excès, d'où résultent des consommations peu favorables à la production générale.

C'est là précisément ce que fit le ministre, quand il donna aux émigrés le milliard qu'il croyait retrancher aux rentiers. S'il avait réussi, les émigrés auraient eu de plus en revenu et en capital ce que les rentiers auraient eu de moins, et le changement de position des deux classes aurait nécessairement altéré l'état de la consommation et de la production. Dans l'ordre économique tout se fait lentement, par degrés et dans la proportion des facultés et des forces qui sont en action ; si la consommation générale augmente, ses progrès sont suivis de ceux de la production, et cet ordre est rarement interrompu ; mais, si la consommation augmente sur quelques points et diminue sur d'autres dans la même proportion, la production qui n'est pas avertie produit trop de certains objets et pas

assez des autres, et il y a pour elle perte de ce qu'elle
produit de trop, sans aucune indemnité, sans aucun
dédommagement de ce qu'elle aurait pu produire et
n'a pas produit; ce qui doit faire comprendre aux
moins clairvoyans tout le mal que devait faire le transport d'un revenu de 28 millions et d'un capital d'un
milliard de la classe des rentiers à celle des émigrés.

Qu'on ne conclue pas cependant de cette hypothèse
qu'un gouvernement ne peut jamais opérer une réduction dans le taux de l'intérêt de sa dette publique ;
non-seulement il le peut, mais même il le doit : seulement il doit savoir qu'en mettant à profit des circonstances transitoires, la fièvre de la hausse et la
manie du prêt à intérêt, il ne fait qu'abuser des passions et des vices de la nature humaine et mérite les
mêmes reproches que celui qui surprend à un homme
dans l'ivresse des engagemens qu'il n'aurait pas for-
més, s'il avait joui de ses facultés et de sa raison. De
tels actes peuvent échapper à la sévérité des lois,
mais ils offensent la morale, le plus puissant de tous
les liens politiques et sociaux.

Le droit et le devoir des gouvernemens de réduire
l'intérêt de la dette publique, commencent quand la
prospérité du pays a accumulé une si grande masse
de capitaux, qu'ils excèdent les besoins de la production. Leur abondance baisse l'intérêt de leurs divers
emplois au-dessous de celui de la dette publique. Tous
cherchent cet emploi, et par leur concurrence élèvent
le prix de la rente au-dessus de sa valeur nominale.
Dans ce cas, les gouvernemens en réduisant le taux

de la rente de l'état, au taux de l'intérêt privé des capitaux, ne font éprouver aucun dommage aux rentiers, seulement ils les privent d'un avantage qu'ils ne doivent pas avoir sur les autres capitalistes. Ce résultat se comprend et s'explique facilement, lorsqu'on a des notions exactes de la nature des capitaux circulans.

En quoi consistent-ils? Dans les objets matériels qui servent de matière première au travail et pourvoient aux besoins, aux commodités et aux jouissances des classes productrices. Ce service accompli, les capitaux cherchent d'autres emplois, qu'ils ne trouvent pas toujours. Dans ce cas, ils refluent sur eux-mêmes, se font concurrence et baissent leur prix. Le bon marché des capitaux, ou ce qui est la même chose, la baisse de leur intérêt, favorise la production et réduit la valeur vénale des produits. Si, dans cette situation, le rentier tirait de son capital, placé en rente un intérêt supérieur à celui que les autres capitaux produisent aux capitalistes, il aurait sur eux un avantage, une sorte de privilège, il tirerait de son débiteur plus qu'il ne lui est dû. Le réduire à la condition de tous les capitalistes, ce n'est pas lui faire éprouver un préjudice, c'est seulement rétablir l'équilibre entre l'intérêt de la dette publique et l'intérêt de la dette privée.

Ainsi l'époque de la réduction de la dette publique est arrivée pour tous les gouvernemens, quand l'intérêt qu'ils paient au rentier est plus fort que celui que les particuliers paient aux capitalistes, quand le capital de la rente est au-dessus de sa valeur nominale; quand l'état trouve à emprunter au taux de l'intérêt privé pour la rembourser ; tout ce que l'on fait pour devancer cette époque, est illusoire et préjudiciable à la fortune publique et particulière.

D'un autre côté, le mode de réduction de la rente de l'état est déterminé par les moyens qui doivent l'opérer. Comme la réduction ne peut s'effectuer que par un emprunt, les gouvernemens doivent proportionner la somme des remboursemens, à la somme qu'ils peuvent emprunter. Ils doivent prescrire aux rentiers un délai dans lequel ils devront déclarer, s'ils veulent réduire leur rente ou être remboursés. Ce délai donne aux gouvernemens le temps et les moyens de proportionner l'emprunt au remboursement. C'est ainsi que l'Angleterre procéda en 1824 pour la réduction de sa dette de 4 à 3 1/2, et son opération eut un plein succès.

Pourquoi le ministre des finances de France, qui s'occupa précisément à la même époque de la réduction de la rente de l'état, ne suivit-il pas l'exemple, la méthode, le procédé, dont le succès lui était garanti par une expérience authentique et récente? Il en avait plusieurs raisons.

1° Il n'avait aucune certitude que le taux de la rente était plus élevé que le taux de l'intérêt privé, et il n'osait pas se flatter que l'emprunt lui procurerait les sommes que nécessiteraient ses remboursemens;

2° Il mettait toute sa confiance dans les circonstances, dans la fièvre de la hausse et dans la manie du prêt à intérêt; excellent moyen d'agiotage, mais peu conforme à la dignité d'un gouvernement éclairé et pénétré de ses devoirs;

3° Il se persuadait que la disponibilité de 3 à 400 millions qu'il s'était procurés aux conditions les plus onéreuses, était plus que suffisante pour vaincre la résistance des rentiers qui ne voudraient pas consentir à la réduction de leur rente.

Que conclure de la combinaison de ces divers moyens ? C'est que le ministre était aussi peu versé dans la matière, qu'étranger aux rapports des gouvernemens avec leurs créanciers. Il voulait obtenir, de la surprise et de l'effroi du rentier, ce qu'il ne devait obtenir que de la prospérité publique et des progrès de la richesse générale. Faut-il s'étonner s'il échoua et si tout le monde se réjouit de son échec?

Ce qui rendit cet échec bien fâcheux pour la fortune publique, c'est que le ministre avait disposé par avance du bénéfice du milliard que sa spéculation devait lui produire et ne lui produisit pas, et que le pays vit sa dette se grossir de 30 millions de rente sans en avoir reçu aucune valeur, aucun équivalent. Le ministre y pourvut avec le fonds d'amortissement et l'augmentation des contributions publiques. De telles opérations eurent de funestes résultats pour les affaires du pays.

D'autres circonstances concoururent encore à en aggraver le poids.

L'opinion répandue par le ministre de l'affluence des capitaux, de la difficulté de leur placement et de la nécessité de leur trouver un emploi, donna l'élan aux spéculations les plus hasardeuses. On craignit moins de mal opérer, que de ne pas opérer. De toutes parts on vit s'élever des constructions stériles qui absorbèrent d'immenses capitaux. On se livra sans retenue, sans prudence, sans modération, à toutes les entreprises rurales, manufacturières et commerciales. La production devança la consommation ; ce qui rendit fameux le mot imputé à un haut administrateur, qu'on produisait trop. S'il avait quelque fondement, on aurait pu répondre, qu'on ne produisait trop que parce qu'on ne savait pas ouvrir des débouchés à la production surabondante, ou plutôt parce qu'on les lui avait fermés par des mesures irréfléchies et imprudentes.

La dette publique augmentée d'un milliard sans aucun équivalent, les habitations multipliées ou améliorées avant l'accroissement de la population et de la richesse, l'accumulation des produits, avant de leur avoir assuré des débouchés, ne tardèrent pas à produire des embarras dans les affaires, des inquiétudes dans les esprits, des alarmes dans la population. Le ministre s'en offensa, accusa l'envie et la malveillance, et si, à l'exemple d'un ancien, il ne monta pas au Capitole pour se proclamer le sauveur de la patrie, il se couvrit des palmes réservées aux grands administrateurs. (1)

---

(1) Il fit distribuer aux chambres et au public une note conçue en ces termes:

« Le journal du Commerce adresse aux électeurs commerçans et industriels, une allocution virulente, dans laquelle il s'efforce de représenter « la restauration comme funeste au commerce et à l'industrie. Pour toute

Sa couronne se flétrit promptement, le déficit du revenu fit évanouir les illusions de l'amour-propre; et il fallut abandonner le timon des affaires à des mains

« réponse à cette indécente diatribe, nous rappellerons, sans commentaire, « les faits suivans qui résultent de documens irrécusables.

« En 1816, la population du royaume n'atteignait pas 30 millions, en « 1826, elle dépasse 32.

« En 1816, notre agriculture était aux abois, privée de bras et de capi- « taux de toute espèce. En 1826 (grâces, il est vrai, à des dégrèvemens « successifs et à des tarifs protecteurs dont l'action combinée agissait sur « elle depuis 3 ans), elle nourrissait une population plus forte d'un dixiè- « me, elle tierçait sa récolte en vin, et comptait de plus, qu'en 1816, « 400,000 chevaux, 350,000 animaux de race bovine, 5,000,000 de bê- « tes à laine.

« En 1816, nos mines de houille fournissaient un milliard de kilogram- « mes, en 1826, 1 milliard 500 millions.

« En 1816, nous fabriquions moins de 110 millions de kil. de fontes de « fer, en 1826, plus de 160 millions.

« En 1816, notre industrie mit en œuvre 12 millions de kil. de coton, « la consommation de 1826 s'est élevée à 32 millions.

« En 1816, nous tirions de l'étranger 40,000 kil. de soie, nous en « avons tiré le double en 1826.

« En 1816, la mise en œuvre des laines, soit françaises, soit étrangères, « fut estimée à 40 millions de kil., elle a été, pour 1826, de 48 millions.

« En 1816, nos raffineries épurèrent 24 millions de kil., en 1826, 72 « millions.

« En 1816, notre commerce, tant au dedans qu'au dehors, était faible « et restreint comme nos ressources, en 1826, tous les marchés étrangers « recevaient de nos marchandises, et le marché intérieur s'était agrandi à « raison du développement des industries agricoles et manufacturières.

« De 1816 à 1826, les contributions directes ont éprouvé une réduc- « tion de 72 millions, et les produits indirects un accroissement de 160 « millions.

« En 1816, nous succombions sous d'effroyables engagemens, en 1826, « tous les frais d'occupation, tous les arriérés étaient soldés depuis trois « ans; les trois premiers cinquièmes de 30 millions de rente créés pour in- « demniser les propriétaires, dépossédés par la révolution, étaient émis sans non plus habiles, mais moins décriées. Le mal n'était plus masqué par les artifices du pouvoir, parut dans toute sa difformité et il ne fut pas facile de comprendre comment tant de prospérités si vantées s'étaient évanouies. On eût dit que la France avait été subitement frappée dans toutes les sources de ses prospérités et de sa richesse. Les producteurs de grains, du vin et de la laine, l'industrie manufacturière dans toutes ses branches, la marine marchande et les colonies se plaignirent tout-à-coup de l'encombrement de leurs produits, de la difficulté de leur écoulement, du découragement des spéculations commerciales et de l'atonie générale. On demanda au gouvernement des mesures pour soulager les calamités actuelles et préparer les voies d'un meilleur avenir.

Le gouvernement parut d'antant mieux disposé à accueillir les vœux des peuples qu'il était averti par

« avoir affecté le cours de nos rentes: nous avions les plus belles finances de
« l'Europe.

« De 1816 à 1826, la puissance de notre crédit a doublé; à la première
« époque la rente 5 p. % était à peine à 60 francs, et, à ce moment, le
« fonds, dans lequel a été transporté le crédit de l'état, représente le même
« fonds de l'état 5 p. % au cours de 120 fr., en sorte que, si nous ne pou-
« vions emprunter en 1816 qu'en payant 9 p. % d'intérêt, nous le pourrions
« aujourd'hui en payant 4 1/2. »

Et le ministre voulait réduire la rente à 4! quelle loyauté envers les rentiers !

Le ministre avait-il plus de raison de s'attribuer tout ou partie des progrès d'un peuple favorisé de dix années de paix?

Enfin, dans la fastueuse énumération des progrès décennaux de la France, de quelle mesure administrative le ministre aurait-il pu se glorifier? Quelle part aurait-il pu en réclamer ?

la diminution du revenu public, de la gravité du mal, de la nécessité d'y porter un prompt remède et d'en arrêter les suites funestes. Dans l'état actuel de l'ordre social le revenu public est le pivot du pouvoir. Si l'un s'affaiblit, l'autre s'affaise, et le gouvernement périclite, quand la pénurie du trésor dérive de la détresse du peuple. Cette solidarité des gouvernemens et des gouvernés est dans les crises sociales, la plus sûre garantie de leur prochaine issue et de l'atténuation de leur dommage; aussi le gouvernement français prit-il des mesures dignes par leur nouveauté, de la plus sérieuse attention.

Il créa un ministre du commerce, ordonna des enquêtes, provoqua tous les documens qui pouvaient l'éclairer sur la véritable situation du pays.

Que faut-il penser de ces deux mesures? Etaient-elles appropriées aux besoins et aux circonstances? Pouvaient-elles y satisfaire?

On éleva des doutes sur l'utilité d'un ministre du commerce; mais n'était-on pas plus frappé de l'innovation de la mesure, qu'éclairé sur sa valeur réelle et effective? Il me semble que ce sujet mérite une attention sérieuse.

Dans l'état actuel de l'économie sociale, le commerce a une grande part à la production de la richesse, il en est, par ses correspondances, son crédit, ses approvisionnemens, ses débouchés, l'agent le plus actif, le plus puissant et d'autant plus essentiel que, sans lui, il n'y a pas de richesse sociale. N'est-ce donc pas l'exposer à la privation du secours qu'il a droit d'attendre du pouvoir, que de disperser ses intérêts dans divers ministères, de mettre, sous la direction du ministère de l'intérieur, l'agriculture l'industrie, les routes et les canaux; sous celle du ministère des affaires étrangères, les consulats; sous celle du ministère de la marine, les colonies, et sous celle du ministère des finances, les tarifs? Sans doute les dispositions de chacun de ces dépositaires du pouvoir lui sont toujours favorables, mais ce serait un véritable prodige si tous lui portaient le même intérêt, l'envisageaient sous le même point de vue, lui imprimaient la même direction et le servaient avec le même zèle. Il est bien plus à craindre que la diversité des autorités ne nuise à l'unité d'action, et que, partielle et secondaire partout, elle n'obtienne nulle part la haute considération qui est due à son active influence sur les intérêts généraux du pays. On n'a pas encore fait une remarque digne de frapper tous les bons esprits: c'est que chaque époque de la civilisation fait prédominer un genre de besoins publics qui appelle plus particulièrement les soins du pouvoir, et lui impose le devoir d'en déléguer le service à un agent spécial.

Dans les temps de guerre, de conquête et d'asservissement, le gouvernement se concentre dans le ministère de la guerre, et subordonne tous les autres services à ses nécessités et à ses convenances.

A mesure que les états prennent de la consistance et de la stabilité, on s'aperçoit qu'on ne peut en devoir le maintien et l'affermissement qu'à des traités d'alliance, à la balance politique, et cette nouvelle

considération sociale donne, au ministère des affaires
étrangères, toute l'importance inhérente à des services
dont dépendent la destinée des peuples, la sécurité et
la dignité des empires.

Parvenus à un ordre assuré et garanti par l'équilibre des puissances, les états s'occupent de leur bien-
être intérieur, et ne tardent pas à s'apercevoir qu'il a
un redoutable adversaire dans les besoins publics,
objet spécial des finances; alors le ministère des finances, auparavant inaperçu, devient indispensable
pour concilier les besoins publics avec les besoins privés, pour grossir le revenu de l'état sans affaiblir le
revenu du pays, pour assurer l'abondance du trésor
public sans porter atteinte à la richesse générale.
Services éminens qui décèlent rapidement son importance, et lui donnent la prépondérance sur les autres
agens du pouvoir.

Dès qu'on est entré dans la voie de la richesse, on
est bientôt averti que le commerce, qui pénètre si
avant dans la constitution économique, sociale et politique de chaque peuple, nécessite un ministère spécial, qui le suive, l'observe et le dirige dans toutes
ses branches, dans toutes ses ramifications, qui lui
rende la marche facile dans les routes connues, le
protège dans les routes nouvelles où il s'engage, l'en-
vironne partout de bienveillance, de secours et d'encouragement. On ne peut pas être encore long-temps
sans apprécier toute l'importance du commerce dans
le système social fondé sur la richesse, et l'on ne peut
pas être encore long-temps divisé sur la nécessité

d'un ministère du commerce. Je crois même pouvoir dire, sans exagération, que ce ministère arrivera à la prééminence absolue, parce que le commerce est le centre de tous les intérêts, et la puissance qui les élève au plus haut degré de force et d'intensité. On avait donc eu, ce me semble, les plus justes motifs pour créer un ministère du commerce, et, il est à regretter, qu'on l'ait dénaturé en lui confiant des services tout-à-fait disparates.

Le ministre du commerce signala son avènement au ministère par une innovation non moins controversée que celle dont il était l'objet: il ordonna des enquêtes sur les principales doléances du pays; mais était-ce le cas des enquêtes ? et que pouvait-on se promettre de cette laborieuse investigation ?

Dans un pays voisin où les enquêtes jouent un grand rôle, rendent d'éminens services et associent en quelque sorte la population entière à l'administration des affaires publiques, elles sont spontanées, ordonnées dans des vues générales, et destinées à déterminer les rapports des divers intérêts du pays, et à offrir le tableau des causes de sa véritable situation. Mises en mouvement par des pétitions individuelles ou collectives elles sont, presque toujours, circonscrites dans des intérêts particuliers, des objets spéciaux, des cas déterminés. On ne leur demande que les causes qui altèrent l'état d'une ou de plusieurs branches de la richesse sociale et particulière. Si quelquefois elles se rattachent à des besoins publics, à des intérêts généraux, à des considérations sociales, à

l'état du pays, elles conservent toujours leur caractère
de spécialité, restent dans la sphère des faits, leur
véritable élément, et suivent la même direction,
quoiqu'elles arrivent à un but différent de celui
qu'elles s'étaient proposé.

On en trouve un exemple mémorable dans la lutte
célèbre sur l'importation des céréales. D'un côté, un
parti puissant s'opposait fortement à cette importation qu'il regardait comme subversive de l'agriculture
du pays, source inépuisable de sa prospérité, de sa
richesse et de sa puissance; de l'autre, la grande
masse de la population fondait l'importation sur les
plus puissantes considérations, et soutenait que c'é-
tait le seul moyen d'assurer la subsistance du peuple
anglais au prix qu'elle coûtait aux autres peuples ses
concurrens et ses rivaux dans les marchés du monde,
ce qui lui donnerait une prépondérance irrésistible et
le rendrait maître des trésors de l'industrie et du
commerce.

De si grands intérêts qui mettaient, pour ainsi dire,
toute la population aux prises, donnèrent lieu à une
enquête pour savoir:

1° Si l'agriculture du pays pouvait suffire à la subsistance de ses habitans et à quel prix;

2° Quelle quantité de céréales le commerce pouvait importer, et à quel prix il pouvait les livrer à la
consommation du peuple anglais.

La question ainsi posée, quoique d'un intérêt général, ne sortait pas du domaine de l'enquête, parce
qu'elle ne présentait que les intérêts spéciaux des

classes agricoles et de la population industrielle. Aussi y a-t-il tout lieu de croire que si l'enquête n'eût pas dépassé ses limites, elle aurait atteint son but et donné une solution claire et satisfaisante de ce problème difficile de l'économie d'un peuple à-la-fois agricole et industrieux. Mais on s'aperçut de bonne heure que l'enquête soulevait des questions d'un ordre plus élevé que celle dont elle devait donner la solution; on reconnut que, si l'importation des céréales devait favoriser les progrès de la richesse industrielle, elle apposerait d'insurmontables obstacles aux progrès de la richesse agricole, d'où résulterait l'abaissement de l'aristocratie qui tire sa force, sa puissance et sa considération de la richesse agricole, et l'extension de la démocratie qui a son principe vital et son nerf politique dans la richesse industrielle, et l'on en conclut avec raison que l'enquête intéressait la balance des pouvoirs publics, leur équilibre et leur constitution.

Ce nouveau point de vue rendit inutile la solution des questions de fait qu'on demandait à l'enquête, et l'on n'hésita point entre le maintien de l'aristocratie territoriale et la progression de la richesse industrielle, cet irrésistible levier de la démocratie. On sacrifia l'état social à l'état politique. Il faut cependant convenir qu'on s'arrêta au point où le maintien de l'aristocratie territoriale n'imposait que des sacrifices à la richesse industrielle, et ne l'atteignait point dans ses facultés naturelles et acquises.

On fut ainsi conduit, par l'enquête, d'une question d'économie sociale à une question de haute politique, mais il ne faut pas perdre de vue que ce ne fut pas la question politique qui détermina l'enquête, mais l'enquête qui fit naître la question politique, ce qui la dénatura et y mit fin.

Cet exemple me semble donner l'idée la plus exacte de l'enquête, de sa nature, de son caractère, de son objet et de son but. La spécialité lui est indispensable, limite ses facultés et marque son étendue, c'est donc étrangement s'abuser que de la transporter des cas particuliers, auxquels elle est éminemment propre, à des cas généraux qui sont hors de son domaine; il a dû paraître naturel à l'Angleterre d'interroger les hommes éclairés et expérimentés dans une ou plusieurs branches d'industrie sur les causes de ses souffrances, de son dépérissement, de sa décadence; ils sont juges nés de ces sortes de matières, et il est toujours sage et prudent de prendre leur avis lors même qu'on ne devrait pas le suivre.

Mais comment a-t-on pu se persuader en France qu'en réunissant les lumières et l'expérience de chaque genre d'industrie, on remonterait aux causes du malaise de toutes les industries et de la détresse générale du pays? Les faits isolés ne mènent pas toujours à des vérités générales, et ce qui est vrai dans un cas particulier, ne l'est pas nécessairement dans tous les cas, pas même dans les cas analogues; il arrive souvent au contraire que les détresses particulières sont la conséquence de causes générales qu'elles sont incapables de révéler; il faut donc chercher ailleurs que dans des enquêtes, ces causes générales qu'il n'est pas

30.

donné à tous les hommes de pénétrer. Les Sully, les Richelieu, les Colbert, les Turgots ne déposent pas, dans des enquêtes, le tribut de leur génie, il est même vraisemblable qu'on ne le leur demanderait pas, ou s'ils le donnaient, on ne saurait pas l'apprécier; il y a si loin du génie au savoir!

Fût-il vrai d'ailleurs qu'on peut suppléer aux lumières du génie par la réunion des connaissances pratiques et spéciales, et qu'on peut juger de la situation économique d'un pays par l'opinion des hommes versés dans chaque branche de la production de la richesse, de pareils documens ne seraient pas à l'abri de l'esprit de localité, de l'opposition des intérêts, et des rivalités de l'industrie. On verrait les intérêts identiques se grouper, se coaliser, exagérer leurs pertes, atténuer leurs ressources, et donner le change sur leur véritable état. Chacun prendrait avantage sur l'autre, et l'enquête au lieu de résoudre la difficulté, la rendrait insoluble.

Il pourrait même arriver que les divers intérêts, s'accusant mutuellement de leurs revers, fussent disposés à exiger les uns des autres des sacrifices qu'ils ne pourraient pas se faire sans consommer leur ruine commune, on les verrait se heurter dans l'expression de leurs besoins, de leurs vœux et de leurs espérances, et les nuages, que l'enquête devait dissiper, s'obscurciraient et présageraient de funestes orages.

Quel est l'agriculteur, tant soit peu instruit des causes qui influent sur la prospérité de l'agriculture, qui ne signalerait pas, dans l'enquête, l'exportation des produits agricoles, l'exclusion des produits analogues de l'étranger, et l'importation des produits de l'industrie étrangère? Nos livres d'économie politique sont encore imbus de cette doctrine, et il faut convenir qu'elle serait la plus exacte et la plus profitable à un pays agricole où l'industrie et le commerce n'auraient pas encore pénétré.

Attendrait-on du manufacturier plus de lumières, de discernement et de désintéressement que de l'agriculteur? On s'abuserait; dominé par les intérêts de l'industrie, sans aucun souci et peut-être sans aucune connaissance des nécessités des autres sources de la richesse, le manufacturier ne craindrait pas d'affirmer qu'on ne peut rétablir et faire prospérer l'industrie que par la prohibition de l'exportation des produits du sol, par l'importation des céréales et par l'exclusion absolue des produits de l'industrie étrangère. Ce que l'agriculteur aurait désigné comme indispensable aux succès de l'agriculture, le manufacturier le signalerait comme fatal à l'industrie, et leur opposition serait si inconciliable, qu'on serait autorisé à croire qu'ils ne peuvent pas coexister dans le même pays. Ce qui compliquerait encore la difficulté, c'est que le manufacturier aurait en sa faveur la pratique constante et uniforme des peuples modernes, les plus célèbres par leur richesse industrielle; tous ont consacré le dogme des prohibitions et du monopole, tous les ont regardés comme les véritables mobiles de leurs succès.

A leur tour les commerçans se feraient remarquer, dans les pages de l'enquête, par leur contraste avec les

agriculteurs et les manufacturiers. Autant ceux-ci auraient mis de prix aux prohibitions et aux monopoles,
autant ceux-là préconiseraient la liberté absolue du
commerce, l'affranchissement des taxes et la préser-
vation des avanies que font peser sur lui les douanes
et le fisc de tous les pays. Sans doute on doit souhai-
ter que leur vœu s'accomplisse, comme on desire que
l'enfant arrive à la virilité : mais il ne faut pas se le
dissimuler : ce prodige ne peut être que l'œuvre du
temps, de la diffusion des lumières et du perfectionnement proportionnel de l'industrie générale.

Enfin, si l'enquête interrogeait les banquiers, ces
utiles agens de la circulation des valeurs d'échange,
ils imputeraient son état fâcheux aux obstacles que
lui opposent les banques privilégiées, le syndicat mi-
nistériel, la caisse de service du trésor et une bourse
brévetée, et cette opinion mériterait d'être prise en
sérieuse considération.

Il y a donc pour chaque branche de la richesse un
principe de vie qui lui est propre, qui l'isole des autres, les lui fait considérer comme obstacle ou comme
entrave, et semble lui interdire tout rapprochement
avec elles. Loin de remonter aux causes de leur commune opposition, les connaissances pratiques et spéciales les couvriraient d'une impénétrable obscurité,
et rendraient tout remède impuissant et dangereux.
Il faut pour résoudre la difficulté, se porter à un point
de vue plus élevé d'où l'on puisse apercevoir le ressort qui, malgré la divergence réciproque des classes
productrices, les fait concourir à la même œuvre et

atteindre au même but. Ce phénomène embarrasse
sans doute, mais il n'est pas impénétrable, c'est un fait
certain que, dans le système commercial sous lequel
nous vivons, chaque individu veut et cherche son
intérêt aux dépens des autres, et que cependant tous
concourent à l'intérêt général. Quelle est donc la
puissance cachée qui domine toutes les résistances individuelles et collectives, toutes les combinaisons de
l'égoïsme, toutes les séductions de la cupidité, et force
les intérêts particuliers à concourir sans le savoir et
sans le vouloir à l'intérêt général? C'est l'intérêt individuel qui se préfère à tous, mais qui ne peut se satisfaire que par des concessions qui conviennent à tous et
les égalent à lui. Ce jeu s'exécute sous nos yeux sans trop
frapper nos regards; mais du moins ne devrait-on pas en
chercher l'explication dans des enquêtes qui ne peuvent
que reproduire le spectacle affligeant de la lutte des intérêts privés, de la rivalité des provinces contre la capitale,
des villes méditerranées contre les ports de mer, des
ports de mer contre les villes frontières, de l'intérêt privé
contre l'intérêt privé, et des masses contre tous. Recourir à une enquête dans de telles circonstances, c'est
ouvrir la boîte de Pandore.

On ne peut remonter des souffrances individuelles
au principe du malaise d'un peuple, elles en sont
plutôt l'effet que la cause, et ne peuvent pas plus
l'indiquer que le produire. Les désordres sociaux
quelle que soit leur nature, résultent nécessairement
du dérangement des ressorts de la vie sociale; c'est là
qu'on doit en chercher la cause et le remède. Dans les

constitutions modernes, la société civile se meut sous
l'influence du système économique, du système politique et du système sacerdotal; c'est dans l'accord ou
le désaccord de ces trois systèmes que se découvrent
les perturbations qu'éprouve la fortune des peuples.

Le système économique, destiné à subvenir aux besoins des individus, y parvient dans son état actuel
par le concours du travail, du capital, de l'échange
et du crédit. Sont-ils gênés dans leur mouvement,
arrêtés dans leur développement, détournés de leur
direction, il y a souffrance individuelle, détresse publique, malaise général, et ce n'est pas à une enquête
qu'il faut en demander les causes et le remède.

Le système politique se personnifie dans le gouvernement. Sa mission spéciale est de veiller à la sûreté
des personnes, à la garantie des propriétés, au développement des facultés individuelles et sociales, au
maintien et au perfectionnement de l'ordre public,
aux progrès des lumières et de la civilisation. Le plus
mauvais gouvernement produit la plupart de ces
avantages, mais il les compromet souvent par ses abus
et ses excès. Sous ce rapport, il est rarement étranger
à la mauvaise situation d'un pays et l'on n'a pas besoin de recourir à des enquêtes pour le découvrir et
en mesurer toute l'étendue.

Enfin le système sacerdotal, quelque étranger qu'il
soit par sa nature et ses fonctions aux affaires temporelles, exerce une influence si directe, si immédiate
sur les personnes de tous les rangs, de toutes les classes,
de toutes les conditions, et sur les opinions et la con-

duite du peuple et du gouvernement, qu'il est bien difficile de ne pas le regarder comme la principale cause des crises qui mettent en péril leur repos et leur fortune, et dans ce cas encore, ce n'est pas par des enquêtes qu'on peut s'en assurer.

Que l'on consulte l'état de ces trois ressorts de la vie politique et sociale en France depuis 1822, et l'on sentira qu'on n'avait pas besoin du secours des enquêtes pour pénétrer les causes de la détresse qui commença en 1825, éclata en 1827 et s'est fait sentir pendant long-temps.

Sans doute l'époque qui s'était écoulée depuis la restauration, avait été orageuse, comme il arrive à tout nouveau gouvernement, mais elle n'avait point épuisé les forces du peuple français; il avait prodigieusement souffert des deux invasions de l'Europe coalisée et des tributs imposés à l'évacuation de son territoire. Mais tant de causes de misère et de décadence, n'avaient point étouffé les germes de sa prospérité, ni même arrêté les progrès de sa richesse. Chose inconcevable! Son revenu public était augmenté en 1824 de 50 millions(1): progression qui si, elle était produite par l'amélioration du revenu général, devait en être une partie aliquote; on l'évalue dans la pro-

---

(1) Dans cette somme ne sont point compris:

La suppression et la retenue sur les traitemens civils. . . . 3,000,000
Et le dégrèvement de la contribution foncière. 13,553,000

Total 16,553,000

Discours du ministre des finances lors de la présentation du budget de 1825.

portion d'un à cinq. Sous ce rapport, le revenu général de la France, malgré ses désastres, aurait dans l'espace d'un petit nombre d'années, augmenté de plus de 250 millions. Que ne devait-on pas espérer de cette brillante prospérité et d'où vient qu'on a été si cruellement déçu? Ce problème s'explique par les atteintes consommées ou tentées depuis 1822 sur le système politique, sacerdotal et économique. A partir de cette époque, on ne se borna plus comme dans les années antérieures à des intrigues, à des machinations, à des trames secrètes contre la charte, le gouvernement, l'administration, et les institutions; on leur fit une guerre ouverte et déclarée, on les attaqua dans leurs bases fondamentales.

Faut-il s'étonner si pendant ces quatre années de mutilation du système politique et de dépravation du système sacerdotal, on donna moins de soin à ses affaires, moins de zèle à ses intérêts, moins d'activité à la conservation ou à l'amélioration de sa fortune? Les causes morales et politiques qui mettent en péril la condition actuelle des individus, les détournent du travail, découragent l'industrie et paralysent les branches productives de la richesse. Elle ne fleurit et ne prospère qu'à l'ombre de la sécurité de la stabilité du présent et de la perspective d'un meilleur avenir. Elle se fonde encore plus sur l'avenir que sur le présent, et souffre autant des calamités qu'elle craint, que des maux qu'elle éprouve. Il n'y a à cet égard aucune différence entre l'exaspération des contre-révolutions et les violences et l'anarchie des révolutions. L'identité des causes produit l'identité des effets, et comme les révolutions dévorent les richesses, la crainte des contre-révolutions les empêche de naître. N'y eût-il que cette cause de la détresse qui se manifesta en France en 1825, il me semble qu'elle en donnerait une explication satisfaisante, et que la théorie tiendrait tout ce qu'elle promet.

Mais on peut lui assigner des causes moins abstraites plus positives, plus spéciales, plus conformes à la nature de cet écrit. Ce sont les atteintes portées au système économique par les fausses mesures du gouvernement.

Dans le système actuel de l'économie sociale, le crédit est le plus puissant mobile de la richesse; il en est pour ainsi dire le principe générateur.

Il intervient dans la production matérielle de la richesse par l'avance de la matière première, des outils et instrumens du travail et des salaires de l'ouvrier.

Il intervient dans l'échange des produits du travail par la création des valeurs de circulation qui économisent l'emploi dispendieux de la monnaie.

Il intervient dans la consommation des produits par les délais qu'il accorde au consommateur pour en payer le prix.

Enfin il intervient dans l'économie des produits non consommés par l'emploi qu'il leur procure.

Cette dernière fonction du crédit paraît peu considérable, quand on la compare à celle qu'il exerce dans la production, l'échange et la consommation, et cependant elle lui donne encore plus d'importance, de considération et d'influence sur la richesse et le pouvoir. Ce phénomène est encore inaperçu, mais il éclate de toutes parts et il importe de le rendre sensible aux esprits les moins exercés.

Les produits non consommés forment jusqu'à leur consommation, un fonds disponible, entièrement distinct des fonds qui ont un emploi déterminé, et qui par cette raison, sont connus sous la dénomination de capital.

Le fond disponible de chaque localité est confié à une classe d'hommes qui, sous le nom de commissionnaires, de courtiers, de négocians et de banquiers, lui cherchent le marché le plus avantageux. Ces banquiers locaux correspondent entre eux, s'accordent une confiance, un crédit mutuels et font en commun le placement qu'ils devaient faire individuellement. A ce degré, le crédit n'a qu'un caractère privé et ne joue qu'un rôle secondaire dans la production de la richesse.

Hors des localités, dans quelques lieux favorisés par leur situation, le nombre et l'importance des affaires et l'étendue des relations commerciales, les banquiers forment des associations qui, sous le nom de banques, donnent plus d'extension à cette branche du crédit, aggrandissent le cercle de ses opérations dans le pays et le font entrer dans la sphère des intérêts généraux de chaque peuple. Ces banques, par leurs relations avec les banquiers locaux, font mouvoir de grandes masses du fonds disponible et par leur concentration lui donnent une vaste puissance sur le commerce intérieur.

Enfin , une banque générale, établie au centre des
mouvemens du fonds disponible de chaque pays, régu-
larise ses directions au dedans et au dehors, le préserve des accidens que lui fait courir la concurrence
du fonds disponible des autres pays et s'efforce de le
faire prévaloir sur ses concurrens. Il n'est même pas sans
exemple que des banques générales de chaque pays ri-
valisent entre elles pour le placement du fonds disponible du monde commerçant et alors le crédit se
trouve engagé dans les jeux et les démêlés de la politique et n'a pas peu de part à leur issue.

Parvenue à ce terme, cette branche du crédit n'est
pas moins politique qu'économique, et n'a pas moins
d'influence sur la puissance que sur la richesse du peuple ; le pouvoir est en effet le grand consommateur du
fonds disponible. La dette publique de tous les états
en fait foi ; leur revenu ne suffit jamais à leurs besoins, et ils ne peuvent couvrir son insuffisance qu'a-
vec le secours du fonds disponible ; mais à quelle condition peuvent-ils l'obtenir ? A une seule : c'est qu'ils
n'abuseront pas du pouvoir pour se soustraire à leurs
engagemens. S'ils n'accomplissent pas cette condition,
ils ne doivent plus compter sur les secours du fonds
disponible, et sa privation met en péril leur sécurité
et leur puissance ; le crédit exerce sur la conduite morale et politique du pouvoir un si redoutable empire,
qu'on le fait passer chaque jour au creuset de toutes
les bourses du commerce du monde ; chaque jour on
tarife, pour ainsi dire, en cent endroits différens le
crédit de chaque état ; et, chose étrange ! non-seule-

ment le pouvoir le souffre, mais il fait les plus grands sacrifices pour altérer l'épreuve et se la rendre favorable. Faut-il donc être surpris que le crédit traite d'égal à égal avec le pouvoir, le seconde ou l'arrête dans sa marche, et, selon qu'il mérite ses secours ou encourt ses disgrâces, contribue à son asservissement ou à sa ruine? Ce qui me paraît surtout digne d'une attention particulière dans cet étrange rapprochement du crédit et du pouvoir, c'est que leur réaction ne vient pas des hommes, mais des choses.

Quand le crédit consentirait à sacrifier chaque année au pouvoir le fonds disponible, celui-ci n'en serait ni plus fort, ni plus puissant, ni plus stable; la consommation du fonds disponible sans reproduction laisserait les peuples sans ressources contre l'intempérie des saisons, les accidens imprévus et les infortunes de la vie; ils périraient sans utilité pour le pouvoir, sans le soustraire à la ruine commune. Il y a donc entre le fonds disponible, dont le crédit dispose et le pouvoir qui le consomme en grande partie, des relations étroites qui, quel que soit le mode du pouvoir, l'enchaînent à l'accomplissement de ses devoirs moraux et politiques. Il ferait de vains efforts pour se soustraire à cette dépendance : le crédit les déjouerait, en faisant passer le fonds disponible dans les pays dont le gouvernement lui offrirait sûreté et protection, et le pouvoir décrié serait bien près de quelque funeste catastrophe.

Par cette heureuse alliance du crédit et du pouvoir, les peuples sont à l'abri des excès et des abus du pouvoir, et le pouvoir, fidèle à ses devoirs, ne voit de bornes à sa puissance que dans l'épuisement du fonds disponible; borne mobile qui avance ou recule à mesure que la prospérité des peuples, la richesse et la civilisation avancent ou reculent.

Quand on est bien pénétré de cette condition respective du pouvoir et du crédit, on ne sait comment expliquer les mesures du ministre des finances de 1824 sur la dette publique. D'où lui venait la pensée et l'espérance de maîtriser le crédit, de réduire ses avantages acquis et de baisser le prix de ses futurs services?

Sans doute de telles opérations ne sont ni inusitées, ni illicites, ni illégales; mais leur succès dépend, comme je l'ai dit plus haut, d'une condition absolue : c'est que le rentier ait l'option de la réduction de sa rente ou du remboursement de son capital nominal; option qui ne peut avoir lieu que quand le fonds disponible qui cherche un emploi n'en peut trouver de supérieur à celui de la rente réduite; quand il consent à prendre la place du rentier qui refuse de réduire sa rente; en un mot, quand le fonds disponible ne trouve de placement qu'au taux de la rente réduite. Dans ce cas, la réduction de la rente n'est qu'un simple virement de parties, sans perte comme sans profit pour personne.

Quand il en est autrement, le crédit, hors de l'atteinte du pouvoir, s'éloigne du pays qui ne sait pas apprécier son indépendance, et se transporte partout où il lui convient de se fixer; disposition aussi funeste à la richesse du pays qu'il fuit, qu'elle est favorable aux prospérités du pays qu'il adopte. Malheureusement on n'aperçoit pas d'abord les désastreux effets de sa disparition; mais on en a la conscience immédiate, et elle s'exprime par le dicton populaire, *le commerce ne va pas.*

C'est en effet le commerce qui est la pierre de touche de la situation économique de chaque peuple; c'est par lui que s'effectue l'échange des produits et des services du travail individuel, collectif, général, universel; et, comme l'échange règle la part de chaque pays dans l'échange de tous les pays, et celle de chaque individu dans l'échange de chaque pays, il est évident que, quand le commerce ne va pas, pour parler le langage du peuple, l'échange n'est que partiel, le revenu éprouve un retard qui souvent tourne en pure perte et opère une diminution dans le revenu national, particulier et individuel. De la diminution du revenu suit la diminution de la consommation; la gêne succède à l'aisance et la détresse à la richesse.

En 1826 ce malaise se fit sentir en France; des plaintes s'élevèrent de toutes parts, et le ministre, qui en était importuné, leur donna un démenti, ou plutôt il l'attribua à des entreprises hasardeuses, à des engagemens exagérés qui avaient entraîné la chute rapide des fonds publics sur toutes les places. (1)

Il est assez curieux de voir le ministre nier le fait et l'expliquer : c'est une de ces inconséquences qui donnent à-la-fois la mesure de sa conscience et de ses

(1) Discours du ministre des finances, lors de la présentation du budget de 1827.

lumières. Sans doute les spéculations inconsidérées de l'Angleterre en 1824 et 1825 avaient eu une grande part à la crise qui se faisait sentir; mais le ministre, qui, de son aveu, avait voulu mettre à profit la manie des spéculations, et qui avait aussi spéculé sur la réduction de la dette publique, n'avait-il aucun reproche à se faire? Comment ne comprenait-il pas que, faire descendre à 4 p. %, l'intérêt du capital, non parce qu'il était réellement à ce taux, mais parce que la manie des spéculations favorisait cet abaissement accidentel et temporaire, c'était porter le trouble et le désordre dans les affaires, les entraver, les ralentir, et compromettre leur succès. Ce n'est pas sans dommage pour un pays que le pouvoir, par son influence ou son autorité, dénature le taux de l'intérêt et le fait paraître tout autre qu'il n'est. De telles opérations produisent des tiraillemens, des hésitations, des tâtonnemens dans toutes les transactions; on ne sait ce qu'on fait ni ce qu'on doit faire, et l'on ne fait rien ou beaucoup moins que ce qu'on ferait. Qui peut calculer les pertes qu'a fait éprouver au peuple français l'emploi du fonds d'amortissement au service du 3 p. %? On ne doutait pas des vices de cet emploi, on ne prenait pas même la peine de les dissimuler, on en faisait au contraire l'aveu formel; mais on l'excusait, sous prétexte qu'il fallait soutenir un effet que les porteurs ne possédaient la plupart que par le sacrifice qu'ils avaient fait à l'état du cinquième de leur revenu. (1)

(1) Lettre du directeur de la caisse d'amortissement à la commission de surveillance.

Le ministre professait les mêmes sentimens et les mêmes principes en faveur du 3 p. %, ce misérable avorton de sa crédulité et de sa présomption.

« La justice, disait-il, veut qu'on accorde quelque « faveur au 3 p. %, soit qu'il provienne du sacrifice « fait dans la conversion, soit qu'il ait pour origine « l'indemnité et les nobles infortunes de ceux auxquels « elle est accordée. » (1)

Mais, indemniser les rentiers du sacrifice qu'ils avaient fait du cinquième de leur revenu par la conversion de leur rente de 5 à 4, c'était avouer qu'on avait eu tort d'effectuer cette conversion; et cependant que n'avait-on pas fait pour emporter cette mesure erronée!

D'ailleurs, quel moyen prenait-on pour réparer le mal qu'on reconnaissait avoir fait? On lui consacrait les fonds d'amortissement, et par conséquent on employait les contributions publiques à soutenir à 4 la rente qui était à 5; on aggravait le mal qu'on prétendait réparer, et on alimentait pour ainsi dire les calamités d'une fausse mesure. L'aveuglement fut porté si loin qu'on affecta à l'amortissement du capital du 4 et du 3 p. % un fonds sept fois supérieur à celui qu'on applique à l'amortissement ordinaire. On eût dit que le ministre était pressé de faire disparaître les traces de sa bévue, et qu'il se mettait peu en peine de ce qu'il en devait coûter à l'état pour se débarrasser de ce souvenir importun.

(1) Discours du ministre des finances à la chambre des pairs, séance du 29 avril 1826.

Il est certain que, si la conversion eût été repoussée comme elle aurait dû l'être, ou si on ne lui eût accordé qu'une part proportionnelle du fonds d'amortissement, le 5 p. %, n'aurait eu aucun besoin de ce fonds, et se serait élevé, sans son secours, à un taux qui aurait facilité de nouveaux emprunts pour en faire le remboursement, et, par cette méthode, on aurait opéré la baisse de la rente beaucoup plus vite qu'en mettant à profit la manie des spéculations et en spéculant contre le rentier.

Que, si le 5 p. % n'eût pas éprouvé une hausse assez considérable pour le réduire à 4 p. % par la méthode de l'emprunt, la seule praticable en cette matière, on peut du moins présumer qu'il se serait maintenu au pair, et dans ce cas on aurait pu appliquer temporairement la partie du fonds d'amortissement, restée sans emploi, à d'autres besoins qu'on laissait en souffrance, tels que les routes, les canaux, les fortifications, la marine, la suppression de tout ou de partie de plusieurs contributions inégales, injustes et odieuses, et la baisse des tarifs qui, par leur taux excessif, sont si funestes aux progrès de la richesse. Que n'aurait pas fait un habile ministre des finances avec la libre disponibilité d'un fonds annuel de 77 millions! La fausse opération de la conversion du 5 en 4, et la non moins désastreuse affectation du fonds d'amortissement à cette conversion, ont consommé en pure perte pour l'état plusieurs centaines de millions qui auraient pu être ailleurs si utilement employés. Quand on a devant les yeux de pareilles causes de richesse et

31.

de ruine, comment a-t-on recours à des enquêtes pour découvrir les causes de la décadence de la richesse ? N'est-ce pas fermer les yeux à la lumière et se plaindre de l'obscurité ?

Le 3 p. $^o/_o$ n'est pas la seule cause des souffrances économiques de la France, et l'on peut en signaler une non moins grave dans l'indemnité du milliard. Je ne la considère point sous ses rapports politiques et moraux ; elle forme à cet égard une question historique dont il faut laisser la solution à la postérité. Je ne l'envisage ici que dans ses effets économiques et dans son influence sur la détresse ultérieure de la France.

L'économie sociale des peuples modernes assujétit la production et la distribution des produits et des services du travail général à un ordre qui ne peut être interverti sans affaiblir les forces productrices, sans altérer la prospérité publique, sans compromettre la richesse particulière et générale.

Le revenu de chaque pays est le produit du concours du travail, du capital, du sol et des services publics et privés.

Il se distribue entre les diverses classes productrices,

Par les salaires du travail ;

Par les profits du capital ;

Par la rente de la terre ;

Par l'impôt prélevé pour les besoins du pouvoir.

Cette répartition n'a rien d'arbitraire ; elle est au contraire fondée sur une loi positive et invariable, sur la concurrence, arbitre et régulateur de tous les lots qui composent le partage du revenu total.

La part des salaires dans ce revenu dépend de la proportion des ouvriers et de l'ouvrage; elle est plus ou moins considérable, selon qu'il y a plus d'ouvriers que d'ouvrage, ou plus d'ouvrage que d'ouvriers.

La même loi règle la part des profits du capital; elle est plus ou moins forte, selon que le capital est plus ou moins abondant que les besoins, ou leur est inférieur.

Il en est de même de la rente de la terre; elle est fixée par la proportion de la terre à cultiver avec le nombre des cultivateurs, ou, ce qui est la même chose, par le rapport des produits agricoles avec leur consommation.

Enfin, l'impôt est limité par la nature des services qu'il doit rétribuer, rétribution toujours proportionnée à l'état de la richesse du pays.

Tant que cette répartition est fidèlement observée, les diverses classes de la population conservent leurs moyens relatifs de consommation, de bien-être, d'aisance et de richesse, et le pays jouit de toute la prospérité relative à sa situation actuelle.

Mais, si l'on y porte atteinte, si un prélèvement gratuit distrait au profit d'une des classes copartageantes, une plus grande partie du revenu que celle qui doit lui revenir, il y a pour les autres classes moins de moyens de consommer et de produire; le revenu général décline, les sources de la richesse se dessèchent, et le pays s'appauvrit.

Plus de salaires accordés au travail, quand l'ouvrage n'augmente pas, ne donnent pas de plus grands produits; seulement on transfère aux classes laborieuses les moyens de consommation qu'on ôte aux autres classes; on dérange l'équilibre du partage, et l'on introduit le désordre dans la vie économique. La taxe des pauvres en Angleterre en offre un exemple non moins curieux qu'instructif. Quel effet produit-elle ? Elle n'augmente pas la production d'un *iota*, mais elle multiplie le nombre des consommateurs sans profit pour la production : c'est une consommation sans équivalent et par conséquent stérile; c'est un poids mort qui entrave la marche de la richesse du pays. De là il résulte que ce que la classe salariée consomme au-delà de ce qu'elle devrait consommer est autant de soustrait à la consommation des autres classes qui la reproduiraient et augmenteraient par conséquent la masse des produits, unique moyen de bien-être général. Il y a donc, dans le déplacement des consommations, atteinte à la proportion nécessaire des diverses classes de consommateurs et obstacle aux progrès de la richesse générale.

Ce résultat serait peu différent si le prélèvement effectué en faveur des classes salariées l'était au profit des capitalistes sans augmentation des capitaux ou sans des emplois plus avantageux. Dans ce cas, les capitalistes auraient une plus grande part du revenu général que celle qu'ils doivent avoir, consommeraient plus

` qu'ils ne doivent consommer dans l'intérêt des autres classes, et feraient éprouver aux classes laborieuses des privations et des souffrances qui altéreraient leurs facultés productives et nuiraient à la production.

On peut dire la même chose du prélèvement gratuit en faveur des propriétaires de la rente de la terre. Il n'opérerait aucune diminution de leur rente, parce qu'on aurait toujours le même besoin de leur terre et de ses produits, et que le même nombre de cultivateurs s'en disputerait la culture. Ce prélèvement ne formerait donc encore dans ce cas que l'accroissement des moyens de consommation d'une classe au détriment des autres; les unes auraient de plus ce que les autres auraient de moins, et les privations et les excédaus changeraient la condition des diverses classes de la population, et les rendraient plus riches ou plus pauvres qu'elles ne devraient l'être dans l'intérêt du travail, de la production et de la richesse générale.

Et qu'on ne croie pas que les vices de la répartition du revenu général sont sans résultat fâcheux pour la production, et que la plus grande consommation des classes favorisées couvre le déficit des consommations des classes déshéritées. La consommation et la production ne sont point arbitraires ni sans relation l'une avec l'autre; elles sont tour-à-tour cause et effet, et ne peuvent se soustraire à leur influence réciproque.

Le revenu de chaque pays est le produit d'élémens qui se combinent dans des proportions déterminées, et qui, si elles subissent quelques changemens, ne donnent plus le même revenu. Supposons ce qui n'est

pas bien éloigné de la vérité : que, dans le partage du
revenu général , la part des salaires soit de la moitié,
celle des profits du capital d'un quart, et celle de la
rente de la terre de l'autre quart, n'est-il pas évident
que si, par une mesure quelconque, on réduit la part
des uns pour la donner aux autres, les diverses classes
n'ont plus les mêmes moyens de consommer, et par
conséquent les produits qu'elles doivent consommer et
ne consomment pas restent sans consommateurs et en
pure perte pour les producteurs, tandis que les classes
qui ont plus de moyens de consommer ne trouvent
pas les objets qui conviennent à leur consommation
dans ceux qui leur sont échus en partage, et, ne pou-
vant pas s'en procurer l'échange contre les produits
qui leur conviendraient, les voient périr sans en tirer
aucun parti ? Il y a donc dans ce cas perte d'une partie des produits pour les consommateurs et pour les
producteurs, et par conséquent désordre dans le système économique et dépérissement de la richesse.
Quoique ce résultat soit sensible, il est encore possible de le porter à un plus haut degré d'évidence, et
je ne dois pas le négliger.

Chaque portion de la production d'un pays a ses
consommateurs spéciaux qu'on ne peut pas remplacer
par d'autres ; de telle sorte que les produits qui ne sont
pas consommés par les classes auxquelles ils étaient
destinés, sont perdus pour les producteurs et ne sont
pas reproduits. On ne peut pas même supposer que
la classe qui profite du prélèvement, fera une plus
grande consommation que celle qu'elle est accoutumée

de faire et réparera par une plus grande consommation la moindre consommation des autres classes. Il faudrait que ses consommations additionnelles fussent dans ses besoins, ses goûts et ses convenances, et cela est impossible puisqu'elles ont été produites pour des classes qui avaient d'autres besoins, d'autres convenances que les siens. On a donc inutilement dépouillé ceux auxquels ces consommations étaient nécessaires pour les donner à ceux auxquels elles sont inutiles. Le mal est certain et inévitable. Rendons l'hypothèse sensible par un exemple.

Supposons que les 30 millions de l'indemnité des émigrés étaient employés par ceux sur lesquels ils ont été pris, 10 millions en subsistances, 10 millions en vêtemens et 10 millions en logemens ; pense-t-on que les indemnisés en aient fait le même emploi ? C'est ce qu'on ne peut pas raisonnablement admettre ; il est plus vraisemblable que les indemnisés ont eu leurs dépenses de prédilection et leur ont appliqué les 30 millions que l'indemnité a mis à leur disposition, ils ont donc consommé dans un seul genre de produits les 30 millions qui l'étaient auparavant dans plusieurs.

Ce qu'il y a encore de plus fâcheux, c'est que les indemnisés ne composant qu'une seule et même classe de la population, ont éprouvé les mêmes besoins, les mêmes penchans, les mêmes inclinations, épuisé les produits de leurs choix et laissé les autres en souffrance. Dans ce cas qu'est-il arrivé ? Il y a eu élévation du prix de certains produits au préjudice de leurs consommateurs habituels et point de débit des autres produits soustraits à leurs consommateurs naturels. D'où il est résulté dans la consommation et dans la production, un désordre nécessairement préjudiciable à la richesse.

Sans doute la production a suivi l'impulsion que lui a donnée la consommation, et le pays a fini par produire les objets que les indemnisés ont voulu consommer; mais jusqu'à ce que la balance des consommations et des productions ait été rétablie, il y a eu des pertes graves pour plusieurs classes de producteurs, un dérangement dans la production et une altération inévitable dans la richesse sociale.

Et qu'on ne se persuade pas qu'un prélèvement annuel de 30 millions sur le produit d'un pays aussi riche que la France a peu d'importance pour sa fortune et ne doit avoir aucun inconvénient pour ses prospérités; cela serait vrai si le prélèvement des 30 millions d'indemnités eût été la seule charge qu'elle eût à supporter; mais il n'en est pas ainsi; ce prélèvement grossissait la masse des autres prélèvemens, qui s'opéraient sur le milliard des contributions, sans aucun profit, sans aucun équivalent pour les contribuables. Tels étaient les traitemens des dignitaires de l'état, les pensions et les sinécures, les faveurs et les grâces du monarque et la série indéfinie des cumuls; prélèvemens d'autant plus funestes à la fortune publique qu'ils s'opéraient en faveur d'une seule et même classe et par conséquent déterminaient l'espèce de consommation la moins favorable à la richesse.

C'est en effet un principe fondamental de l'écono-

mie politique, que les consommations les plus utiles
pour un pays, sont celles du grand corps du peuple, et que tout ce qui tend à les atténuer fausse le
ressort de la richesse sociale. Si en effet, on examine
attentivement ce qui contribue le plus à la richesse
d'un pays ou du luxe des familles opulentes ou de la
vie économique des familles aisées, on n'a pas de peine à reconnaître que leur utilité réciproque est dans
des proportions extrêmement inégales.

Le propriétaire d'un revenu de 100,000 fr. a plus
de luxe, de faste et de magnificence que quatre propriétaires qui n'en ont qu'un de 25,000 chacun, et
cependant le premier met en œuvre trois fois moins
de travail d'industrie et de commerce, que les derniers.
La raison en est évidente.

Le revenu de 100,000 fr. entretient un château
superbe, un nombreux domestique, un cortège
imposant; la plus grande magnificence règne dans
toutes les dépenses; mais plus elles sont magnifi-
ques, plus elles sont étrangères aux autres classes
de la population, moins les fabriques et les ouvriers
qu'elles entretiennent sont nombreux, moins elles
ont d'influence sur le travail, l'industrie et le commerce du pays.

Il n'en est pas de même des propriétaires de 25,000 fr.
de revenu chacun: ils possèdent quatre habitations
simples, mais commodes et agréables, ne sont pas à
une trop grande distance de la fortune et des dépenses de leurs voisins, sympathisent avec eux, leur inspi-
rent le sentiment et le desir du bien-être, contribuent

au développement de leurs facultés individuelles et sociales et créent autour d'eux une population active et laborieuse qui reproduit avec profit tout ce qu'elle consomme. Leur famille est au moins trois fois plus nombreuse que celle du propriétaire opulent, et par conséquent ils emploient plus de travail, d'industrie et de commerce ; et comme leurs consommations diffèrent peu de celles des classes aisées, elles donnent l'impulsion à toutes les espèces de productions et fondent la prospérité du pays sur une base plus large que celle que lui donnent le faste et la magnificence de l'opulence.

Jusqu'à quel point la subdivision du revenu d'un pays est-elle favorable aux progrès de sa richesse, de ses lumières, de sa civilisation ? C'est un problème qui n'est pas encore résolu par l'expérience. On n'a jusqu'ici fait cas que de la richesse concentrée, et l'on a tout fait pour empêcher sa division et favoriser sa concentration. Depuis sa révolution, la France fait l'épreuve d'un système contraire, et si l'avenir répond au passé, on peut présager qu'elle réalisera les doctrines spéculatives de l'économie sociale. Il est hors de doute que la division du revenu, quoique descendue en France au degré le plus bas auquel elle puisse arriver (1), n'a fait jusqu'ici que donner un nouvel élan au travail, à l'industrie, au commerce, à l'économie, à tous les mobiles de la richesse particulière et générale, et si elle n'avait pas été arrêtée par des causes politi-

(1) Sur 10,296,000 cotes de la contribution foncière, il y en a 8,024,987 de 20 francs et au-dessous.

ques, religieuses et économiques, on peut présumer qu'elle aurait réalisé toutes les espérances qu'on en a conçues. On ne voit pas en effet ce que l'on doit craindre pour la fortune publique, d'un système qui met en œuvre des ouvriers qui travaillent pour leur compte, qui emploient leurs capitaux et les augmentent par leurs économies, et qui, à chaque pas qu'ils font vers le bien-être, se rapprochent des classes aisées et riches et participent à tous les avantages de la civilisation. Comment peut-on les mettre en balance avec le système qui n'emploie que des ouvriers salariés, consommateurs de capitaux qui ne sont point à eux et qui non-seulement n'ont aucun intérêt à des travaux et à des capitaux dont ils ne partagent point les profits, mais même éprouvent par leur succès une sorte de détérioration dans leur condition? Il est impossible que là où l'intérêt individuel a le plus de part à la production de la richesse, elle ne soit pas plus progressive que là où elle n'est que le produit du devoir et de la nécessité. On a beau faire ! Si l'on veut le bien ! et qui n'en sent pas le besoin, l'aristocratie qui n'a que peu ou point de part à la production de la richesse, doit céder le sceptre à la démocratie dont elle est l'œuvre, l'objet et le but; ou plutôt il leur convient de se réunir dans la même association, parce que leurs intérêts sont identiques et leurs avantages communs. Les temps ne sont plus où les hommes et les peuples ne s enrichissaient qu'en s'appauvrissant l'un l'autre. Ils ne peuvent désormais tirer leur richesse, que de la richesse générale.

Enfin, toutes choses égales d'ailleurs, les facultés, les lumières, les vertus, tout ce qui sert, honore, illustre la vie civile, doit exister dans une plus forte proportion, là où la richesse est divisée et se multiplie par sa division, que dans celui où elle est concentrée dans quelques classes avec ou sans privilège.

Les considérations économiques, morales et intellectuelles, concourent donc également à démontrer que le prélèvement de l'indemnité de 3o millions de revenu sur tous les contribuables en faveur d'une classe de la population qui accumulait tant d'autres prélèvemens, a été préjudiciable à la fortune publique et une des causes les plus influentes de la détresse qui l'a suivie.

Il est encore une dernière cause qui a dû exercer une influence fâcheuse sur la situation économique de la France, c'est son système de finance. Son objet est de prélever sur la part de chaque partie prenante dans le revenu général, une portion proportionnelle aux besoins de l'état.

Dans un bon système de finance, le prélèvement se fait également sur chaque lot individuel, et plus il approche de l'égalité proportionnelle, moins le poids, qu'il impose à chacun est onéreux pour lui, et moins il fait obstacle aux progrès de la richesse générale. Il n'en est pas ainsi lorsque le prélèvement s'opère inégalement sur chaque lot, lorsque les uns sont ménagés, tandis que d'autres sont surchargés; alors la surcharge ôte, à ceux qu'elle frappe, les moyens de porter leur fardeau, et prive le pays de leur concours au travail productif de la richesse; tout ce qui entrave le travail, diminue la masse des produits, des échanges et des consommations, et restreint plus ou moins la prospérité générale.

Tant que le pays prospère, les vices du système financier ne sont ni aperçus ni sentis; on est moins à l'aise, ou moins riche qu'on ne devrait l'être, mais on n'en sait pas la cause, et la perte, qui n'est pas sentie, ne fait pas plus d'impression que si elle n'existait pas. Mais aussitôt que la richesse d'un pays décline, que les classes riches ne sont qu'aisées, que les classes aisées éprouvent des privations, que les classes pauvres sont exposées à des besoins qu'elles ne peuvent satisfaire, chacun compare les charges qu'il supporte avec celles qui pèsent sur les autres contribuables; les inégalités irritent, découragent et désespèrent. Le travail perd de son activité, l'échange de ses avantages et le crédit de sa confiance; on ne lutte plus contre l'adversité, on s'y résigne; situation la plus fâcheuse qui puisse affliger un pays.

Il est donc indispensable, dans les temps difficiles, de donner une attention particulière au système des finances, et de s'occuper, avec un soin particulier, de remédier à ses vices, ce qui se passe sous nos yeux doit faire sentir toute la sagesse des conseils de la théorie.

Jusqu'ici le système des contributions publiques de la France, qui fait partie de son système de finance, n'avait excité que la critique des hommes versés dans la science économique, et leur critique n'avait pas

même donné l'éveil sur les vices qu'ils signalaient. A
peine les chambres retentissaient-elles de quelques
doléances particulières et locales qui ne laissaient aucune trace après elles. On se contentait de savoir que
tout n'était pas bien, mais comme le mal n'était pas
intolérable, on ne croyait pas qu'il fût nécessaire de
s'en occuper.

Il en fut tout autrement dès que la détresse se fit
sentir dans plusieurs branches de la richesse publique.
Le système des contributions, si long-temps à l'abri
de toute atteinte, ne fut plus garanti par une possession de 3o années; on l'attaqua de toutes parts; les
tabacs, les sels, les vins, l'enregistrement, les loteries,
les douanes excitèrent des réclamations générales, et le
ministre des finances fut saisi d'effroi au bruit de la
secousse de l'édifice financier qu'il croyait assis sur
un roc inébranlable; il était loin de soupçonner qu'on
eût à se plaindre d'un ordre de choses qui était si
bien obéi.

Je n'entrerai pas à présent dans l'examen des vices
du système des contributions publiques et des autres
parties du système général des finances. Ce que j'en
ai dit dans un écrit publié, en 1824 (1), a dû en donner une idée exacte; j'y reviendrai dans la suite, et
peut-être s'étonnera-t-on que j'aie signalé le mal si
long-temps avant qu'on en ressentît les calamités. Ce
n'est pas le seul exemple de l'insouciance des peuples
et des gouvernemens; et il est bien rare que la néces-

(1) *De la science des finances, et du ministère de M. le comte de Vil-
lèle*, chez Trouvé, imprimeur-libraire.

sité seule ne soit pas l'unique mobile de toutes les améliorations sociales.

En résumé, les détresses de la France, produites par la crise de 1825, ne pouvaient tirer aucune lumière, aucun secours, aucun soulagement de la révélation des enquêtes; elles sont restreintes et limitées à l'expression des maux particuliers, des souffrances locales, et, dans ce cercle, elles sont d'une inappréciable utilité; mais lorsqu'il s'agit de la décadence de la fortune publique, qui nécessairement dérive de causes générales, on ne peut interroger avec profit que les trois systèmes, politique, économique et religieux, qui dominent tous les intérêts et règlent les destinées des peuples, et jamais ils ne furent plus éloquens sur ce qu'on avait besoin de savoir; la violence qu'on leur fit par calcul ou par ignorance pendant cinq années, fut sans contredit la cause de la détresse qui se manifesta dans toutes les branches de l'industrie et du commerce. Dans de telles circonstances, le peuple français réserva ses capitaux pour ne pas les compromettre, renonça à des spéculations qui échappaient à tout calcul, et se résigna à des privations que nécessitaient la diminution ou la réduction de ses profits. Il attendit du temps le remède à ses maux. Menacé dans sa liberté civile et religieuse, il fut peu disposé à redoubler d'efforts pour échapper aux désastres du 3 p. %, de l'indemnité du milliard, des vices des contributions publiques et des fausses opérations d'un gouvernement non moins remarquable par son impéritie que par la déloyauté de ses doctrines politiques et religieuses, et par le scan-

32

dale de son machiavélisme. Quand le gouvernement attaque ou menace les intérêts, les opinions et les mœurs d'un pays, le crédit s'ébranle, l'inquiétude s'empare des esprits; on s'isole, et la richesse disparaît avec le crédit. Telle est la condition de tous les peuples modernes, ils prospèrent ou déclinent dans la proportion des vertus et des vices de leur gouvernement.

En veut-on une preuve éclatante et décisive? qu'on compare la conduite du gouvernement anglais et celle du gouvernement français dans la crise que je viens de décrire.

Versé dans les affaires du pays, attentif à leur marche, habile à saisir tous les symptômes de revers et de succès, le gouvernement anglais n'hésita point sur la nature de la cause et l'étendue de la catastrophe qui répandaient l'effroi et la consternation dans toute l'Angleterre; il fit tout ce que lui conseillaient les lumières et l'expérience pour en détourner ou en restreindre les désastres. Au milieu des débris qui menaçaient d'engloutir la fortune publique, il posa des étais qui arrêtèrent son écroulement, il rassura les esprits, rétablit la confiance, réduisit le mal dans ses limites les plus étroites, et laissa le soin de sa guérison au temps qui en était le seul remède.

Que la conduite du gouvernement français fut bien différente! Dans le premier moment, il ne voulut pas croire à la détresse qui éclatait de toutes parts; il accusa la malveillance de répandre des bruits sinistres, et fit à la souffrance publique un crime de se plaindre. Forcé par le déficit du revenu public de croire à ce qu'il ne voyait pas, il chercha à s'instruire par des enquêtes, et demanda des conseils quand il fallait des actions. Les enquêtes l'entraînèrent dans de vaines discussions, et comme elles ne firent qu'accroître la gravité de la situation, il se reposa sur l'oubli, si naturel au peuple français, pour le tirer du mauvais pas dans lequel il s'était engagé, et la France fut abandonnée à sa malheureuse destinée.

Faut-il donc s'étonner, si dans son éternelle rivalité avec l'Angleterre, le peuple français, malgré la supériorité numérique de sa population, les avantages du sol le plus fécond, le plus riche, le plus varié, et les facultés de la plus haute civilisation, est resté si loin du peuple anglais dans la carrière des richesses sociales.

Quand le gouvernement français mettait toute sa gloire à dominer une aristocratie impérieuse, un sacerdoce arbitre des lumières, des mérites et des vertus de la vie civile, et un peuple docile, léger et avide de plaisirs, le gouvernement anglais faisait concourir son aristocratie, son sacerdoce et sa démocratie à l'accroissement de la fortune publique; leur inspirait la même passion, la même volonté, la même direction, et les faisait agir comme un seul homme; lui-même placé au centre de ce mouvement uniforme, savait tout ce qu'il fallait savoir pour lui donner toute son intensité, faisait tout ce qu'il fallait pour le rendre aussi profitable qu'il pouvait l'être, et, par sa persévérance sage et éclairée, le faisait triompher de toutes les résistan-

32.

ces que lui opposaient l'incurie et l'insouciance de ses aveugles et insensés rivaux.

C'est ainsi que la France, après les plus brillans exploits, après des siècles de gloire et une splendeur incomparable, se trouve refoulée en dehors de ses antiques limites, sans colonies et sans marine, tandis que l'Angleterre, maîtresse des mers, donne des lois à une population coloniale de plus de 60 millions d'individus, impose les tributs de son industrie au commerce de tous les peuples, et les tient sous le joug de ses mille et mille vaisseaux. Sans doute les peuples s'éclairent, sentent leur force et appellent leurs gouvernemens à les seconder dans leurs efforts pour l'affranchissement de leur industrie et de leur commerce; mais que peuvent les peuples tant que les gouvernemens seront enlacés dans les préjugés gothiques et ultramontains de l'aristocratie et du sacerdoce, et ne verront dans les peuples que des affranchis dangereux à leur pouvoir?

FIN.

TABLE ANALYTIQUE DES SEPT LIVRAISONS.

ou

RÉSUMÉ DE L'OUVRAGE.

—

Première Livraison.

—

I. *Prospectus.*

Application des principes d'économie politique et des finances
aux fausses mesures des gouvernemens,
aux fausses spéculations du commerce,
aux fausses entreprises des particuliers.

II. *Observation préliminaire.*

Elle tend à fixer la pensée, l'objet et le but du prospectus. Le plan de
l'ouvrage est de soumettre au contrôle de la science l'emploi que le pouvoir, le commerce et les particuliers font de la richesse; mais ce contrôle
sera sans passion, sans tracasserie et dans la seule vue du bien public. La
science est de sa nature inoffensive.

III. *Réfutation de quelques opinions récentes sur l'économie*
politique.

Dans son état actuel, la source de la richesse est dans le travail universel, l'échange universel, la concurrence universelle. Chacun est l'arbitre de sa fortune.

C'est une erreur de croire que la richesse n'est un avantage pour un pays qu'autant qu'il en résulte du bonheur pour tous; il suffit qu'elle soit accessible à tous.

C'est encore une erreur de croire que l'économie politique ne doit laisser aucun besoin en souffrance, aucun désir impuissant, aucune ambition déçue. C'est là de l'utopie et non de la science.

IV. *Sur les douanes*. Art. Ier.

La limite du commerce avec l'étranger est tracée par sa nature, elle le concentre dans l'importation des objets que chaque pays ne produit pas, et dans l'exportation des objets qu'il produit et que les autres pays ne produisent pas.

Peut-on le faire sortir de ce cercle et l'étendre jusqu'aux produits que chaque pays fait le mieux ou à meilleur marché ?

On ne le peut pas ; il faudrait payer ce qu'on achèterait, et d'où tirerait-on les moyens du paiement ? Les produits indigènes que les autres pays n'ont pas sont absorbés par les importations des objets que le pays ne produit pas. Aurait-on recours aux autres produits indigènes moins bons ou plus chers que ceux de l'étranger ? ils n'auraient aucune valeur pour lui.

Il ne resterait de ressource que dans les capitaux, ce qui entraînerait la décadence, l'appauvrissement et la ruine du pays.

La statistique de la production et du commerce de la France ne laisse ucun doute à cet égard.

Deuxième Livraison.

—

I. *Des douanes*. Art. II.

L'opinion publique qui poursuit de toute son influence le remplacement des prohibitions des douanes par des taxes modérées et conciliables avec la liberté du commerce, a-t-elle tort ou raison ?

Jusqu'à ces derniers temps, les douanes avaient deux objets eu vue :

Le prélèvement d'un impôt sur l'importation des produits exotiques;

La restriction du commerce avec l'étranger, afin de lui vendre plus qu'on n'achète de lui.

On se trompait dans les deux cas.

L'impôt n'atteint pas le commerce étranger, mais le consommateur national; il est sans influence sur le commerce étranger, et n'empêche pas d'acheter à l'étranger plus qu'on ne lui vend. D'ailleurs c'est une fausse opinion de croire qu'il est utile de vendre à l'étranger plus qu'on n'achète de lui. En principe, il est aussi profitable d'acheter que de vendre; il suffit qu'on paie le prix de ce qu'on achète avec le prix de ce qu'on vend; mais cette condition est absolue et *sine quâ non*.

Depuis le système continental on pense que l'impôt doit protéger l'industrie nationale, et dans ce dessein on l'a élevé d'un à plus de 9 pour o/o, ce qui dans l'espace de moins d'un demi-siècle a porté ses produits en France de 12 à plus de 100 millions; mais quelque onéreux qu'il soit il n'a pas arrêté l'importation des objets que le pays ne produit pas, et la raison en est facile à saisir; cet impôt n'est qu'un impôt de consommation qui pèse uniquement sur le consommateur, et ne l'empêche de consommer que quand il excède ses moyens de paiement du prix de ses consommations; ce qui arrive rarement. Si, comme on paraît le desirer, on modérait cet impôt, on consommerait davantage de produits exotiques, et ce serait un avantage pour le pays qui serait obligé de produire davantage pour en payer le prix; il en est toujours ainsi quand le pays importateur conserve toutes ses facultés productives.

Il en serait autrement, si l'on remplaçait par des taxes modérées les taxes prohibitives ou restrictives de l'importation de produits analogues aux produits indigènes. L'abaissement des taxes protectrices favoriserait la consommation des produits exotiques aux dépens des produits indigènes; d'où résulteraient diminution du travail du pays, de sa production, de son revenu, de sa puissance relative et absolue; péril auquel il ne doit pas s'exposer sur la foi d'une théorie plus spécieuse que fondée.

Il est digne de remarque que l'impôt, impuissant contre l'importation des objets que le pays ne produit pas, est prohibitif des produits exotiques analogues à ceux du pays. D'où cela peut-il provenir? si ce n'est de ce que les produits du pays ont des consommateurs nécessaires dans sa population, et qu'on ne peut pas l'en détourner par le mieux-faire ou le meilleur marché des produits exotiques; chaque pays doit consommer ce qu'il produit, quoique ses produits soient moins bons ou plus chers que ceux de l'étranger, car avec quelle valeur en paierait-il le prix s'il ne le pouvait pas avec les produits de son travail? et certes il ne le pourrait pas s'ils étaient inférieurs à ceux de l'étranger. Dans ce cas tout commerce avec l'étranger est impossible.

Tel est le résultat évident de l'application des principes d'économie politique aux douanes.

II. *De la richesse.*

Sa définition; Sa production; Sa valeur monétaire exprime le revenu de chaque pays; Sa répartition entre les producteurs, ils le reproduisent par la consommation de leur part dans la production. Malgré la dissidence des économistes, les services publics coopèrent à la reproduction de la richesse qu'ils consomment, il suffit pour s'en convaincre de comparer divers pays sous le rapport de l'état des services publics et de l'état de leur richesse respective. Les beaux climats de l'Asie, si supérieurs par leur fertilité naturelle à ceux de l'Europe septentrionale leur sont cependant inférieurs sous le rapport de la production de la richesse, et l'on ne peut attribuer leur supériorité et leur infériorité qu'à la différence des services publics. Si, comme on ne peut raisonnablement le révoquer en doute, les services publics ont le pouvoir de balancer l'inégalité naturelle des climats, il n'est pas raisonnable de leur refuser une part active dans la production de la richesse.

II *Du gouvernement à bon marché.*

Dans les pays bouleversés par les révolutions, on est long-temps divisé sur l'étendue et les limites des services publics, sur leur rétribution et leur rapport avec la condition du contribuable; ce qui me semble ne devoir donner lieu à aucune difficulté, c'est leur rétribution; elle n'est pas arbitraire, ni précaire, ni subordonnée à l'état du revenu public; il ne suffit pas pour avoir un gouvernement à bon marché de le vouloir, il en est de ce genre de services comme des salaires du travail, des profits du capital et de la rente de la terre, leur rétribution doit être proportionnée à la richesse du pays.

Là où le commerce règle le prix de toutes les valeurs, de tous les services, de tout ce dont on veut se défaire et de ce dont on desire la possession, les services publics ne peuvent former une exception à la loi générale.

La considération, les honneurs, l'autorité, l'influence des services publics ne peuvent ni leur tenir lieu de rétribution, ni la réduire, ni la modérer; ils seraient bien plutôt la cause de leur élévation et c'est ce qui a presque toujours eu lieu ; l'ancien régime de la France offre à cet égard un sujet qui mérite d'être médité, surtout si on le compare avec le gouvernement de l'Angleterre à la même époque, et si l'on se rend compte des résultats de leur direction à l'égard des traitemens publics.

La règle en cette matière est simple et absolue.

Le gouvernement d'un pays commerçant doit proportionner les traitemens publics à l'état de la richesse générale. Ce n'est pas par ce qu'un gouvernement coûte qu'on doit juger s'il est cher ou à bon marché; mais par l'état de la prospérité publique. Un gouvernement éclairé doit moins faire attention à la grandeur des dépenses qu'aux avantages qui doivent en résulter pour le pays.

Quand des circonstances extraordinaires nécessitent des dépenses plus considérables que celles que l'impôt peut acquitter, il faut réduire les traitemens de manière à alléger le fardeau du contribuable; mais si l'on supplée par l'emprunt au déficit de l'impôt, la rétribution des services publics doit être intégrale, parce qu'il est à-peu-près certain que la richesse ne reçoit aucune atteinte de l'emprunt, et n'y contribue en aucune manière. L'emprunt se compose de nouvelles économies sur les consommations; économies que le travail reproduit comme tous les capitaux qui ne sont que des économies accumulées. (Voyez l'article *dettes fondées* art. 1er de la 5e livraison.)

Troisième Livraison.

—

I. *Des douanes.* Art. III et dernier.

* Dans quels rapports les douanes françaises avant la révolution commerciale du xvie siècle, et depuis cette époque jusqu'à nos jours, sont-elles avec la théorie fondée sur les principes d'économie politique ?(1)

Dans les temps les plus reculés les douanes étaient considérées comme des droits domaniaux sur le commerce.

(1) Voy. les deux art. sur les Douanes, 1re et 2e livr.

Sous François Ier et Henri IV ces droits prirent la forme d'impôts sur le commerce sans aucune distinction des personnes et des choses.

Colbert lui-même faisait peu de différence entre les importations et les exportations. Il faut convenir, cependant, que ses sages mesures eurent une grande part à la révolution qui se fit après lui dans le système des douanes; système qui consista principalement dans la diminution des taxes sur les exportations; dans la suppression de celles sur l'importation des matières premières. On sentait le besoin de favoriser l'industrie nationale, et l'on ne croyait pas encore à la nécessité de pohiber ou de restreindre l'industrie étrangère.

L'esprit des douanes changea dans les lois de 1810 et de 1811: autant les taxes avaient été jusqu'alors modérées, autant elles furent oppressives. Ce changement fut le résultat de la lutte de l'industrie nationale contre l'industrie étrangère, lutte qui donna lieu au blocus continental, et ne finit pas avec lui.

Les besoins excessifs de la restauration nécessitèrent la continuation des taxes énormes de l'empire et l'on couvrit encore leur excès du voile de la protection de l'industrie nationale; mais il est digne de remarque que l'énormité des taxes n'a influé ni en bien ni en mal sur les relations commerciales du peuple français; dès qu'on ouvre les barrières au commerce avec l'étranger, il s'inquiète peu des taxes; il sait que c'est sur le consommateur et non sur lui qu'elles pèsent.

Si le tarif des douanes est peu redouté de l'étranger, n'est-il pas extrêmement nuisible à la production du pays et à son commerce avec l'étranger? C'est ce qu'il n'est pas facile de dire en parcourant le tableau des douanes françaises en 1829.

On y voit en effet:

1° Des taxes de 33, de 31 et de 20 pour o/o sur des produits importés et réexportés, comme si l'on avait voulu en prohiber le commerce: il n'offrait cependant que des profits et point de pertes.

2° Une taxe de 75 pour o/o sur les sucres importés de nos colonies comme si l'on avait voulu opérer la ruine de nos colonies par la réduction de la consommation de leurs sucres.

3° Des taxes de 15 pour o/o sur des exportations quatre et cinq fois plus considérables que les importations analogues, comme si l'on avait éprouvé quelque dommage à importer des produits dont on exportait quatre à cinq fois la quantité.

4° Enfin on y remarque un excédant de 81 millions d'importations d'or, d'argent et de platine dont on ne rend aucun compte et dont on ne trouve aucun emploi.

De ces incohérences n'est-on pas fondé à conclure que les douanes françaises ont été dans tous les temps et sont encore un impôt sur le commerce avec l'étranger, sans aucune considération de ses résultats pour l'industrie nationale ?

II *Du crédit.* Art. Ier, pag. 119.

Le crédit se présente sous des formes si nombreuses, si variées, si disparates qu'il est difficile d'en donner une définition qui en exprime tous les rapports.

Le crédit est de sa nature spéculatif, il cherche aux capitaux un meilleur emploi que celui dans lequel ils sont placés et aux économies un emploi qui les reproduise avec profit.

Il n'impose d'autre condition à ses services que la fidélité des engagemens qu'on prend avec lui, fidélité dont il ne demande d'autre garantie que la moralité du débiteur.

La monnaie n'a au crédit d'autre part que celle qu'elle prend dans toutes les transactions du commerce, elle fixe la valeur des choses qui en sont l'objet.

Il y a quatre sortes de crédit :

Le crédit privé.

Le crédit commercial.

Le crédit public.

Le crédit politique.

Chacun d'eux forme en quelque sorte une espèce à part.

Le crédit privé transfère des capitaux ou des économies disponibles du propriétaire qui ne veut pas en faire l'emploi à une autre personne qui le veut et le peut.

Si l'emploi ne les reproduit pas, la richesse du pays dépérit.

Si l'emploi les reproduit sans profit, elle est stationnaire.

Si l'emploi les reproduit avec profit, elle est progressive.

Dans ce cercle est circonscrite toute la théorie du crédit privé.

Le crédit commercial est l'auxiliaire du commerce, il lui fournit les moyens d'étendre ses spéculations sur les produits de tous les pays que les producteurs ne veulent pas consommer ; le commerce les achète à crédit du producteur, les fait circuler à crédit jusqu'au consommateur, et éteint tous les crédits par le prix des produits qu'il a fait circuler.

Le crédit du commerce est réalisé en valeurs qui tiennent lieu de monnaie et en font l'office jusqu'à leur remboursement.

Le crédit public se rapproche à quelques égards du crédit privé. Les capitalistes prêtent aux gouvernemens leurs capitaux ou leurs économies à des conditions convenues, et l'intérêt des prêteurs est satisfait quand les gouvernemens remplissent leurs engagemens.

La reproduction des capitaux et des économies consommés par le crédit public, n'est pas actuelle elle est souvent inaperçue; elle ne se fait remarquer que par les progrès de la prospérité des peuples, de la puissance des gouvernemens, et de la civilisation.

Si le crédit, dans les limites de ces trois fonctions de crédit privé, commercial et public, s'était borné à faire valoir des capitaux et des économies réels et existans, il eût été le plus puissant mobile de la richesse particulière et générale; mais on a cru qu'il pouvait opérer avec des capitaux et des économies imaginaires pour des emplois hypothétiques, et alors ses opérations n'ont été que des chances, des jeux de la fortune.

C'est surtout dans le système des banques que cette erreur a été la plus fréquente et la plus funeste à la richesse particulière et générale.

La France en a offert un exemple mémorable dans la banque de Law et dans l'assignat-monnaie.

Et l'Angleterre dans les spéculations de la compagnie de la mer du Sud, dans la suspension des billets de crédit de la banque de Londres, et dans la crise commerciale de 1825.

Du système de la banque de Law il est résulté que le crédit ne fait pas avec du papier de banque de la monnaie métallique, que le papier-crédit des banques n'effectue aucun paiement, et ne contient qu'une promesse de payer, promesse dont la valeur dépend de son paiement en monnaie métallique.

Les opérations de la compagnie de la mer du Sud ont pleinement confirmé les résultats de la banque de Law et démontré que le papier-crédit n'a de véritable utilité que quand il repose sur des valeurs réelles, et opère sur des objets certains. Le crédit fictif dans l'emprunt, hypothétique dans la spéculation, est toujours désastreux dans ses résultats.

Tel était le caractère de l'assignat-monnaie en France: il n'était en réalité qu'un papier-crédit. Son gage dans les domaines nationaux ne changeait rien à sa nature, la raison en est simple; il dépendait du crédit et en subissait les lois et les conditions. Le papier-crédit, de quelque espèce qu'il soit, ne fait les fonctions de la monnaie que lorsqu'on peut à volonté en faire l'échange avec elle.

C'est ce qui est résulté jusqu'à l'évidence de la suspension du rembour sement en monnaie des billets de la banque de Londres.

Sa suspension ne priva le billet d'aucune de ses garanties; il ne perdit rien de sa valeur réelle, et cependant son crédit baissa de plus de 30 p. 0/0 de sa valeur nominale, il n'y avait pas d'autre motif de cette baisse énorme que la suspension de son remboursement en monnaie métallique.

Lorsque le billet eut recouvré son crédit par la cessation de la suspension de son remboursement en monnaie, on abusa de ses ressources, l'Angleterre ne mit point de bornes à ses spéculations; en 1824 elles dépassèrent 3 milliards de francs qu'elle puisa dans ses billets de banque ils n'avaient d'autre garantie de leur valeur que les bénéfices des spéculations qu'ils avaient facilitées. Les spéculations échouèrent, la perte fut de plus de 1,100,000,000 francs.

Cette déconfiture frappa le billet de discrédit, et son discrédit produisit dans le commerce de l'Angleterre une crise dont elle s'est long-temps ressentie et dont les résultats sont incalculables; nouvelle preuve que le papier-crédit ne peut soutenir le poids d'une fausse opération de commerce et succombe nécessairement avec elle.

Le crédit politique est d'une autre nature que le crédit privé, commercial et public; il en est, pour ainsi dire, le thermomètre, la règle et la mesure, il a pour guide la chance du commerce et le cours du crédit public de tous les pays; signale la marche et le progrès des richesses, et influe sur la fortune des peuples et le sort des empires. Les bourses du commerce où il s'élabore offrent un grand phénomène économique: elles fixent la valeur des fonds disponibles de tous les pays et les font circuler de ceux où ils ont le moins de valeur dans ceux où ils en ont le plus. Convient-il à chaque pays de laisser un libre cours à cette circulation?

Quatrième Livraison.

—

I. *Du crédit.* Art. II.

Le crédit spéculatif des banques est précaire, et n'a eu de part directe aux progrès de la richesse agricole que comme résultat des progrès qu'il avait fait faire à l'industrie. Ce qui est surtout digne de remarque dans cette influence du crédit spéculatif des banques sur l'industrie et l'agriculture, c'est que la ruine du crédit des banques n'a été ressentie ni par l'industrie, ni par l'agriculture, et la raison en est facile à saisir.

Les banques s'établissent avec un fonds monétaire qu'elles remplacent par leur papier crédit ; ce remplacement est lent, et pendant qu'il s'effectue, le papier-crédit a toute l'efficacité de la monnaie, et ses effets sur l'industrie et l'agriculture sont durables. Le papier-crédit n'a-t-il plus de valeur ? Le bien qu'il a fait ne souffre point de sa catastrophe: les exemples en sont nombreux et uniformes.

Les banques ne bornent pas leurs spéculations à favoriser les progrès de l'industrie et de l'agriculture, elles les dirigent surtout vers l'accaparement des richesses du commerce, sa liquidation et les bénéfices du change qu'elles se procurent par la direction qu'elles donnent à l'or ; monnaie universelle du monde commerçant.

Le système des banques a été porté à toute sa perfection par la banque d'Angleterre : c'est à l'universalité de ses opérations, à leur habileté et à leurs avantages qu'on attribue la supériorité commerciale de l'Angleterre sur tous les peuples commerçans ; mais ne s'est-on pas abusé sur ses prodiges ? Réfutation de l'enquête parlementaire de la chambre des communes en 1832.

II. *De l'influence du système monétaire sur la richesse moderne.*

Controverses sur la monnaie. On va sur ce point du pour au contre et les contraires se croient également dans le vrai. Les dissidences sur le caractère de la monnaie ont été la source d'une foule d'abus également funestes à la richesse. La monnaie est l'équivalent de tout objet d'échange, et sous ce rapport elle est préférée à tous les objets qui sont dans le commerce ; mais elle ne doit la préférence qu'on lui accorde qu'à la valeur d'échange qui règle celle de tous les objets soumis à l'échange. L'état de la monnaie, avant et depuis les découvertes des mines de l'Amérique, démontre jusqu'à l'évidence sa puissance dans l'échange.

Peut-on remplacer la monnaie par le papier-crédit ? La monnaie a toujours une valeur d'échange; le papier-crédit n'en a une que jusqu'à concurrence de celle que lui donne sa faculté d'échange avec la monnaie; il est par rapport à elle comme tout autre objet d'échange. Le billet de la banque d'Angleterre pendant la suspension de son remboursement en monnaie en offre un exemple mémorable. Explication de cet évènement, de ses causes et de ses effets. Le billet de banque n'est l'auxiliaire de la monnaie métallique que jusqu'à concurrence de la réserve des banques , dès qu'il la dépasse il n'est qu'une simple promesse de paiement. Pourquoi le remplacement de la monnaie métallique par le papier-crédit donne-t-il une sorte d'impulsion au travail, à l'industrie au commerce et à tous les agens de la production ? Pourquoi le papier-crédit donne-t-il plus d'activité aux affaires , à la circulation et à la consommation ? Ce succès n'est qu'éphémère.

Le billet de banque remboursable en monnaie à la volonté du porteur ne doit pas être confondu avec le papier-crédit. Il ne faut pas cependant se dissimuler que s'il a eu une prodigieuse influence sur les progrès de la richesse moderne , il lui a porté de terribles atteintes. Dans l'espace d'environ quarante années, l'Angleterre compte trois crises commerciales et une crise financière ; toutes avaient leur cause et leur mobile dans l'abus de la monnaie de banque. Réfutation des nombreuses controverses élevées sur ce sujet épineux ; examen des mesures que le gouvernement prit dans chaque circonstance.

L'abondance de la monnaie dans les pays riches , et sa rareté dans les pays pauvres sont-elles la cause ou l'effet de leur richesse , ou de leur pauvreté? N'y a-t-il aucun moyen de donner au papier-crédit la consistance de la monnaie métallique? Sans doute la difficulté est grande. Le papier de banque reste toujours sous les coups de l'imprudence des banques et des inépuisables nécessités des gouvernemens ; il ne faut pas cependant désespérer des méditations et des découvertes de la science.

Cinquième Livraison.

—

I. *Du crédit ou dettes fondées.* Art. III. et dernier.

On ne sait si les dettes fondées sont dans l'actif ou le passif de la fortune des peuples modernes, les opinions diffèrent du tout au tout, et leur dissidence est aussi ancienne que la dette publique qui en a été le principe et qu'elles ont consolidée ; elles dérivent de l'excès, de l'urgence des dépenses de la guerre.

David Hume blâme ce mode de les acquitter ; il aurait voulu qu'on y eût pourvu comme les peuples de l'antiquité avec les tributs de la victoire et les économies de la paix.

Réfutation de cette opinion, de celles de Berkcley, de Melon, de Pinto, d'Ad. Smith et de celle plus récente de la Revue d'Edimbourg.

Les dettes fondées ne sont pas, comme ees écrivains le supposaient, un capital anéanti dont l'intérêt est acquitté par l'industrie des autres classes de la population; ce qui le prouve c'est que ces dettes non-seulement n'ont entraîné la ruine d'aucun peuple emprunteur, malgré les prédictions des écrivains les plus renommés; mais même n'ont pas été un obstacle aux progrès de leur richesse. La dette progressive de la Hollande et de l'Angleterre pendant 130 ans, mise en regard des progrès de leur revenu et de leur population, offre à cet égard des argumens irrécusables.

C'est sans aucun fondement qu'on a accusé les emprunts publics de déguiser les inconvéniens de la guerre et de tromper le public sur sa situation réelle; on n'a eu recours aux emprunts que quand l'impôt ne pouvait pas suffire aux dépenses de la guerre, et la nécessité de l'emprunt était aussi notoire que l'insuffisance de l'impôt. L'emprunt avait même sur l'impôt l'avantage d'accélérer le terme de la guerre. La hausse ou la baisse de l'emprunt est le plus heureux et le plus habile négociateur de la paix parmi les peuples modernes.

Il n'est pas plus raisonnable de croire qu'il vaudrait mieux imposer qu'emprunter, parce que le désir de conserver sa fortune intacte engagerait le contribuable à reproduire ou à économiser l'impôt, tandis qu'il ne reproduit ou n'économise que l'intérêt de l'emprunt. La reproduction de l'impôt ou du capital de l'emprunt éprouverait d'insurmontables obstacles.

L'emprunt n'a pour sa reproduction aucun des inconvéniens de l'impôt; il ne demande au contribuable que l'intérêt qu'il peut facilement reproduire par plus de travail ou d'économie. Sa reproduction préserve le revenu de toute diminution et l'économie le conserve intact.

Aussi la difficulté de l'emprunt n'est-elle pas dans la production où l'économie de son intérêt, mais dans la production du capital emprunté. Comment concevoir que l'Angleterre ait trouvé à emprunter 13 à 14 milliards de francs? D'où est provenu le fonds de cet emprunt? De l'accumulation des économies qu'il a provoquées et encouragées par un bon placement.

La France offre le même prodige dans la vente des domaines nationaux. Les économies de ses classes moyennes et peu fortunées ont produit plusieurs milliards qui en ont payé le prix dans moins d'un quart de siècle. Ce phénomène s'explique par le bon placement des économies qu'offrait la possession des domaines nationaux.

La même cause ne sera pas moins féconde pour la richesse dans la nouvelle route que les caisses d'épargne ouvrent aux économies des classes laborieuses. Si ce fonds est habilement dirigé, il y aura des petits capitalistes comme il y a des petits propriétaires, et la société civile, désormais assise sur la base du capital et de la propriété subdivisés dans la grande masse de la population n'aura plus rien à craindre ni du radicalisme, ni du paupérisme.

II. De quelques causes qui font obstacle ou concourent aux progrès de la richesse moderne.

Deux sortes de richesses : les produits accumulés du travail, ou les capitaux et les produits annuels du travail ou le revenu.

Si les producteurs du revenu le consommaient, il n'y aurait de société ni civile ni politique. L'excédant de la production sur la consommation des producteurs forme le fonds social des peuples modernes; on le désigne sous le nom de produit net.

Ce produit n'a rien de commun avec le fonds destiné à la consommation des producteurs.

Celui-ci a pour objet et pour but la reproduction et se confond pour ainsi dire avec elle.

Celui-là n'est consommé qu'après une foule d'opérations dont l'échange est le principe et la consommation le terme.

La richesse annuelle de chaque pays ou le revenu net est fixé par l'échange; son étendue est la mesure de la prospérité et de la puissance relative et absolue des peuples, comme la monnaie exprime la valeur produite par l'échange, il la règle et la mesure. D'où l'échange tire-t-il sa règle et sa mesure? du besoin qu'on a de l'objet qu'il apprécie, besoin constaté par la concurrence du marché. Celui qui est le plus voisin du lieu de la production est le moins avantageux pour l'échange. Les produits locaux y sont trop abondans et trop peu variés, les consommateurs en petit nombre et peu fortunés. C'est dans les marchés du monde que les échanges donnent les meilleurs prix; aussi l'expérience des siècles nous montre-t-elle tous les peuples se disputant la richesse universelle dans les marchés du monde tantôt par la guerre, tantôt par le système colonial, ou prohibitif, ou restrictif ou de réciprocité. Erreur des douanes françaises.

Des entrepôts et de leur influence sur l'échange des produits de tous les pays.

33

Après l'échange, le moyen le plus favorable aux progrès de la richesse est la réduction des frais de production, qui fait baisser le prix des produits, en facilite le débit et en assure la consommation. L'augmentation de consommation des produits dont le prix baisse par la réduction des frais de production ne nuit point à la consommation des autres produits, et ne réduit ni les salaires, ni les profits du capital, ni la rente de la terre; l'accroissement de la consommation balance la baisse des prix.

Les contributions publiques imposées sur les producteurs ou sur la production en augmentent les frais; il en est autrement quand elles ne portent que sur les produits.

Sixième Livraison.

—

I. *Des céréales.*

Les céréales ont été de tout temps une cause permanente de troublee parmi les producteurs et les consommateurs de tous les pays; elle ne résulte pas de la tendance de la population à dépasser les limites des subsistances; leur abondance est nécessaire à la propagation, celle-ci est l'effet et l'autre la cause.

Les troubles excités par les céréales sont dérivés de leur législation toujours favorable aux producteurs et toujours onéreuse aux consommateurs; de là leur lutte déplorable, le dissolvant de tout pouvoir politique et social.

L'antiquité fut le plus vivement affectée de ce périlleux désordre, et n'y vit d'autre remède que dans le resserrement de la population dans les limites des subsistances; elle crut y avoir réussi par la polygamie, l'infanticide et l'esclavage; mais le succès ne répondit pas à ses espérances.

Le christianisme sapa par ses fondemens le système d'iniquité, d'immoralité et d'oppression de l'antiquité et opposa aux vices de ses institutions les digues de la religion chrétienne, la sainteté du mariage, les vertus du célibat, la charité du riche, la résignation du pauvre.

Ce vaste plan opéra des prodiges; mais n'atteignit pas le but. Après, comme avant le christianisme la législation des céréales restait à la disposition des producteurs, ce qui leur assurait la toute-puissance sociale et poli-

tique sur les grandes masses des consommateurs. La féodalité réserva cependant les céréales de chaque localité aux subsistances de la population
locale ; mais la fixation de leur prix, qui fut laissée aux producteurs, rendit
la réserve inutile et dérisoire.

Si le système commercial n'avait pas subi des restrictions, il aurait nécessairement mis fin à la lutte des producteurs et des consommateurs des
céréales, il n'aurait eu besoin que de l'équitable loi de la concurrence ;
mais cette loi fut dénaturée et pervertie par les faveurs et les privilèges
de l'exportation des céréales qni en fixa le prix au taux du marché le plus
élevé, tandis que le salaire qui devait en payer le prix resta assujéti à sa valeur locale. Cette disparité du salaire du travail et du prix des céréales continua l'inégalité de condition des producteurs et des consommateurs, cause
perpétuelle de toutes les dissensions sociales.

On a inutilement essayé de la paralyser par l'établissement légal du prix
moyen ; mais quelque spécieuse que soit cette combinaison, il ne peut
échapper à personne que, dans l'abondance, le prix moyen assure au producteur le meilleur prix de ses produits, tandis que, dans la cherté et
surtout dans la disette le prix moyen ne donne au consommateur que des
secours inefficaces et incapables de l'arracher à la détresse, à la misère, à
d'intolérables calamités.

Ainsi les céréales sont soustraites au régime commercial qui aurait ba-
lancé tous les intérêts, apaisé toutes les haines et rétabli la bonne har-
monie entre toutes les classes de la population.

II. *Du pouvoir politique dans le système commercial des peuples modernes.*

Les dissensions des peuples et des gouvernemens depuis deux siècles ont
leur source dans la tendance du pouvoir à l'immutabilité de l'état social
et politique et dans celle de la société civile à leur mouvement, à leur progrès, à leur perfectionnement.

Le pouvoir ne peut pas aller dans une direction et l'état social dans l'autre, cela ne s'est jamais vu dans aucun temps ni dans aucun pays ; on ne
trouve rien de semblable aux trois grandes époques de l'antiquité, de la
féodalité et du système commercial.

Séduites par les richesses progressives du commerce, les puissances politiques n'ont pas soupçonné qu'elles avaient changé l'état social et que
ce changement entraînerait une révolution dans l'état politique. Qui peu-
vent-elles accuser de leur imprévoyance ?

Ce qui importe surtout dans les circonstances actuelles, c'est qu'on ne puisse pas se méprendre sur les attributs et les prérogatives du pouvoir dans l'état social fondé sur le commerce. L'esprit de commerce doit être le pivot du pouvoir et le pouvoir le mobile de l'esprit de commerce. C'est l'application littérale des principes d'économie sociale : il y a entre les peuples qui vivent sous le système commercial essentiellement fixe, régulier et positif une incompatibilité absolue avec le pouvoir politique indépendant de toute loi, de toute raison, de tout lien moral ; on n'échappe pas aux effets dont on ne peut pas anéantir les causes. Désormais l'unité du pouvoir et du peuple est le terme et le but de la société civile.

Septième Livraison.

—

I. *De la crise commerciale de 1825.*

Le commerce dirige les intérêts matériels de chaque pays vers la progression de ses richesses. Quoique tous cherchent à en obtenir la plus grande part, tous sentent qu'ils ont besoin les uns des autres pour arriver à leurs fins. La richesse se propage par sa diffusion : plus elle fait de progrès, plus elle enchaîne les concurrens, et les rend solidaires de leur bonne ou mauvaise fortune ; leur solidarité ressort avec une évidence irrésistible de la crise commerciale de 1825.

En 1822, le gouvernement anglais entra dans le système de la liberté générale du commerce qu'il avait jusqu'alors repoussé par le système prohibitif. Cette innovation produisit dans le monde commerçant un enthousiasme sans exemple et lança le peuple anglais dans des spéculations indéfinies, elles s'élevaient en 1824 à plus de 3 milliards fr. Le succès ne répondit pas à l'audace des entreprises, la perte de près de la moitié du capital altéra les ressources du pays et l'on passa de l'ivresse des illusions à la consternation des réalités.

Les nombreuses faillites des banques portèrent le trouble et le désordre dans la circulation des valeurs d'échange, et ce fut là qu'on porta les premiers remèdes. On prit des mesures contre les vices de la constitution des banques de province, et l'on fit des avances aux commerçans dont les affaires n'étaient qu'embarrassées ; ces deux mesures furent aussi salutaires qu'on pouvait le désirer, et cependant le mal ne fut ni guéri, ni même apaisé. La perte d'une grande partie des capitaux réduisit le travail, la production et la consommation, et par conséquent la richesse déclina. Les autres peuples avec lesquels l'Angleterre était en relation de commerce se ressentirent de ses désastres, et cela ne pouvait pas être autrement. Les peuples commerçans sont mutuellement créanciers et débiteurs, et quand l'un d'eux perd une partie de ses capitaux et diminue ses affaires, il retire les fonds qu'il a engagés à l'étranger, et par ce retrait inattendu, il restreint leurs facultés productives, réduit leur revenu et porte une atteinte plus ou moins grave à la richesse générale.

Indépendamment des résultats fâcheux que la crise commerciale de l'Angleterre dut avoir sur le commerce de la France, elle eut aussi sa crise; mais elle fut spéciale et plutôt financière que commerciale. Son ministre des finances entreprit de réduire la rente de 5 à 3 p. o/o et se proposait d'employer le bénéfice du milliard que cette réduction devait produire à indemniser les émigrés de la confiscation de leurs biens : s'il eût réussi il eût donné aux émigrés les dépouilles des rentiers; il échoua, et les contribuables furent grevés de l'intérêt et de l'amortissement du milliard dont il avait gratifié les émigrés. Sa déconvenue le força de quitter le ministère et sa retraite découvrit dans les finances un déficit de 32 millions; des clameurs générales révélèrent le mauvais état des affaires et le gouvernement prit deux mesures nouvelles pour y remédier.

Il créa un ministre du commerce et ordonna des enquêtes sur la véritable situation du pays.

II. Appréciation de ces deux mesures.

Il y a pour chaque branche de richesse un principe de vie qui lui est propre, qui l'isole des autres et les lui fait considérer comme obstacle ou comme entrave; il est par conséquent impossible de tirer de l'enquête le résultat général de la situation d'un pays. On ne peut remonter des souffrances individuelles de la population au principe de son malaise; elles en sont plutôt l'effet que la cause. Les désordres sociaux résultent du dérangement des ressorts de la vie sociale, c'est là qu'il faut en chercher la cause et le remède; c'est dans l'action ou le désaccord du système économique, politique et sacerdotal qu'on découvre le mobile des perturbations qu'éprouve la condition des peuples. La France en offre une preuve éclatante dans sa crise de 1825 qui se prolongea jusqu'à la révolution de juillet.

Ce n'est pas sans dommage pour un pays que le pouvoir élève des doutes sur l'intérêt du capital. Qui peut calculer les pertes que fit éprouver au peuple français l'emploi des fonds d'amortissement au soutien de la conversion du 5 en 3 pour %. On ne doutait pas des vices de cet emploi, mais on les justifiait par des considérations politiques.

L'indemnité du milliard fut encore, sous d'autres rapports, désastreuse pour la fortune publique. Cette indemnité altéra la distribution du revenu du pays dont dépendent sa reproduction et son accroissement. La consommation et la production ne sont point arbitraires, elles sont tour-à-tour cause et effet : porter atteinte à l'une, c'est compromettre l'autre. L'économie politique pose en principe que les consommations les plus utiles pour un pays, sont celles du grand corps du peuple, et que tout ce qui tend à les faire tourner au profit de quelques classes de la population, fausse le ressort de la richesse sociale.

Jusqu'à quel point la subdivision de la propriété territoriale est-elle favorable aux progrès de la richesse, des lumières et de la civilisation ? C'est encore un point controversé, mais l'épreuve que la France en fait avec tant de succès depuis un quart de siècle, dissipera tous les doutes.

Enfin la crise financière de 1825 a soulevé de fâcheuses commotions contre le système des finances de la France, et surtout contre son système des contributions publiques. J'examinerai dans la suite ce sujet d'une si haute importance pour les intérêts de la richesse, de la puissance et de la civilisation des peuples modernes.

FIN DE LA TABLE ANALYTIQUE.

CPSIA information can be obtained
at www.ICGtesting.com
Printed in the USA
BVHW012012260819
556841BV00007B/268/P